LES LYCÉENS

François Dubet

LES LYCÉENS

Éditions du Seuil

TEXTE INTÉGRAL

ISBN 2-02-030110-5
(ISBN 2-02-013202-8, 1re publication
ISBN 2-02-018222-X, 1re publication poche)

Cette recherche a été réalisée avec la collaboration de :
Patrick Cingolani
Olivier Cousin
Jean-Philippe Guillemet

Pour Anne et
pour Christine.

Remerciements

Cette recherche a été soutenue et financée par la Direction des études et de la prospective du ministère de l'Éducation nationale. Elle doit beaucoup à l'aide attentive de Denis Meuret, à l'appui de MM. Boisivon, Soupault et Thelot. Elle a aussi bénéficié du soutien de Robert Ballion et de Jean-Louis Derouet, sociologues, d'Antoine Prost, historien, et de Robert Fraisse au commissariat général du Plan.

L'étude a été menée dans le cadre du CADIS, dont tous les membres doivent être remerciés, notamment son directeur, Alain Touraine, ainsi que Didier Lapeyronnie et Michel Wieviorka.

Afin de préserver l'anonymat des établissements où nous avons travaillé, nous ne pouvons citer ici le nom des proviseurs, proviseurs adjoints et conseillers principaux d'éducation qui nous ont accueillis. Sans eux, ce travail n'aurait jamais eu lieu, il nous faut les remercier, comme tous les professeurs qui ont bien voulu nous donner de leur temps.

Julie Cavignac, Muriel Charbonnel, Philippe Clanché, Agnès Debessat, Isabelle Doucet, Éric Macé et Sonia Talbot ont établi les comptes rendus des réunions des groupes de recherche.

Olivier Cousin, Jean-Philippe Guillemet, Hervé Hamon et Patrick Rayou ont été les lecteurs attentifs de ce manuscrit.

Remercions tous les interlocuteurs qui ont accepté de participer aux rencontres que nous avons organisées avec des groupes de lycéens. Remercions surtout les élèves qui se sont engagés dans cette étude, qui ont pris sur leur temps de loisir et d'étude, se sont donné la peine de travailler avec nous pour le seul intérêt et le seul plaisir. Ce travail leur appartient.

Avant-propos

Un constat et un agacement sont à l'origine de cette étude sur les lycéens. Le constat, c'est l'absence ou la part infime des travaux consacrés aux élèves dans la production sociologique attachée à l'école[1]. On connaît « tout » du système et pas grand-chose des acteurs de l'école. L'essentiel des recherches, surtout de celles qui se sont imposées par leurs qualités et leurs vertus critiques, concerne le fonctionnement de l'école. D'abord, elles étudient la reproduction ou la production des inégalités, et les élèves y apparaissent seulement comme les porteurs d'un statut social pris dans un mécanisme et dans un parcours que le sociologue étudie à travers les carrières, les choix d'orientation, les mécanismes sélectifs à l'œuvre[2]. Les rapports de

1. Citons, parmi les recherches sociologiques directement centrées sur l'expérience des élèves, A. Prost, *Les Lycéens et leurs études au seuil du XXIe siècle,* Paris, ministère de l'Éducation nationale, 1983 ; G. Vincent, *Le Peuple lycéen,* Paris, Gallimard, 1974. Cf. aussi les travaux de l'INRP.

2. Évoquons simplement les analyses et les travaux les plus classiques en ce domaine : C. Baudelot, R. Establet, *L'École capitaliste en France,* Paris, Maspero, 1971 ; J.-M. Berthelot, *Le Piège scolaire,* Paris, PUF, 1983 ; R. Boudon, *L'Inégalité des chances dans les sociétés industrielles,* Paris, Armand Colin, 1973 ; P. Bourdieu, « L'école conservatrice. Les inégalités devant l'école et devant la culture », *Revue française de sociologie,* 1966, VII, p. 325-347 ; P. Bourdieu, R. Passeron, *La Reproduction,* Paris, Éd. de Minuit, 1970 ; M. Cherkaoui, *Les Paradoxes de la réussite scolaire,* Paris, PUF, 1979 ; J.S. Coleman *et al., Report on Equality of Educational*

la structure scolaire et de la structure sociale sont analysés de la manière la plus fine, comme les déterminismes sociaux et les procédures sélectives internes à l'école. Les grands livres sur l'inégalité des chances ne nous informent sur les élèves et leur expérience que de manière très indirecte.

Plus récemment, les travaux portant sur les établissements scolaires et l'organisation administrative apportent des connaissances indispensables. L'école n'est pas simplement une machine aveugle qui « décalque » les inégalités sociales qu'elle serait tenue de reproduire[3]. Mais, là aussi, les élèves sont loin d'être au centre de la recherche. Au fond, nous sommes dans la situation qui fut longtemps celle de la sociologie du travail, lorsque la description de l'exploitation et de l'organisation de la production dispensait d'étudier les ouvriers « réels », leur conscience, leurs manières de voir le monde, de construire leur identité. La connaissance du capitalisme et de ses lois dispensait, croyait-on, d'étudier directement des acteurs dont on supposait qu'ils ne faisaient que réagir aux contraintes du

Opportunity, Washington, Office for Departement of Health, Education and Welfare, 1966 ; R. Girod, *Égalité, Inégalités,* Paris, PUF, 1977 ; C. Jencks, *L'Inégalité. Influence de la famille et de l'école en Amérique,* Paris, PUF, 1979. Pour une présentation synthétique et raisonnée de ces travaux, cf. J.-C. Forquin, « L'approche sociologique de la réussite et de l'échec scolaires. Inégalités de réussite scolaire et appartenance sociale », *Revue française de pédagogie,* n°s 59-60, 1982.

3. Cf. notamment, R. Ballion, F. Œuvrard, *Le Choix du lycée,* Paris, Laboratoire d'économétrie de l'École polytechnique, ministère de l'Éducation nationale, 1989 ; J.-L. Derouet, « Désaccords et arrangements dans les collèges (1981-1986). Éléments pour une sociologie des établissements scolaires », *Revue française de pédagogie,* 83, 1898 ; M. Duru, A. Maingat, *De l'orientation en fin de cinquième au fonctionnement des collèges,* Cahiers de l'IREDU, 1985. Il nous faudrait aussi citer les études relatives à l'« effet établissement ».

système en attendant qu'une conscience juste et le mouvement de l'Histoire les libèrent.

Pourtant, les élèves, notamment les lycéens, sont des acteurs sociaux. De manière aussi irrégulière qu'imprévisible, le monde des lycéens « explose », manifeste, proteste, s'enthousiasme. Déconcertée, l'opinion découvre que sa jeunesse « bouge » et qu'il ne suffit pas, pour analyser ces mouvements, de les inférer d'une sorte de crise, si ancienne maintenant qu'elle est devenue la nature normale de l'école. Parfois, l'élève apparaît aussi comme un acteur malheureux et comme détruit par l'école, nous apprennent les psychologues qui s'intéressent à l'échec scolaire et les parents qui écoutent leurs enfants. L'école ne peut pas être simplement définie comme un appareil de gestion des flux. Les « pères fondateurs », notamment Durkheim dans l'optimisme scolaire pédagogique du début du siècle, nous apprenaient que l'école socialisait, qu'elle dispensait une culture susceptible de former, de transformer ou de produire des acteurs et des sujets. Si l'on veut se saisir de ces questions, si l'on veut savoir ce que « fabrique » l'école, comment éviter de s'intéresser aux élèves eux-mêmes ?

La méconnaissance des élèves, de leur subjectivité, de la manière dont ils vivent et construisent leur expérience, provoque de l'agacement, une irritation légère et persistante. En effet, il ne se passe pas un mois sans qu'un livre, un manifeste publié dans un magazine, une émission de radio ou de télévision nous disent ce qu'il faut enseigner, ce qu'il faut connaître, ce que doit être la vie scolaire... Les manifestations lycéennes ou les foulards islamiques déchaînent même quelques excès de ce côté-là. Sans doute, la relation pédagogique suppose que les adultes, les enseignants et, au-delà, ce que l'on nomme la société décident de la culture, du curriculum qui doit être enseigné. L'éducation ne peut être, par définition, conçue par les enfants et par les élèves. P. Bourdieu, en parlant d'« arbitraire culturel », et Hannah Arendt, en évoquant un monde déjà « habité », ont certainement raison.

Mais il y a souvent une telle distance, une telle ignorance dans tous les pamphlets et les discours normatifs relatifs à ce que doivent être les élèves et leur expérience que nous pouvons parfois nous demander de qui l'on parle. La réponse est souvent plus simple qu'on ne pourrait le croire : l'élève en question est le boursier héroïque de la IIIe République, l'ancien brillant sujet que l'essayiste croit avoir été, l'homme de science si fortement identifié à la connaissance qu'il n'est pas loin de penser que les élèves sont un obstacle fâcheux sur les chemins du savoir...

Après avoir vécu l'euphorie des utopies pédagogiques, le climat est devenu nettement plus conservateur, à gauche comme à droite, mais il n'en est pas plus réaliste pour autant, comme le manifeste l'invention d'un âge d'or de l'école républicaine. Si chacun est autorisé à dire ce qui est bon pour les élèves et pour l'école, il n'est pas pour autant inutile de savoir ce que sont les élèves et de quel type d'acteur social il s'agit. Il est vrai qu'en ce domaine la connaissance intuitive est si évidente — chacun fut élève et a de grandes chances d'en connaître autour de lui — qu'il ne paraît pas vraiment nécessaire de comprendre et d'analyser l'expérience scolaire. S'il n'y a de science que du caché, pourquoi étudier ce qui va de soi ?

« Sans rire et sans pleurer », sans faire le pari d'une « crise » générale du système scolaire, il faut étudier l'expérience lycéenne. Il faut s'intéresser aux acteurs eux-mêmes et faire l'hypothèse qu'il s'agit d'acteurs, pas seulement de pions ou de rouages, moins encore de simples objets pédagogiques. Cette étude, dont nous verrons qu'elle est limitée — ne portant que sur huit établissements et une centaine d'élèves —, se donne pour tâche de savoir comment les lycéens se représentent l'école, la sélection, l'organisation scolaire, les relations pédagogiques et la vie juvénile. Il faut aussi voir comment les élèves construisent des projets, des orientations culturelles et normatives, comment ils s'insèrent dans un monde déjà là mais qu'ils constituent en même temps qu'ils y entrent.

En ce sens, l'expérience scolaire n'est pas strictement scolaire : les amitiés et les amours, les rencontres avec des professeurs « extraordinaires » ou odieux, les passions politiques et idéologiques s'agrègent dans l'école. La vie de l'élève est celle d'un acteur qui n'est pas totalement identifiable à son rôle, qui construit une subjectivité, qui s'efforce d'être le sujet de ses études en mesurant ses investissements, en adhérant à une culture ou en la rejetant. Toute une alchimie de l'expérience trop vite noyée dans les brumes ou les rationalisations des adultes doit être cassée puis reconstruite pas à pas. C'est à ce prix que l'on peut espérer savoir ce que « fabrique » l'école.

L'épreuve scolaire n'a pas forcément d'unité. Rien ne dit que les projets des élèves, les modèles culturels diffusés et la sélection scolaire s'harmonisent. Rien ne dit que l'école soit une institution proposant des rôles et des mécanismes d'intégration stables et reconnus. Demandons donc aux acteurs comment ils construisent cette expérience, comment ils font tenir ensemble ce qui peut être dissocié. Pour cela, il ne suffit pas d'enregistrer des opinions, de fixer des attitudes sur une échelle, il faut s'intéresser au travail que les acteurs réalisent sur eux-mêmes. Nous sommes allés dans quelques établissements, des plus prestigieux aux plus marginaux, où nous avons constitué des groupes d'élèves qui, au cours de discussions avec divers interlocuteurs, ont réfléchi sur eux-mêmes, ont construit leur expérience devant nous. Cette étude n'est que le produit du travail des lycéens qui ont accepté de parler avec nous ; c'est là sa force et ses limites.

Nous avons choisi d'étudier « objectivement » la « subjectivité » des acteurs. Ce qu'ils disent et ce qu'ils répètent, les jugements qu'ils portent ne signifient nullement que leurs propos soient « vrais », à la fois équitables, justes et fondés positivement. Ce sont simplement les constructions de la réalité élaborées par les acteurs ; elles deviennent « vraies » parce qu'elles se transforment en pratiques, parce qu'elles fondent l'expérience scolaire.

Cette étude appartient à tous les lycéens qui nous ont donné leur temps, leur confiance et qui ont essayé d'être, l'espace d'une recherche, les sujets de leur propre vie.

1

L'expérience lycéenne

L'expérience des acteurs et l'action sociale se donnent à voir comme un ensemble indistinct, comme un « paquet » de conduites, de discours, de relations sociales qu'il importe de définir, de décrire, d'interpréter et d'analyser. Dans la mesure où il n'étudie ni un acte isolé ni une attitude ou une opinion relative à un thème précis déjà préconstruit, le travail sociologique ne peut être mené sans une définition préalable des règles du jeu, des concepts utilisés et de leurs articulations qui permettent de « lire » dans le flux des discours et la multiplicité des échanges. Ne serait-ce que pour rapporter les propos des acteurs et la manière dont ils rendent compte de leurs pratiques, il faut disposer d'un code, de schémas interprétatifs et d'hypothèses quant aux « causes » et au « sens » de l'action. L'objectif de ce premier chapitre est de présenter, de manière sommaire, les règles de ce jeu.

Trois points doivent être abordés ici. D'abord, la définition de l'expérience scolaire renvoie nécessairement, de manière plus ou moins explicite, à une définition de l'école et du système éducatif. Ensuite, l'expérience scolaire est conçue comme la cristallisation, chez les sujets, de diverses logiques de l'action sociale qu'il nous faut préciser. Enfin, les concepts et les modes d'analyse ne sont pas indépendants des choix méthodologiques, de la construction d'un type de rapport social avec des acteurs ; la méthode définit la nature du matériau recueilli et le degré de validité d'une recherche.

Le système éducatif

Un système éducatif n'est pas une machine, un ensemble de rouages organisés autour d'une « fonction » unique, qu'il s'agisse de la reproduction sociale, de l'inculcation culturelle ou de l'éducation de futurs citoyens. L'école n'est pas une machine parce qu'elle doit gérer plusieurs problèmes, mettre en relation plusieurs niveaux de pratique ou, si l'on préfère employer un langage plus ancien, plusieurs « fonctions ». C'est justement parce que ces « fonctions » sont distinctes et relativement indépendantes qu'il sera possible de parler d'expérience, d'une activité propre de l'acteur situé au carrefour de ces logiques.

Si l'on admet avec Durkheim que l'éducation se distingue de la socialisation « banale » en ce qu'elle est une action volontaire, cette volonté-là suppose la référence à un *modèle culturel,* à un ensemble d'objectifs et de valeurs, d'idéaux visés par l'activité éducative. Dans l'univers des connaissances possibles, tout système éducatif choisit d'extraire les connaissances indispensables, utiles, celles que personne ne doit ignorer. Mais les choix ne vont pas de soi, et ces connaissances ne sont jamais strictement techniques, elles sont liées à des valeurs, à la définition du type d'acteur et de sujet moral, politique, social, que le système éducatif se donne pour tâche de former. Visant à constituer un acteur social, un sujet aussi, parce qu'un projet éducatif n'est jamais seulement soucieux d'adaptation, un système scolaire est organisé autour de ce que A. Touraine nomme une fonction de *production*[1]. Toute école inscrit des devises à ses frontons, tout programme comprend une représentation du sujet social, et nous savons, en France plus qu'ailleurs, à quel point

1. A. Touraine, *Université et Société aux États-Unis,* Paris, Éd. du Seuil, 1972.

l'opinion publique est sensible à la moindre atteinte au corpus des connaissances scolaires, combien une réforme de l'orthographe peut déclencher de passions.

La « routinisation » des pratiques pédagogiques et des formes d'organisation scolaire ne doit pas conduire vers l'oubli de la fonction de production du système scolaire. Mais ce sont évidemment les périodes de rupture politique et les moments fondateurs qui mettent en lumière le modèle culturel. Dans cette perspective, les travaux de C. Nicolet nous rappellent que l'école républicaine, souvent conservatrice quant à son organisation, était avant tout celle d'un projet philosophique et politique. Le positivisme, la foi dans les Lumières, dans le progrès, la construction d'une conscience nationale et démocratique avaient nettement plus de poids que la recherche de l'égalité des chances[2].

Les sociologues anglais de l'éducation ont consacré de nombreux travaux à la question du curriculum. Ils cherchent à connaître les processus de constitution de la culture légitime, celle qui doit être enseignée de façon volontaire[3]. Le fait que cette culture prétende ou non à l'universel, qu'elle soit plus ou moins identifiée à des intérêts sociaux, n'empêche pas qu'elle définit, à un moment donné, l'image de l'acteur que doit produire le système éducatif. Cela n'implique pas pour autant que le modèle culturel soit homogène et stable. Au contraire, il n'apparaît jamais plus clairement que sous la forme de débats scolaires : universalisme ou cultures de classe, humanités ou sciences, rhétoriques enseignantes ou bien « ouverture sur la vie », critique ou intégration sociale, adaptation à l'économie ou « expression de l'enfant »... Tous ces débats sont des dilemmes, et le thème durkhei-

2. C. Nicolet, *L'Idée républicaine en France,* Paris, Gallimard, 1982 ; E. Plenel, *L'État et l'École en France,* Paris, Payot, 1985.

3. Cf. J.-C. Forquin, *École et Culture,* Bruxelles, Éditions universitaires De Boeck, 1989.

mien de l'éducation comme adaptation à l'état des « mœurs » n'est pas totalement satisfaisant, car la définition de ces « mœurs » implique déjà des choix et des conflits. D'ailleurs, Durkheim avait lui-même « choisi son camp », celui de l'école de la République.

La « fonction » de production ne se limite pas à une affaire de curriculum, de contenu des connaissances et des programmes. Il va de soi que la « forme », ce que l'on appelle couramment la pédagogie, engage tout autant un modèle culturel. Du point de vue sociologique, la pédagogie n'est pas seulement une technique d'apprentissage, parce qu'elle met en jeu une image de l'enfance, de l'adolescence, de la « nature humaine » telle qu'elle est définie à la fois comme anthropologie et comme valeur.

La seconde fonction du système éducatif est celle de la *sélection,* de la formation d'une hiérarchie scolaire, d'un classement des compétences. Les liens entre la distribution des positions scolaires et la structure sociale constituent l'objet central de la sociologie de l'éducation. Y a-t-il une reproduction scolaire des inégalités sociales ? Sont-elles, au contraire, atténuées, accentuées par l'école ? Autant de questions au cœur des débats et des études depuis de nombreuses années. On peut aussi étudier les manières dont la hiérarchie des compétences scolaires pèse à son tour sur l'ordre des qualifications sociales. Une recherche montre, par exemple, que la France et l'Allemagne présentent, sous cet angle, des caractéristiques assez contrastées, la hiérarchie scolaire française accentuant les écarts au sein des entreprises[4].

Plusieurs théories, désormais classiques, des inégalités scolaires s'opposent. La plus connue d'entre elles, inspirée des travaux de P. Bourdieu, considère que la reproduction des inégalités sociales dans l'école tient à la nature du

4. M. Maurice, F. Sellier, J.-J. Sylvestre, *Politique d'éducation et Organisation industrielle en France et en Allemagne,* Paris, PUF, 1982.

modèle culturel scolaire [5]. Celui-ci, tout en étant défini par son autonomie et sa distance affichée aux diverses cultures sociales, mobilise en réalité un ensemble d'aptitudes, de dispositions culturelles et verbales, un habitus proche de celui des classes dominantes. C'est parce que les élèves issus des milieux socialement et culturellement privilégiés bénéficient d'une compétence culturelle leur permettant de maîtriser les jeux et la culture scolaire, parce qu'ils ont aussi un niveau d'ambition élevé, qu'ils finissent par occuper les positions scolairement élevées. Dans cette perspective, l'expérience de l'élève est conçue comme une épreuve d'acculturation, de rencontre entre une culture de classe déterminée par la position sociale des acteurs et la culture scolaire dont l'arbitraire culturel et pédagogique est proche des orientations culturelles des classes dominantes.

Contre ce modèle, en utilisant le paradigme du marché et de l'action instrumentale et rationnelle, un sociologue comme R. Boudon fait l'économie d'une hypothèse lourde sur la nature de classe du système scolaire [6]. L'inégalité devant l'école procède de la succession de choix rationnels effectués par les acteurs aux divers moments cruciaux de la sélection. Si l'on admet, d'une part, que l'objectif de chacun est d'égaler ou de dépasser un peu le niveau social de ses parents, et si l'on pense, d'autre part, que la poursuite des études entraîne un coût pour l'acteur, à chaque moment de choix scolaire le sujet évalue les coûts et les bénéfices escomptés. Plus l'origine sociale est basse, plus la poursuite des études apporte des bénéfices de mobilité incertains et plus le prix en est élevé. L'inégalité est alors perçue comme un effet de l'agrégation des choix individuels, et l'élève est défini comme un acteur rationnel, optimisant ses intérêts, sans qu'il soit utile, dans ce

5. P. Bourdieu, J.-C. Passeron, *Les Héritiers,* Paris, Éd. de Minuit, 1964 ; *La Reproduction,* Paris, Éd. de Minuit, 1970.

6. R. Boudon, *L'Inégalité des chances dans les sociétés industrielles,* Paris, Armand Colin, 1973.

raisonnement, de tenir compte du contenu culturel de la formation elle-même et des relations pédagogiques.

Le troisième grand type d'explication de l'inégalité, développé notamment en Grande-Bretagne, insiste sur les mécanismes sélectifs internes à l'école[7]. Les inégalités scolaires proviendraient de l'inégalité des attentes et des attitudes de l'école à l'égard des différentes catégories d'élèves. Inspirées de l'« interactionnisme » symbolique, des travaux d'E. M. Lemert notamment, et des recherches sur la délinquance, ces études mettent en évidence un effet d'étiquetage et de stigmatisation des élèves issus des groupes défavorisés, ceux dont l'école n'attend pas le succès[8]. Les attitudes des enseignants, les interactions dans la classe sont conçues comme la médiation des effets structuraux enregistrés par les statistiques.

Ces diverses analyses ne sont pas au centre d'une recherche qui ne vise pas à étudier les inégalités scolaires. Mais toutes partagent la volonté d'expliquer, par des voies diverses, comment un système scolaire est un appareil de distribution des qualifications, jouissant d'une plus ou moins grande autonomie à l'égard de la structure sociale. Par la durée des études, par les filières, par la nature des diplômes, une école classe des élèves et les hiérarchise. Aujourd'hui, ce mécanisme se réalise au sein d'un processus de massification, avec l'entrée de nouveaux élèves dans l'enseignement secondaire long, la multiplication des diplômes et des diplômés, l'emprise croissante de l'école sur les qualifications professionnelles.

7. La meilleure présentation de cette école nous est proposée par J.-C. Forquin, « La " nouvelle sociologique de l'éducation " en Grande-Bretagne : orientations, apports théoriques, évolution (1970-1980) », *Revue française de pédagogie,* n° 63, 1983, p. 61-79 ; cf. aussi M.F.D. Young (éd.), *Knowledge and Control : New Directions for the Sociology of Education,* Londres, Collier-Macmillan, 1971.

8. H. S. Becker, *Outsiders,* Paris, A.-M. Métailié, 1985 (1re éd., 1963) ; E. M. Lemert, *Social Pathology,* New York, McGraw-Hill, 1951 ; D. Matza, *Becoming Deviant,* Englewood Cliffs (New Jersey) · Prentice Hall, 1969.

A l'universalisme d'un modèle culturel « gratuit » s'oppose donc une fonction sélective dont nous faisons l'hypothèse qu'elle s'alourdit avec la massification scolaire. Ainsi, chaque matière et chaque enseignement qui peut être perçu du point de vue éducatif et culturel possède aussi une valence sélective, se voit inscrit dans une hiérarchie. Par exemple, au fil des années, les mathématiques ont remplacé les « humanités » en ce domaine, et les écarts de performance entre les filières se sont creusés[9].

Enfin, une école est aussi une organisation définie par sa fonction d'*intégration.* La fonction de sélection et la fonction de production sont mises en relation dans une organisation sociale qui construit des modalités de fonctionnement, des statuts, des droits, des devoirs, qui organise le travail pédagogique. En France, par exemple, l'organisation est longtemps restée centralisée, homogène, soucieuse de la classe plus que de l'établissement et limitant l'espace scolaire à l'enseignement proprement dit. Un grand lycée français ne ressemble guère à un grand collège anglais ou américain. Il n'y a pas de communauté des enseignants, la vie scolaire se borne, pour l'essentiel, à l'enseignement ; les élèves ne vivent pas à l'école. Dans le modèle anglo-saxon, l'école est considérée comme une communauté prenant en charge des activités sportives et non scolaires, développant chez les élèves un sentiment d'appartenance sans commune mesure avec celui d'un lycée de l'enseignement public français.

Cependant, la « sécheresse » du modèle français ne doit pas conduire à ignorer que tout système scolaire est une organisation sociale remplissant une « fonction » d'intégration. Cette « fonction » se réalise principalement à travers la capacité de l'organisation scolaire d'accueillir et de reconnaître la communauté et la vie juvéniles. Un article de T. Parsons montre, par exemple, comment la

9. M. Cherkaoui, *Les Changements du système éducatif en France. 1950-1980,* Paris, PUF, 1982.

classe est un système social participant, indépendamment de tout contenu scolaire, à la formation des rôles sexuels, de même que la nature des relations aux enseignants joue un rôle dans la socialisation générale des acteurs, dans leur évolution vers un statut d'adulte [10]. Un lycée est toujours la rencontre d'une culture scolaire, d'un type de sélection et d'une vie juvénile, et ce n'est pas parce que les traditions françaises ont longtemps refusé cette vie juvénile que cette rencontre n'a pas lieu et ne participe pas de la définition d'un système éducatif.

Le système scolaire est donc une organisation sociale possédant un modèle d'autorité, une division du travail, une définition des obligations professionnelles. Ce n'est pas simplement un cadre et, même si les enseignants sont nettement plus contraints par l'organisation que les élèves, la « fonction » d'intégration doit être retenue comme une des dimensions fondamentales du système scolaire.

Il est possible de représenter le système scolaire par le schéma suivant :

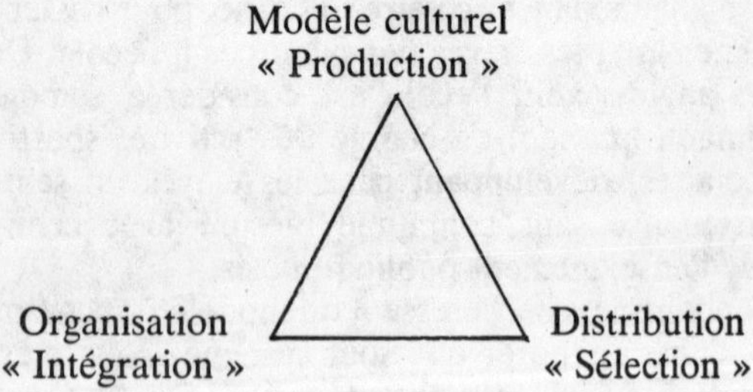

Le système scolaire résulte du mode d'articulation de trois « fonctions ». Bien sûr, la définition de chacune d'elles peut prendre des aspects très différents et rien

10. T. Parsons, « The School Class as a Social System », *Harvard Educational Review,* 29, n° 4, 1959, p. 297-318.

n'indique, *a priori,* que l'on puisse établir des règles générales de compatibilité. Des systèmes sélectifs ou non, intégrateurs ou non, peuvent être associés à plusieurs types de modèles culturels. Si l'on admet que les systèmes éducatifs n'ont pas de « centre », toutes les configurations sont possibles.

Cette représentation est analytique, elle n'est pas normative. En effet, une forte intégration des trois fonctions pourrait vite se transformer en modèle idéal, en image de la « bonne » école. Il serait facile d'imaginer qu'un « bon » système éducatif devrait posséder un modèle culturel affirmé et ouvert vers une « grande culture ». Il devrait proposer en même temps un modèle de sélection juste, efficace et adapté aux projets des élèves. Enfin, la « bonne » école pourrait être une organisation intégrative, une communauté chaleureuse et respectueuse de chacun. On peut toujours rêver d'une école critique, utile, accueillante et ouverte, mêlant les vertus élitistes d'une classe préparatoire, à l'égalité d'une école pour tous et aux capacités d'ouverture d'une maison des jeunes et de la culture : le lycée Louis-le-Grand mêlé aux communautés d'élèves de Summerhill, le tout situé dans un grand ensemble populaire de banlieue pauvre. Toutes les nostalgies comme toutes les utopies scolaires construisent de tels modèles, et ce n'est certainement pas en ce sens qu'il faut considérer le cadre analytique que nous proposons.

Un système scolaire qui concilierait toutes ces vertus serait, à proprement parler, une institution parfaite, elle définirait des valeurs qui se transformeraient en normes sociales qui, à leur tour, deviendraient des rôles. Dans ce cadre, un lycéen serait tout à la fois un acteur initié à la « grande culture », un entrepreneur scolaire efficace et un adolescent « épanoui ». Avec cette forte intégration des fonctions, l'idée d'expérience scolaire n'aurait pas vraiment de sens.

Mais si l'on admet au contraire qu'il existe une tension entre ces différentes fonctions, que leur ajustement n'est pas total, si l'on admet que l'enseignement le plus « intéressant » n'est pas forcément le plus efficace en termes sélectifs, si l'on croit aussi que la distance entre la communauté juvénile et l'organisation scolaire ne se réduit jamais totalement, il se crée un espace de l'expérience dans lequel l'acteur doit lui-même gérer ces fonctions et leurs tensions, doit créer une unité subjective que le système ne lui accorde pas de manière automatique et comme « naturelle ».

Il serait aisé de montrer qu'aujourd'hui le système d'enseignement secondaire français est loin d'être parfaitement intégré. Le modèle culturel n'a pas d'unité et son emprise éducative reste souvent indéfinie. Avec la massification scolaire, la sélection prend une importance croissante sans que l'utilité sociale des études soit, pour chacun, garantie. Enfin, l'organisation scolaire elle-même n'est exempte ni de blocages ni d'incertitudes normatives. Cela ne signifie pas pour autant que le système éducatif soit dans une crise généralisée et dans la situation catastrophique que l'on décrit parfois. Simplement, ce n'est ni une machine ni, peut-être, une institution.

L'expérience scolaire

L'expérience scolaire est le versant « subjectif » du système scolaire ; plus exactement, c'est la manière dont les acteurs se représentent et construisent ce système, en définissent chacun des éléments, en gèrent, « pour eux », les articulations. Dans ce basculement du côté des acteurs, de leurs orientations et de leurs représentations doivent se retrouver, dans un autre langage et selon d'autres modalités, les diverses dimensions du système scolaire.

La première dimension de l'expérience scolaire est celle du *projet* de l'élève, comme médiation entre la fonction de sélection et le modèle culturel du système scolaire. Dans la mesure où l'adolescence peut être définie comme un passage conduisant nécessairement vers un état adulte, tout lycéen « construit » son futur statut d'adulte et se trouve tenu d'élaborer des projets [11]. En effet, les études acquièrent sinon un sens, au moins une utilité si l'acteur inscrit son travail et ses efforts dans un parcours, dans la réalisation d'objectifs plus ou moins clairs. Pour travailler aujourd'hui, l'élève doit projeter dans l'avenir une image de lui-même, de son statut, de sa position et de son métier. De cette manière, les études sont perçues comme plus ou moins *utiles,* adaptées, accordées à la réalisation d'un projet.

Cette notion de projet est cependant plus complexe qu'il n'y paraît, car elle n'implique d'aucune façon que l'on considère l'élève comme un sujet entièrement libre et autonome, « décidant » de ses projets. Il se peut que les projets soient définis sur le long terme et que le lycéen élabore une image professionnelle et adulte de lui-même. Il se peut aussi que le projet se situe sur un très court terme et que la vision de l'avenir se limite au seul temps scolaire : l'élève aspire simplement à passer dans la classe supérieure. Dans ce cas, les élèves considèrent qu'ils sont mis sur des rails et l'élaboration de « véritables » projets est différée jusqu'aux études supérieures. La position centrale du projet dans l'expérience scolaire ne signifie pas que l'élève en soit nécessairement le maître et le « propriétaire ». Le lycéen peut vivre le projet comme extérieur à lui-même, comme le produit des seules attentes d'une famille qui le « pousse ». Enfin, bien des lycéens peuvent n'avoir aucun projet, mais cette absence n'invalide pas pour autant le rôle du projet dans l'expérience de l'élève, car les études se trouvent dépourvues d'une part de leur sens et les élèves éprouvent une impression de vide et d'inutilité.

Le projet résulte d'une exigence de l'adolescence et de la rencontre de la structure sociale et de l'école. La

11. Cf. J.-P. Boutinet, *Anthropologie du projet,* Paris, PUF, 1990; F. Dubet, « Pour une définition des modes d'adaptation sociale des jeunes à travers la notion de projet », *Revue française de sociologie,* 1973, XIV, p. 221-241.

position sociale impose certaines ambitions et aspirations qui se heurtent, à l'école, aux ressources attribuées et aux dispositions reconnues par le système scolaire. Issu de cette rencontre, le projet définit donc l'utilité subjective des études, la valeur des connaissances acquises, leur adéquation aux perspectives des élèves.

La deuxième dimension de l'expérience scolaire, située entre l'organisation scolaire et le modèle culturel, correspond à ce que l'on désigne couramment comme l'expérience éducative. Il s'agit de *la formation du sujet.* Dans quelle mesure les connaissances acquises et les relations pédagogiques acquièrent-elles, au-delà de leur utilité, un sens subjectif par lequel les lycéens ont l'impression de se « former » et de se transformer ? De manière banale, cette dimension de l'expérience scolaire est décrite en termes de passion, de vocation, d'ennui, d'identification aux enseignants, de découverte, d'« allergie » à certaines matières et à quelques professeurs... Ce lien à la connaissance n'est pas une simple affaire de contenu, il doit être aussi conçu comme un rapport social entre les élèves et les professeurs tenus de dispenser certains savoirs. Les lycéens construisent ce sens subjectif de l'enseignement à partir de trois orientations principales.

La première est celle de l'*efficacité.* L'enseignement et l'enseignant sont jugés du point de vue des performances qu'ils permettent à l'élève de réaliser. Ce n'est pas un principe d'utilité générale de l'école, mais un rapport utilitaire à l'enseignement. Le « bon prof » est celui qui organise efficacement le travail et permet d'obtenir de bons résultats à l'examen. La situation scolaire est définie comme une épreuve dont le professeur efficace permet de franchir les étapes. L'importance de chaque matière est, dans la plupart des cas, ramenée au poids de son coefficient.

La seconde dimension de ce rapport au savoir est celle de l'*intérêt.* L'élève se considère, par la connaissance, comme un « sujet intellectuel » en formation intéressé par le savoir et les transformations qu'il peut induire dans sa manière de voir le monde et de se percevoir lui-même. De ce point de vue, le professeur et la discipline sont perçus comme passionnants ou, au contraire, comme ennuyeux, pénibles, « scolaires ».

Enfin, les lycéens peuvent juger le rapport au savoir du point de vue de la *relation,* du jeu des personnalités en présence, notamment celle du professeur. Le rapport à la discipline est alors subordonné à la nature des relations interpersonnelles construites entre l'enseignant, sa classe et chacun des élèves.

Bien sûr, tous les élèves tracent le même portrait du « bon prof » : il est efficace, intéressant et sympathique. Mais il importe cependant de distinguer ces diverses dimensions de l'expérience subjective du savoir, car tous les élèves ne les hiérarchisent pas dans le même ordre et, donc, ne s'autodéfinissent pas de la même manière. Ils peuvent se concevoir comme des élèves plus ou moins performants, comme des jeunes intellectuels ou comme des adolescents soucieux d'abord de leur « personnalité ».

La formation du sujet et le rapport à la connaissance débordent la seule relation pédagogique. En effet, l'organisation scolaire est aussi l'espace d'une expérience juvénile accueillie dans l'école mais très largement autonome. Le fait que la vie juvénile soit toujours placée dans une certaine tension avec l'école ne signifie pas pour autant qu'elle ne participe pas de la formation d'un sujet. Elle constitue un espace public dans lequel les élèves discutent et se réapproprient, plus ou moins, les connaissances scolaires. Cet espace est aussi critique, c'est là que les lycéens s'accordent sur un degré d'adhésion ou de distance à l'égard de la culture scolaire. L'expérience éducative d'un lycéen ne se réduit pas au seul enseignement *stricto sensu,* la vie des cafés, des groupes, des intérêts divers, des amitiés et des amours participe aussi de la formation de sujets, même si le lycée ne les contrôle pas directement.

La dernière dimension de l'expérience scolaire est celle de la *stratégie.* L'élève occupe une position définie par des rôles, des règles de discipline, des modes de sélection. Il se place aussi plus ou moins honorablement dans une hiérarchie du prestige et des compétences. Il est donc tenu de développer des stratégies d'adaptation et d'intégration, de calculer ses investissements scolaires, de gérer ses intérêts. Cette dimension de l'action doit être retenue, car rien ne prouve que les stratégies scolaires les plus efficaces soient, du point de vue subjectif, les plus utiles en termes de projet et les plus intéressantes en termes intellectuels. Moins le système scolaire est intégré, plus on a de chances que cette dimension soit autonome et importante.

Les lycées français sont caractérisés par une organisation « faible » et une « sélection » forte. La faiblesse de l'organisation signifie que les lycées ont peu d'emprise directe sur la vie juvénile en dehors des seules heures de cours, que les élèves jouissent d'une grande autonomie personnelle, que l'identification à l'établissement est faible, et cela d'autant plus que l'on est dans des établissements de masse. Par contre, la fonction sélective est forte, car tout le parcours de l'élève s'apparente à un long processus de triage, de classements, de choix de filières. C'est la rencontre de ces deux caractéristiques qui explique le poids de la dimension stratégique de l'expérience scolaire. Il faut comprendre comment « ça marche », apprendre ce que d'autres ont appelé le « métier d'élève ».

L'expérience scolaire articule plusieurs logiques de l'action sociale [12]. Par le projet de mobilité, l'acteur est défini par son statut social, celui de sa famille, et, par ses aspirations, il cherche à établir sa position future. Le rapport à la culture renvoie à un acteur social défini par sa capacité réflexive et de mise à distance de son rôle. Il s'identifie à des valeurs et se constitue parfois de manière critique contre un système scolaire perçu comme un obstacle à la réalisation de son autonomie ou de sa « vocation ».

12. La théorie de l'action qui informe cette analyse s'appuie sur les travaux théoriques de A. Touraine, *Production de la société,* Paris, Éd. du Seuil, 1973.

Le schéma suivant permet de représenter l'expérience scolaire.

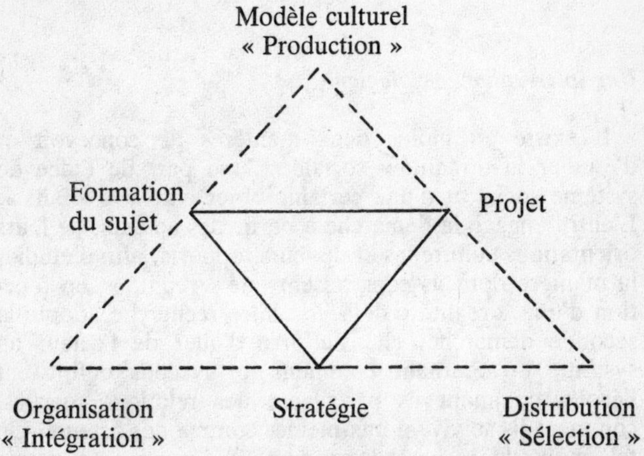

La dimension stratégique de l'action place l'acteur dans un « marché » où il est défini par des ressources, des opportunités et une capacité de participation. La notion d'expérience s'impose dès lors que chacune de ces logiques est formellement autonome et que l'acteur social occupe simultanément toutes ces postures, quand l'action, pas plus que le système scolaire, n'est organisée autour d'un principe central.

Il va de soi que, présentée de cette manière, l'expérience scolaire est à la fois scolaire et non scolaire. Les projets, la formation d'un sujet et la stratégie ne sont pas strictement scolaires. Mais ce serait entrer dans un débat sans fin que d'essayer de tracer des frontières précises afin de savoir ce qui relève de l'école et ce qui n'en relève pas. Qu'il nous suffise ici de dire que nous partons du point de vue scolaire, que nous cherchons à savoir comment des lycéens rencontrés dans des établissements construisent leur expérience « là où ils sont », comment, à partir de l'école, ils transforment, gèrent, donnent du sens à une action qui n'est pas limitée à la seule école.

Une intervention sociologique

Il existe au moins deux manières de concevoir et d'étudier la « réalité » sociale. L'une part de l'idée de système social et d'une certaine objectivité des « faits ». L'autre engage la démarche à partir des acteurs, de leurs orientations culturelles et de leurs rapports, afin d'étudier la manière dont ils construisent une « réalité », en fonction d'une « réalité » déjà là. Notre recherche adopte la seconde démarche, elle s'efforce d'aller de l'acteur au système en étudiant comment les lycéens définissent l'école, comment ils perçoivent des relations sociales, comment ils se vivent eux-mêmes comme des acteurs. Un tel choix de recherche ne peut évidemment se passer d'informations « objectives » sur le système scolaire, ses mécanismes et ses « lois ». De même que les sociologies qui s'efforcent de dégager des mécanismes objectifs en infèrent des conduites significatives chez les acteurs, il est possible de mener, dans une certaine mesure, l'opération inverse permettant d'induire certaines caractéristiques du système scolaire à partir de l'observation de l'expérience des acteurs.

L'expérience scolaire ne doit pas être conçue comme une somme d'opinions qu'il suffirait d'enregistrer. Sans doute faut-il que les acteurs témoignent de leurs choix, de leurs opinions et de leurs jugements, mais il ne suffit pas non plus de savoir quels sont les projets des élèves, leurs goûts, et de connaître leur degré de satisfaction. L'expérience lycéenne est une activité sociale, car l'acteur est engagé dans des relations sociales, notamment avec les enseignants, et parce qu'il juge cette activité, parce qu'il construit des significations par lesquelles il la met à distance. C'est pour saisir ces deux aspects de l'expérience que nous avons choisi d'utiliser une méthode active, une méthode mettant l'acteur en position d'interaction et de réflexion.

Le matériau sur lequel repose cette étude est constitué par le travail de huit groupes de lycéens formés dans sept établissements choisis à Paris et en province. Ces sept lycées couvrent l'éventail ouvert entre un grand établissement prestigieux du centre de la capitale et deux lycées professionnels de banlieue d'une ville de province. Entre ces deux pôles, nous avons travaillé dans deux lycées d'enseignement général d'une grande ville de province, dans un lycée polyvalent de la banlieue nord de Paris et dans un lycée technique d'une ville de province.

Cette population n'est pas un échantillon représentatif de la population lycéenne, et le lecteur pourra penser à bon droit que bien des figures de l'expérience lycéenne sont absentes de cette étude. Un lycée technique prestigieux, avec ses filières E, nous a fermé ses portes : « Les élèves sont là pour travailler, pas pour réfléchir », nous a dit le proviseur, et nous n'avons pu aller dans les lycées de petites villes de province et dans les établissements au recrutement rural.

La centaine d'élèves qui a participé à cette étude n'est pas elle-même représentative des centaines de milliers de lycéens français. Ces élèves étaient volontaires pour nous donner une vingtaine d'heures de leur temps et il n'a pas toujours été facile de trouver des horaires de réunion convenables, des salles, les disponibilités pour réunir le même groupe deux fois par semaine durant un mois. Les emplois du temps sont lourds, le dernier trimestre est pris par la préparation des examens, les premiers mois de l'année par l'installation de nouveaux venus des classes de seconde. Bref, ce type de travail se heurte à de sérieuses contraintes, seuls les élèves « motivés » sont prêts à sacrifier du temps pour participer à cette méthode de travail et de réflexion. Il nous a aussi fallu obtenir l'accord des administrations et des professeurs dont nous troublions la classe pour présenter ce projet de recherche aux élèves. Pour chacune des huit études, les négociations ont été longues et la préparation des groupes a duré plusieurs semaines, exigeant une présence quasi quotidienne des chercheurs dans l'établissement. Sans la complicité de quelques membres de l'administration, de quelques enseignants intéressés, de surveillants disponibles, de parents compréhensifs, sans l'appui du ministère et des rectorats, nous n'aurions pu mener à bien cette recherche.

Les élèves qui ont choisi de participer à cette recherche appartenaient à l'ensemble des filières du lycée. Mais pourquoi ont-ils fait cet effort ? Souvent, c'est par curiosité — pour voir ce qu'est une étude sociologique —, et par désir de parler, « c'est normal qu'on investisse dans cette recherche, c'est le seul truc qu'on m'a offert dans ma scolarité ». Tout simplement, ces lycéens veulent réfléchir sur eux-mêmes et sur l'école, notamment sur leurs relations avec les enseignants, et se plaignent de n'en avoir ni le temps ni les moyens dans la vie routinière du lycée. Un peu comme les enseignants aiment parfois se réunir pour parler métier, ces élèves ont voulu réfléchir sur leur expérience, et la possibilité que nous leur offrions de rencontrer des enseignants dans un espace libre et égalitaire en a attiré plus d'un. Il est cependant très difficile d'établir un profil type de ces élèves volontaires : ce n'était ni des élèves militants et engagés, ni l'élite intellectuelle de l'établissement, ni les élèves les plus perdus et les plus marginaux. Ils ne semblaient ni particulièrement révoltés ni particulièrement satisfaits, et l'on peut considérer que le tableau de l'expérience lycéenne établi par leur travail est vraisemblable, à défaut de pouvoir affirmer qu'il est statistiquement vrai [13].

L'intervention sociologique ne vise pas à enregistrer des opinions, mais à organiser un travail. Elle consiste à placer des acteurs, une douzaine de membres par groupe envi-

13. Sur la composition des groupes d'intervention sociologique, cf. l'annexe.

ron, dans le réseau des relations et des rapports sociaux au sein desquels se construit l'expérience sociale. Ainsi, nous ne demandons pas aux élèves de dire « en général » ce qu'ils pensent des professeurs ou de l'administration, mais nous organisons des rencontres avec des professeurs et des proviseurs. Afin que la conversation se déroule de manière libre et relativement égalitaire, les interlocuteurs invités dans les groupes n'appartiennent jamais au même lycée que les élèves, il n'y a donc rien à « négocier », pas de compte à régler ou de séduction à mettre en œuvre. Dans ces conditions, les rapports des enseignants et des élèves se révèlent beaucoup plus complexes et ambivalents que l'image que pourraient en donner de simples déclarations d'opinion ; on ne dit pas la même chose des élèves et des enseignants en leur présence ou en leur absence. Les groupes de lycéens ont accueilli d'autres interlocuteurs, des militants lycéens organisés, des représentants du monde économique, syndicalistes et patrons. Quant aux professeurs, nous les avons chosis dans l'enseignement scientifique et dans l'enseignement littéraire pour les lycées classiques, et dans l'enseignement général et l'enseignement professionnel pour les LP.

L'intervention sociologique vise donc à créer des lieux « réels » et « libres », où le discours de chacun est contraint par celui des autres, mais où il est aussi sans conséquences pratiques, et dans lesquels les acteurs peuvent prendre de la distance. « Comme je ne vous connais pas et que vous ne me connaissez pas, dit un enseignant, j'ai pensé que je pourrais vous parler librement et que vous pourriez me parler librement. C'est pour ça que je suis venu, devant mes propres élèves, ça aurait été plus délicat. »

L'intervention sociologique repose sur un principe de réflexivité et d'analyse[14]. Le travail d'un groupe qui

14. Sur l'intervention sociologique, cf. A. Touraine, *La Voix et le Regard,* Paris, Éd. du Seuil, 1978 ; CADIS, *La Méthode d'interven-*

rencontre des interlocuteurs et discute entre soi le conduit à se retourner sur son propre effort, à le mettre à distance et à le constituer en objet. L'intervention sociologique part du principe selon lequel les acteurs ne sont pas totalement enfermés dans leur idéologie : ils perçoivent une distance entre ce qu'ils pensent faire et ce qu'ils font ; ils ont le sentiment de ne pas maîtriser entièrement leur expérience, ils sont inquiets. Autrement dit, c'est parce qu'il existe une certaine hétérogénéité de l'action que les sujets peuvent se retourner sur leur expérience et l'analyser.

Le rôle des chercheurs, deux dans chacun des groupes, ne se borne pas à analyser et à enregistrer des discours. Il consiste à interroger les acteurs et à leur proposer des analyses de leur propre travail. Dans cette perspective, une hypothèse n'est crédible que si les acteurs s'y reconnaissent. Cela pour deux raisons. D'abord, parce qu'elle s'appuie sur le travail du groupe et se fonde sur le matériau produit par les lycéens eux-mêmes. Ils ont donc la capacité de résister et de refuser des interprétations de leur expérience, ce qui n'est évidemment pas le cas lorsque l'interprétation est élaborée à froid, dans le « cabinet de travail » du sociologue une fois que les sujets ont disparu. Ensuite, si l'analyse produit de l'intelligibilité, trace un modèle dans lequel les acteurs se reconnaissent, on peut considérer que l'on est dans l'ordre du vraisemblable et de la description juste, d'autant plus juste d'ailleurs que, nous le verrons, elle n'est souvent pas flatteuse.

L'intervention sociologique est une rencontre et un travail. La rencontre est celle de chercheurs et d'acteurs sociaux, le travail est celui qu'ils poursuivent en commun dans l'analyse d'une expérience. Le statut des chercheurs

tion sociologique, EHESS, 1982 ; F. Dubet, « Action et autoréflexion », *in* P. Pharo, L. Quéré (éd.), *Les Formes de l'action,* Paris, Éd. de l'EHESS, 1990, p. 170-193. Sur l'utilisation de cette méthode avec un public de jeunes, cf. F. Dubet, *La Galère. Jeunes en survie,* Paris, Fayard, 1987.

n'est pas seulement épistémologique, il est aussi social : chacun d'eux a le souvenir de sa propre expérience scolaire. Les jeunes chercheurs sont plus proches des élèves que l'auteur de ces lignes, et la vie d'une recherche est celle d'une équipe de quatre sociologues et de leurs débats, de leurs discussions au cours de l'élaboration commune des hypothèses qu'ils proposent aux acteurs.

On ne peut sérieusement étudier l'expérience lycéenne sans s'intéresser aux enseignants. Aussi leur avons-nous consacré une partie de cette étude. Deux types de matériau ont été recueillis. Nous avons réalisé plusieurs dizaines d'entretiens individuels avec des professeurs des lycées où nous avons travaillé. Évidemment ces entretiens ne nous ont pas permis d'atteindre les enseignants les plus en retrait et nous avons de grandes chances de n'avoir rencontré que les professeurs les plus « motivés », ceux qui voulaient bien nous recevoir ou rester deux heures de plus au lycée. Nous avons aussi organisé trois journées de discussions avec un groupe de professeurs qui a reçu, lui aussi, quelques interlocuteurs. Il s'agissait de dégager une image du métier d'enseignant. Bien des professeurs ne se reconnaîtront pas dans leurs discours. Toutefois, nous avons observé, chez les professeurs comme chez les élèves, des régularités si fortes, des interprétations si homogènes au-delà des attitudes et des engagements idéologiques, que ce matériau n'est certainement pas anecdotique.

***

Le lecteur des pages qui vont suivre est invité à se placer un moment du point de vue des élèves, à renoncer à se demander si leur regard est légitime, juste, ou s'il ne l'est pas. Il lui faut simplement accepter que ce point de vue et l'expérience qui le constitue existent, sont un fait observé selon une méthode et une perspective dont il connaît maintenant les règles. Cette mise en garde un peu défensive provient de ce que nous savons maintenant de l'école, des élèves et de leurs enseignants. D'une part, c'est un monde si divers qu'il est absolument impossible de l'embrasser, et toute recherche, si minutieuse soit-elle, apparaît fatalement grossière, parfois caricaturale. D'autre part, chacun de nous est tenté de se considérer spontanément comme un expert de l'école à partir d'une généralisation de son expérience particulière d'élève, d'ancien élève, de parent ou d'enseignant. C'est une attitude dont le lecteur devra faire l'effort de se détacher, en écoutant les lycéens, ceux que l'on entend souvent le moins quand il est question de l'école.

2

Les « vrais » lycéens

Le centre

Le lycée Flaubert appartient à l'élite des établissements recevant les enfants de l'élite de la société, c'est un de ces lycées dont le nom est connu bien au-delà de la ville et de la région. Même s'il n'est pas le meilleur des meilleurs, c'est un vrai lycée serré autour d'une petite cour intérieure entourée de bâtiments sombres datant du Second Empire, avec quelques restes de grandeur et une allure à laquelle les élèves sont sensibles malgré la dégradation des locaux. « J'aime cet aspect un peu vieillot, j'aime bien le lycée à cause des souvenirs du passé, ces murs qui craquent, ces plafonds qui tombent, il y a plein de coins, j'aime bien. » « Surtout, c'est le centre », ajoute cette élève, car, si Flaubert est un vrai lycée, c'est avant tout parce qu'il est placé au cœur du Quartier latin, non seulement au centre de la capitale, mais au centre du quartier intellectuel, près des vieilles universités, des maisons d'édition et des cafés où l'on peut toujours croiser un intellectuel entr'aperçu à la télévision.

Flaubert est aussi au centre du système scolaire en raison des très bons résultats au bac régulièrement attestés par *Le Monde de l'éducation,* à cause aussi du poids des classes préparatoires, notamment littéraires, sans lesquelles aucun établissement ne peut prétendre appartenir à la « crème ». Ce petit établissement, puisque le cycle secondaire compte à peine 550 élèves, accueille une population choisie, celle du quartier bien sûr, mais aussi une centaine d'élèves venus de plus loin en raison de leurs excellents résultats scolaires. Il n'existe aucune statistique disponible relative à l'origine sociale des élèves, mais l'administration de l'établissement avoue ne pas dénombrer plus de 10 boursiers et plus de 4 % d'élèves issus des catégories sociales « populaires ». Flaubert reçoit moins les enfants de la bourgeoisie de l'argent et des affaires que ceux des professions intellectuelles de haut niveau, des artistes, des écrivains, des professeurs d'université, des hauts fonctionnaires... Ce qui lui donne un air élégant et vaguement de gauche mis en lumière par la présence de quelques enfants de ministres et de personnages connus.

Flaubert est au centre, mais il n'est pas tout à fait au sommet. Cet ancien lycée de jeunes filles qui fournissait les gros contingents des sévriennes — les élèves de l'École normale supérieure de Sèvres — est devenu mixte depuis plus de vingt ans, et les meilleures des filles sont parties vers des classes préparatoires plus prestigieuses encore, alors que les garçons venus dans l'établissement n'avaient souvent pas trouvé de place dans les deux grands lycées voisins dont personne, à Flaubert, n'omet de souligner la morgue, le mépris, les modes de recrutement scandaleux, l'esprit de bête à concours et de compétition. Évidemment, quelques enseignantes, anciennes élèves de l'« âge d'or », regrettent cette chute relative, mais, en contrepartie, ce lycée aurait gardé un aspect humain et chaleureux, une vocation éducative soulignée par bien des enseignants et des élèves... Il ne veut pas être une entreprise tout occupée à ses performances, et, dans le petit jeu des rivalités et des jalousies qui opposent les quelques grands lycées de la place, Flaubert tient à son image littéraire et humaniste, à son refus de la sélection outrancière, à son souci d'offrir une vie culturelle autonome aux élèves au travers des clubs et des ateliers. Flaubert s'identifie aux humanités et à un style littéraire qui le placent au centre d'une tradition, celle du vrai lycée ménageant à la fois une liberté intellectuelle, une atmosphère de travail, une capacité d'accueil et de compréhension. Les discours et les déclarations du proviseur révèlent un personnage accueillant, ouvert, soucieux des adolescents autant que des performances des élèves, volontiers critique à l'encontre de la sursélection pratiquée par les voisins.

Ce lycée constitue le point de départ d'un raisonnement appuyé sur la représentation d'un modèle éducatif traditionnel construisant une expérience lycéenne encore proche de celle des « héritiers » décrits par P. Bourdieu[1]. C'est à partir de la mesure de la distance entre cette expérience, dénichée dans un vrai lycée parisien, et celles des élèves rencontrés dans bien d'autres établissements éloignés de ce centre que l'on peut apprécier les transformations de l'expérience lycéenne. Cette démarche ne consiste nullement à affirmer que le vrai lycée possède une valeur éducative et pédagogique indiscutable, qu'il incarne une sorte d'idéal, ni à dire qu'il s'agit d'une situation banale et « normale ». Au contraire, par son caractère central, élitiste et traditionnel, le vrai lycée s'éloigne de nous.

Mais, au même moment, le vrai lycée occupe tout l'imaginaire et les représentations : ceux des parents qui s'efforcent de placer leurs enfants dans un vrai lycée. R. Ballion a montré comment cette image de bâtiments désuets avec les traces d'un cloître commandait encore largement le choix de l'établissement[2]. Le lycée incarne aussi le maintien d'une sorte d'idéal humaniste dont une grande part de la littérature critique sur l'école ne parvient pas à se détacher ; la majorité des critiques adressées au système scolaire remettent à l'honneur cette image du vrai lycée comme une sorte de miracle et de point d'équilibre mêlant les vertus de l'école républicaine, celles du grand

1. P. Bourdieu, J.-C. Passeron, *Les Héritiers, op. cit.*

2. R. Ballion, F. Œuvrard *et al., Le Choix du lycée,* Paris, Laboratoire d'économétrie de l'École polytechnique, ministère de l'Éducation nationale, 1989.

collège aristocratique anglais à celles de l'école efficace[3]. On peut aussi penser à l'image que bien des enseignants, eux-mêmes produits du vrai lycée, proposent toujours de l'excellence scolaire, quitte à vivre l'évolution du système éducatif comme une longue déchéance. Bref, même si le vrai lycée que nous avons rencontré à Flaubert se fait de plus en plus rare, il n'en reste pas moins un centre symbolique, une norme latente obligée et une nostalgie.

Un passage

« Le bac n'est pas une fin, c'est juste un passage, un moyen de s'estimer », explique Arnaud. En fait, les élèves du vrai lycée n'associent pas leurs études à un projet professionnel, même vague, ils ne s'interrogent guère sur l'utilité des études. Ils sont sur des rails et s'inscrivent dans des destins familiaux où les études longues et souvent brillantes vont de soi. Le lycée n'est pas réellement associé à l'âge des choix professionnels. Les élèves n'ont pas vraiment de projets, ils se font une image du niveau auquel ils peuvent prétendre, et généralement, pour les bons élèves des sections C, c'est le niveau des concours auxquels ils peuvent réussir qui définira, plus tard, leurs projets. Il suffit seulement de savoir ce que l'on ne veut pas faire, car l'univers des choix est surtout négatif, il peut apparaître comme une suite de renoncements tenant aux performances relatives des uns et des autres.

3. Cette image du vrai lycée, à la fois performant, humaniste, cultivé, sérieux et surtout très scolaire, est reprise dans toute une série d'essais plus ou moins catastrophistes publiés ces dernières années ; quel système scolaire résisterait à un tel idéal ? Cette représentation est partagée par des auteurs se situant dans des sensibilités politiques bien différentes. Cf., par exemple, J.-M. Domenach, *Ce qu'il faut enseigner,* Paris, Éd. du Seuil, 1989 ; A. Finkielkraut, *La Défaite de la pensée,* Paris, Gallimard, 1988 ; J.-C. Milner, *De l'école,* Paris, Éd. du Seuil, 1984 ; J. de Romilly, *L'Enseignement en détresse,* Paris, Julliard, 1984.

On n'a pas l'impression que le projet des élèves engage une stratégie scolaire, mais plutôt que les logiques de progression scolaires se suffisent à elles-mêmes. Subjectivement, l'école n'a pas d'utilité extérieure marquée, elle fixe un niveau. « Je n'ai aucun projet précis, je procède par élimination selon la renommée et les débouchés », dit Martin. La classe préparatoire apparaît souvent comme le destin « normal », car il faut éviter la faculté. « Les profs nous déconseillent la fac, la fac est perçue ici comme quelque chose d'assez inconcevable[4]. » « C'est le bordel, si on veut pas perdre de temps, il faut pas aller en fac, on sait tous qu'il faut pas aller en fac », dit un élève de terminale A 1. De ce point de vue et afin de différer les choix, il apparaît souhaitable de faire une première S et une terminale C, car, comme l'affirment tous les élèves, « ensuite on peut tout faire ». « Je veux pouvoir tout faire parce que je ne sais pas quoi faire », dit Florent. Le bon élève choisit S et C parce qu'il ne sait pas ce qu'il fera, « ça préserve une liberté de choix », affirme Elvire. « Ceux qui n'ont pas de problèmes nulle part vont en S, c'est la voie royale, c'est ce qu'on fait quand on sait pas quoi faire. De toute façon, c'est ce qu'on fait dans ma famille », dit Raphaël.

Le lycée marque le début des études sérieuses, celles qui engagent l'avenir, mais il n'est pas nécessaire d'avoir des projets professionnels, le principal est de ne fermer aucune porte. Ainsi, les projets des élèves sont la plupart du temps strictement scolaires et ne se lient quasiment jamais, y compris pour les bons élèves, à une représentation du métier. On vise un niveau, une grande école, un type de concours, un niveau de pratique professionnelle... « L'angoisse, dit un élève, c'est pas de savoir ce qu'on *va* faire, mais de pas savoir ce qu'on *veut* faire. » Mais une chose est sûre, ils continueront leurs études.

4. Cf. J.-M. Berthelot, « De la terminale aux études post-bac : itinéraires et logiques d'orientation », *Revue française de pédagogie,* n° 81, 1987, p. 5-15.

Les projets des élèves s'inscrivent dans le fonctionnement scolaire lui-même et ne renvoient guère vers des aspirations plus professionnelles. Les vrais lycéens n'ont pas à faire de projets, ils n'ont qu'à assurer des performances élevées, le choix viendra plus tard. Ce sont les résultats aux concours, les opportunités offertes plus tard qui imposeront la nécessité de choisir. Les élèves se représentent un niveau, professeurs d'université, chercheurs, avocats, ingénieurs, HEC, et les études consistent essentiellement à accumuler des ressources pour se placer, plus tard, à ce niveau. Il n'est évidemment pas question de travailler après le bac : « Je trouve ça prolétaire comme point de vue », dit Diana, élève de terminale A 2. Les bons élèves avouent que ce n'est pas le bac qui est déterminant — il va de soi —, mais la mention, car c'est elle qui fixe vraiment le niveau.

Ces voies toutes tracées et vagues, cette sorte d'évidence selon laquelle on est appelé à poursuivre de bonnes études longues n'inscrivent pas pour autant les élèves dans un monde d'évidences, harmonieux et sans tensions. Le haut niveau d'aspiration et le vague des projets mettent les élèves en demeure de participer à un jeu où les chances de gain sont faibles et où le joueur est cependant menacé de perdre. En effet, l'obtention du diplôme n'est pas vécue comme un exploit, toute la parentèle est déjà diplômée et plus encore, les parents, les aînés et les cousins se sont parfois couverts de gloire. Le diplôme n'est pas, nous le verrons, conçu comme un quelconque rite d'entrée dans l'âge adulte, car les modèles éducatifs libéraux des familles ne se prêtent pas à de telles ruptures.

En revanche, l'échec, si rare soit-il, prend des allures catastrophiques : « Le bac, c'est juste une étape, mais c'est pas d'avoir le bac qui pose un problème, c'est de pas l'avoir, dit Diana, on n'a pas beaucoup à gagner, mais beaucoup à perdre. » Si le succès n'apporte pas beaucoup, la défaite est des plus amères, d'autant plus que ces élèves ont une vive conscience du haut niveau d'aspiration de leur famille et de la « honte » associée à l'échec, à l'absence de mention parfois à l'examen ou à l'orientation vers une filière moins prestigieuse, A 2 et D dans le cas de Flaubert. Par ailleurs, la forte inscription dans une ambition familiale, si évidente qu'elle apparaît comme un destin, est parfois mal supportée par l'acteur, qui se sent défini par les projets des autres : « On n'a pas de projets, on flotte, on se demande ce qu'on fait là » ; « On entre dans une section, tout est décidé sans nous, dit Florent, personne n'est convaincu d'avoir une voie tracée, on fera de toute façon autre chose » ; « On fait de la philo, mais on finira par faire du droit... » Enfin, les élèves ont le sentiment de différer le temps des choix et, parfois, de se protéger en restant dans la chaleur du lycée, de ses projets strictement scolaires et de ses carrières automatiques, fixées par le seul carnet de notes. « Je veux pouvoir tout faire parce que je sais pas quoi faire, alors je ferai une prépa lettres qui est perçue ici comme une année de luxe », explique Olivia. Autrement dit, elle diffère le choix et s'offre le luxe de ne pas choisir vraiment, de prolonger la jeunesse, de n'avoir pas de projet. Seuls les lycéens qui sortent des rails, les élèves en difficulté seront tenus de choisir.

Matheux et littéraires

Le lycée Flaubert n'est pas une île déserte, et, là comme partout, il est clair que les filières scientifiques se voient accorder une certaine supériorité. La sélection par les mathématiques n'est pas contestée sur le fond par les élèves. « C'est partout comme ça, les gens trouvent ça normal, on est habitués depuis longtemps et on est tellement conditionnés par le système », dit François. Dans sa classe de seconde, il est évident que les élèves veulent entrer en première S, car c'est la bonne classe, pas forcément celle des scientifiques, mais celle des bons élèves.

Cependant, sur cette toile de fond commune à tous les lycées, Flaubert se distingue nettement par sa politique volontaire de création de bonnes sections littéraires, les A 1, qui fourniront les gros bataillons des classes préparatoires littéraires. Cette orientation est affirmée par la direction de l'établissement et contribue à établir sa réputation, puisque bien des élèves y sont inscrits en raison de cette politique connue de tous. En même temps, dans la sourde rivalité qui oppose Flaubert à l'un de ses voisins aux classes scientifiques prestigieuses, l'établissement se place sur un « créneau » original. Les classes littéraires A 1 sont valorisées aussi parce qu'elles permettent, à condition que l'élève soit excellent, d'obtenir quelques équivalences. Ainsi, assorti d'une mention « très bien », le bac A 1 a permis durant une période d'entrer directement à l'Institut d'études politiques.

Alors que dans tous les établissements les sections C puis D se tiennent au sommet de la hiérarchie, ici la filière A 1 bouscule cet ordre[5]. Le fait est suffisamment rare pour être souligné. Ainsi, tous les élèves établissent une parité rivale entre les terminales C et les terminales A 1, surtout entre les deux meilleures classes de ces filières. Plus bas déjà dans la hiérarchie du prestige se tient la section D formée des « ratés » de S et, plus loin encore, la section A 2 dont une élève nous dit qu'elle est considérée comme « la CPPN du lycée » et dont les enseignants parlent comme d'une filière « à problèmes » très éloignée de l'excellence des « vrais littéraires » et des « vrais scientifiques »[6].

5. Les sections C et D sont toujours au sommet de la hiérarchie, les sections G et F, toujours en bas. Ensuite, chaque établissement peut construire sa propre hiérarchisation, en privilégiant les B ou les A 1 selon les cas, les A 2 étant la plupart du temps plus mal loties. Nous laissons de côté le cas de la section E très valorisée et très forte, mais « technique » et par conséquent un peu moins digne que la C.

6. Classes préprofessionnelles de niveau, il s'agit des classes de collège où sont relégués les élèves en très grande difficulté, ceux qui ne peuvent pas suivre, même à la marge, une scolarité « normale ». Dans d'autres établissements, les A 2 peuvent faire partie de l'élite scolaire.

Cette politique de valorisation des sections littéraires nous ramène quelques décennies en arrière, lorsque la culture scolaire des lycées était dominée par l'opposition, rhétorique sans doute si l'on en croit sa place prépondérante dans les sujets de dissertation, mais aussi vécue par les élèves, entre les deux figures de l'excellence incarnées par les classes de mathématiques élémentaires et par les classes de philosophie. Alors que cette dualité n'existe quasiment plus dans les lycées, remplacée simplement par un ordre hiérarchique, elle reste au cœur du lycée Flaubert.

D'abord persistent les stéréotypes opposant les deux cultures : les littéraires sont « individualistes », « artistes », « peu disciplinés », alors que les scientifiques sont « laborieux », « conformistes », « sérieux et travailleurs ». Le talent et le travail s'opposent dans le plus pur style des « héritiers » selon des couples juxtaposant le talent et la méthode, l'imagination et l'observation, la culture et la mémoire... Tout cela n'est guère nouveau, mais un des effets de cette opposition est d'offrir aux élèves un discours et une conscience des dimensions culturelles de leur formation que l'on ne retrouve guère ailleurs.

En effet, dans la mesure où deux filières d'égale valeur s'opposent, l'ordre scolaire ne se réduit pas à la hiérarchie des mérites des bons et des moins bons élèves, car ces derniers disposent alors d'un ensemble de discours et de symboles leur permettant de se définir culturellement comme de « vrais » littéraires ou de « vrais » scientifiques. Face au modèle subtilement aristocratique et méprisant des « vrais littéraires », d'autant plus vif que les élèves de A 1 font aussi des mathématiques, les scientifiques intériorisent cet esprit des littéraires. « Nous, les scientifiques, nous sommes dominés, alors que les littéraires, ils sont plus sympas, ils ont un art de vivre, ils discutent, ils vont au café, alors que nous, on dit : t'as trouvé quoi et à demain », dit François, qui nourrit un léger sentiment d'infériorité « face aux forts littéraires qui ne peuvent se contenter de faire des exercices ». « Dans l'art de vivre, les littéraires sont moins coincés, les scientifiques c'est : dimanche, je prends un thé citron et je fais un tour au parc Montsouris, l'orgie ! » « Pour faire des études scientifiques, il faut pas une grande maturité, autrement on s'ennuie, il faut être un peu puéril. » « A Flaubert, on sent le mépris des A pour les C, y a un mépris pour les scientifiques incroyable, ajoute Dominique, bourrage de crâne, c'est pas le même travail, ils nous méprisent. De l'extérieur, en C, il y a que des cons et des polars. » Dominique, élève de C, n'est pas loin de partager cette opinion : « C'est idiot, la seule vertu, c'est qu'on apprend à travailler vite. » Parce qu'ils sont confrontés à un fort modèle littéraire et qu'ils sont malgré tout des C, c'est-à-dire des élèves dont personne et notamment les professeurs ne discute les vertus, ils se sentent pris dans une sorte de contradiction : « On jongle entre les deux étiquettes, le côté voie royale et le côté péjoratif, il y a toujours les deux réactions, les C travaillent comme des bœufs, et les autres réfléchissent », dit Éric, élève de terminale C.

Confrontés aux restes ou au renouveau d'un prestige de la culture littéraire, les scientifiques se défendent et ne se perçoivent plus seulement comme de « bons élèves ». « Les scientifiques, c'est l'énergie, la décision, la volonté, alors que les littéraires, c'est plus rester dans un fauteuil », dit François. La culture scientifique est associée à la dureté du monde masculin opposée aux douceurs de l'univers féminin. Ahmed, élève de mathématiques supérieures venu de la banlieue nord en raison de ses seules qualités scolaires, identifie la morgue des littéraires aux conduites aristocratiques de leur groupe social. « La culture littéraire, c'est des coups de folie, parce que les parents ont du fric, ils peuvent faire des élucubrations, des anciens de 68... Les scientifiques, c'est le sérieux contre le fric. Quand on est venu comme moi d'une famille de paysans algériens, on débarque pas comme ça avec l'idée de faire de la littérature, on est dans un milieu marche ou crève, et on fait des études scientifiques. Il faut réussir absolument et on n'a pas le temps de rêver. » D'autres aussi se vivent comme de « vrais scientifiques » et affirment une « vocation » : « Je suis comblé par les math et la physique. » Éric parle du plaisir de « savoir faire, de découvrir, de la rigueur », du sérieux comme plaisir, mais aussi comme morale.

Toutes ces discussions indiquent au moins une chose : au-delà des rivalités et des luttes de prestige, les élèves affirment le rôle éducatif et intellectuel de l'école. C'est peut-être ce qui en fait de vrais lycéens dans un vrai lycée. Ce sont les littéraires qui parlent le plus volontiers dans ces termes en définissant le lycée comme un milieu intellectuel et en se percevant comme une future intelligentsia. « Ça a été trois années excellentes avec des gens géniaux qui faisaient du théâtre, de la création, c'est assez intégré aux cours, on peut faire des exposés sur des livres qui sont pas purement scolaires », dit Olivia, élève de terminale A 1. On y trouve même l'engagement politique, explique-t-elle, puisqu'elle est proche des trotskistes, tout en reconnaissant que la critique révolutionnaire s'arrête aux portes du lycée. Le travail scolaire a du sens pour le sujet dans la mesure où il est perçu comme un travail sur soi. « Ça aide à prendre du recul », notamment à surmonter les difficultés tenant « au caractère peu sympathique de certains profs ».

L'école n'est pas seulement utile pour l'avenir, elle n'est pas seulement un milieu de vie juvénile, elle présente un intérêt intellectuel personnel. « L'école me forme et m'instruit à la fois, elle me donne des méthodes, elle m'apprend à m'organiser, car des fois je croule sous le travail. » Quelques élèves présentent même leur expérience scolaire sous le seul angle de cet intérêt intellectuel au point de paraître irrationnels ou excessifs. C'est le cas d'Élodie, élève de terminale C, qui se destine à une classe préparatoire littéraire. En plus d'une seconde langue vivante, elle a choisi l'option latin, l'option français, les sciences économiques, elle pense se mettre au russe, mais son emploi du temps devient serré. Tout lui semble indispensable. Évidemment, à côté de son travail scolaire, elle fait de la musique, elle recueille les Mémoires des acteurs de juin 1936 et trouve encore le temps de « se faire une véritable culture littéraire ».

La relation aux enseignants est décrite par ce groupe d'élèves en termes d'intérêt intellectuel, de passion et de méthode. Ce thème apparaît de manière négative d'abord, le mauvais prof est non seulement inefficace, incapable de transmettre les connaissances utiles pour l'examen, mais il est intellectuellement indifférent, dépourvu de passion pour la matière qu'il enseigne. « Les profs incompétents sont déprimés, les élèves se moquent d'eux, c'est impitoyable. On fait allusion à des textes qu'ils ne connaissent pas, on essaie de les faire virer », raconte Olivier. De ce point de vue, ces élèves se définissent comme des intellectuels en formation. « Le prof idéal est efficace et passionnant, il va en profondeur, ne se borne pas au programme. Les profs sont réglos et clairs, ils nous apprennent vraiment une méthode », dit Emmanuelle. Les bons enseignants sont « honnêtes, ils n'aiment pas les élèves qui bluffent en parlant des livres qu'ils n'ont pas lus ».

L'enseignant n'est pas défini par la chaleur de la relation qu'il entretient avec les élèves. « C'est le fait qu'il soit brillant qui compte, le rapport amical ne se pratique pas à Flaubert. » Il peut même y avoir un certain plaisir à vaincre la distance et la sévérité pour que l'intérêt se dévoile, « pur » : « Cette femme est peu avantagée par son physique, elle est mal dans sa peau, mais rien que de l'écouter, ça apporte quelque chose. C'est un phénomène, parce qu'au début elle est tellement intolérante, méprisante, je pouvais plus supporter, je voulais partir. Petit à petit, j'ai essayé de faire abstraction de son côté méchant. Ça forge le caractère. Au début, c'était terrifiant, mais quand on se libère de ça, les cours sont géniaux. »

Les « vrais » littéraires et les « vrais » scientifiques prennent même un plaisir ascétique à dépasser les obstacles proposés par les personnalités *a priori* rebutantes pour découvrir l'intérêt d'un cours. « Y a des vieilles filles, c'est des catastrophes, elles ne comprennent rien, mais c'est d'excellentes profs, pourtant, au niveau de la relation, c'est lamentable, elles sont chibrées psychologiquement. » Ces élèves peuvent parfois admettre, sans trop de douleur — ce qui n'est pas la cas de la plupart —, qu'ils apprécient « les profs qui s'intéressent à ce qu'ils enseignent, mais pas à leurs élèves ». Parfois même, comme l'explique Élodie, la relation peut être un obstacle à la connaissance : « Ma prof d'histoire est sympa, mais elle raconte des histoires et pas l'Histoire, je voudrais un prof plus austère et plus sérieux. » Conformément à l'idéal pédagogique classique, mais aussi à quelques recherches empiriques, il apparaît que le bon élève est en mesure de mieux maîtriser la situation scolaire en tenant compte de la personnalité de l'enseignement comme d'une variable relativement contrôlable et pouvant être isolée du contenu de l'enseignement[7]. Le bon élève accéderait aux « idées » indépendamment de la relation d'apprentissage. Que cette thèse soit vraisemblable ou non, qu'elle relève ou non d'une capacité de sublimation et d'une ruse de la conscience, peu importe ici, il reste que ces élèves présentent leur expérience de cette manière.

Tout en haut de ces représentations se profile encore l'image du « grand prof de philo », « brillant », « génial », non conformiste, capable de bien préparer les élèves à l'examen, de révéler leur intérêt intellectuel et de leur insuffler la passion de la connaissance critique, d'être ce professeur créateur, austère et indépendant dont le lycée de la IIIe République avait fait le symbole de son modèle

7. Les bons élèves manifesteraient une relative « indépendance psychologique » à l'égard des enseignants, leur permettant de mieux maîtriser les situations scolaires et, surtout, de comprendre plus finement la nature des demandes qui leur sont faites et d'y répondre avec une certaine autonomie stratégique, une habileté tactique. Cf. H. Mehan, *Learning Lessons. Social Organization in the Classroom,* Cambridge (Mass.), Harvard University Press, 1979.

universaliste et critique, à la manière d'Alain[8]. L'ombre de ce personnage est apparue si rare dans l'ensemble de notre étude sur les lycéens qu'il ne fallait pas manquer de l'évoquer quand elle survit dans les représentations de quelques élèves d'un vrai lycée.

Les castes

Sans projets précis, portés par de purs intérêts de connaissance, ces élèves manquent par trop de chair, ils évoluent dans une sorte de vide social donnant l'illusion trompeuse d'une expérience réduite à la seule acquisition de savoirs. Deux faits nous interdisent d'en rester là.

D'une part, si ces élèves s'approchent d'un idéal scolaire au point de parfois l'incarner, il reste qu'ils sont une minorité et que nombre de leurs camarades développent des stratégies bien différentes, plus instrumentales et parfois plus douloureuses lorsque leurs « dons », ou ce qu'ils perçoivent ainsi, ne leur permettent pas de se conformer à cet idéal avec tant d'élégance et de légèreté. Beaucoup d'élèves souffrent du poids de cette norme et des ambitions familiales écrasantes, ils se sentent humiliés et malheureux quand la multiplication du travail supplémentaire et des leçons particulières ne permet pas d'entrer dans le monde des élus.

D'autre part, un lycée est une organisation sociale réalisant des procédures sélectives, intégrant les uns et excluant les autres, mettant en présence un modèle culturel et des ressources sociales. Autrement dit, ce modèle scolaire n'est pas strictement scolaire, et les élèves qui le représentent sont aussi socialement définis. A Flaubert, cette rencontre se réalise dans un esprit de caste qui apparaît comme la face cachée du vrai lycée, ainsi que

8. J.-L. Fabiani, *Les Philosophes de la République,* Paris, Éd. de Minuit, 1988.

le soulignent immédiatement tous ceux qui semblent un peu décalés, à la marge. De manière étonnante, ce sont souvent les professeurs qui mettent en lumière cette logique de caste traçant les barrières d'un monde où l'on est entre soi.

Une enseignante fait observer qu'il ne lui est pas toujours facile d'évoquer ses loisirs et ses vacances face à des élèves qui ont déjà beaucoup voyagé, parcouru de nombreux pays, qui sont allés aux États-Unis, parfois au Japon, et qui peuvent sourire des loisirs d'un « petit prof ». Les séjours linguistiques, les stages de tennis associés aux cours particuliers seraient monnaie courante. D'après ce professeur, les élèves se demandent si « le prof qui habite en banlieue est aussi bon qu'il en a l'air », tant il va de soi qu'un « vrai » bon professeur ne peut vivre que dans Paris, et encore dans certains arrondissements. Il y aurait eu quelques remous, dit la rumeur, occassionnés par la venue d'une enseignante qui effectuait la moitié de son service dans un lycée professionnel de banlieue et dont l'image s'est trouvée immédiatement ébranlée, comme si la fréquentation d'un LP pouvait « contaminer » les élèves de Flaubert. Quand le groupe de recherche des élèves de Flaubert reçoit un professeur de mathématiques enseignant dans un lycée de banlieue, il saute aux yeux qu'avant même d'être perçu comme un mathématique cet enseignant est l'émissaire d'un autre monde dont les élèves se font volontiers une image peu ragoûtante de dégradation, de violence et de faiblesse scolaire, le professeur lui-même est mis à distance, comme entaché par les élèves auxquels il enseigne[9].

Ces anecdotes et ces impressions se confirment et se précisent dès que les élèves échappent à la norme, comme

9. En raison de ce climat, la réalisation de l'intervention sociologique à Flaubert n'a pas été des plus aisées. Il importait de savoir à quel niveau de prestige intellectuel se plaçait l'équipe de chercheurs et si la participation à l'étude pouvait conférer quelque prestige. Les « snobs » ne sont pas venus.

Arnaud. « Ils trouvent normal d'être là, l'ambition est naturelle. » « C'est l'ambiance d'un grand lycée parisien, les gens sont bons et ils le savent, ils ont tout ce qu'ils veulent, ils ne manquent de rien », explique Arnaud. C'est moins l'argent, toujours un peu vulgaire, qui organise cet esprit de caste que le style de vie et l'ambition. « Ici les gens sont prétentieux, ils ont une haute idée d'eux-mêmes, ils se voient déjà dans les hautes sphères », dit un élève en décrivant ses relations aux autres comme une « paix armée ». « Il est vrai, explique Martin, que depuis tout petit on est avec des gens qui ont de l'ambition, ça motive. » Olivia espère entrer en khâgne ; il lui est maintenant difficile d'avoir des conversations avec sa mère, institutrice : « Je ne lui demande rien, j'estime qu'elle n'est pas à la hauteur par rapport à ce qu'on me demande, par contre je peux parler avec mon père qui est prof de fac... »

L'élite de l'élite, la véritable caste, n'est pas celle de l'argent : on se moque volontiers des camarades qui participent aux rallyes mondains du XVIe arrondissement, ces grandes soirées où la bonne bourgeoisie envoie sa jeunesse afin d'éviter les mésalliances. Des élèves comme Olivia se reconnaissent entre eux comme une aristocratie de l'esprit identifiable par ses goûts, sa manière de parler — beaucoup de « tout à fait » et de « c'est évident » — et la distance entretenue à l'égard des conduites scolaires banales. Ils s'intéressent à l'avant-garde, à l'art, à la littérature, pour peu qu'il s'agisse de pratiques peu connues, à la manière des héritiers des années soixante.

Ceux que les élèves appellent les « snobs » « riaient quand les élèves prenaient la parole en classe, on se sentait pas bien, on parlait jamais, on était pris pour des petites merdes », dit une élève qui se sent « bâtarde » à Flaubert. « Le monde leur appartenait et ils ne voulaient pas se mêler à la populace », ajoute un des rares enfants d'employés scolarisés à Flaubert. Deux élèves de la section A 2 expliquent que même les camarades avec lesquelles elles s'entendaient bien au collège ne veulent plus les voir. « Ils se regroupent par catégories, ça se sent, y en a qui veulent approcher les enfants de gens célèbres, on les intéresse pas, parce qu'on peut pas leur faire connaître des gens célèbres, c'est leur propre intérêt plus que la gratuité. »

Plus que l'argent et la naissance, ce qui blesse, « c'est qu'ils ont des facilités, ils parlent de livres et de choses qu'on ne connaît pas ». « Ils méprisent les profs et parlent toujours de livres qu'on n'a pas lus. » « Ils ricanent, ils se sentent au-dessus de tout, ils n'en ont rien à foutre des cours, ils savent tout... Mais ils sont quand même très bons, ils ont du vocabulaire, du style. » Dans le domaine des langues en particulier, quelques élèves ayant vécu à l'étranger ou parlant plusieurs langues à la maison « font sentir aux profs qu'ils sont stupides et dépassés ».

« Avec les snobs, c'est deux espèces différentes », ajoute Arnaud. Les snobs se reconnaissent entre eux et se cooptent en adoptant un style « artiste et littéraire », « très redingote et débraillé ». Les garçons, en particulier, ont une manière de se vêtir, généralement dans les noirs, de se couper les cheveux, de porter la pâleur et la minceur, d'afficher un air absent, comme si l'esprit était toujours ailleurs, qui permet de les reconnaître aisément. On ne sait si les étoiles de la déjà ancienne « nouvelle philosophie » exercent une forte emprise intellectuelle sur les lycéens, mais elles ne sont pas sans influence sur les « looks ».

Même si les snobs ne manquent pas d'argent, ils s'engagent sans cesse dans une stratégie de démarquage à l'égard de la fortune, qui est un bien assez banal à Flaubert. Ainsi, le comble de la vulgarité est de montrer qu'on est riche. « Un type de droite, c'est un type qui a un beau blouson bien neuf et bien cher, qui montre qu'il a de l'argent. » « On est quand même des gens bourgeois et intellos, mais antibourgeois. » Le vrai snob efface les traces et veut apparaître comme le produit de ses propres œuvres, de son seul talent, il n'a ni parents ni famille. Du point de vue de la minorité exclue des charmes de la performance scolaire et des avantages de la fortune, tout se mêle dans un sentiment douloureux d'exclusion.

« On a essayé de s'intégrer aux autres, on a fait des avances, mais ça n'a pas marché, alors on est toutes les deux », expliquent deux élèves de la section A 2, dont l'une est fille de concierge, et l'autre élevée par sa mère chômeuse. « T'as vu le prix des fringues qu'ils mettent ? » dit Ahmed, qui se sent parfois seul avec ses goûts de zone, « le foot, la mobylette, la télé... » « Y a jamais de vraies amitiés, de vrais rapports, c'est toujours regarde moi comme je suis cultivé, comme je suis intéressant. On a des relations, on n'a pas d'amis », dit Madeleine alors qu'un autre élève, plutôt snob et en terminale C, explique sans détour qu'il ne « peut pas fréquenter Madeleine à cause de son milieu social ; on n'a rien à se dire ».

Les projets vagues et ambitieux, la naissance et le modèle intellectuel produisent le snob. Ce personnage appartient au vrai lycée, il en est même le centre car, au-delà des stratégies de démarquage, le lycéen se définit dans un rapport direct, fût-il critique, avec le modèle culturel dominant le lycée, celui du « vrai » littéraire. On peut donc penser que le snob ou l'« intello » est fortement socialisé par le lycée, puisqu'il en intègre les valeurs au point de les retourner contre le fonctionnement réel du lycée, contre le « scolaire » conçu alors comme la manifestation grossière, contrainte et mécanique, du vrai savoir. Le snob s'identifie aux valeurs de l'école contre ses normes, au professeur brillant contre la routine scolaire, au savoir contre l'argent.

Ces conduites, bien connues depuis les travaux de P. Bourdieu, nous ne les avons trouvées dans aucun autre établissement que le vrai lycée dont Flaubert est une des illustrations. En ce sens, les snobs ne sont pas simplement des jeunes bourgeois qui jouent, ils sont aussi une intelligentsia produite par le modèle culturel classique du lycée. Ils se constituent avant tout dans des catégories scolaires et intellectuelles, même si elles sont déterminées et informées par des catégories sociales. Ces lycéens s'identifient à des catégories scolaires et entrent ainsi dans des jeux de dénégation de leurs origines sociales. Ils veulent donc être des intellectuels contre les « bourgeois » qu'ils sont en réalité, conformément aux modèles des héritiers. Cependant, il ne leur suffit pas d'être des bourgeois, encore faut-il qu'ils rencontrent le modèle culturel d'un vrai lycée pour devenir des snobs et pas seulement une jeunesse dorée.

Le caractère particulier et scolaire de cet esprit de caste des snobs et des intellos apparaît nettement lorsqu'on le compare aux manifestations de l'esprit de caste que nous avons observées dans un grand lycée privé, le lycée du Château. Là aussi se retrouve une population choisie et fortunée et les lycéens expriment un fort sentiment d'appartenance à l'établissement en raison du projet éducatif, de la densité de la vie scolaire, de l'attention des enseignants, de l'importance des activités périscolaires. Les élèves semblent adhérer à ce projet qui les distingue, à leurs yeux, de l'enseignement public : « On est semi-encadrés », « on nous pousse à être adultes », « on nous pousse à être autonomes ». Les lycéens sont aussi dans l'établissement depuis le premier cycle du secondaire, et souvent leurs parents sont d'anciens élèves dont beaucoup participent activement au conseil d'administration du lycée. Les enseignants aussi sont des anciens du lycée. Ainsi se dégage un sentiment d'appartenance à la même communauté : « On se reconnaît dans la rue, on se salue. » « Entre nous, on s'appelle les châtelains. » S'il n'y a pas d'uniforme, « à la façon dont on s'habille, on reconnaît quand même qu'on est du Château ».

Cet établissement libéral aux liens anciens avec la bourgeoisie locale est très identifié socialement : « Ici, il y a de tout, mais pas n'importe quoi. » L'esprit du Château est à la fois communautaire et social, il sanctionne une appartenance sociale qui se prolonge dans des activités culturelles et des loisirs communs, se manifeste dans un style souvent BCBG, mais qui ne se transforme pas en élite intellectuelle et scolaire, en intelligentsia. Les quelques élèves d'origine populaire se sentent parfois mal à l'aise, « ils dévisagent les gens ». Ici, l'esprit de caste exprime directement un sentiment d'appartenance sociale, sans prendre le détour, qui n'est pas un détail, par l'identification aux valeurs de la culture scolaire. Ces élèves sont des « bourgeois », pas des héritiers et des snobs, ils ne créent aucun personnage intellectuel.

L'épuisement du monde des héritiers

Le vrai lycée accueille et produit un héritier. Il importe de définir précisément ce personnage pour mesurer à la fois son poids dans l'expérience scolaire et son déclin. Nous faisons l'hypothèse qu'il s'estompe peu à peu au fur et à mesure que se transforme le système scolaire. Deux caractéristiques de l'héritier peuvent être retenues : un style d'abord, un capital culturel ensuite, pouvant être réinvesti dans la scolarité, la manière dont il est mis en pratique définissant justement le style [10].

Le style est caractérisé par les thèmes de la vocation intellectuelle, de la distance culturelle et du dilettantisme. La vocation apparaît chez les « vrais littéraires » et chez les « vrais scientifiques » comme l'expression d'une nature profonde et d'un goût qui ne doivent rien à personne. Par ailleurs, la présence des deux cultures permet, on l'a vu, d'opposer les élèves « brillants » aux élèves « laborieux ». La distance intellectuelle affleure dans tous les entretiens et les rencontres de groupe où les élèves affirment préférer une culture personnelle supérieure à la culture scolaire

10. L'évaluation de la distance que l'on peut mesurer entre le personnage de l'héritier, principalement l'étudiant en lettres des années soixante, et nos élèves de Flaubert laisse ici de côté la discussion de la thèse sociologique de P. Bourdieu et de J.-C. Passeron relative à leur théorie de l'action. Nous en restons à la comparaison sociographique.

parce qu'elle n'est pas au programme : spectacles divers, films peu courus, galeries de peinture... Enfin, et surtout, les élèves prétendent maîtriser leur temps, n'accorder au travail scolaire que le strict nécessaire, passer une nuit blanche s'il le faut pour rédiger une dissertation... certains, qui visent une mention au bac, poussant la coquetterie jusqu'à se présenter comme des « glandeurs ». « Une heure par jour ça suffit, mais le bac, c'est pas un problème, je pense que je l'aurai. »

Plus instrumentale et moins « classe » est la manière d'utiliser les ressources culturelles familiales. Les loisirs sont présentés sous la forme d'un couple rationnellement équilibré entre les loisirs « intelligents » et les loisirs de « défoulement ». Mais le loisir de défoulement participe aussi de la stratégie scolaire, car il faut bien, de temps en temps, se changer les idées afin d'être plus efficace encore. Quant aux loisirs intelligents, ils sont multiples. « Ma mère m'a dit : écoute, ma petite chérie, la seule chose que tu peux faire pendant les vacances, c'est aller en Angleterre apprendre l'anglais », raconte Hélène, qui aurait préféré d'ailleurs se rendre en Union soviétique, autre forme de loisir intelligent. On ne regarde pas la télévision, sauf si l'on peut afficher une activité volontairement « abêtissante » afin de se « vider l'esprit ». « Mon expérience culturelle, c'est surtout avec les parents, le théâtre, les discussions... », dit Martin. Alexandrine et Emmanuelle expliquent comment elles se ménagent des loisirs en allant voir « des films intelligents, ceux qui peuvent apporter un plus à la culture scolaire, qui peuvent servir dans les disserts et les débats ». Elles les opposent aux films « divertissants » qui n'ont pas droit de cité dans la vie scolaire, ce qui implique évidemment une bonne maîtrise des normes scolaires et des frontières entre l'univers scolaire et celui de la vie « civile ». Ces élèves apparaissent comme des gestionnaires méticuleux de leur temps, soucieux de convertir des activités de loisir et de culture en performances scolaires.

Cette expérience s'efforçant de transformer des acquis sociaux en style « naturel », identifiée principalement au groupe des snobs, est déjà largement érodée. D'abord, beaucoup d'élèves de Flaubert, y compris ceux qui flirtent avec le snobisme, en dénoncent l'imposture. La plupart des élèves expliquent qu'ils travaillent beaucoup et de manière méthodique, ils décrivent parfois des emplois du temps un peu effrayants tant ils sont lourds, et ces bons élèves de Flaubert consacrent l'essentiel de leurs soirées et de leurs week-ends à essayer d'atteindre les performances que l'on attend d'eux. De tous les lycées où nous sommes allés, ce sont eux qui se soumettent au travail personnel le plus lourd. « Tout le monde travaille, mais chacun dit qu'il ne travaille pas pour passer pour un petit génie », dit Raphaël. Le snob est d'ailleurs un personnage négatif, souvent odieux, parce qu'il « s'y croit », et personne ne le croit lorsqu'il explique qu'il est doué et que, vraiment, « c'est pas sa faute ». Tout semble en jeu : « Ici c'est intello de gauche, mais toutes ces histoires d'intellos de gauche, c'est comme un jeu, on n'y croit pas. »

« On » croit d'autant moins à cette aisance naturelle que trop d'élèves expliquent que leurs parents exercent une certaine pression, manifeste dès les premières difficultés scolaires. « Ma mère essaie d'être gentille, je me sens toujours oppressé, elle arrête pas de me dévisager. Elle rentre dans la voiture, elle règle le rétroviseur, elle regarde », dit Benoît, qui s'est révélé moins brillant au lycée qu'au collège. « Ils en font trop, j'en ai marre ; quand je regarde la télé, ils me le reprochent... angoisse, je flippe, je pleure », dit une fille. D'après l'administration de l'établissement, la pression des parents est considérable et, si leurs enfants sont des héritiers, les parents n'en sont pas certains. Bref, les élèves ne sont pas dupes. « Il y a un bourrage de crâne des parents, il faut que tu sois le meilleur », dit Arnaud. « Mais les gens ils sont déprimés et stressés... il faut se donner un genre... »

Le style et le naturel des héritiers semblent d'autant plus fragiles que, malgré l'originalité et la qualité de l'établissement, la sélection est toujours présente. Une des discussions favorites des élèves concerne le recrutement de l'établissement. Ils racontent longuement les diverses modalités de « piston » et de « magouilles » qui permettent d'entrer à Flaubert, comment les parents ont joué de leurs relations, ont donné de fausses adresses. Ils s'en font probablement une image très excessive, mais largement présente : « Trois personnes sur quatre sont pistonnées, le proviseur le dit elle-même. » Certains l'acceptent : « Moi, ça me paraît pas choquant parce que je trouve ridicule que de bons éléments qui ont la malchance d'habiter dans des quartiers pauvres soient obligés d'aller dans des lycées qui les mèneront pas au niveau du VIe. » Il est vrai aussi que tous partagent une image très négative des lycées « normaux », « mal fréquentés... pas de bons profs... Le bordel... ». D'autres trouvent cette sélection injuste et donnent parfois l'impression d'être des « survivants », puisque leurs amis de collège ont disparu, puisque des élèves tout aussi bons ont été abandonnés sur le bord de la route. Il leur est alors difficile de croire que leur place tient à leur seul mérite.

Dès que la demande de place dans les bons lycées excède l'offre, dès que la compétition scolaire se durcit, les heureux élus ne peuvent plus tellement percevoir leur position en termes de simple mérite personnel, et ces élèves dévoilent volontiers toutes les stratégies familiales, les relations et les calculs qui leur permettent d'entrer dans le vrai lycée. Alors que les héritiers pouvaient avoir l'impression de suivre un chemin naturel et tout tracé, ces élèves commencent à y percevoir des mécanismes compétitifs d'une autre nature, d'autant plus douloureusement perçus souvent qu'ils brisent l'unité supposée, désirée en tout cas, des communautés juvéniles, qu'ils cassent la relative homogénéité du monde de l'enfance et du collège.

Le style des héritiers se dégrade doucement parce qu'il se heurte à une sélection scolaire assez vive. Comme les ambitions sont élevées et que, à l'exception de celles de D et de A 2, toutes les classes sont bonnes, les élèves décrivent une forte compétition scolaire, une rivalité dans l'excellence dont nous ne trouverons plus une trace aussi vive dans les autres lycées.

Dans cette compétition pointe une logique utilitariste mettant à mal les « vraies » vocations. « On travaille pour les résultats et le diplôme ; le contenu, on s'en fout un peu. » « J'ai été éduqué pour ne pas accepter la médiocrité, pour une exigence d'excellence, et je bachote plus que ça ne m'intéresse », dit Martin. « C'est un milieu compétitif, rater un contrôle, ça me fout les boules, mais c'est pas le contenu qui m'intéresse. Je suis pas en cours pour avoir des cours qui m'intéressent, mais pour avoir des bons résultats ; cela dit, il y a des cours qui m'intéressent. » Tout se passe comme si les élèves préparaient un concours transformant chaque camarade en rival. « L'émulation des élèves, c'est bon, mais pas avec les profs, les profs, c'est maladroit, ça énerve. Ce qui est bien, c'est l'émulation entre les élèves. »

Parfois, l'émulation prend un tour particulier : « Il faut tenir son rang, dit Olivia, la question, c'est la performance des autres. » « Il y a un peloton qui veut réussir, la réussite avant tout, quitte à écraser les autres, y a des tonnes de lèche pour se faire bien voir », dit Emmanuelle en expliquant que Cécile refuse de s'asseoir à côté d'elle en cours, « comme pour préserver son image de bonne élève ». Alors se dévoile un ensemble de conduites très éloignées du style détaché des héritiers. « Ils se sentent en concours, c'est débile, ils te donnent de faux renseignements », dit Raphaël, admettant toutefois qu'il y a des « parasites ». Anna est plus nette encore : « On peut copier un devoir sur quelqu'un, mais s'il a une faute, on la corrige pas... J'aime pas voir une faute comme ça, alors que je pourrais lui dire. » Ce qui n'interdit pas la mauvaise conscience : « C'est vrai, les gens qui ont des difficultés, c'est pas vraiment des amis. »

L'image du rapport au professeur se brouille et se transforme. L'enseignant brillant, passionné et intéressant est remplacé par l'enseignant efficace. « L'enseignement est efficace, mais y a pas de profs qui me passionnent, dit Nicolas, ils préparent bien au bac, ils donnent une méthode... Ils font bien tout le programme. » « Grâce à ce prof, on aura des acquis très importants, on aura une excellente méthode, mais il fait du forcing avec nous. On sort des cours avec la tête pleine, mais on entre, on est complètement stressés et c'est vraiment rébarbatif. On n'a pas le droit de dire un mot de travers. Par exemple, on entre en cours, tout le monde s'assoit, il attend que tout le monde soit installé, il ferme toutes les fenêtres, il ferme tous les rideaux, le rideau de la porte, et on n'a pas le droit de regarder autre chose. Mais cela dit, c'est un prof excellent. »

Ces représentations correspondent en tout cas aux attentes des élèves perçues par les enseignants. « Les élèves sont des consommateurs, ils ont des projets, mais ils n'attendent pas tout de l'école », dit une enseignante qui se sent un peu à l'étroit et même « méprisée » par ce type de demande. « Un enseignant est estimable quand il est efficace. » Cette revendication d'efficacité pèse assez régulièrement sur le corps enseignant soumis à la vigilance parfois tatillonne des parents qui vérifient la conformité des programmes et des enseignements et se plaignent volontiers des « excursions » au-delà du programme, qui se méfient des méthodes novatrices dont l'efficacité n'est pas établie et s'étonnent de l'absence de contrôles réguliers. Des démarches diverses, des manœuvres et des plaintes de familles nous sont rapportées ; le « corps » enseignant doit parfois faire bloc pour défendre son autonomie professionnelle contre des parents qui agissent comme des experts.

L'établissement

Nous définirons l'établissement, ou pour le moins son style, comme la manière dont sont mises en présence les diverses dimensions de l'expérience lycéenne, par la façon dont il construit une discipline, des règles de vie commune, dont il essaie d'intégrer la vie juvénile et le fonctionnement de l'école.

L'observateur qui a quitté le monde des lycées depuis plus de vingt-cinq ans est avant tout surpris par une apparente absence de discipline. Rien ne rappelle vraiment les élèves mis en rang avant d'entrer en cours, les silences dans les couloirs, les contrôles sur la tenue. Les élèves n'évoquent jamais le poids d'une discipline qui les contraindrait en dehors de la classe. Le personnage classique du « surgé », sorte d'adjudant de quartier — c'était d'ailleurs parfois un ancien militaire —, est remplacé par le CPE (conseiller principal d'éducation) dont les élèves ne parlent pas comme d'un croque-mitaine. Tous soulignent le sentiment de liberté éprouvé après les années de collège. L'établissement n'exerce plus un réel contrôle social sur les conduites personnelles définies essentiellement comme non scolaires. Aussi a-t-on l'impression d'être dans un univers très détendu, très « cool », où chacun mesure à peu près « naturellement » la marge d'autonomie qui lui est dévolue. Quelques élèves tapent dans une balle sans crier, d'autres jouent au tennis de table sans hurler, les groupes paraissent toujours informels et mouvants, la porte est toujours ouverte... Les élèves se sentent bien et le disent d'autant plus que ceux qui souhaitent faire de la musique, du théâtre ou éditer une petite revue trouvent souvent de l'aide.

Cet établissement n'est pas seulement défini par la rencontre d'un modèle culturel, d'ambitions élevées et d'une compétition scolaire dans un espace ouvert et libre. Flaubert se caractérise par la création d'un style original largement identifié à l'action du proviseur. Les élèves ne sont pas totalement étrangers aux procédures de la sélection, dans la mesure où chacun d'eux assiste au conseil de classe quand son cas vient en débat. A les en croire, cette initiative ne change guère les résultats et les décisions, mais elle renforce le sentiment d'appartenance à l'établissement, car elle est vécue comme une cérémonie au cours de laquelle ils sont individuellement reconnus par les professeurs. Yves décrit la petite émotion ressentie : « On est là dehors, on attend, on essaie de bien se présenter, ils ont un petit mot gentil... ça donne l'impression d'appartenir au lycée plus qu'un carnet de notes. » Cette cérémonie, disent les élèves, entraîne aussi une impression de transparence et de justice parce que les enseignants sont tenus d'expliquer comment ils ont constitué les moyennes, comment ils ont pondéré leurs notes... Et puis « ils parlent plus correctement de nous que si on n'était pas là ». La direction de l'établissement a créé un style grâce auquel les élèves disposent de recours contre les enseignants : « Le proviseur nous écoute et on n'a pas forcément tort. » Cela est apparu très exceptionnel dans notre étude et méritera que l'on y revienne.

Il semble que, par ces mesures relativement limitées, la dureté vécue des mécanismes sélectifs soit atténuée et que le lycée ne se réduise pas à la seule juxtaposition du travail et de la compétition scolaire, d'un côté, et de la liberté juvénile, de l'autre. Les élèves ne se sentent pas seulement dans un marché, ils se perçoivent aussi, bien que faiblement, dans une société politique.

⁂

Ce glissement du style des héritiers vers une expérience décrite en termes de rivalité, de compétition et d'efficacité suggère, malgré la figure symbolique de l'héritier, une transformation sensible. Dans les faits, il semble que les élèves soient partagés entre les deux modèles et vivent une tension forte entre une logique de l'efficacité instrumentale dans laquelle le lycée est un outil, et un modèle plus classique de l'intérêt et de l'adhésion critique. Les élèves que nous avons rencontrés parlent des deux manières à la fois et soulignent souvent le « stress », la tension qu'il peut y avoir entre ces deux rapports aux études, entre une école des héritiers et une école de formation des futures élites, entre un univers de la culture et un univers de la compétition.

Dans le vrai lycée, la plupart des élèves « gèrent » cette tension et peuvent même en retirer certaines joies. Mais on ne peut pour autant ignorer le coût de cette logique de l'expérience pour les élèves qui se sentent loin du modèle culturel et s'enferment alors dans une compétition vide de sens et destructrice, pour ceux aussi qui sont humiliés par les snobs et par les jeux de la sélection qui les relèguent dans une sorte d'infamie. Ces élèves ne se satisfont plus de l'enseignement efficace, de l'absence de « relations » avec les enseignants, l'un d'eux parle même des « masques » et de l'absence d'« humanité », de l'« indifférence » des professeurs. Pour voir comment l'établissement traite ce résidu, comment se construit l'expérience lycéenne de ces élèves moins exceptionnels, promis à la faculté plus qu'aux classes préparatoires, il faut pousser notre étude plus près des lycées ordinaires des grandes villes, il faut quitter le VIe arrondissement.

3

Les « bons » lycéens

Pour s'approcher d'une expérience lycéenne plus banale, nous avons travaillé avec les élèves de deux lycées d'une grande cité de province, « bons » lycées anciens, bien situés dans la ville, accueillant les enfants de la bourgeoisie et des classes moyennes, établissements « installés » où les enseignants confirmés, agrégés pour près de la moitié, terminent leur carrière. Toutefois, ces deux établissements sont « un cran au-dessous » de Flaubert parce qu'ils paraissent plus ouverts aux classes moyennes, parce que les ambitions des élèves sont moins élevées, parce qu'ils sont au centre d'une grande ville, mais pas « au centre du centre ».

Joffre et Michelet

Michelet a l'allure d'un « vrai » lycée avec ses portes monumentales, ses platanes, ses bâtiments anciens et sa position dans la ville, près des cafés et des rues commerçantes que les élèves fréquentent assidûment. C'est aussi un « vrai » lycée parce qu'il possède les meilleures classes préparatoires de la région et que nombre de ses anciens élèves, une fois « arrivés », en entretiennent l'image. Cette position dominante n'est d'ailleurs pas sans provoquer quelques jalousies, notamment de la part du grand lycée technique voisin souffrant de l'ombre de ce « donjon ». Empruntée à R. Ballion, l'expression de donjon signifie que l'établissement est en position dominante sur le marché scolaire local, qu'il attire les bons élèves bien au-delà du secteur qui lui est attribué et qu'il laisse aux autres établissements l'honneur de se disputer la seconde place. Ce lycée maintient aussi un style vieillot et charmant auquel contribuait le proviseur au moment de notre étude, par son souci des formes, des convenances et de la tradition lettrée.

Cette position de donjon n'est pas purement symbolique, car elle a des effets sur le recrutement des 1026 élèves du second cycle présents lors de notre étude. 46,8 % d'entre eux ne venaient pas de la commune, ce qui signifie que la plupart n'appartenaient pas au secteur de Michelet. Sur les 18 élèves qui ont participé à l'intervention sociologique, 10 avaient accompli une démarche « volontaire » pour être à Michelet : choix de langues « rares », adresse de complaisance, relations [1]... Évidemment, cette situation entraîne une surreprésentation des groupes sociaux favorisés : 34 % des élèves sont issus de la catégorie des cadres et des professions intellectuelles supérieures ; 15,2 % des professions intermédiaires ; et 20,5 % des employés ; les enfants d'ouvriers constituent 5,4 % de la population scolaire, alors que cette catégorie atteint 28,3 % dans l'agglomération.

La position de donjon est aussi confirmée par les performances de l'établissement mesurées à l'aune des résultats au baccalauréat : plus de 90 % admis en B et en

1. Il est extrêmement difficile de fixer un ordre de grandeur de ces pratiques. Les demandes de dérogation à la carte scolaire ne constituent, semble-t-il, qu'une part limitée de ces stratégies. Évidemment, les ordres de grandeur que nous donnons à partir de notre groupe ne sont absolument pas représentatifs d'un phénomène que l'on ne connaît pas exactement. Dans notre groupe de Michelet, l'éventail des manœuvres est le suivant : adresse de complaisance, choix d'une langue ou d'une section rare, notamment A 3, scolarisation dans un collège du secteur lui-même choisi hors du quartier d'habitation, « relations », déménagement de la famille pour être dans la zone du bon lycée.

D ; plus de 85 % en C et en A. Il faut dire que les effectifs diminuent très sensiblement au fil des divisions, 61 élèves disparaissent entre la seconde et la première, et 45 entre la première et la terminale. Au bout du compte, 50,2 % des élèves préparent un bac scientifique, et l'on ne compte que 15 % d'élèves âgés de plus de dix-huit ans en terminale.

Mais cet établissement sélectif est en même temps libéral et, pourrait-on dire, « doux », détendu. On n'y entend pas de sonneries, les élèves circulent sans contrainte et l'on peut avoir le sentiment, en les voyant, que ne pèse sur eux aucune discipline. Ils passent au foyer, devant les distributeurs de boissons, vont prendre un café, quelques couples s'embrassent... Les divers clubs gérés par les élèves sont relativement actifs et l'on considère que les cafés alentour font partie de l'environnement « naturel » du lycée. Les bulletins trimestriels ne sont pas envoyés aux parents, mais directement remis aux élèves. A première vue, ce lycée associe une vie juvénile relativement libre et une scolarité sélective et laborieuse.

Joffre a aussi l'allure d'un « vrai » lycée et tient un rang honorable sur la table. Ce grand lycée de 1 660 élèves s'éloigne toutefois du stérétotype classique. Derrière les bâtiments délabrés du vieux lycée, avec sa chapelle et son jardin intérieur, se tiennent des constructions plus récentes, en triste état souvent, et quelques bâtiments préfabriqués montrent à l'évidence que le lycée ne rentre plus dans ses murs. Les bâtiments se succèdent comme autant de témoignages de l'histoire du lycée, ils révèlent une évolution dont quelques enseignants disent qu'elle est vécue comme une décadence par le noyau des anciens professeurs. Du temps de la séparation des sexes à l'école, Joffre était le grand lycée de jeunes filles de la ville, à la fois élitiste et discipliné avec ses bataillons d'élèves vêtues de blouses roses ou bleues. Depuis l'arrivée des garçons et des hommes, le vieux carré des anciennes, celles que les élèves nomment les « monuments », a l'impression de vivre la chute de l'établissement, et encore les sections G, un moment installées dans les murs, ont été déplacées ailleurs !

Cependant, Joffre reste un lycée choisi et, si l'on ne connaît pas assez précisément les origines géographiques des élèves, il semble, là aussi, que bien des manœuvres permettent d'y accéder. Dans notre groupe de recherche, 6 élèves sur une quinzaine n'appartenaient pas au secteur et avaient utilisé tous les recours possibles pour trouver place dans l'établissement. Moins privilégé qu'à Michelet, le recrutement social reste bourgeois : 29,9 % des élèves sont issus de familles de cadres supérieurs et de professions intellectuelles ; 24,2 % de familles de professions intermédiaires ; 13,7 % de familles d'employés ; et 7,8 % de familles d'ouvriers. Pour autant que cette notion soit précise, il s'agit d'un lycée de classes moyennes supérieures. Les performances des élèves sont plus faibles que celles de Michelet, puisque, à l'exception des sections C, D et F 11 — filière qui associe une formation musicale à l'enseignement général — qui ont plus de 80 % d'admis au bac, les sections A et B évoluent entre 70 % et 80 % de succès. Il semble que les classes préparatoires de l'établissement n'aient pas le même effet d'entraînement qu'à Michelet et, *a fortiori,* qu'à Flaubert : elles ne comptent que 200 élèves contre la moitié des effectifs dans les autres lycées. Cependant, le lycée est assez sélectif, perdant une centaine d'élèves entre la seconde et la terminale, avec un taux de redoublement de 20,9 % dans la classe de seconde. L'accès à la série C est plus fermé à Joffre qu'à Michelet, 14 % des effectifs des classes de terminale contre 25 %.

Comme Michelet, Joffre est un établissement libéral. La vie scolaire donne l'impression d'une extrême décontraction et d'un calme étonnant, on voit des groupes d'élèves parler, serrés sur quelques bancs, sans être gênés par les basketteurs voisins. Des classes entières se déplacent avec une fluidité et un silence surprenants lorsqu'on découvre qu'il n'y a là ni adulte ni surveillant. Comme partout, la cantine provoque des cohues, mais, le reste du temps, les élèves circulent avec une liberté qui donne parfois une impression d'anomie, d'absence de règles. Ce lycée apparaît comme la rencontre d'un monde juvénile de classes moyennes et d'un système d'enseignement, sans que rien vraiment lie ces deux univers.

Les projets : ni boursiers ni héritiers

Les élèves des deux groupes de recherche formés à Joffre et à Michelet ne peuvent pas être définis comme des « boursiers », c'est-à-dire comme des enfants montant les échelons de la structure sociale par le biais des études. Comme le dit un professeur d'histoire, ce ne sont pas des gens qui doivent tout à l'école. La plupart d'entre eux ont au moins un de leurs parents bachelier et souvent ils appartiennent à des familles où l'on a fait des études longues pour devenir médecin, enseignant, cadre, opticien, administrateur, pour accéder à toutes ces professions diplômées. A part une fille d'ouvrier à Joffre, ces élèves n'ont absolument pas le sentiment de s'engager dans un parcours de mobilité ascendante, ils font des études « normales » et, en se retrouvant dans un bon lycée, ils réalisent à peu près ce que l'on attend d'eux. Les lycéens ne sont certainement pas ambitieux, l'idée de compétition est quasi absente, et les quelques « bouffons », c'est ainsi qu'ils nomment les élèves qui courtisent les enseignants et font du zèle, sont très rapidement marginalisés. Deux enseignants, d'ailleurs, anciens boursiers devant tout à l'école, sont sensibles à cette absence d'agressivité[2]. « Pour eux, c'est normal d'être au lycée, ils n'ont même pas ces petits moments de zèle des bons élèves qui s'appliquent avec les cahiers neufs et tout ça, alors que

2. Cf. A. Prost, *L'enseignement s'est-il démocratisé?* Paris, PUF, 1986. D'après cette étude, c'est au cours des années soixante que la démocratisation a été la plus sensible, ce qui correspond à la période durant laquelle la majorité des enseignants en poste aujourd'hui a fait ses études secondaires et supérieures.

moi, je n'avais que l'école. » Les élèves ont d'autant moins le sentiment d'être en mobilité sociale ascendante qu'ils ne cessent de répéter qu'« aujourd'hui le bac ne vaut plus rien », soit parce que « tout le monde l'a », soit encore parce que « ça commence après ». « Ça », c'est-à-dire les affaires sérieuses.

Dans ces deux groupes les élèves ne sont pas non plus des héritiers, entendus ici au sens de A. Thibaudet comme les privilégiés de la naissance et de la fortune. Ils diffèrent de ceux de Flaubert, car rien n'est acquis ni tout à fait naturel[3]. La plupart des parents n'ont pas de fortune, et l'on n'hérite pas des diplômes comme d'une propriété familiale. Ces lycéens n'appartiennent pas à des familles diplômées suffisamment anciennes et installées pour que le succès soit donné comme une évidence. De ce point de vue, ces élèves sont inquiets : si l'avenir dépend des diplômes, ils ne sont pas assez bien nés pour les considérer comme allant de soi. En tout cas, les familles exercent une certaine pression, déjà observée à Flaubert, moins pour assurer les carrières brillantes que pour éviter la chute, le redoublement et la catastrophe. Quelques élèves suggèrent même une angoisse et une pression certaines à travers la demande d'information, le suivi des notes, les inquiétudes pour l'avenir.

Il faut dire que les parents et les élèves peuvent trouver que les études sont normales sans percevoir le succès comme automatique. Rappelons que, si les statistiques indiquent que les bacheliers sont encore largement issus des catégories privilégiées, tous les élèves de ces catégories n'en deviennent pas pour autant bacheliers : 21 % des enfants de hauts fonctionnaires, 27 % des enfants de magistrats, 38 % des enfants d'instituteurs n'obtenaient pas ce diplôme en 1977[4]. Du point de vue des acteurs

3. A. Thibaudet, *La République des professeurs,* Genève, Slatkine, 1979 (1re éd. 1927).

4. Données empruntées à R. Ballion, *L'Argent de l'école,* Paris, Stock, 1977.

individuels, le succès n'est pas garanti, loin de là, et, dans nos groupes eux-mêmes, il n'est pas rare qu'un frère ou une sœur ait dû s'orienter vers des études courtes. Rien n'est donc joué et les élèves sont plus habités par une crainte de la chute, une peur de l'échec, que par un sentiment de mobilité.

Bien plus nettement encore qu'à Flaubert, ils se sentent engagés dans un jeu à perte, ce jeu où le succès ne rapporte guère et où l'échec est dramatique. « Il faut toujours assurer, on essaie d'exorciser l'angoisse, on plaisante », dit un garçon de Michelet. Ce n'est sans doute pas une pression constante, mais les mauvais résultats apportent beaucoup plus de peines que les bons ne donnent de satisfactions. La métaphore de l'inflation des diplômes et de leur dévaluation n'est peut-être pas totalement acceptable, mais, pour ces élèves, elle permet un peu d'expliquer leur état d'esprit, car si « avec le bac on n'a pas beaucoup, sans le bac on n'a rien [5] », Dans le fond tout se passe bien jusqu'au premier accroc, et nous verrons que l'utilitarisme mesurant au plus près les investissements afin de ne pas perdre devient la mieux adaptée des attitudes.

Il n'est pas surprenant, à partir de cette définition de la situation, que les élèves se caractérisent par une quasi-absence de projets professionnels [6]. Le monde scolaire se

5. J.-C. Passeron, « L'inflation des diplômes. Remarques sur l'usage de quelques concepts analogiques en sociologie », *Revue française de sociologie,* XXIII, 1982, p. 551-584.

6. La notion de projet doit être distinguée, autant que faire se peut, de celle de désir et de souhait. Elle suppose que l'acteur mette en œuvre une stratégie ou, pour le moins, qu'il inscrive son action dans une perspective de réalisation du projet. Dans l'enseignement général, le lien entre un éventuel projet et la formation est, par définition, très lâche. Aussi l'absence de projet ne peut-elle pas être tenue comme l'indicateur d'un retrait ou d'une « aliénation », car elle ne freine en rien l'adaptation des acteurs ; elle peut, en revanche, entraîner un sentiment de vide et d'angoisse, beaucoup plus lourd en regard des exigences de l'adolescence que de celles de l'école.

suffit à lui-même. « Je vois la majeure partie de mes copains, on vise pas tellement au-dessus du bac, on vise jusqu'au bac, une petite filière scientifique, terminale C, et puis après on a une vue assez courte de notre avenir », dit Olivier, de Michelet. De manière surprenante, tenant peut-être aux conditions de la recherche et aux craintes d'un aveu, les élèves ne répondent guère aux questions directes sur leurs projets. A l'exception d'une faible minorité, ils se débarrassent de la question en proposant un projet des plus vagues : le droit, la fac, le commerce... La question les gêne, ils revendiquent du temps, sauf notre « boursière » qui s'est fait un « plan de carrière » dans les professions juridiques. Ils avouent d'ailleurs que cette question leur rappelle trop celles de leurs parents inquiets de voir qu'« ils ne savent même pas ce qu'ils veulent faire ». Notons au passage que cette difficulté à élaborer et à parler des projets nous oblige à considérer avec une certaine suspicion les enquêtes par questionnaires et sondages où l'on est tenu de dire ce qu'on va devenir ; les élèves se soulagent rapidement d'une question désagréable mais liée à une obligation morale d'*achievement,* il faut donc y répondre.

Pour aller au-delà, nous avons invité dans chacun des deux groupes des interlocuteurs capables de leur parler des emplois et de l'avenir économique. Dans un cas, il s'agissait du responsable d'un diplôme universitaire de technologie de carrières commerciales ; dans l'autre, d'un cadre de la société IBM. Les deux réunions se sont déroulées de la même façon. Les élèves ont écouté avec politesse et désintérêt et, dans les deux cas, ils nous ont avoué que ces rencontres avaient été les moins intéressantes de la recherche, ce qui ne tient certainement pas à la personnalité des interlocuteurs. Le responsable du DUT a expliqué qu'avec du dynamisme et de l'enthousiasme ils trouveraient, dès la fin de leurs deux années d'études, un emploi de cadre commercial offrant une vie active, des revenus élevés et une mobilité dans la carrière. Les élèves n'ont pas réagi, ni pour ni contre cette image du métier. Ils ont simplement dit qu'ils voulaient attendre, qu'ils ne se projetaient guère dans l'avenir, comme si cette projection enlevait à leur jeunesse, d'autant plus qu'un secteur professionnel perçu comme relativement lucratif mais trivial ne mérite pas, à leurs yeux, qu'on s'enthousiasme. Il faut aussi noter chez eux une attitude repliée et défiante lors de cette rencontre, celle d'acteurs qui se méfient de la propagande.

Les mêmes attitudes ont été opposées au cadre d'IBM, les élèves résistant aussi à l'image d'une entreprise extrêmement contraignante, menaçant l'autonomie personnelle. La discussion n'a pas porté sur l'avenir et les projets ni sur les liens de l'économie et de la formation, comme nous pouvions l'attendre, mais sur le système d'encadrement, de sécurité, et de formation d'un esprit « maison ». Dans ce groupe où l'anticapitalisme n'affleure que chez une fille de la section B, les lycéens ont parlé au nom de l'autonomie individuelle contre l'organisation. Personne n'a voulu s'engager ou dévoiler ses projets, et le seul élève passionné d'informatique a discuté technique, pas métier.

Ces lycéens ne se sentent pas menacés par le chômage, contrairement d'ailleurs à l'image que s'en font beaucoup d'enseignants. Aux yeux de ces jeunes, leurs parents peuvent encore « assurer » longtemps, et le chômage ne commencerait qu'après la jeunesse, c'est-à-dire dans longtemps. La plupart des élèves se bornent à imaginer un avenir étudiant, étonnamment vague chez des lycéens de terminale, et gardent à l'esprit une certaine idéalisation de l'expérience étudiante associée à une image très sombre de l'université. Les aspects positifs sont l'autonomie intellectuelle, la possibilité d'être débarrassé des enseignements ennuyeux et du contrôle scolaire pesant, parfois la liberté d'un engagement idéologique et politique. En revanche, l'université est perçue comme désorganisée, indifférente, anomique, sélective. Ces lycéens se projettent plus dans un mode de vie que dans une institution qui paraît détachée de ce mode de vie. Il semble donc important de différer, au moins dans l'imaginaire, pour préserver l'autonomie de la jeunesse. « C'est dur de se dire à vingt-deux ou vingt-trois ans qu'on va entrer dans une entreprise, qu'on va commencer à cotiser à la Sécurité sociale et qu'on en a pour trente ans, oui, et même plus, c'est horrible », dit Priscilla.

Cette vacuité crée de l'angoisse : « Qu'est-ce qu'on va faire ? » Alors les élèves s'accrochent à une vague image de longues études indéterminées pour lesquelles ils se décident un peu du bout des lèvres à travers de grands blocs comme les lettres, le droit, les sciences, l'Institut d'études politiques et, pour les meilleurs, les classes préparatoires. « Il faut aller le plus loin possible, on pense qu'on n'aura pas trop de problèmes, on se voit grimper, on se pose pas trop de questions. » « Et puis les projets, en fait, on est un peu manipulés par les parents », dit une élève de Joffre ; les autres approuvent, soulagés par cet aveu.

La reconnaissance fugace du rôle des parents dans la formation des projets, pénible, car on admet alors qu'on est encore un enfant, permet de comprendre la logique des quelques élèves qui affirment nettement des projets. Soit le projet est une « vocation » artistique arrachée à la famille et concédée aux élèves de A 3, soit c'est le désir des élèves, souvent des jeunes filles, qui entraînera nécessairement un éloignement de la famille. Dans tous ces cas, photographie, métiers du cinéma, théâtre, école très spécialisée et lointaine, le projet implique une séparation d'avec la famille, l'élève devant quitter la ville et la région. On peut penser que la fermeté des perspectives repose, pour une part, sur ce désir de rupture et d'autonomie. Ces projets peu nombreux – nous en comptons 4 sur les 25 élèves[7] qui ont régulièrement participé à la recherche –, éclairent aussi une dimension du diplôme, celle d'un « passeport pour la liberté ». Mais, pour la plupart des élèves rencontrés qui bénéficient d'une grande liberté

7. Il va de soi que des chiffres de cet ordre n'ont aucune valeur statistique, ils sont, dans le meilleur des cas, illustratifs.

« privée » dans leur famille et dans le lycée, le bac n'a pas cette signification : il n'est pas une étape de l'entrée dans la vie adulte, et la nécessité du projet s'éloigne encore.

Distance de la culture scolaire

La grande opposition des deux cultures que chacun pourrait transformer en une vocation avec un personnage scolaire comme le « snob », s'étiole au profit d'une simple hiérarchie scolaire des bonnes et des mauvaises filières. En cela, on peut dire que la sélection, ou plus exactement l'entrée de la sélection à l'intérieur de l'école, alors que dans le vrai lycée elle lui fut antérieure et extérieure, purement sociale, a détruit le modèle culturel classique. Mais, avant d'aborder le thème de la sélection, examinons la manière dont les élèves appréhendent la culture scolaire.

Deux rencontres ont été directement consacrées à ce thème dans les groupes. Les lycéens perçoivent-ils précisément des « looks », des images et des styles, des façons d'être liés au type d'étude ? Nous leur avons demandé d'être les ethnologues de leur tribu. A Michelet, l'opposition classique survit sous forme de traces avec quelques-uns des clichés classiques des « génies » scientifiques et littéraires : le sérieux et la décontraction. Mais les élèves se sentent très loin de ces images. Le personnage du snob, de la véritable élite, est totalement absent, chacun se démarque et, au bout du compte, rien ne se stabilise vraiment. Les styles qui organisent les divers clans du lycée tiennent, aux yeux des élèves, à des facteurs non scolaires. Il s'agit des goûts musicaux, des degrés de fortune, avec les BCBG, des « engagements » culturels et politiques opposant les « babas » aux « fachos », des affirmations de maturité avec les jeunes filles qui ne veulent plus être de petites filles...

Les élèves du groupe de Michelet sont évidemment de

bons connaisseurs de toutes les distinctions possibles, ils sont particulièrement sensibles à l'usure de ces signes, les transformations de la valeur sociale du blouson Chevignon sont suivies comme les cours de la Bourse. Mais, en même temps, chacun se met à distance, souligne les aspects vains de ces jeux et refuse fermement de correspondre aux stéréotypes qu'il décrit si finement. Le plus important pour notre propos, c'est qu'aucun de ces signes n'est corrélé à l'expérience scolaire proprement dite ; les styles relèvent du monde juvénile et « bourgeois » en général du lycée, pas de la nature des études poursuivies. Chez les khâgneux peut-être, disent-ils, on trouverait les marques du snob, pas chez les lycéens. Ces jugements confirment les impressions issues de la longue fréquentation des cours de récréation imposées aux chercheurs par notre méthode de travail.

A Joffre, l'autonomie des styles et de la vie scolaire est encore plus sensible. Alors que les élèves de Michelet avaient au moins accepté d'entrer dans la problématique proposée, ceux de Joffre ont trouvé la question dénuée de sens. Le lycée est perçu comme une série de tribus et de clans totalement indépendants de la nature des études poursuivies. « Le style, ici, c'est qu'il n'y en a pas. » Autour d'une masse « banale » de jeans et de blousons, pouvant être eux-mêmes distingués en raison de leur prix, s'affirment quelques styles bien particuliers, « néo-punk », « baba », « BCBG », « admirateurs de Cure », présents pour certains dans le groupe. Cependant, ces styles sont perçus comme purement extérieurs à la vie scolaire et à ses modèles intellectuels, comme strictement individuels, comme autant de signes d'originalité personnelle à l'égard d'une masse juvénile. La nature des études ne fabrique pas un personnage.

Il existe deux cas où le style des élèves relève plus de la nature des études poursuivies que de l'origine sociale et des choix personnels. Il s'agit des élèves de la section musicale, F 11 à Joffre, et de la filière arts plastiques, A 3 à Michelet. Les filles de F 11, surtout des internes, sont tout de noir vêtues, restent ensemble et se définissent plus comme des artistes que comme des élèves. Moins nettement identifiables, les seconds ont aussi un style qui les distingue des autres élèves. Mais ces deux groupes tirent fierté de leur marginalité relative, ils ne sont pas au sommet de la hiérarchie, loin de là pour les F11. Il n'est pas possible de reconstruire une image du modèle culturel scolaire à partir de leurs identifications. Dans les lycées d'enseignement général, ces élèves ne sont en rien comparables aux « vrais littéraires » et aux « vrais scientifiques ».

On peut considérer que toutes ces affaires de look et de mode sont loin de nous éclairer sur la nature du modèle culturel scolaire vécu par les élèves. Mais cette observation prend un peu de force quand on note aussi que les élèves ne construisent pas l'image d'une intelligentsia en formation et de tous ses jeux d'adhésion critique à la grande culture scolaire. L'image du « prof brillant » et génial, éveilleur des consciences, source des vocations et permettant à la fois d'entrer dans la culture scolaire et de la mettre à distance, est des plus faibles. Les enseignants sont beaucoup plus nettement définis en termes d'efficacité pédagogique et de relation, d'intérêt porté aux élèves que de charisme. Évidemment, il y a de bons enseignants capables de créer un véritable intérêt, mais tout se passe comme si les élèves refusaient la fascination, comme s'ils refusaient d'entrer dans le jeu. Il y a une crainte de se « faire avoir » ; « ça sonne faux », dit Richard. Les enseignants décrivent aussi la même conduite de défiance et surtout d'indifférence, au point, disent certains, de multiplier les provocations « pour les faire bouger », pour ne pas être réduits au rôle de prof efficace.

D'ailleurs, les élèves perçoivent assez bien ce jeu en disant : « Les profs ont plus besoin de nous que nous, d'eux. » Quant au personnage de l'élève « doué » et dilettante, pendant du « prof génial », il est la plupart du temps perçu comme un « bluffeur » qui n'abuse personne, un individu antipathique, ou bien il est secrètement envié, comme Lucile dans le groupe de Michelet qui manifeste d'évidentes facilités. Mais il n'est pas admiré, ce n'est pas une star. Dans le lycée Joffre, relativement massifié, il semble que ce personnage soit carrément détesté, car il brise la communauté juvénile, c'est une sorte de « collabo ».

Les deux groupes ont rencontré des professeurs de philosophie. Rappelons qu'il ne s'agissait pas d'enseignants du lycée. Les deux enseignants tiennent des discours proches. Ils expliquent aux élèves, souvent touchés par un discours aussi personnel, ce que fut pour eux l'année de philosophie au lycée. Elle leur a permis de prendre de la distance à l'égard des opinions et des jugements de leur famille, elle les a aidés à se percevoir de manière plus autonome en brisant les certitudes et l'évidence des choses. Plus clairement qu'un souvenir intellectuel, elle leur a laissé l'image d'un changement personnel, d'une progression vers une autonomie adulte. Elle fut aussi, pensent-ils, leur première expérience de débat, l'enseignement de la philosophie dans les années soixante n'étant pas, à leurs yeux, séparé des luttes politiques, des affaires algériennes, de l'influence sartrienne et de la nébuleuse de Mai 68. Dans le lycée, la classe de philosophie ouvrait un débat et associait étroitement les intérêts scolaires, les questions « existentielles » et personnelles avec les engagements collectifs. « On peut très bien vivre sans savoir ce qu'il y a dans la *Critique de la raison pure* de Kant, ça n'a jamais aidé personne à trouver du boulot ni à être heureux dans la vie. Par contre, on peut difficilement vivre si on n'a pas appris à réfléchir sur ce qu'est le bonheur pour moi, quelles attitudes je dois avoir dans la société où je vis, est-ce que je dois adhérer, est-ce que je dois critiquer ? »

Puis les deux professeurs évoquent la passion politique des années soixante-dix, lorsqu'ils commencèrent à enseigner, et le climat plus pacifié, mais aussi plus indifférent d'aujourd'hui. Tous les deux — est-ce un hasard ou l'histoire d'une génération ? — déplorent le retrait et l'indifférence accrue des élèves à l'égard de l'ancienne discipline reine, la difficulté de créer des débats et de la passion. L'un d'eux paraît découragé par l'absence d'engagement. Leur discours est aussi une défense des vertus proprement intellectuelles de la philosophie, de son exigence de rigueur dans la définition des concepts, de sa capacité de donner sens à d'autres enseignements, de l'ascèse imposée par l'étude de textes difficiles.

Toute cette image de la philosophie paraît étrangère aux élèves, elle est d'une autre période. Ils expliquent que, pour eux, la philosophie est avant tout une épreuve du bac, parfois même une épreuve avec un faible coefficient dans les sections scientifiques, et que ce lien à la politique et à la société passe aujourd'hui plus par les enseignements d'histoire et de sciences sociales que par celui de la philosophie. Une élève de terminale C avoue même un véritable « blocage » face à un vocabulaire trop abstrait, à des questions sans réponses et à des réponses sans questions. De toute façon, dans certaines filières, l'enseignement de la philosophie n'est pas « rentable » en termes d'examen et ne mérite donc pas que l'on s'y engage beaucoup. Lucile parle avec une certaine tendresse de son professeur de philosophie de terminale C qui se donne du mal, qui est « très excité et très sympathique : il fait des débats avec tout, les bandes dessinées et les séries télévisées, mais ça n'intéresse jamais les élèves, ils révisent leur physique ». Un élève de A1 explique : « C'est un cours comme les math ou la physique, il écrit au tableau, on copie, et voilà, bonjour, au revoir. » « C'est un cours comme les autres, on y va pour avoir le bac. » « C'est un cours magistral, c'est apprendre à assimiler, c'est pas un cours où on discute, y a pas de questions qui sont posées. »

Au fond, ces élèves ne croient pas à l'objectivité, ils se méfient, comme si les idées du professeur n'étaient que des opinions personnelles arbitraires. « Tu te rends compte qu'il y a toujours une ruse quelque part, que l'intérêt passe. » Le débat n'a alors pas vraiment de sens, puisqu'il oppose des opinions et qu'il est truqué aux yeux des lycéens, car l'enseignant en sort toujours vainqueur. Ils craignent d'être « manipulés » par la qualité même du cours, sa clarté et sa précision. « C'est vachement facile pour un prof qui a de la personnalité persuasive d'endoctriner des idées chez nous. » « Quand on parle de ces sujets, ils nous ressortent leurs idées à eux. » Dans les deux groupes, les élèves tracent un portrait au vitriol des professeurs engagés, y compris ceux auxquels ils accordent une compétence. Tous sont unanimement détestés : le professeur d'espagnol qui ne parle que de la guerre d'Espagne et de Cuba, où « c'est toujours un paradis », comme le professeur d'allemand soupçonné de sympathies fascistes — « on voit bien où il est » — ou le professeur d'économie qui ne « parle que de la Russie ». « On veut des profs nuancés » et qui parlent « comme une personne normale ».

Cette distance ne signifie pas que les élèves ne s'intéressent pas à toutes ces questions de portée générale. Ils jouent à identifier les opinions des enseignants avec des « questions pièges » afin de savoir à qui ils ont affaire. « On peut dire sans trop se tromper les opinions de chaque prof. » Tout fait sens, y compris les vêtements : « On reconnaît un prof syndiqué rien qu'à sa façon de s'habiller. » Un professeur de sciences économiques et sociales dit qu'elle participe avec plaisir à ce jeu subtil en donnant des réponses suffisamment variées et incohérentes pour ne pas satisfaire la curiosité du public et maintenir ainsi un intérêt pour le cours. Mais les élèves n'adhèrent pas et ne veulent pas adhérer. Ils discutent entre eux à égalité, mais pas avec les enseignants car il semble aussi que les débats dans la classe brisent l'unité du groupe, puisque les affrontements pourraient laisser des cicatrices. Les élèves disent aussi aux deux philosophes qu'ils peuvent, entre eux, utiliser des informations puisées dans la famille et dans les médias qui n'ont malgré tout pas droit de cité dans les cours où « on peut pas tout dire, on est jugés »[8].

Cette distance, cette défiance même, à l'égard d'une culture humaniste et critique est-elle compensée par une adhésion à la culture scientifique qui serait aujourd'hui le centre du modèle scolaire ? Deux rencontres des groupes avec des enseignants de physique indiquent sans ambiguïté que l'image de la culture scientifique est, au lycée, quasi totalement recouverte par sa fonction sélective. D'emblée, les élèves identifient la physique et les mathématiques aux outils de la sélection. « En seconde, nous avions noté que nous étions quarante à détester la physique, plus de la moitié voulaient faire une première S », dit Gaëlle. Le professeur invité à Michelet, agrégé, en fin de carrière, titulaire des premières S et des terminales C, reconnaît là ce qu'il nomme un effet de « mode » : « La plupart des élèves de C passent le bac avec des notes de math et de physique inférieures à 10, ce sont les autres disciplines qui les sauvent. » Au lycée Joffre, face à un professeur au profil semblable, les élèves mettent aussi en cause le rôle sélectif de ces matières : « Ça sert à réussir plus qu'à réfléchir. » Marianne, élève de C, le reconnaît : « C'est grâce aux math qu'on peut réussir, mais c'est pas pour faire des math et de la physique plus tard. »

Cette fonction sélective une fois établie par les parties en présence, n'y a-t-il pas pour autant un accord sur la valeur culturelle de ces disciplines ? Il s'engage alors une longue discussion au cours de laquelle les élèves expliquent que les math et la physique ne « servent à rien ». Dans la vie, les math et la physique sont inutiles, « elles

8. Un entretien collectif mené par Didier Lapeyronnie auprès d'une classe d'élèves de première du lycée de Rochefort met en évidence le caractère décousu et incohérent des programmes aux yeux des élèves. L'impression d'éclatement présentée par les programmes laisse l'image d'un patchwork incapable de « donner une image de la réalité ».

disparaissent totalement », dit Éric, alors que la culture générale et littéraire « agit sur la personnalité... donne une vision extérieure, des notions supplémentaires qui arrivent à enrichir un travail ultérieur ». « Les math et la physique sont mal placées pour dire que la société est juste. » Les élèves de B se font les avocats des programmes équilibrés et variés, « concrets »...

Par un effet de contraste avec les rencontres précédentes, les élèves opposent l'utilité de la culture générale et des langues au caractère abstrait, inutile et sélectif des mathématiques et surtout de la physique, plus abstraite encore, disent-ils, que les mathématiques. De plus, les sciences ne sont utiles que pour les élèves ayant atteint un haut niveau de connaissance, leur apprentissage suppose un long différement des gratifications, il est parfaitement cumulatif, et l'on ne peut savoir « à quoi ça sert qu'à un très haut niveau ». A côté de cela, les matières littéraires paraissent plus gratifiantes, « on a toujours quelque chose à dire, on peut dire des choses qu'on pense ».

Les deux enseignants répondent de manière voisine en soulignant la situation paradoxale de leur discipline : les formations scientifiques sont les plus « payantes » dans l'univers scolaire, alors même qu'elles ne possèdent pas de légitimité culturelle plus large, à la différence de la culture littéraire qui appartient à tout homme « cultivé ». A leurs yeux, les réactions des élèves viennent de l'absence de valorisation de la culture scientifique dans la vie sociale quotidienne. « Un Français montre une défaillance philosophique ou littéraire, c'est un barbare. Mais le même Français qui ignore 80 % de l'environnement technique dans lequel il vit, ça ne le gêne pas, et ses voisins n'en sont pas choqués », dit le professeur invité à Joffre.

Suit une longue série de « perles » relatives à l'absence de culture scientifique des élèves utilisant des technologies sophistiquées sans avoir la moindre idée de leur fonctionnement, alors que, de son côté, un scientifique est censé savoir qui était Victor Hugo. Le professeur dénonce même la coquetterie de nombreux collègues enseignants qui avouent sans honte ne rien comprendre aux rudiments de la physique et de la chimie. A Michelet, le discours est le même : « Sur le plan de la culture générale, vous trouveriez choquant que je n'aie jamais entendu parler de Molière, Corneille, Racine, tout ce que vous voudrez, que je dise qu'Homère est mort il y a quinze jours. Ça vous choquerait, or vous admettez fort bien ne pas connaître les règles élémentaires de la physique. Alors c'est ça que je ne comprends pas, que vous ne sachiez pas que U = RI. C'est aberrant. »

Bien qu'elles partent de points de vue très opposés, le plus surprenant dans ces rencontres est l'accord des deux parties sur l'absence de signification culturelle *reconnue* des matières les plus sélectives. Lucile, qui partage avec le physicien le « plaisir d'une belle démonstration », est bien isolée, et, même dans sa classe, les « vrais » scientifiques sont rares. La discussion revient alors sur les thèmes de la sélection, car c'est tout ce qui reste d'un enseignement débarrassé de son contenu culturel. Les élèves parlent de leurs « allergies » et de leurs « blocages » ; les professeurs pensent que leurs élèves sont avant tout les bons « élèves travailleurs, les meilleurs souvent dans toutes les disciplines » : « Il y a davantage de travail pour ces élèves, et les méthodes de travail sont meilleures. » La boucle est bouclée, il s'agit de sélection.

Toutes ces longues discussions fatalement chaotiques, hésitantes, car les acteurs ne peuvent parler d'un modèle culturel que de façon indirecte, ne doivent pas nous conduire à l'image d'un désert. Certes, nous sommes loin du vrai lycée et plus encore des souvenirs émerveillés fondant les pamphlets consacrés à la « crise de notre école ». Il est clair que la grande majorité de ces élèves — on peut toujours penser que ceux qui ont participé à la recherche étaient curieux et motivés par les débats — ne parviennent pas à dessiner l'image cohérente et forte d'une culture scolaire, ni comme forme unifiée ni comme opposition des deux grandes cultures. Il est clair aussi que les élèves adoptent une position de retrait et ne pratiquent pas l'adhésion, quitte à reprocher aux enseignants leur manque d'enthousiasme[9].

En revanche, le milieu juvénile est vécu comme un espace de culture et de débats où certains cours sont réappropriés par les élèves. S'ils ne parlent pas aux enseignants, ils parlent entre eux dans les « trous » de l'organisation scolaire. Beaucoup ont leurs petites passions en marge de l'école lorsqu'elle ne peut les accueillir, comme la poésie pour Lionel à Joffre, ou lorsqu'elle leur fait une place, comme la vidéo pour Éric à Michelet. Pour ces bons élèves de bons lycées, l'école est non seulement utile, mais elle est intéressante, car on peut tirer son miel des enseignements, mais celui-ci n'est raffiné et dégusté que seul ou dans le groupe des amis. Tout a l'air de se passer en dehors de la classe. La principale vertu des professeurs devient l'objectivité : « On peut critiquer les idées des parents, on peut discuter entre nous », mais ça se fait « par la bande ».

Hiérarchie et sélection

Deux grands types d'hypothèses peuvent expliquer cette absence d'adhésion des élèves. Dans un cas, on met en avant une série de facteurs externes à l'école, le déclin d'une culture scolaire ancienne, l'arrivée d'un nouveau public — ce n'est guère le cas dans ces établissements. On peut encore évoquer ces vagues d'alternance entre des périodes dominées par l'engagement public et d'autres marquées par le repli sur le privé, comme le suggérait le discours des deux philosophes[10]. Nous laisserons de côté ce type d'hypothèse pour examiner une explication interne au système scolaire, à savoir l'emprise considérable de la

9. Cf., sur ce thème, *Le Monde de l'éducation,* avril 1983.

10. La théorie des cycles de ces alternances est proposée par A. Hirschman, *Bonheur privé, Action publique,* Paris, Fayard, 1983.

sélection sur le rapport aux études créant une tension extrême entre l'intérêt intellectuel et la stratégie efficace.

Du point de vue des élèves, chaque établissement construit un ordre hiérarchique naturel entre les filières et, souvent, entre les diverses classes de chaque filière[11]. Cette hiérarchie présente des zones de stabilité et des zones plus incertaines. Au sommet, il y a la terminale C et par conséquent la première S, la terminale D étant perçue comme une « sous-filière » de C très peu spécifique quant à son programme. Au-dessous se tiennent les filières A 1 et B dans un ordre qui semble varier selon les établissements. Mais, comme ce sont deux filières où l'on fait encore des mathématiques, elles sont de réputation comparable. En dessous encore se range la filière A 2 où il n'y a quasiment plus de mathématiques. Cet ordre n'est pas une pure représentation dans la mesure où un élève de première S a presque toujours la possibilité de changer de voie, alors que ce recours est pour ainsi dire interdit aux élèves qui voudraient « monter » en C ou en D. Enfin, dans nos deux lycées, les filières « marginales » sont un peu hors classement par définition : la F 11 — musique — semble assez dévalorisée scolairement à Joffre ; et la A 3 — arts plastiques — paraît jouir à Michelet d'un plus grand prestige.

Cette hiérarchie est largement intériorisée, au moins sur le mode de l'utilité, car il semble évident qu'« avec C on peut tout faire » et que l'éventail des choix se réduit tout au long de la hiérarchie. Quand les deux professeurs de

11. Il faut rappeler que nous étudions ici le point de vue subjectif des élèves, et que, si leurs représentations et leurs émotions sont « réelles », elles ne sont pas pour autant le reflet de la réalité « objective » que l'on pourrait appréhender par d'autres méthodes. Il faut considérer leurs propos de la même manière que ceux des ouvriers qui ont, durant certaines périodes, affirmé que leur niveau de vie baissait alors que tous les indicateurs objectifs montraient qu'il s'élevait, mais personne n'a fait grève au nom d'un indicateur objectif.

physique affirment que les élèves de C sont les meilleurs, ils s'inscrivent dans l'opinion la mieux partagée. « Les meilleurs élèves, ceux qui raisonnent plus rapidement, plus justement, sont les scientifiques. Dans les classes préparatoires de littéraires, les profs de philo nous le disent, ils préfèrent les scientifiques aux littéraires. » Les élèves approuvent ; il va de soi que ce sont les meilleurs élèves, les plus travailleurs aussi, quitte à être un peu « polars ». Chaque élève a entendu ces propos chez lui, au collège et au lycée, ce n'est pas une révélation.

Mais le meilleur traitement des meilleurs élèves n'est pas nécessairement perçu comme juste. Il y a d'abord le sentiment de mépris, car il apparaît dans les discours des enseignants et de l'administration que chaque filière est composée des « ratés » de celle qui la domine. Dans ces deux lycées, comme dans les sections D et A 2 de Flaubert, les élèves hors de la voie royale ont l'impression d'être moins bien traités par l'établissement. « On n'attend qu'une occasion pour nous virer », dit-on à Michelet. « Les TC et les TD sont autorisées à redoubler, même plusieurs fois, alors que c'est pas le cas pour les A, c'est injuste. »

Surtout, dit la rumeur des élèves, il semblerait que les meilleures classes soient attribuées aux meilleurs enseignants. « Dans la seconde 1, il y avait ceux qui faisaient allemand et latin, ils nous ont donné les meilleurs profs parce que c'était une seconde qui allait faire une première scientifique. » « En première B, la prof de physique est nulle, c'est exprès. » « C'est évident, ici, ils choisissent les profs et les classes. » Les interlocuteurs présents à ces occasions ne démentent pas, la chose paraît au moins vraisemblable. Ce thème de l'identité de prestige et de qualité entre les classes et leurs professeurs est d'une extrême importance, car nous verrons qu'il est réversible et que l'opinion enseignante est, elle aussi, sourdement convaincue que la qualité des élèves confirme celle des enseignants, ce qui n'est pas sans effet sur les mécanismes sélectifs.

Toujours si l'on en croit les élèves, de même que chaque lycée possède ses classes prestigieuses, il sécrète ses classes « poubelles ». Telle classe de seconde ou telle classe de terminale se considère toujours comme la classe « poubelle ». « Quand ma mère, elle est institutrice et elle connaît le système, a vu que j'étais dans la seconde 11, elle a tout de suite compris. » « Nous, notre classe, on est la poubelle des D, les profs nous le disent, on sera la moitié collés. » « Après qu'ils ont viré des G, A 2 c'est la poubelle, même les bons profs de langue, ils vont en S. » Le propos est si constant et si régulier dans tous les établissements que tout se passe comme si le regroupement d'une élite entraînait automatiquement la formation d'une section « poubelle ».

Dans un premier mouvement, chaque élève déclare avoir librement choisi sa section. Mais cette brève réaction de prestance ne tient jamais plus de quelques minutes dans un groupe. Dès qu'un élève avoue ne pas avoir réellement choisi, chacun se laisse aller : il a fait contre mauvaise fortune bon cœur. Ce sont surtout les élèves de seconde qui libèrent les membres des groupes parce qu'ils sont au moment du tri. « Il y a des cas où l'élève choisit, c'est rare », dit Hélène, élève de seconde à Michelet. « On veut faire S et TC par la force des choses. Ça ouvre les portes, on choisit pas. Ça nous plaît pas plus qu'autre chose, mais c'est la meilleure classe. En A, on trouve plus de gens qui aiment la littérature que de gens qui aiment les mathématiques en C, et quand on peut pas aller quelque part, on prend le niveau en dessous. On est orienté selon son niveau. » Au moment où les conseils de classe vont décider des orientations, le jeu apparaît à Hélène en toute clarté : « En seconde, la physique et les math, c'est les matières les plus détestées, et tout le monde veut faire première S. » « La seconde, c'est la course à la S. Au début de l'année, le prof demande : qui veut aller en S ? Au deuxième trimestre, y en a la moitié qui sont épurés. Au troisième trimestre, il en reste comme un quart. En général, ça se passe comme ça », dit Lionel, élève de première B à Joffre. Même les bons élèves ont le sentiment d'être contraints : « Je fais un bac C pour faire des études de français, oui, je sais, c'est un piège, c'est le système qui veut ça, le système serait pas comme ça, j'aurais fait un bac littéraire sans problème. »

Cette situation de choix très limité n'empêche pas, heureusement, une grande part des élèves de « se faire » à leur section, de lui trouver des avantages et des charmes. Chaque filière possède son argumentaire, les élèves défendent la qualité et l'intérêt des programmes. B est équilibré et « vachement ouvert sur tout » ; en A 1, « on est bons en tout » ; en A 2, « c'est moderne avec les langues, c'est ouvert » ; A 3 et F 11, « c'est particulier, c'est des artistes »... Il ne faudrait donc pas croire que la hiérarchie très ferme provoque irrémédiablement un désintérêt scolaire, et quand les élèves soutiennent, dans un premier mouvement, qu'ils ont choisi, il est vrai qu'ils ont fini par trouver de l'intérêt à ce qu'ils étaient plus ou moins contraints de choisir. Et puis il convient de sauver la face : comment continuer des études si l'on ne parvient pas à leur trouver un peu d'intérêt ?

En écoutant les acteurs, on peut avoir le sentiment que les théories sociologues savantes ne sont qu'une autre version des théories spontanées, des manières parmi d'autres de « rendre compte », diraient les ethnométhodologues. Tous les mécanismes de la sélection sont décrits avec une grande précision, à commencer par la classe de seconde perçue comme une gare de triage où le conseil de classe répartit les élèves dans le réseau ouvert de la première S à la sortie. Les élèves expliquent — est-ce vrai ? — que les secondes sont déjà dégrossies et classées selon les niveaux. Ils savent aussi, ou ils l'ont appris depuis cette classe, quelles sont les matières sélectives ; certains parlent même d'abandons de quelques disciplines qui ne pèseront pas dans l'avenir de l'élève. Par exemple, dès qu'un élève sait qu'il ira en A 2, il peut délaisser les enseignements de mathématiques et de sciences.

Les enfants des classes aisées accueillis dans ces lycées possèdent, leurs parents aussi, une bonne connaissance des mécanismes implicites de la sélection, ils ressemblent aux stratèges décrits par J.-M. Berthelot[12]. Tous connaissent l'importance du choix des langues au collège, la tendance à la dévaluation de l'allemand et la montée en bourse des langues anciennes. Le choix de l'établissement n'a pas été laissé au hasard dans le cas où il arrivait que le collège du quartier ne soit pas perçu comme la meilleure préparation à l'entrée dans le bon lycée. Dans quelques cas, le choix du collège a été commandé par celui du futur lycée, au prix de longs transports quotidiens et, même, de déménagements. Les séparations d'avec les amis du quartier n'ont pas toujours été très appréciées : « C'était bon, c'était joyeux avec les copains du quartier. » Parfois aussi, le changement d'établissement laisse d'amers souvenirs : « Je supplantais tout le monde, maintenant je suis supplanté par beaucoup, les deux premiers mois ont été douloureux », dit Benoît, qui fait trente kilomètres tous les matins et tous les soirs. Les parents possédant des studios ou des appartements proches sont rationnellement utilisés. Les élèves expliquent que, dès le collège, leurs parents ont multiplié les interventions, appels contre les redoublements, changements d'établissements, voyages « intelligents », leçons particulières...[13]. Dans beaucoup de cas, il se dégage un usage « privé » des établissements publics inscrit dans une stratégie rationnelle d'investissement scolaire. Même ceux qui n'ont pas été pris dans ces divers calculs paraissent connaître l'ensemble des coups possibles : Richard, peut-être parce qu'il est fils d'enseignante, est un véritable expert en ces « magouilles ». Il faut dire que sa carrière est, de ce point de vue, exemplaire dès l'école primaire. L'école primaire n'est pas celle du secteur, le collège choisi, parmi les plus prestigieux, est à l'autre bout de la ville, puis vient le lycée Michelet ;

12. J.-M. Berthelot, *Le Piège scolaire,* Paris, PUF, 1983.
13. R. Ballion, *Les Consommateurs d'école,* Paris, Stock, 1982.

enfin, titulaire d'un bac D, Richard redoublera dans un autre bon lycée pour obtenir un bac C. Il voudrait quitter sa famille.

Les élèves de Michelet savent qu'ils sont dans un très bon lycée, et ceux de Joffre dans un bon. Ils laissent parfois percer une fierté naïve : « Un bac de Michelet a plus de valeur qu'un autre » (!). Mais la connaissance des mécanismes et des stratégies de la sélection, le fait que tout ne soit pas naturel ni n'aille de soi, que la carrière scolaire ne relève pas du seul talent, créent parfois un sentiment de malaise. Quelques élèves de la terminale C, ceux qui ont participé à cette recherche et ne sont peut-être pas représentatifs, sentent le poids de leur statut privilégié de porteurs de l'image de marque de l'établissement. « Les profs sont toujours derrière nous, ils ne nous lâchent pas, c'est étouffant », dit Lucile. « Les autres élèves nous dénigrent, les profs nous prennent la tête, ils n'ont pas l'habitude de rencontrer des problèmes en C. »

La gêne peut aussi venir du sentiment d'être des survivants, comme nous l'avions observé déjà à Flaubert. La scolarité étant vécue comme un long processus d'écrémage, les élèves sont sensibles à l'homogénéité sociale qui se dégage peu à peu : « La plupart des élèves sont aisés et bourgeois, y a pas de couleurs, deux Noirs et deux Arabes, c'est une sélection douce, on le voit pas », dit Éric à Michelet, où le phénomène est d'autant plus sensible que le lycée est proche d'un des quartiers les plus populaires, à forte concentration d'immigrés, de la ville. « Y a des très bons de mon collège qui n'ont pas été pris, c'est louche, y a des embrouilles. » « En seconde, si t'avais pas un tas de petits machins, de petits trucs, on t'adressait pas la parole, on n'entrait pas dans la discussion, si t'as des fringues adéquates, t'es intéressante », raconte Cécile. Il est clair que l'on est dans un monde « bourgeois », et si l'on ne peut pas dire que les élèves sont envahis par un sentiment d'injustice, ils sont suffisamment gênés pour ne pas s'affirmer comme une caste. Il est en tout cas du plus mauvais goût de laisser percer ce type d'orgueil.

L'image distanciée et parfois cynique de la sélection doit être associée au refus de la compétition interne entre les élèves. Tout se passe comme si l'homogénéité du groupe d'adolescents qui ne peut plus se réaliser, dans ces établissements, contre la discipline se construisait contre un processus sélectif qui les sépare sans cesse. D'une part, dans le groupe, les élèves n'affirment jamais leur supériorité scolaire, et rien ne suggère le mépris des voies royales pour les autres. Peut-être est-ce une règle de bienséance dans les groupes de recherche, mais elle distingue en ce cas les lycéens de Joffre et de Michelet de ceux de Flaubert. D'autre part, les élèves mettent à distance les catégories de classement, comme si elles n'appartenaient qu'au monde extérieur de l'établissement et des professeurs, pas à leur monde à eux. Aussi ces élèves ne parlent-ils jamais de compétition interne, sinon pour stigmatiser les quelques « bouffons » inévitables ; ils préfèrent « rouler en peloton » et ne pas être lâchés.

Les établissements et la vie scolaire

Chaque lycée est régi par les mêmes lois et les mêmes règlements administratifs. A partir de là, les différences observées entre les établissements ne devraient tenir qu'au type de recrutement social, à des facteurs externes à l'organisation [14]. La similitude des établissements n'est pas un accident bureaucratique, elle était au principe du système scolaire français et reste encore très largement la règle. Les faits s'en éloignent pourtant un peu : la comparaison d'établissements accueillant des populations proches dévoile des écarts maintenant bien étudiés par les sociologues. Mais ces différences, il nous faut les considérer ici du point de vue des élèves.

14. Cf., sur la sociologie des établissements scolaires, J.-L. Derouet, « Une sociologie des établissements scolaires », *Revue française de pédagogie,* 78, 1987, p. 86-108.

Comme Flaubert, Joffre et Michelet sont des établissements libéraux. Au sortir du collège, c'est même la plus forte impression des élèves de seconde : l'espace s'ouvre, il n'y a guère de surveillants ; en dehors de la classe, les professeurs ne font pas de discipline ; l'administration, occupée par la gestion, est peu visible. « On devient des grands. » La liberté de circuler, à l'exception des couloirs proches de la salle des professeurs, la liberté surtout d'entrer et de sortir du lycée forment un contraste avec le collège, où les élèves de troisième supportent de plus en plus mal la discipline et l'aspect « familial » de l'établissement [15].

Les élèves aiment le lycée parce qu'il leur accorde une liberté « privée » importante, souvent plus grande que celle de la famille. On y choisit ses amis et ses amours, et tout autour du lycée les cafés accueillent, dès le matin, dans les heures creuses, ou le soir, toute une vie hors des regards de l'école et de la famille. Par le biais du lycée et non pas contre lui, les élèves découvrent une vie personnelle où leurs goûts et leurs idées glissent en dehors du contrôle des adultes. En ce domaine, les élèves sont plus proches des étudiants d'« avant 68 » que des lycéens de la même période. A l'extérieur de la classe, ils flirtent ou fument, non parce que c'est permis, mais parce que c'est une activité privée. Ainsi que le dit une enseignante, « ce n'est pas que j'aime ça, mais je ne me sens pas le droit — et les moyens, ajoute-t-elle — d'intervenir dans leurs conduites hors de la classe ». Aussi les élèves aiment-ils leur lycée, ce qui ne signifie pas forcément qu'ils aiment les cours et les enseignants, mais qu'ils aiment cette liberté. « On n'est pas si mal, on peut le dire. »

Le lycée constitue alors un monde aux liens extrême-

15. F. Dubet, O. Cousin, J.-P. Guillemet, « Mobilisation des établissements scolaires et performances scolaires. Le cas des collèges », *Revue française de sociologie,* XXX, 2, 1989, p. 235-256. D. Paty, *Douze Collèges en France,* Paris, La Documentation française, 1981.

ment lâches, le « nous » utilisé par les élèves désigne moins l'établissement que la classe ou le petit groupe d'amis, et l'on ne trouverait guère les signes de ces intégrations très fortes qui se manifestent par un folklore, un langage commun, une mémoire collective, des rites de bizutage... Il n'y a plus guère de ces anecdotes et de ces histoires qui se racontent d'une promotion à l'autre, de ces faits d'armes et de ces canulars transmis aux nouveaux par les aînés. Autrement dit, la contrepartie de cette liberté est le très faible sentiment d'appartenance. Comme le font remarquer la plupart des enseignants rencontrés, le lycée est à l'image de la société, individualiste et libéral.

Cette première impression conduirait à affirmer que les lycées n'existent pas, qu'ils ne sont que la juxtaposition d'heures de cours réglées par une intendance limitée et par l'application des règlements. Cette analyse n'est pas totalement acceptable, car la liberté accordée aux élèves participe de la mise en place, probablement involontaire, d'une sorte de division du travail dans laquelle la pression exercée par la sélection et les études est « compensée » par l'autonomie personnelle, comme l'« instrumentalisme » est compensé par l'« expressivité » dans les analyses fonctionnalistes classiques. Ce mécanisme est souvent nettement perçu par les CPE et l'administration qui décrivent le lycée comme « un endroit où on bosse et où on est libre ». Sylvie, élève de Joffre, le dit très nettement : « Il y a une atmosphère, une ambiance, c'est l'oppression des profs et la liberté des élèves. » Richard explique que « c'est un lycée intelligent — Michelet —, les gens qui gèrent le lycée sont pas des idiots, ils gèrent la pression occasionnée par la stratégie élitiste prédominante, en ouvrant par ailleurs plein d'activités aux élèves ».

A Michelet, de nombreux clubs accueillent les élèves qui veulent faire du théâtre, de l'informatique, de la danse et toute une série d'activités instables car elles se constituent souvent autour d'un élève particulièrement motivé et disparaissent avec son départ. Les élèves de seconde découvrent le lycée, ceux de terminale préparent le baccalauréat, et seuls les élèves de première ont un peu plus de temps. La participation aux ateliers est toujours très minoritaire, mais elle crée un climat. Dans ce lycée, les élèves ont une image très positive des CPE, ils les rencontrent aisément et ont l'impression qu'ils sont là pour les aider. Leur bureau est toujours ouvert et ne désemplit guère.

Le lycée Joffre paraît plus anomique, car l'emprise de l'administration sur les élèves y est extrêmement faible. Quelques clichés circulent sur ces personnages lointains et par conséquent tout-puissants, sur la « vacherie » de certains et sur le proviseur « vachement sympa ». Les élèves disent souvent ne connaître personne à l'exception des CPE. « La caractéristique de Joffre, dit un élève, c'est qu'il n'en a pas. » « C'est un parking » qui s'étend jusqu'aux milk-bars voisins. « Il y a un no man's land entre les profs et les élèves. » Parce qu'il est plus hétérogène peut-être, parce qu'il a mal pris les virages qui lui furent imposés aussi, ce lycée donne à la fois une impression de travail et de vacuité, se rapproche un peu de l'image du lycée de masse, de l'« usine ». « Le lycée n'existe pas, on s'en fout, mais c'est très bien. » C'est un espace juvénile où coexistent paisiblement des dizaines de groupes d'élèves indépendamment du lycée. Les élèves raisonnent en termes de cours, de classes, de copains, mais pas de lycée ; pourtant, cela ne manque pas de charme, « tout le monde est différent ». Il y a une sorte de vide dont les élèves de seconde semblent cependant souffrir un peu lors de ce qui s'apparente au « grand passage » de l'école primaire. Cette liberté en désarçonne plus d'un. « Au départ, y a des changements matériels qui impressionnent. On arrive dans un bahut délabré avec deux mille élèves, deux cents profs, des classes à n'en plus finir, on s'y retrouve pas les trois quarts du temps. Déjà, on est perdus au départ, ça fait usine, on est dispersés. » Aussi, disent les plus anciens, l'adaptation « est une affaire de personnalité ». Dans un ensemble social faiblement organisé et malgré tout fortement sélectif, les plus faibles se sentent nécessairement un peu seuls et surtout sans ressources lorsqu'ils perdent pied. Quelques élèves du groupe expliquent leur échec en seconde par cette anomie : « J'ai commencé à perdre pied, j'ai rien branlé, on m'a jamais rien dit. » Après tout, dans la compétition libérale, chacun est solitaire, et seuls les forts survivent.

Les lacunes de ces modes d'arrangement des lycées, notamment de Joffre, ne conduisent pas à penser que les élèves souhaitent une « reprise en main », comme si la situation acquise était malgré tout la plus acceptable. Les lycéens tolèrent extrêmement mal les tentatives d'intervention dans ce qu'ils considèrent comme leur vie privée et ils découvrent très vite à ce propos les réflexes communautaires de solidarité anti-autoritaire. Quand l'administration de Michelet a voulu interdire les monômes des « cent jours du bac » — avait-elle de bonnes raisons ? Ce n'est pas notre propos —, les élèves ont réagi de façon assez vive et parfois violente : un escadron de CRS a passé la journée aux portes du lycée. Il est probable que dans ce monde de classes moyennes fort « civiles », où la délinquance est très faible, le prix d'une « reprise en main » parfois souhaitée par l'opinion provoquerait la destruction d'un équilibre assez remarquable.

Adaptation et instrumentalisme

Comment les lycéens définissent-ils leur situation ? Rappelons les quelques points qui paraissent établis et sur lesquels les élèves des deux groupes d'intervention sociologique se sont accordés lorsqu'ils leur ont été résumés par les chercheurs. Premièrement, engagés dans un jeu « à pertes » potentielles fortes, ces lycéens construisent des projets scolaires sur le court terme et peu liés à une perspective professionnelle. Ils reportent le moment des choix et sont souvent angoissés. Deuxièmement, ces lycéens ne perçoivent pas nettement de modèle culturel capable de donner un sens subjectif fort à leurs études, une « vocation ». Les élèves ne veulent ou ne peuvent guère adhérer et se « compromettre ». Enfin, le lycée paraît dominé par les processus de sélection à l'entrée et surtout au cours des études, les lycéens possèdent un savoir important en ce domaine. Dans nos lycées, ces trois dimensions de la définition de leur situation par les élèves sont d'autant plus nettes que l'emprise de l'établissement, comme organisation, discipline et capacité d'imposer un rôle, est faible ; personne évidemment ne parle de « lycée caserne ».

Quelle logique de l'action résulte de cette définition d'une situation ? Quel principe émerge de l'expérience lycéenne et lui donne sens ? Dans un contexte perçu par les acteurs de façon aussi labile et contradictoire, leur première réaction est d'en appeler à un principe de subjectivité personnelle. Chacun s'adapterait à partir d'une alchimie personnelle ; l'expérience lycéenne ne serait que l'accumulation d'expériences particulières, de subjectivités. Cela n'est pas faux. Dès lors, les élèves de ces bons lycées partagent une logique commune d'adaptation instrumentale que l'on peut cerner par plusieurs biais.

Ce n'est sans doute pas nouveau, les élèves mesurent leur travail à l'aune des coefficients attribués aux diverses matières. Un critère s'impose, celui du travail « payant », et les enseignants se présentent souvent à la classe armés de leur coefficient. Les professeurs jugés peu compétents dans les matières à fort coefficient sont perçus comme de véritables « catastrophes », il n'est pas rare, dans ce cas, de voir les parents exercer quelques pressions sur l'administration. A l'opposé, les professeurs qui enseignent des matières pourvues de faibles coefficients ont souvent l'impression d'attaquer l'année avec un handicap. Deux enseignants d'histoire rencontrés à Joffre n'apprécient pas tellement les terminales scientifiques de ce point de vue.

Des ajustements mutuels se mettent en place, disent les élèves. « Le prof de physique est inexistant parce qu'il a des A 3 en face de lui. Une fois, il a voulu faire un cours intéressant, mais on n'a rien fait. » On peut attendre légitimement d'un professeur qu'il n'exige pas de travail soutenu de la part d'élèves qui estiment que l'investissement dans la matière à faible coefficient n'est pas rentable. De tels enseignants ne sont pas nécessairement chahutés, comme le furent longtemps les professeurs de musique, mais il est souvent admis qu'ils ne peuvent pas demander une grande attention et qu'une partie de la classe doit pouvoir se livrer à d'autres travaux, préparer des exercices...

Il arrive que les professeurs mis dans cette position ne s'acharnent pas et laissent une part de la classe hors jeu : « Le prof a pris le parti des élèves, puisqu'il y avait des élèves qui n'étaient absolument pas motivés, qui n'en avaient rien à faire et qui ne voulaient surtout rien faire. Alors, au lieu de les embêter, il a dit : allez dans un coin et faites ce que vous voulez, allez en cours si vous voulez et écrivez si vous en avez envie. Il se trouve que c'était un prof très brillant, mais les élèves ne s'intéressaient pas à son cours à cause du coefficient. » Un des enseignants de physique reçu dans un groupe, et dont on peut penser qu'il n'est certainement pas « laxiste », explique : « Les A s'ennuient avec moi, et moi, je m'ennuie avec eux. » Il ajoute que, dans la classe de seconde elle-même, dès que les élèves connaissent leur orientation, au cours du second trimestre, une partie d'entre eux délaisse totalement les enseignements de physique et qu'il leur accorde cette liberté afin de mieux se consacrer aux futurs S pour lesquels c'est une discipline rentable.

Dans le même ordre d'idées, les élèves et les professeurs s'accordent à reconnaître qu'ils n'apprécient guère les diverses « sorties » du programme, le « c'est pas au programme » est aussi fréquent chez les uns que chez les autres. « On voit où il en est par rapport aux autres, on va jamais finir l'année avec lui ! » Lucile revient sur le cas du professeur de philosophie de terminale C qui fait un véritable « show » pour intéresser les élèves alors qu'ils lui demandent de boucler le programme, de rendre des corrigés types de dissertation ou de leur donner le temps de préparer leurs exercices de physique ; « pourtant ils sont impressionnés par son effort ». Le souci du programme et du travail efficace serait aussi partagé par la plupart des enseignants. « Mes profs, ils nous le répètent toutes les dix minutes : il faut finir le programme, on est là pour le baccalauréat. Toutes les connaissances, on les fait dans l'esprit de bachotage. »

L'efficacité du travail se mesure donc à la norme de la procédure d'évaluation. Comment en serait-il autrement dans l'esprit des lycéens ? Les élèves de terminale préparent un examen et les modalités de l'examen déterminent l'apprentissage... Les annales et les corrigés types donnent une image assez juste du travail attendu et les élèves se représentent ainsi de manière assez précise ce que peut être le travail efficace. Ces conduites correspondent bien au jugement de A. Prost selon lequel les modalités d'évaluation ne sanctionnent pas un apprentissage, mais en fixent les modalités et le déterminent en amont [16].

L'emprise de l'évaluation excède très largement les seules classes terminales. Partout, le rythme des devoirs à rendre, des exercices à accomplir, des leçons à apprendre, l'anticipation des interrogations surprises et des devoirs en classe définissent naturellement tout un cadre de travail que l'élève doit gérer et maîtriser. Il doit s'« avancer », choisir la lecture adéquate, mesurer les risques de l'impasse, il doit se comporter comme un stratège. Toutes ces observations banales sont confirmées par les enquêtes extensives sur les demandes du public à l'égard de l'école : la demande de culture générale dispensée par l'école est prioritaire chez 13 % des ouvriers et 20 % des cadres et celle de développement de l'intelligence, chez 12 % des

16. A. Prost, *Éloge des pédagogues,* Paris, Éd. du Seuil, 1985.

premiers et 16 % des seconds[17]. L'école doit avant tout permettre d'y réussir selon des modalités qu'elle fixe elle-même. Rien n'autorise à s'indigner de cette présentation calculée du travail scolaire par les élèves.

Dans cet exercice, nos lycéens se présentent de manière particulièrement réaliste, débarrassés des signes de la « classe », de la « gratuité », de tout ce qu'ils considèrent comme un « bluff ». Comme ils n'en appellent pas à une culture supérieure à la culture scolaire, on ne voit guère de traces du « style » des héritiers, de la distance et de l'adhésion critique. Les élèves affirment que c'est ridicule, ils n'y croient pas et savent que, dans l'ensemble, la performance est le résultat du travail tactique, des « magouilles » parfois, du talent personnel aussi, mais pas du « don ». Un peu comme les sportifs de haut niveau, ils savent que les talents naturels existent, mais que les conditions d'entraînement sont déterminantes. « On n'est pas mal vu si on dit qu'on travaille. Y a pas de honte à dire qu'on a passé son dimanche à faire de la physique ou une dissert. » Plus que l'expression d'un « génie », la réussite scolaire résulte du « métier ». Les élèves correspondent assez bien aux analyses de P. Perrenoud sur le « métier d'élève », sur la connaissance des règles implicites, des tours de main et de la capacité d'anticiper les demandes des enseignants, toutes ces techniques cachées qui assurent la réussite des élèves[18]. A vrai dire, il s'agit plus d'un art que d'un métier, car les « techniques » doivent être largement adaptées à la diversité des demandes des enseignants. Ainsi, les élèves expliquent que le début de l'année est consacré à une phase d'observation, au sens de round d'observation, durant laquelle ils s'efforcent de saisir les « manies » et les demandes latentes des enseignants.

Les jeux de « dépistage » idéologique des professeurs

17. Sondage CREDOC, 1985-1986.

18. P. Perrenoud, « Le métier d'élève », in *La Fabrication de l'excellence scolaire,* Genève, Droz, 1984.

participent de cette phase où l'on essaie de percevoir la nature de règles qui ne sont jamais totalement dites. On peut même penser que le bon élève a acquis une aptitude particulière en ce domaine et qu'il adhère moins au contenu d'un enseignement qu'il n'est capable d'anticiper sur les questions scolaires qui lui seront posées, qu'il peut distinguer rapidement le principal du secondaire. « Il faut savoir comment ça marche », dit Richard.

Le souci stratégique est associé à la distance des élèves, que nous avons déjà soulignée, au contenu culturel de leur formation. La philosophie est prétexte à dissertation et à rhétorique comme les mathématiques sont prétexte à exercices. Certains enseignants nous l'ont dit, les élèves ne s'intéressent pas aux mathématiques, mais aux techniques de calcul ; pas aux questions, mais aux réponses. Le refus ou, pour le moins, la résistance à participer peut relever de cette orientation utilitariste, de cette recherche d'efficacité. Les méthodes actives sont loin de créer un enthousiasme immédiat : « Les élèves veulent écouter et pas poser de questions, le prof a l'impression d'être à la télévision. » Tout se passe comme si le cours se suffisait à lui-même à partir du moment où les lycéens pensent qu'ils seront à même de pouvoir répondre aux questions dont il sera l'objet. Au fameux « Avez-vous des questions à poser ? » les élèves répondent généralement en rangeant leurs affaires.

Ces lycéens qui réussissent leurs études développent pour la plupart l'image d'un « calcul au plus juste » entre les coûts, le travail, et les bénéfices, les notes. Selon la formule cent fois entendue, « il faut assurer ». L'idéal serait un rapport stable entre la note et le travail fourni ; il existe en ce domaine une manière de rêve de justice : « A partir du moment où on travaille, on ne peut avoir que des bons résultats, ou alors il y a un problème. » La difficulté peut venir des deux parties en présence. Soit le professeur est injuste en ne récompensant pas le travail fourni, et l'on parle alors de négligence, de favoritisme, de méchanceté, car l'élève se sent personnellement touché ; soit, et c'est vécu de manière beaucoup plus dramatique, la rupture du principe est interprétée comme le signe d'une incapacité personnelle et, disent nos élèves, il y a un « problème ». Dans les deux groupes sont suggérés les cas de camarades écrasés par ce sentiment d'indignité et d'incapacité, « ceux qui travaillent mais ne réussissent pas ». Personne n'insiste sur cette souffrance et le discours se fait allusif.

Il est cependant possible de sortir de cette situation de déséquilibre en réduisant le travail jusqu'au point où la note paraît ajustée à l'effort. C'est avec une certaine légèreté de ton que de nombreux élèves évoquent alors des « allergies », des espèces d'infirmités à propos de matières où ils « assument leur nullité », car à l'absence de travail répond l'absence de résultat. Le sciences et les langues sont les terrains privilégiés de ces allergies.

La « pompe » participe de ce rapport très stratégique aux études en même temps qu'elle s'inscrit dans la solidarité de la classe. « Il y a une solidarité. Si l'élève a décidé de pomper, on le dénonce pas, on l'aide à pas se faire prendre. » Il y a d'autant moins de culpabilité qu'« on sait qu'au bac on pourra pas pomper ». Et puis « faire des pompes, ça permet d'apprendre ». Le fait de copier les devoirs et les exercices sur un camarade au moment d'entrer en cours participe de la même logique. Mais les élèves précisent toujours que la « pompe » est acceptée et même valorisée pour autant qu'elle ne change pas profondément la hiérarchie de la classe et le rapport entre le travail et la gratification. Il ne faut pas que la « pompe » accentue ou transforme les écarts dans la classe. « Si on a un 18 en ayant pompé, ce sera très mal vu, mais si on passe de 8 à 10, tout le monde est content », dit Cécile.

Ainsi les élèves ne comprennent-ils pas qu'un des professeurs de physique assimile la fraude à une faute morale : « La pompe et le vol, ça n'a rien à voir. » L'interdiction de la fraude participe des règles objectives d'un jeu, elle ne sanctionne pas plus une faute, lorsque celle-ci reste « dans les limites », qu'une sanction d'arbitrage au cours d'un match de football. Sans doute parce qu'elle est collective, la « pompe » se trouve moralement « neutralisée », pour employer une expression empruntée aux sociologues de la déviance[19]. Elle participe de la solidarité du groupe en s'appuyant non seulement sur une hostilité latente à l'encontre du professeur — on ne trahit pas —, mais en établissant une norme de « productivité » commune. Comment ne pas penser à ce propos aux conduites collectives des OS sur la chaîne qui établissent une cadence commune et acceptable par tous, évitant à la fois la marginalisation des plus faibles et la trop grande vitesse des meilleurs ? Tous les trucages, les petites destructions, les conduites de freinage sont perçus non comme des fautes morales, mais comme les moyens de s'adapter à des conditions imposées et de construire aussi la solidarité d'un groupe.

Les manières de décrire les relations avec les enseignants sont extrêmement diverses. Nous avions défini trois grandes dimensions de ce rapport selon que les élèves accordent la priorité à l'efficacité pédagogique, c'est-à-dire la capacité de bien se préparer aux examens et aux diverses épreuves, à l'intérêt personnel et culturel stimulé par l'enseignant ou à la relation, la capacité de répondre aux demandes affectives et émotionnelles des élèves et de la classe, la sympathie. Bien sûr, les élèves souhaitent rencontrer cet enseignant parfait qui les aide à réussir, les intéresse et les aime. Il n'est pas certain que les professeurs ne rêvent pas aussi de rencontrer le même lycéen

19. Le concept de neutralisation désigne les mécanismes par lesquels le milieu délinquant évacue la dimension morale du délit pour en faire un acte banal et acceptable aux yeux de son auteur. Cette neutralisation n'implique absolument pas que le déviant refuse les normes et les valeurs dominantes et conformes, mais qu'il élabore de bonnes raisons de les enfreindre, au nom de ces normes elles-mêmes. Cf. D. Matza, G. M. Sykes, « Techniques of Neutralization : a Theory of Delinquency », *American Sociological Review,* 1957, 22, p. 657-669.

parfait, efficace, intéressé et gentil. C'est à travers les critiques des élèves, plus que par la construction d'un portrait idéal, que se hiérarchisent les qualités pédagogiques attendues, et si les lycéens regrettent l'indifférence affective et l'absence d'intérêt, il semble qu'ils accordent la priorité à l'efficacité pédagogique. Nous verrons que cet ordre des préférences ne va pas de soi auprès d'autres populations scolaires.

A priori, les profs sont définis par l'indifférence et le refus des relations. « Y a pas de dialogue, pas de rapports ; en dehors de leurs cours, c'est impossible de leur parler. » Il y a bien deux mondes distants, comme l'ont depuis longtemps souligné les observateurs étrangers de la « personnalité » et de la culture françaises[20]. Les quelques élèves, comme Gaëlle, qui ont été scolarisés à l'étranger ne se font guère au style guindé des relations scolaires en France. Parfois, les élèves soulignent les petits privilèges des enseignants, les machines à café, les accès plus commodes, les retards tolérés, « alors qu'à nous, on ferme les portes, on bloque tous les passages ». Quelques-uns souhaitent moins de distance, « par exemple, ils pourraient manger avec les élèves » ; « les profs connaissent pas notre culture et elle est mal vue ». En classe, « le prof, il vient, il fait son cours, la semaine d'après on a un contrôle, il part, on repart ». Un des élèves de Joffre avait demandé à participer à la recherche pour comprendre pourquoi les professeurs sont « indifférents ». Les plaintes et les propos sont cependant assez mesurés : le « prof copain », pour peu qu'il y en ait, n'est manifestement pas apprécié et il ne semble pas que les élèves placent ce thème de la relation au cœur de leurs demandes. Comme les enseignants, ils participent au style distant des rapports sociaux dans le lycée : « Notre visage est ouvert entre nous, mais dès qu'il y a un professeur !... »

20. J. R. Pitts, « Continuité et changement au sein de la France bourgeoise », *in* S. Offman *et al., A la recherche de la France,* Paris, Éd. du Seuil, 1963.

Les élèves dénoncent aussi l'absence d'intérêt, l'enseignement machinal : « On dirait que ça les intéresse pas, ils sont usés » ; « Il y en a un, il fait son cours en regardant par la fenêtre. » Les redoublants décrivent les professeurs qui font strictement le même cours d'une année sur l'autre, « le prof qui s'ennuie et qui ennuie les élèves » : « Il n'y a pas beaucoup de profs passionnés par ce qu'ils enseignent. » Mais souvent, les élèves comprennent : les classes sont surchargées et puis « répéter toujours la même chose » !...

Il semble que le critère central de jugement, tel qu'il émerge des discussions, soit l'efficacité pédagogique. « Il y a les profs-profs et les profs humains qui ont des relations avec nous. Avec les profs gentils, souvent, au bout de deux jours, c'est la merde. Avec les profs-profs, on peut écouter et on travaille », dit Éric, élève en A 3. Il importe aussi de ne pas perdre de temps : « Il y a beaucoup de temps perdu dans ces matières ; la philo, c'est chiant, des questions comme " Qu'est-ce que l'histoire ou l'inconscient ? " on n'en a rien à foutre, on est obnubilés par la note à prendre, on veut pas engager un débat. » « Le bon prof est clair et il fait travailler. » Il faut aussi que les règles soient claires de manière à ce qu'une stratégie efficace se mette en place, d'où les qualités attribuées au « prof réglo ». Les sondages résument assez bien cette représentation du professeur efficace : pour 61,4 % des élèves, le professeur doit donner une « méthode de travail » ; il doit être « clair » pour 69 % ; « savant et brillant » pour 17 % des élèves seulement. Selon 51 % des élèves, l'autorité participe de l'efficacité, alors que ce taux est de 48 % pour leurs parents et de 46 % chez les enseignants[21].

La logique utilitaire conduit les élèves à ne pas s'engager beaucoup dans les pédagogies participatives : elles chan-

21. SPRESE, Direction des lycées et collèges, juin 1986 ; CREDOC, 1985-1986. (On se demande parfois où les pourfendeurs du « laxisme » généralisé vont puiser leurs faits !)

gent les règles et elles augmentent le coût. « On avait un prof de math qui, à force d'envisager des choses nouvelles, était devenu tout à fait inintéressant ; finalement, on s'en foutait. » Certains enseignants, de langues en particulier, se sont épuisés à développer des pédagogies actives, se sont heurtés à l'apathie des lycéens et se sont souvent découragés. Les élèves sont d'ailleurs sensibles aux efforts de mobilisation, mais, comme dit Hélène : « On n'est pas des larves, mais presque. » Plus précis encore, un garçon de terminale A 1 explique : « La prof de philo, elle veut vraiment l'épanouissement de l'élève, sa conscience. L'élève, il veut savoir faire des dissertations. » « On cherche pas un papa-maman, tout ça ; avant tout, un bon prof, c'est un pédagogue. » Gaëlle pense que ce refus de participer n'est pas seulement une stratégie utilitaire et rationnelle : « Dès qu'il y en a un qui pose une question, ça y est, c'est la lèche... » L'unité du groupe implique aussi de ne pas se compromettre avec « les gens d'en face », avec les profs. « En terminale, on a un programme à faire, on ne participe pas, on ne pose pas de questions ; poser des questions, c'est mal vu par les élèves. »

Il ressort de tous ces propos une distance des lycéens par rapport à leurs études. Qu'il s'agisse de conduites « réelles », pour autant qu'elles peuvent être connues, ou de la manière dont les acteurs en témoignent, dans tous les cas, elles soulignent la mise à l'écart, la non-adhésion, la non-compromission. « Ici, tout ce qu'on fait est calculé, on doit en retirer un intérêt, c'est pas gratuit ce qu'on fait, mais, dans un sens, c'est pas plus mal », dit Lucile, bonne élève de terminale C qui fera une hypokhâgne et pense que l'école est affaire de technique et que les vrais intérêts intellectuels commenceront plus tard. Le lycée apparaît alors comme l'espace d'une stratégie personnelle et d'une vie juvénile indépendante acceptée dans ce cadre, mais au fond extérieure. « Rien ne m'intéresse au lycée, à part ma réussite. » Pour le reste, les élèves redeviennent des individus indépendants. Il est bien évident aussi que la hiérarchie scolaire ne proposant qu'un type d'excellence, les élèves ont toutes les chances de ne pas voir correspondre leurs goûts et leurs intérêts. Le cas des « littéraires » en C est le plus manifeste. Cette contradiction accroît fortement les capacités de calcul et de mise à distance, le développement d'un sentiment d'indifférence, une volonté de ne pas se compromettre.

De même que la « vraie vie » commencera demain ou après l'usine, les élèves reportent dans leur esprit, soit hors de l'école, soit demain, l'apprentissage des « choses vraiment intéressantes ». « En TC, on engrange, on se pose pas de questions, peut-être quand on aura terminé les études », dit Lucile. « Il y en a qui se sentent pas le droit de poser des questions parce qu'ils se disent : il faut que j'arrive à tel niveau dans la société... pendant qu'on discute, on ne travaille pas et on a de mauvaises notes. Ce sera pour plus tard quand j'aurai le temps de me poser des questions. » « On travaille pour les résultats et pour le diplôme ; le contenu, on s'en fout un peu, c'est pour quand on sera en fac. » Les deux élèves ayant des projets professionnels précis — Bertrand veut être militaire et Cécile photographe —, ne sont pas mieux lotis, tant le contenu même des études est loin des connaissances qu'ils perçoivent comme utiles à leur future profession. Pour eux aussi, l'intérêt propre des études est pour demain. Au fond, le lycée, « c'est provisoire ».

Ces attitudes de distance et de calcul provoquent des sentiments mêlés chez des élèves qui ont l'impression de participer à un jeu dont ils sont aussi les spectateurs. « On obéit à toutes les règles, et en même temps on les méprise ; finalement, on a un mépris caché. » Les deux groupes d'élèves se laissent parfois aller à des propos désabusés et « amoraux » d'où il ressort que « tout le monde triche, les profs aussi », que « ça sert à rien », qu'« il y a que le fric ». Notons pour l'anecdote qu'au mot près ce sont exactement les mêmes envolées désabusées qui traversent régulièrement les salles des professeurs.

Deux élèves incarnent bien les modes de report dans le temps. Richard se présente comme un personnage cynique dont la vie commencera après le lycée : « Du moment que je connais les règles, ils — les professeurs et l'administration — me le rendent, c'est la stratégie qui compte, le tout est d'en tirer le maximum. » « Je ne sais pas où je vais, alors je fais le con ; ma seule motivation, c'est les copains qu'on peut trouver. » Richard parle, au point de se rendre parfois désagréable au groupe de Michelet, comme un esthète de la combine, parce que la vraie vie commencera plus tard et qu'il dénonce sans cesse les « illusions » que l'on pourrait entretenir sur le « sens » subjectif des études. Lionel a choisi, lui, de vivre dès maintenant. Il entre dans la même logique instrumentale des études pour aménager sa « vraie vie » à côté, avec un groupe de rock, une revue littéraire et une passion pour l'histoire largement indépendante de ses études. Coiffé d'un chapeau noir, il traverse le lycée avec l'indifférence d'un honnête employé gagnant sa vie paisiblement pour, le soir venu, mener une autre vie. Lionel et Richard sont apparus comme les personnages centraux de leur groupe.

*
**

Si les élèves des bons lycées peuvent passer pour de jeunes privilégiés — ils le sont souvent —, ils sont éloignés des conduites d'une élite en formation mêlant le style aristocratique et l'esprit de compétition. Ils construisent un rapport particulier à leurs études, à la fois sérieux et détaché, soucieux d'adaptation et de stratégie. La plupart sont de bons élèves ou des élèves sans trop de problèmes. Mais, là encore, il ne faut pas ignorer qu'une partie d'entre eux décroche, ne parvient plus à jouer ce jeu subtil, à la fois compétitif et libéral qui s'impose comme la norme. Ne portant pas sur l'échec scolaire, cette étude s'acharne à cerner les situations et les conduites banales qui peuvent aussi permettre de comprendre les conduites plus marginales et plus douloureuses comme la destruction de ces équilibres.

Le ton critique des élèves, leurs discours détachés et

parfois cyniques ne doivent cependant pas faire oublier que la plupart d'entre eux pensent vivre là une expérience d'autant plus satisfaisante qu'elle ne dure que trois ou quatre années. Ces élèves paraissent souvent heureux à l'école, ils disent, comme dans les sondages, qu'ils ont de bons profs et que la discipline ne leur pèse pas. Mais c'est un bonheur particulier, celui des gens qui attendent peu en réalité, qui considèrent que leur « vraie vie » et leur « vraie personnalité » sont ailleurs. Peut-être est-ce là le fonctionnement « normal » de l'école une fois que l'on s'est débarrassé des oripeaux idéologiques relatifs à sa fonction et à sa vocation, que l'on s'est défait de l'ombre du « vrai » et du « grand » lycée qui n'apparut jamais aussi beau que depuis qu'il est mort.

4

Les nouveaux lycéens

Les classes surchargées, les filières engorgées, la construction de nouveaux établissements indiquent que, depuis une dizaine d'années, apparaît une nouvelle population lycéenne. De la même manière que les collèges ont accueilli une « vague » d'élèves nouveaux au milieu des années soixante-dix, les lycées voient arriver des adolescents qui ne correspondent plus au profil traditionnel d'un élève préalablement et sévèrement sélectionné. Les nouveaux élèves, ceux qui n'auraient pas été au lycée il y a vingt ans et ceux dont les parents n'ont généralement pas fait d'études secondaires longues, ne se répartissent pas de manière égale dans toutes les filières et tous les établissements.

Ce sont souvent des élèves d'origine sociale moins favorisée, fréquemment en retard par rapport à l'âge normal, des élèves orientés vers les sections F, industrielles, et G, tertiaires ; enfin, ce sont très souvent des élèves fréquentant de nouveaux établissements scolaires situés à la périphérie des villes et recrutant un public qui n'a pu accéder ni au « vrai » ni au « bon » lycée [1]. Ils constituent le fer de lance du mouvement de l'automne 1990. Ce

1. Pour établir le profil des nouveaux lycéens, on peut consulter : B. Convert, M. Pinet, « Les classes terminales et leur public », *Revue française de sociologie,* XXX, 1989, p. 211-234 ; R. Establet, *L'école est-elle rentable ?,* Paris, PUF, 1987 ; J. Lesourne, *Éducation et Société,* Paris, La Découverte, Le Monde de l'éducation, 1988 ; A. Prost, *L'enseignement s'est-il démocratisé ?,* Paris, PUF, 1986.

portrait grossier des nouveaux élèves indique qu'ils accèdent à l'école à travers un double processus de sélection scolaire et sociale et qu'ils diffèrent sensiblement des lycéens que nous avons étudiés jusque-là, ceux qui correspondaient encore très largement au public traditionnel des établissements secondaires réputés. Il ne s'agit plus des bons élèves issus des classes moyennes et supérieures, mais des élèves plus faibles issus du monde des employés, des petits commerçants et de la classe ouvrière. Alors que les élèves des bons lycées seront cadres moyens ou supérieurs, et ceux des LP, ouvriers et parfois techniciens, les nouveaux lycéens deviendront le plus souvent employés[2].

Trois lycées

Afin de nous donner une chance de rencontrer ces élèves, nous sommes allés travailler dans trois établissements accueillant majoritairement des élèves des diverses sections G, préparant aux métiers du secrétariat, du commerce et de l'informatique, et des élèves de la section F 8, tournés vers les métiers de la santé. Ces élèves correspondent assez nettement aux caractéristiques majeures des nouveaux lycéens. Les trois établissements sont assez différents et, dans tous les cas, fort éloignés des lycées que nous avons vus jusque-là.

Le lycée Duparc est une sorte d'image inversée du « vrai » lycée. Situé dans une cité de grands ensembles

2. Quatre ans après l'obtention du diplôme, les titulaires d'un bac G sont dans la situation suivante : 10 % sont au chômage, 82 % travaillent, 10 % sont cadres moyens, 85 % occupent un emploi tertiaire peu spécialisé, 4 % sont ouvriers. Le bac G produit donc des employés peu qualifiés. Cf. ONISEP, *F, G, H. Bacs techno : que faire après ?*, 1983 ; A. Charlot, J.-L. Pigelet, « L'après-bac, itinéraires et réussite », Documentation *CEREQ*, 52, 1989. Le taux d'échec de ces lycéens à l'Université serait de 70 %.

d'une ville de province, il occupe pour une part des anciens immeubles d'habitation aménagés et il faut avouer qu'on ne le « voit » pas : dans la longue enfilade de bâtiments cubiques, rien ne le distingue. Cet établissement occupe deux bâtiments séparés de quelques centaines de mètres, les élèves consacrent beaucoup de temps à circuler le long des cages d'escaliers, du supermarché, des petits squares, dans ce qu'ils nomment la zone, avec ses incidents, ses accrochages et une certaine hostilité du voisinage... On a parfois rêvé d'un établissement ouvert sur la ville, eh bien, le lycée Duparc est si ouvert qu'il s'y est perdu. La cantine est partagée avec un collège voisin, et les élèves ont dû faire grève pour obtenir un garage à bicyclettes.

Ce lycée coupé en deux est, selon le proviseur, vécu comme une « blessure ». Alors que le « donjon » de la ville apparaît comme un premier choix, cet établissement est considéré comme une dernière chance, il reçoit ceux qui n'ont trouvé aucune place ailleurs. L'histoire même du lycée Duparc est marquée par l'exclusion : il est né du rejet des sections G de l'un des bons lycées de l'agglomération. Les élèves viennent donc de très loin et connaissent alors des conditions si difficiles que nous n'avons pas pu trouver deux heures dans la semaine pour les réunir régulièrement. Il a fallu nous limiter aux entretiens individuels et à une longue discussion de groupe avec quelques internes logés dans un foyer voisin. Les 900 élèves du lycée obtiennent des résultats médiocres au baccalauréat – entre 55 % et 59 % de reçus –, ce qui ne signifie pas que l'établissement soit mauvais, mais que c'est un lycée « poubelle » décrit avec amertume par l'ensemble des acteurs, celui qui reçoit les élèves qui n'ont pas été acceptés ailleurs. On peut d'ailleurs penser qu'il est, en cela, plus « honorable » que bien des lycées performants mais extrêmement sélectifs.

Le lycée polyvalent de Villeneuve accueille 1 700 élèves dans la banlieue nord de Paris. De réputation plus faible que son voisin immédiat, c'est un établissement moderne à l'architecture plus originale que la plupart des lycées, mais il est dégradé, couvert de « tags », le personnel d'entretien ne parvenant visiblement pas à suivre le rythme créatif des élèves. Ce personnel était en grève lors de notre étude afin d'obtenir de nouveaux emplois. « C'est lugubre, on dirait un lycée abandonné ; quand on s'ennuie en cours, on regarde les graffitis. » « C'est la zone, disent les élèves, la société est comme ça, cruelle. » A l'image des banlieues populaires, les 1 700 élèves sont issus de multiples groupes ethniques qui coexistent paisiblement dans le lycée, alors qu'à l'extérieur divers gangs commencent à se partager des territoires. En 1989, 282 élèves ont obtenu un bac G et F ; 194, des bac A, B, C et D, dont 32 le bac C. Les taux moyens de réussite au baccalauréat se situent entre 60 % et 64 %, et sont inférieurs à 55 % dans la filière F. « On est un deuxième choix », dit le proviseur qui accepte cette position et la justifie en soulignant que « les élèves ne sont pas nos enfants », c'est-à-dire ceux des classes moyennes. Parce qu'il est situé dans une banlieue populaire assez lointaine et parce que les deux tiers des élèves sont en G et F, on peut admettre que ce lycée est un bon endroit pour travailler avec les nouveaux lycéens. Le groupe de travail que nous avons formé grâce aux surveillantes est en majeure partie composé d'élèves des sections G et F. Nous n'avons pu obtenir des données précises sur les origines sociales des élèves de l'établissement qui, de toute évidence, sont modestes.

Situé dans une grande ville de province, le lycée des Pins a l'allure attendue d'un lycée avec son portail monumental, sa cour intérieure et son jardin. Entouré de cafés, il possède un peu des charmes des « bons » lycées. Il accueille quelques classes de BTS et dans le « marché local » de la ville, le lycée des Pins n'est pas aussi mal placé que Duparc. Cependant, un prestigieux lycée technique voisin lui fait de l'ombre, il est clair qu'il n'est pas un « premier choix ». Souvent aussi, les élèves viennent d'assez loin parce qu'ils n'ont pas eu de place ailleurs. Les résultats au baccalauréat sont un peu supérieurs à ceux des deux autres établissements, même s'il semble que le bac en quatre ans soit presque une norme, puisque 26 % seulement des élèves de seconde ont l'âge normal, 12 % en première et 11 % en terminale. Les résultats à l'examen se situent entre 65 % et 69 %, plus de 70 % pour les 105 admis de F, et de 55 % à 59 % pour les 221 admis de G. Les 837 élèves de l'établissement au moment de l'enquête comportent 10 % d'enfants de cadres, 28,7 % d'enfants de professions intermédiaires, 16,7 % d'enfants d'ouvriers, 21,7 % d'enfants d'employés et 9,9 % d'enfants d'artisans et de commerçants. Un tiers des élèves viennent d'une classe de BEP et récupèrent au lycée le parcours qu'ils désignent eux-mêmes comme « normal ». Il s'agit donc d'un lycée de classes moyennes et populaires dans lequel nous avons formé deux groupes : un groupe d'externes de la section F 8 et un groupe d'internes des diverses sections G.

Pour donner une idée plus précise de ces élèves, voici comment se compose une classe de seconde option informatique et gestion, antichambre des classes de G. Sur 30 élèves, 9 ont l'âge normal, 14 ont un an de retard et 7, plus de deux ans. 63 % sont des enfants d'ouvriers, d'employés et d'agriculteurs. 5 parents seulement sont titulaires du baccalauréat ou d'un diplôme supérieur. Sur la vingtaine d'élèves réunis dans les groupes d'intervention sociologique, les deux tiers présentent un retard scolaire et deux parents sont titulaires du baccalauréat. Ces quelques données permettent à la fois de planter le décor et de définir le type de population que nous avons choisi d'étudier afin de cerner l'expérience scolaire de ces nouveaux lycéens.

Les projets, un « piège »

Dans leur très grande majorité, les élèves des trois groupes formés à Villeneuve et aux Pins définissent leur trajectoire par un double mouvement contradictoire : ils « montent socialement », ils « descendent scolairement ». Ils accèdent à l'enseignement secondaire long et sont ainsi placés sur une trajectoire de mobilité ascendante par rapport à leur famille, mais ils aboutissent aussi dans leurs filières et leurs établissements au terme d'un échec scolaire relatif et d'une dévalorisation. « Les profs n'arrêtent pas de leur dire que le bac, c'est le minimum ; ils se comparent à leurs parents et ils sont en phase de montée par rapport à eux, mais ils se comparent au lycée classique et, par rapport à ces élèves-là, c'est plutôt une descente », dit un enseignant. Ces élèves ne sont pas sur des rails, mais sur des sentiers plus sinueux souvent divergents. Il résulte de cette situation une très grande instabilité des projets.

Dans le groupe d'externes du lycée des Pins, les professions des pères sont les suivantes : employé, plâtrier, coiffeur, chômeur, mécanicien, agent au tri postal, maçon, ouvrier, gendarme, cultivateur, informaticien. Un seul père a poursuivi des études longues, il se trouve que le ménage est séparé depuis longtemps, comme cinq autres familles des élèves participant à la recherche. Le groupe des internes présente des origines sociales proches : un cadre supérieur, un ouvrier, un commerçant, deux maçons, un employé, un éducateur, deux ouvriers agricoles, un docker. Quatre ménages sont dissociés, dont celui de la famille du cadre supérieur ; deux pères ont fait des études secondaires longues. Ces illustrations, à partir de populations aléatoires, sont si nettes qu'elles ont presque valeur de démonstration. Il apparaît lors des discussions que les parents des élèves sont satisfaits de voir leurs enfants obtenir un bac ; comme le dit un garçon : « Pour eux, c'est pas pareil, ils n'ont pas la même culture que nous, c'est un type d'étude qu'ils n'ont pas connu. »

Les élèves qui rejoignent l'enseignement secondaire long après un détour dans les classes de BEP éprouvent un sentiment de réussite et de mobilité scolaire. Ils ont échappé à l'« enfer » du LEP et retrouvent l'« enseignement normal ». « C'est une question de fierté, dit Sylvie, je voudrais un bac. Avoir un BEP, vis-à-vis des autres, c'est dégradant. » Mais les autres élèves n'ont jamais réellement choisi de se retrouver dans ces filières. Une fois les discours de prestance énoncés, tous proposent une sombre description de leurs parcours : « Quand on est en G, c'est qu'on est mauvais partout ; quand on sait qu'on va faire ça, on est quand même pas content. » Selon les critères scolaires, ces élèves ont été sélectionnés par l'échec, soit à la fin de la seconde, soit au sortir du collège, et ils se perçoivent comme des élèves médiocres : « Moi, ça me traumatise, j'ai toujours peur d'échouer, je suis très pessimiste, j'ai été brisée quelque part de pas aller en A 3, ça a cassé quelque chose », dit Claire à Villeneuve.

Dès qu'ils définissent leur situation scolaire, ces élèves abandonnent les critères familiaux de la réussite et adoptent le point de vue scolaire à partir duquel ils sont évalués. Il faut bien admettre qu'ils intériorisent les catégories qui les excluent. C'est une affaire de groupe de référence, diraient les sociologues. Il est vrai que leurs passés scolaires sont chaotiques : les deux tiers des élèves des groupes sont en retard et la moitié ont deux ans de retard sur l'horaire normal. Ces élèves n'ont choisi ni leur filière ni leur établissement. Beaucoup sont allés là où il y avait des places. Les lois du « marché » scolaire les mettent en situation de population quasi captive et de choix contraints. « Je me suis retrouvé ici » est certainement la phrase la plus banale. « On va au moindre mal, c'était ça ou rien. » De nombreux élèves sont alors obligés d'effectuer des déplacements quotidiens extrêmement longs, plus de trois heures parfois, pour se rendre dans le seul établissement pouvant les recevoir.

Le sentiment de « chute » scolaire est cristallisé par la faible valeur du diplôme obtenu. Personne ne croit que tous les bacs se valent, et surtout pas ceux que préparent ces lycéens. « Le bac, c'est rien du tout et, quand on a un bac G, on n'a plus rien, c'est nul. » Plus optimiste, Marie précise : « Il vaut mieux ça que rien du tout, c'est soit ça, soit l'ANPE, on fait avec ce qu'on a. » L'image professionnelle et spécialisée des formations ne compense pas la faible rentabilité du diplôme sur le marché de l'emploi.

Ces nouveaux lycéens sont pessimistes. Ils amorcent des études secondaires longues au moment où elles ne « paient » plus, au contraire de la vague des nouveaux lycéens de la fin des années cinquante. Et, comme ils ne sont pas portés par les traditions familiales vers des études supérieures longues et générales, ils s'inquiètent. « Le BTS, c'est trop dur. » Ils ont l'impression de n'y accéder qu'au compte-gouttes et un peu comme prétexte. « La fac, on réussit pas beaucoup, et puis il faut les moyens. »

Ces lycéens envisagent cependant de continuer leurs études vers des filières courtes publiques ou privées, mais ils ne savent pas où. Certains d'entre eux pensent déjà au monde des petits boulots et des stages, aux opportunités, aux rencontres, aux relations. Au lycée de Villeneuve, quelques filles pensent qu'une fois armées d'un bac commercial elles trouveront des emplois de vendeuse ou de caissière. Pour elles, le bac est un simple moyen de se placer plus favorablement sur le marché de l'emploi, il peut permettre d'échapper au chômage et ne définit en réalité ni un niveau de culture ni une spécialisation professionnelle.

La majorité des élèves ont le sentiment d'être « piégés ». Quand un groupe des Pins, discutant avec le responsable d'un institut de formation de travailleurs sociaux, découvre que les conditions d'accès réelles impliquent un DEUG et une sélection sévère, une élève de F 8 déclare : « C'est lamentable qu'on m'ait orientée de cette façon. » Elle découvre qu'elle n'a quasiment pas la possibilité d'atteindre le métier qu'on lui a fait miroiter lors de son orientation. Par ailleurs, « sans diplôme supérieur, on n'est pas prêts pour la vie active ». Il faut aller au bout d'un parcours universitaire et les élèves découvrent qu'ils se lanceront dans la course avec un sérieux handicap. Les données recueillies confirment leur inquiétude : sur les 72 % d'élèves titulaires d'un bac G qui font des études supérieures, 45 % abandonnent dès la première année[3]. Un rapide calcul permet de comprendre qu'un élève de terminale G ayant en général 60 % de chances d'obtenir le baccalauréat, il lui reste environ une chance sur cinq d'obtenir un diplôme d'enseignement supérieur. Il arrive que des enseignants plus pessimistes encore disent aux élèves : « Vous avez cinq chances sur mille d'avoir le DEUG. »

Les contacts avec les entreprises font parfois l'effet d'une douche écossaise, les élèves ne s'imaginent pas occuper les emplois répétitifs et peu qualifiés qui leur seront offerts. Le travail de dactylo tient, en ce domaine, une fonction de repoussoir unanime, révélant ce que recouvre en réalité la « bureautique » enseignée. « Piégés », ces élèves sont très mal à l'aise dès que les conversations sont tournées vers l'avenir. Ils ont à la fois peur de ne pas avoir de projet et de découvrir qu'ils ne pourront pas réaliser leurs projets. Ils essaient de se convaincre, sans trop y croire, qu'ils ont choisi ce qui leur a été, le plus souvent, imposé, et toutes ces discussions pénibles oscillent sans cesse entre des silences tristes et des affirmations volontaristes de projets personnels.

Une conseillère d'orientation invitée dans un groupe a très justement noté que les attitudes des élèves relatives à leurs projets relevaient d'une pensée « magique ». Les élèves balancent entre l'absence de projet et la formulation de projets irréalistes; il suffirait alors de vouloir vraiment pour que le projet s'accomplisse. Comme ces élèves ne savent pas quoi faire et se sentent piégés, ils s'accrochent à des projets peu réalistes : Éric veut être pilote d'hélicoptère; Josiane, journaliste ou pharmacienne... Un élève en seconde option gestion, ayant déjà redoublé deux fois, espère faire une première S, « parce que c'est la meilleure ». Bien que ces lycéens soient souvent âgés, on a parfois le sentiment de les voir construire des projets enfantins, sans que l'idée même du

3. *Ibid.*

chemin à parcourir pour les réaliser soit présente. Sandrine, élève de F 8, « hésite » entre la profession de chirurgien et celle d'infirmière. Thomas, âgé de vingt ans en première F 8, hésite entre psychologie et biologie. Lorsque la conseillère d'orientation, mal à l'aise face à de tels projets, s'efforce de rappeler les exigences scolaires qui les rendent possibles, les lycéens affirment seulement leur désir d'atteindre ces buts : « On peut si on veut » ; « Si on se met dans la tête qu'on veut y arriver, on peut y arriver. » Mais, dès que la mesure du projet est prise, ils tombent dans un pessimisme noir. Alors que tout semblait possible, plus rien ne s'offre à l'avenir. Tout se passe comme si, mis en demeure de décider d'un projet, ces élèves ne pouvaient osciller que du rêve au vide, que d'une pensée magique où il suffit de vouloir les choses au sentiment que rien n'est possible.

La difficulté à maîtriser l'avenir rend les élèves particulièrement malléables dès qu'une solution a l'air de se proposer. Le groupe des internes du lycée des Pins a reçu une conseillère d'orientation. Elle a expliqué que les projets de chacun étaient personnels, qu'il s'agissait avant tout de problèmes de personnalité, de conviction, de caractère, bref, de désir. Puis chaque membre du groupe a été invité à dire ce qu'il souhaitait vraiment devenir. Dans chaque cas, la conseillère d'orientation, ayant le sentiment d'avoir levé un « blocage » personnel, encourage l'élève et lui donne la marche à suivre, ce sera souvent difficile, mais « on peut si on veut ». Au bout d'une heure, chacun est muni d'un projet qui ne tient, semble-t-il, que le temps de la séance. Barbara se borne à dire : « Voilà, je ferai ce que me dira le conseil de classe. » Elle résiste cependant à entrer dans ce jeu où les élèves qui ne peuvent vraiment choisir sans renoncer à leurs rêves et à leurs illusions sont mis en demeure d'avoir des projets. Autrement dit, moins les lycéens ont de ressources, plus il faut qu'ils aient de projets et plus l'interlocutrice joue, jusqu'à la manipulation parfois, des techniques d'expression et de séduction auxquelles ils adhèrent du bout des lèvres pour se débarrasser de cette obligation. Personne ne presse les bons élèves des bons lycées de choisir, alors qu'ils possèdent, eux, un éventail de choix. En revanche, les élèves « piégés » doivent annoncer des projets dont on leur apprend au cours de leur scolarité qu'ils ne pourront pas les atteindre ou que c'est une pure affaire de personnalité.

L'image d'un piège qui se referme sur les nouveaux lycéens est cependant excessive : quelques élèves des groupes ont des projets extrêmement précis. Mais ces perspectives ne sont pas liées à leurs études. Benoît veut « faire des affaires », ses parents vont l'aider à se lancer en s'appuyant sur leur commerce, ils attendent un succès au baccalauréat, mais l'avenir n'en dépend pas. Cécilia doit entrer dans l'entreprise de tailleur de pierres que monte son frère aîné, ils ont passé un marché, elle entre dès qu'elle a son bac. Polo est dans le même cas, le patron de ses parents lui a « chauffé une place » dans une compagnie d'assurances, il lui suffit de décrocher le diplôme. Quant à la fille des coiffeurs, ses parents lui ont dit : « Ça serait bien, si tu reprenais le salon, que tu aies le bac. » De tels projets s'appuient plus sur les réseaux personnels et les ressources familiales que sur la valeur du diplôme.

Parfois même, le diplôme semble un peu inutile en regard des attentes de la vie professionnelle. Lorsque le projet professionnel est précis, les études sont trop « scolaires », encombrées de matières inutiles. « Celui qui prend les décisions, dit Benoît, c'est pas le plus diplômé ; je traverse le lycée, j'emmerde personne, personne m'emmerde. » Benoît ne cesse d'affirmer que les « affaires » sont plus justes et plus excitantes que la vie scolaire. Très informé sur les marchés porteurs, sur les réseaux commerciaux, sur le travail au noir, il attend de la vie active un accomplissement que l'école ne lui a jamais offert. Benoît oppose toujours « les voitures, les filles, le fric, les affaires » à l'absence d'intérêt des études, à la vie infantile de l'internat. Surnommé Bernard Tapie, il a des projets parce qu'il n'attend pas grand-chose des diplômes.

Plus discrètement, mais selon la même logique, quelques lycéens soulignent l'utilité de leurs études. Le diplôme apparaît surtout comme la clé de l'autonomie à l'égard de la famille. Ces élèves retrouvent une ancienne signification du baccalauréat, c'est une étape dans une recherche d'autonomie[4]. Peut-être parce qu'elles sont issues de milieux populaires traditionnels, certainement aussi parce qu'elles sont plus âgées que les autres lycéennes, ces filles attentent du baccalauréat une sorte de certificat émancipateur. « Les études me plaisent pas trop, j'ai envie de partir de chez moi, c'est surtout ça qui me pousse, trouver un métier, même vendeuse », dit Cécile. Anna, fille d'immigrés portugais, veut conquérir sa liberté : « Je veux partir pour être indépendante moralement et financièrement, quand je vois les autres faire ce qu'ils veulent !... » « L'école m'empêche de faire ce que je veux vis-à-vis de mes parents, pas comme une personne qui travaille », dit Karine. « On n'est pas adulte chez les parents, on est adolescent plus qu'adulte », ajoute Nathalie. « Ras le bol de l'école, les angoisses, la routine ; le travail, c'est pareil, mais on gagne de l'argent, on prendra le travail tel qu'il est et on fera avec. » Elles rêvent plus ou moins de travailler dans le tourisme et le commerce, mais le bac G 3 n'est pas le facteur déterminant d'accès à ces emplois.

Ces élèves se sentent loin des autres et veulent sortir de l'adolescence : « Ils sont bien dans leur cocon, ils n'ont pas d'envie. » Elles veulent entrer dans la vraie vie, voyager, quitter la ville ou la banlieue, parfois la famille. Anna rêve d'aller dans le Sud de la France, où elle a des amis. Les études ne sont pas directement liées à des projets professionnels, seul le diplôme ouvre les portes de l'âge adulte et de la liberté.

L'obligation d'élaborer des projets, la nécessité de

4. O. Galland observe les mêmes tendances chez les lycéens d'Elbeuf : « Représentations du devenir et reproduction sociale : le cas des lycéens d'Elbeuf », *Sociologie du travail,* 3, 1988, p. 399-417.

construire un rapport d'utilité immédiate des études sont plus sensibles chez les nouveaux lycéens que chez les autres élèves. Cependant, ces lycéens se sentent piégés à la fois par une « incohérence » statutaire et par la découverte de la faible valeur de leur diplôme. Il en découle deux attitudes contrastées : une absence de projets et une pensée magique, d'une part, et la formation de projets indépendants du contenu des études et, parfois, de la valeur même du diplôme, d'autre part. Cette définition de la réalité par les lycéens est évidemment beaucoup moins confortable à vivre que celle que proposent les élèves des « bons lycées », pour lesquels l'exigence du projet est moins prégnante, et la vie de ces groupes est empreinte d'une angoisse et d'une tristesse nouvelles.

La vie et les études

Quel est le modèle de la connaissance et de la culture perçu par ces nouveaux lycéens ? Il semble à les écouter qu'ils sont fort éloignés des images de la « vraie » culture des « vrais » lycéens, mais aussi de la mise à distance de cette culture suggérée par leurs camarades des « bons » lycées. Par ailleurs, ils ne souscrivent pas vraiment à l'opposition centrale, perçue par les élèves de LP, entre enseignement général et enseignement professionnel. L'enseignement professionnel n'est pas, dans ces formations, suffisamment précis et orienté vers des métiers. Là encore, les descriptions proposées par ces élèves sont ambiguës.

La sélection sociale et scolaire qui a produit les nouveaux lycéens les éloigne des représentations classique de la culture scolaire. Du point de vue des enseignants, ces élèves ne sont pas des « intellectuels ». Le professeur de philosophie que nous avons rencontré est désespéré : « Ça se passe, c'est pas vraiment de la philo, ils s'en foutent, je suis perdante, ils posent pas de questions... » Comme il ne semble pas possible de proposer un enseignement magistral de la philosophie, il convient de laisser venir les questions de la classe, mais elles ne se formulent guère dans un langage philosophique : « Y a-t-il une réincarnation, une influence de la lune sur les comportements... ? »

« Ils n'ont pas d'esprit critique, ils pensent que je veux avoir raison et ils ne disent plus rien. » « C'est perdu d'avance, il n'y a rien pour les intéresser, les professeurs de sciences et techniques économiques ont demandé si on ne pouvait pas supprimer la philo. » Tous les enseignants ne sont pas aussi nets, mais tous soulignent la faiblesse scolaire de ces élèves et, en tout cas, leur manque d'intérêt pour les enseignements abstraits et théoriques. Un professeur de français explique qu'il n'est pas là pour enseigner la « grande littérature », mais des techniques d'expression ; un professeur de mathématiques, des techniques de calcul, mais pas des raisonnements mathématiques.

Les jugements des élèves font écho à ceux des enseignants et, le plus souvent, la culture générale est très vivement critiquée. « De toute façon, pour l'école, j'ai vraiment réfléchi, ça sert à rien. Ça nous apprend rien du tout, ils essaient de nous inculquer une culture générale qui ne sert strictement à rien. Je pourrai jamais donner la culture que j'ai reçue à quelqu'un d'autre, parce que c'est absurde ce qu'ils nous apprennent », dit Jean-Noël au lycée de Villeneuve. « Ils nous font faire n'importe quoi, c'est inutile, c'est tellement compliqué », ajoute cet élève de terminale G qui précise : « C'est pas du français, c'est de l'histoire de la littérature, moi je veux être avocat, j'en ai rien à foutre du théorème de Pythagore. » Qu'ils aient ou non des projets, beaucoup d'élèves pensent que « ça sert à rien ». « Ça fait quinze ans que je suis à l'école, quel est le prof qui m'a dit : ça sert à ça, ça sert à ça ! La philo c'est le top niveau, le but, c'est de faire réfléchir les jeunes esprits. Ah bon. Le prof, il a fait sept ans d'études, on lui demande : est-ce que vous pensez autrement, est-ce que, quand vous rencontrez l'événement, vous y pensez philosophiquement ou comme tout le monde ? Rien. Alors le prof de philo, il réfléchit pas lui-même. » Lorsqu'un interlocuteur demande aux élèves de Villeneuve s'ils sont « armés » pour la vie active, le groupe éclate de rire.

A y regarder de plus près, l'« inutilité » des enseignements dénoncée par les élèves ne renvoie pas à une image précise et « utilitaire » des connaissances nécessaires à l'accomplissement anticipité d'un métier. Les lycéens n'opposent pas aux enseignements des représentations de gestes professionnels, ceux du comptable, du technicien, ou de l'infirmière... Le critère d'« utilité » est beaucoup plus large, il s'agit de « la vie », d'une représentation d'un monde réel et vivant opposé à l'abstraction et à la « gratuité » des enseignements scolaires. « S'interroger trois heures sur le but de la vie, ça sert à rien ; toi, tu es là, tu vis, les gens le savent pas. Moi, je vis, on aura été un peu plus heureux, mais le prof, il aime pas », dit Jean-Noël. Benoît parle aussi de la vie, « les bagnoles, la télé, les affaires », pour l'opposer à l'école. Dès lors, les enseignements se séparent en deux groupes, ceux qui sont ouverts sur la vie, et les autres dont on peut penser qu'ils sont plus proches des idées de mort. Damien parle de l'opposition des matières vivantes et des autres. L'économie, par exemple, est vivante : « On parle un peu de tout, on choisit les exemples dans l'actualité, Bush, Gorbatchev, les barbares, la civilisation... » « J'aime bien les matières concrètes qui ont un rapport avec ce qui se passe actuellement, économie, droit. » Ces élèves affirment un goût particulier pour les ouvrages de témoignage : histoires de jeunes femmes droguées, drames sociaux vécus, témoignages humains d'un célèbre professeur de médecine... C'est cette « vie » qui donne une impression de réalité et d'utilité à quelques enseignements. Comme partout, les élèves de Villeneuve qui rencontrent un enseignement de mathématiques critiquent la fonction sélective de cette discipline. Mais surtout, ils opposent les mathématiques, « mortes », au français, plus « vivant ». « En français, on peut toujours se débrouiller en inventant ; en math, il faut mettre que ce qui est nécessaire. Le français c'est plus naturel, quoi. » « Dans un devoir de français, on juge les qualités, on juge les idées que tu as, alors que dans un devoir de math, on juge uniquement les résultats qui sont bons. » On voit bien que cette opposition tranchée n'oppose pas les matières socialement utiles aux autres, mais celles qui permettent aux sujets de s'y reconnaître, comme le français, ou d'y importer des connaissances externes, comme l'économie, aux disciplines closes sur leurs propres règles et que les sujets ne pourraient maîtriser que dans un rapport d'extériorité neutre.

Que l'on interprète cette dichotomie comme le produit de dispositions culturelles, à la manière de B. Bernstein[5], ou comme la conséquence d'un « écrémage » proprement scolaire, elle semble largement partagée par les nouveaux lycéens. Au sein même des enseignements, les élèves distinguent avec précision les disciplines abstraites et très formalisées des disciplines plus « vivantes » qui en sont parfois dérivées. « Les math, ça vaut pas plus que la compta », mais la comptabilité est plus « concrète », non par son usage social, mais parce qu'elle est plus facile à maîtriser par un apprentissage de techniques. Les techniques commerciales sont dans le même rapport « concret » à l'égard de l'économie, la « science médico-sociale » est, elle aussi, plus « vivante » que la biologie et les sciences naturelles. Abdel, en première F 3, observe : « On a des cours sur l'abstraction, non pas des cours de mécanique, mais des cours sur la mécanique. » Aussi, à l'exception du français qui peut autoriser la manifestation d'une « vie » personnelle si l'enseignant y consent, les matières abstraites sont largement refusées.

La matière vivante peut donc être caractérisée de deux manières : elle est ouverte vers la société et elle peut être contrôlée par l'élève. Les mathématiques, symbole même

5. Cf. B. Bernstein, *Langage et Classes sociales. Codes sociolinguistiques et contrôle social,* Paris, Éd. de Minuit, 1975.

des connaissances inutiles et mortes, selon les élèves, imposent une contrainte si forte que la plupart de ces lycéens se déclarent « allergiques » et « terrorisés ». Ils refusent alors d'entrer dans les questions et les problèmes mathématiques et se bornent, expliquent-ils, à apprendre des techniques de calcul permettant de répondre le moins mal possible aux épreuves scolaires. Les rencontres de deux groupes avec des enseignants de mathématiques, alors que les deux professeurs leur reprochent d'apprendre des réponses et non de répondre à des questions : « Vous êtes plus acharnés à apprendre qu'à réfléchir. » Mais comment, disent les élèves, réfléchir sur des choses « mortes » et des questions qui interdisent des réponses « personnelles » ?

En ce domaine, la maîtrise est si faible que les élèves en appellent au don ; il y a un talent, une bosse des mathématiques et des matières abstraites, de celles qui échappent au contrôle de la culture et de la « personnalité ». Je respecte, mais je sais que j'y arriverai pas. » Le don et le talent dans ces matières abstraites ne sont cependant pas perçus comme les manifestations d'une « classe » naturelle. On est très loin de l'image de la virtuosité scolaire qui impressionne encore si fortement les élèves des « vrais » lycées, « y a pas cette notion de classe, y a uniquement l'intérêt qui y est lié ». Il faut dire que ces élèves n'entretiennent pas entre eux un esprit de compétition scolaire et que ces matières abstraites ne sont pas pourvues de coefficients très élevés.

Ce thème de la vie, de la densité psychologique et sociale de l'enseignement, ne peut être vraiment cerné que si nous le situons dans le rapport pédagogique défini par les élèves. Tout se passe comme si ces lycéens avaient une certaine difficulté à objectiver les connaissances scolaires, à les juger indépendamment de la relation pédagogique qui lui est attachée. Ces élèves parlent plus volontiers des professeurs que des matières qu'ils enseignent. Pour eux, l'expérience scolaire est moins définie par un ensemble de connaissances objectives que par la somme des relations qui les opposent et les lient aux enseignants. Le savoir acquis n'est presque jamais séparé de son mode d'acquisition.

Comme tous les élèves, les nouveaux lycéens ont en tête l'image du bon professeur efficace, intéressant et sympathique. Mais, alors que c'est l'efficacité qui domine largement dans les « bons » lycées, ici, la qualité de la relation s'impose à tous. « J'aime ou j'aime pas une matière parce que le prof... » La réussite, passée ou présente, est comprise comme le fruit de la qualité personnelle des professeurs. « J'étais bonne en math en quatrième à cause du prof ; avec le prof de troisième, ça a pas marché, il me plaisait pas, je suis devenue nulle. » Parfois, l'ensemble du passé scolaire se présente comme une galerie de portraits d'enseignants distinguant les « gentils » des « méchants », ceux qui ont pu « accrocher » les élèves et ceux qui les ont « dégoûtés ». « Quand le prof est sympa, ça m'intéresse, je m'intéresse plus à l'humain qu'au mécanique. » « Y a pas beaucoup de profs qui m'ont fait flasher, il faut des profs qui me stimulent vraiment. » « Cette année, on a un bon prof de math, il nous motive, alors j'ai un bon niveau. » Les élèves se décrivent eux-mêmes comme dépendants de la relation interpersonnelle proposée par l'enseignant. « Moi, je travaille pour le prof. » Aux yeux des élèves, la performance dépend tout autant de l'enseignant, de ses qualités humaines, que du travail de l'élève, car l'enseignant possède la capacité de l'écœurer ou de l'encourager.

Le bon prof est celui qui *motive* l'élève, comme si les intérêts intellectuel et scolaire ne suffisaient pas. « La bonne méthode d'apprendre, c'est de motiver les élèves ; cette prof, elle donne au cours une forme de réalité, c'est un rôle d'être professeur, acteur, tout ça », dit Karine. Le discours de la motivation est omniprésent avec la phrase quasi rituelle « on peut si on veut », et le bon enseignant donne du courage, de la confiance, il motive. « Il faut qu'il soit cool, il faut qu'il nous respecte, qu'il ait un petit humour, mais pas pour nous blesser. » Il faut également qu'il répète les explications, « même si c'est chiant pour lui ». Il faut que le bon prof permette aussi de poser la « question idiote », c'est-à-dire la question issue d'une réelle incompréhension, alors que les enseignants préfèrent les questions « intelligentes », les questions qui permettent à l'élève de briller en montrant qu'il a compris. « Il faut qu'on n'ait pas peur de passer pour un imbécile. » « Le prof extra, c'est le prof qui nous permet de parler. »

Au bout du compte, le bon enseignant crée de la « vie » parce qu'il autorise de la subjectivité et qu'il « motive » ainsi. « Dans un sens, ils n'en ont rien à foutre parce que, eux, ils ont leur bac. Ils vivent pas leur cours. C'est le prof de français qui vit le mieux son cours, elle a envie qu'on sorte du cours en sachant quelque chose. Le prof d'histoire, il récite son cours, il ne le vit pas. Les autres font leur boulot pour être payés, ils s'en foutent. » Cette image de la connaissance centrée sur la personnalité de l'enseignant n'est pas dépourvue de compréhension parfois : les élèves évoquent les « dépressions » des professeurs, « c'est dur à supporter, si en plus on les culpabilise ! »...

Autant le bon enseignant est humain et compréhensif, autant le mauvais est indifférent et méprisant : « Je rentre, bonjour, je fais l'appel, on fait cours, au revoir, on s'en va. » Évidemment, cette dépendance à l'égard des professeurs peut se retourner en hostilité, quasiment en haine. L'indifférence est ressentie comme du mépris dans le cas de ce professeur du lycée des Pins qui « refuse de s'adapter aux élèves » et que la classe guette pour se venger. Le mauvais prof est méprisant, « il nous fait sentir qu'on est moins que rien », « il nous pousse pas ». Autant les élèves peuvent s'extasier à propos des qualités d'un enseignant « formidable », « sympa », « adorable »... autant ils peuvent dépeindre des professeurs « sadiques », « méchants », « dégueulasses »... Quelques enseignants sont décrits comme des « fous » dont les portraits sont toujours peints dans des teintes psychologiques et passionnelles, avec des scènes d'humiliation, d'indifférence, de bouderie parfois. « On a des profs, tu vois, on dirait des patrons qui parlent à des ouvriers, alors qu'il faudrait un peu de psychologie : ce serait mieux de discuter avec l'élève, de le prendre comme un cas particulier, et puis d'encourager le savoir ; au lieu de ça, ça cristallise. » « C'est pas un psychologue, il devrait être un pédagogue au moins. » Bref, qu'importe la clarté de l'exposé, « le mauvais prof s'en fout, il fait son cours au tableau, il le fait pour lui, son boulot l'intéresse pas ». La dépendance positive peut alors se renverser, l'élève ne « peut » pas travailler avec ce prof, « ça l'écœure » : « Il suffit que je tombe sur un prof qui a une sale gueule et je me bloque. »

L'importance des thèmes de la personnalité des professeurs et de la dépendance vécue par les élèves peut être expliquée par la faible maîtrise des règles latentes de la vie scolaire. En effet, sur le plan des techniques pédagogiques, les nouveaux lycéens semblent assez conservateurs, comme s'ils poursuivaient d'abord un objectif de sécurité. Les innovations pédagogiques d'un enseignant de mathématiques ne sont guère appréciées, malgré la gentillesse du professeur. Les élèves veulent s'appuyer sur des méthodes et des techniques fiables et redoutent par-dessus tout les contrôles qui ne correspondent pas exactement aux exercices préparés. Évidemment, les contrôles continus procurent de ce côté-là un grand sentiment de sécurité[6]. Il faut d'abord que la règle soit claire, quitte à l'appliquer de façon un peu rituelle. Une fille explique qu'elle fait « volontairement » des copies banales pour ne pas prendre de risques et pour ne « pas dire ce qu'elle pense, ça ne regarde pas le prof ».

6. Un sondage IPSOS du *Journal du dimanche,* de décembre 1984, révèle que 71 % des élèves préfèrent le contrôle continu à l'examen. Non seulement le contrôle continu multiplie les chances, mais il rapproche encore le cours de son évaluation.

Il serait peut-être trop rapide d'interpréter psychologiquement la dépendance psychologique des élèves. Elle se présente plutôt comme une modalité de gestion et de contrôle d'une situation scolaire longtemps dominée par l'échec, l'incertitude quant à sa propre valeur et le sentiment de ne pas totalement maîtriser le jeu scolaire. La bienveillance de l'enseignant permet de rétablir un rapport d'équivalence, fondamental pour tout élève, entre le travail fourni et la note obtenue, puisque cet enseignant « motive » l'élève en l'encourageant, en reconnaissant le moindre de ses efforts. Comme le dit un lycéen, « il nous juge par rapport à nous ». Il apparaît en même temps, notamment lors de la rencontre des élèves des Pins et d'un professeur de mathématiques, que seul l'enseignant est capable de briser ce que les élèves perçoivent comme une spirale de l'échec : il peut « guérir » ce que les élèves vivent souvent comme une blessure, une maladie, une allergie.

Cette attente n'est évidemment pas irrationnelle chez les acteurs, qui ont l'impression de ne pas disposer d'autres ressources. Cette attitude, un peu magique là aussi, s'apparente à la confiance du malade qui se tourne vers une médecine parallèle après avoir épuisé tous les moyens de la médecine scientifique. C'est d'ailleurs de cette façon que les élèves racontent leur passé scolaire fait de hauts et de bas en fonction des divers enseignants. Barbara propose une théorie « cognitive » et « interactionniste » de cette dépendance. Elle explique qu'elle est à l'œuvre pour les élèves « limites ». Les bons élèves n'ont guère besoin du sentiment d'une relation particulière aux enseignants, les mauvais non plus, car leurs performances n'en dépendent pas. En revanche, les nouveaux lycéens avec lesquels nous avons travaillé peuvent « faire la différence » grâce à cette relation personnelle qui efface alors toutes les autres dimensions du rapport pédagogique. Ces élèves étant souvent âgés, on pourrait faire l'hypothèse qu'ils sont plus autonomes psychologiquement que les autres lycéens, or il n'en est rien.

Cet aspect très particulier de la relation pédagogique est aussi souligné par les professeurs qui trouvent les nouveaux lycéens « gentils », « faibles » et « pleins de bonne volonté ». Par contraste, explique un professeur d'espagnol, les élèves du bon lycée apparaissent « méprisants », « distants », « faux ». La dépendance à l'égard des enseignants n'est pas sans apporter des gratifications aux professeurs qui cessent d'être obsédés par le « niveau ». Ce professeur d'espagnol raconte comment certains de ses élèves de G peuvent « avoir les larmes aux yeux » devant des textes qui les touchent. « Ils sont un peu écrasés, mais ils sont sages et gentils. » « Ils ont un complexe d'infériorité, il faut toujours les remonter », dit un professeur de sciences et techniques économiques. Les enseignants décrivent aussi la « susceptibilité » des élèves qui pensent que les notes sanctionnent plus la personne que le travail évalué. Si l'on admet que les professeurs ont parfois autant besoin d'être reconnus et aimés que les élèves, les nouveaux lycéens, malgré leurs faibles intérêts intellectuels, malgré la peur de l'avenir, sont perçus comme des élèves attachants.

Une faible intégration

Dans les trois lycées où nous avons travaillé, la capacité d'intégration de l'établissement est des plus faibles. Tout se passe souvent comme si les élèves étaient étrangers à l'établissement proprement dit, comme s'il n'existait que la classe, les réseaux de copains et des zones de frictions plutôt faibles avec l'administration. C'est en tout cas de cette manière que les élèves perçoivent leur vie scolaire en ne se définissant pas comme les membres d'une organisation. En dehors des quelques amis et des professeurs de la classe, les lycéens désignent l'organisation sous la forme d'un « ils » ou d'un « on » vague d'où n'émerge que la figure de quelque CPE particulièrement sympathique ou sévère. Le fonctionnement du lycée semble anonyme et sans véritable direction.

Parfois, les élèves décrivent le processus sélectif comme des mécanismes parfaitement anonymes, automatiques et objectifs : « En seconde, *ils* en enlèvent pour en mettre en BEP, *ils* en enlèvent pour en mettre en G, *ils* en mettent deux en S... », dit Sandrine à Villeneuve. On ne connaît pas le proviseur, on ne le voit pas, on ne connaît guère les autres classes. En fait, les élèves n'ont affaire qu'aux quelques individus avec lesquels ils parviennent à s'arranger à travers les relations personnelles. « C'est pas un lycée où on donne des sanctions, on est plutôt autodisciplinaires », dit-on au lycée Duparc.

Le lundi matin, dans le bureau d'une conseillère d'éducation, les élèves en retard viennent chercher un billet de rentrée ; tous ont de bonnes raisons d'être absents, sans avoir l'air d'y croire eux-mêmes, pas plus que la conseillère, d'ailleurs, qui accompagne chaque remise de billet d'un mot réconfortant, amical et non dénué d'humour. Au lycée de Villeneuve, les retards se gèrent de la même manière, il est toujours possible de s'arranger et il faut que les absences s'accumulent pour que la discipline apparaisse. En revanche, au lycée des Pins, il n'est jamais possible de s'arranger avec une conseillère d'éducation particulièrement rébarbative : « Elle hurle dès qu'elle nous voit... » Pour les lycéens, il s'agit de personnes sur lesquelles ils peuvent compter ou dont ils doivent se méfier, sans qu'une image générale du « style » et de la règle de l'établissement apparaisse pour autant. « Le personnel, l'administration en général, ils font partie des murs, enfin, pour moi, c'est ça, ils font partie des murs. » Ce faible sentiment de participation explique la relative indifférence des élèves à l'état matériel du lycée. Les graffitis et la saleté de Villeneuve sont de peu d'importance dès lors que les élèves ne sont pas plus attachés au lycée que des voyageurs peuvent l'être à une station de métro. Tant que les conditions de travail ne sont pas des plus pénibles, comme au lycée Duparc, les lycéens demeurent peu sensibles au cadre et jouissent, comme dans les autres lycées, du sentiment de liberté et de la faiblesse du contrôle social[7].

Plus encore que dans les « bons » lycées, la vie juvénile paraît indépendante de la vie scolaire, elle n'est ni orientée ni organisée par l'établissement. Il n'y a plus aucun style scolaire, si l'on accepte de le définir comme la mise en représentation plus ou moins vague d'un modèle intellectuel et d'une position scolaire. La vie juvénile est toujours décrite comme une juxtaposition de « clans » liés aux âges, aux goûts, aux styles, aux sexes, à la classe, mais jamais à l'affirmation d'un style scolaire. Le lycée de Villeneuve est, de ce point de vue, remarquable par son hétérogénéité : quelques « babas », quelques « cuirs », quelques « zoulous » en survêtement, quelques « minettes » élégantes, quelques « rastas », quelques « rappers », quelques « intellos », quelques « punks » aux coiffures colorées... le tout sur fond de jeans, de blousons, de chaussures de tennis et de mocassins. Le lycée ne crée rien, aucun style propre, il se borne à accueillir la diversité et le « mélange » de la société qui l'entoure. L'établissement semble totalement perméable et neutre. « Le lycée, c'est comme une usine, on y entre, on en sort ; entre midi et 2 heures, il n'y a personne au lycée, tout le monde est dans les bars. » Polo ajoute avec humour que, « s'il n'y avait pas les bars, c'est le lycée qui ferait faillite ». Le lycée accueille une vie juvénile plus qu'il ne l'organise : « On rentre, on va en cours, on va manger, on va en cours, on attend 6 heures. »

L'établissement permet aux divers clans de coexister et apparaît ainsi comme un espace ouvert et tolérant. Les discussions des groupes à propos du racisme révèlent cette manière d'être ensemble. « J'ai une copine qui aime pas les Arabes, je la vois, elle est toujours avec eux. Je lui dis,

7. Cette observation paraît s'opposer à l'importance des thèmes revendicatifs dans le mouvement de l'automne 1990 ; nous reviendrons sur ce problème dans le chapitre 9 .

elle me répond : avec qui tu veux que je parle ? » Dans les trois établissements, les élèves soulignent l'absence de gestes et de propos racistes à l'intérieur du lycée. « Il y a du racisme en dehors, mais à l'intérieur du lycée, c'est pas pareil. » Ce n'est pas que le racisme soit absent chez les élèves, ce n'est pas non plus que l'organisation scolaire soit si prégnante qu'elle en interdit l'expression, puisque quelques élèves laissent percer des préjugés racistes ; plus simplement règne une norme d'évitement et de tolérance. Il s'instaure ainsi un clivage entre l'extérieur et l'intérieur opposant le monde des conflits et de l'agression à l'univers pacifié des lycées.

Les quelques bagarres qui nous sont rapportées se déroulent en dehors du lycée avec des jeunes de la cité, mais pas dans l'établissement. Dans les univers de zone et de « galère » de Villeneuve et de Duparc, les lycéens ont l'impression de vivre au sein d'un monde libéral et relativement protégé. La violence qui explose parfois dans les lycées, entre les jeunes ou à l'encontre des enseignants, est perçue comme une intervention extérieure au lycée, celle d'anciens élèves qui règlent des comptes, celle de « bandes » qui entrent dans l'établissement pour y poursuivre des affrontements liés à la vie des cités et de leurs « galères ». Lors des incidents apparus au lycée de Villeneuve et dans les lycées de Seine-Saint-Denis en octobre 1990 — agressions contre une enseignante et tentative de viol d'une élève —, tous les témoins soulignent le rôle de jeunes extérieurs à l'établissement. « La vie c'est comme ça, c'est cruel, c'est la zone. » Ce n'est pas, disent les élèves, le lycée qui engendre la violence, c'est la violence extérieure qui, parfois, peut s'y exprimer. Les quelques cas d'agressions d'enseignants, souvent des enseignantes d'ailleurs, sont perçus comme le fait d'élèves déjà délinquants et violents, ce n'est pas une violence proprement lycéenne et scolaire.

Le prix de la pacification des lycées est une règle d'esquive : tous les sujets de discussion qui pourraient être prétexte à conflit sont soigneusement évités. Les clans ne se fréquentent pas et les élèves sensibles aux préjugés raciaux s'abstiennent soigneusement de rencontrer les autres. De manière générale, les lycéens ne parlent pas de politique non plus et les débats organisés par les enseignants sur les thèmes « sensibles » sont perçus comme des provocations un peu agaçantes auxquelles il ne faut pas céder. « J'ai mes idées, je cherche pas à savoir quelles sont celles des autres. » Bref, pour vivre ensemble il faut éviter tout ce qui peut séparer les individus, quitte à produire une indifférence et un anonymat. On vit à côté des autres, sans se sentir vraiment engagé par leur conduite.

La consommation de « joints » décrite toujours comme banale, toujours vertueusement refusée par ceux qui en parlent, est perçue comme une affaire privée, mais certainement pas comme un problème collectif gênant. « C'est banal, on n'y fait pas attention, je connais des gens qui en vendent, je connais des gens qui fument. On n'y fait même pas attention : si on a de l'argent, on a ce qu'on veut. » « C'est tout juste si on claque pas des doigts, telle personne en a, il suffit de savoir, on y va, on donne le fric, et après tu as ce que tu veux. » Bien entendu, les élèves ajoutent que « c'est con, c'est pour la frime, c'est pour avoir l'air affranchi... », mais ce qui se passe dans le lycée ne relève pas du lycée, de cette cohabitation indifférente. De la même manière, les filles, en particulier, évoquent la consommation élevée de médicaments par leurs camarades, « c'est normal, on est stressés », mais, là encore, il ne s'agit, pour les lycéens, que d'une succession de problèmes personnels[8].

Les nouveaux lycéens se sentent d'autant moins intégrés dans l'organisation scolaire qu'ils n'ont pas vraiment choisi leur lycée et qu'ils ne tiennent pas tellement à endosser la réputation d'établissements dévalorisés, parfois même de lycées « poubelles ». Cette dévalorisation de l'établisse-

8. M. Choquet, S. Ledoux, *Les Drogues illicites parmi les 11-20 ans et les Attitudes face au SIDA,* Paris, INSERM, 1989.

ment est quelquefois si forte que les élèves pensent que le bac G du lycée des Pins est « moins coté » que celui du grand lycée voisin. « C'est simple, les grands lycées prennent les meilleures notes, et les autres, les autres... » Certains racontent comment, lorsqu'ils font des rencontres au bal ou dans les boîtes, ils préfèrent ne pas préciser le nom de leur lycée et de leurs sections.

A la dévalorisation de l'établissement s'ajoute la mauvaise réputation de la filière, plus sensible encore dans les lycées polyvalents. Au lycée Duparc, une élève déclare : « On est à la base le bac des poubelles dans un lycée de voyous. » Florence et Dalila préfèrent redoubler leur classe de seconde plutôt que d'être orientées en G : « G, c'est la honte. » Il semble que les nouveaux lycéens sont d'autant plus écrasés par la réputation qu'ils ne disposent pas des mécanismes de consolation et de revalorisation de soi dont peuvent user les élèves des bons lycées. La hiérarchie sociale n'offre plus d'alibis et apparaît aux acteurs dans toute sa nudité.

Ainsi les littéraires du lycée de Villeneuve parlent nettement : « Je suis en A2 ; sincèrement, c'est pas parce que j'aime les langues ou le français. C'est parce que j'aime pas les maths : en math, c'est de la folie, c'est de l'hébreu. » Ces élèves n'évoquent aucun goût particulier, aucune vocation susceptible de redorer leur image. « Les A, c'est la poubelle des bacs. » « On est en A1 parce qu'on n'est pas assez mauvais pour être en A2 », dit Nadia. Le discours ne présente plus beaucoup de ruses et de consolations : « J'aime bien le français, pourtant je suis pas bon. Je fais de longues phrases comme Proust, mais je fais des fautes de syntaxe, je suis mauvais, quoi », avoue un élève de première A2, « soi-disant littéraire ». Tout est dit avec la plus grande netteté : « J'ai fait deux troisièmes, deux secondes ; c'est simple, j'avais le choix entre la première G au lycée Duparc ou la rue » ; « J'ai choisi la première G parce que j'avais pas le choix. » Ces élèves savent souvent qu'au-delà des goûts et des intérêts leur position résulte exactement de leurs performances scolaires : « On est tous dans le même problème, le problème d'un échec scolaire partiel », dit Thomas.

Lorsqu'un professeur reçu dans un groupe du lycée des Pins déclare que les G ont mauvaise réputation auprès des enseignants, personne ne proteste : « On est les classes poubelles, on nous l'a dit, et c'est depuis toujours. » Les élèves expliquent alors que cette réputation ne découle pas des seuls mécanismes sélectifs, mais qu'elle est sans cesse réactivée par les enseignants. « Ils — les professeurs — font les G parce qu'ils sont obligés de le faire, il y a un prof qui nous l'a dit. » Un élève compare les premières d'adaptation aux premières « normales » : « La différence, elle est au niveau des profs ; les profs sont plus disponibles dans les classes normales, alors qu'en adaptation ils disaient : c'est des petits sauvages, alors il faut qu'on les mate, ils répondaient pas aux questions. En normale, les profs sont plus raisonnables, ils écoutent mieux. En adaptation, le point de vue pédagogique : rien du tout. »

Tous les élèves de tous les établissements décrivent les mille manières de marquer la hiérarchie : « Vous êtes les classes les plus nulles, vous êtes nuls, vous comprenez rien, alors que c'est elle qui fait mal son cours... » ; « Ils nous traitent de tarés, c'est simple, ils ont décidé de nous donner les profs les plus cons. » Les élèves parlent aussi de professeurs de seconde catégorie. « Ils trouvent pas de profs, ils appellent même les profs à la retraite. Y a de plus en plus d'étrangers à l'Éducation nationale : l'an dernier, en français, on avait un Noir, on comprenait pas à cause de son accent. En math, ça peut aller, mais en français !... » Parfois, les élèves ont l'impression d'une véritable hostilité quand, dans un lycée polyvalent, les sections dévalorisées sont une tache sur la réputation de l'établissement : « Ils ne nous aiment pas. Ils veulent se débarrasser de nous. » Tous ces propos sont délivrés dans les groupes sur un ton relativement détaché, car, à l'hostilité et au mépris des enseignants, les élèves résistent par la solidarité du groupe et le rejet violent des enseignants qui incarnent ce mépris, par l'indifférence aussi.

Toute une série de facteurs extérieurs à l'établissement et à l'expérience scolaire proprement dite pèsent sur le rapport des élèves à leurs études. Il s'agit des conditions de vie et de travail souvent très difficiles, fort éloignées de l'image assez douce et protégée de la vie des élèves des « bons » lycées. Parce que c'est le lycée de la dernière chance, beaucoup d'élèves viennent de très loin et n'ont ni le temps de travailler ni celui de vraiment se détendre.

Le cas de Marc, en première F3 à Villeneuve, est des plus révélateurs. « Je me lève à 5 heures ; 6 h 5, je pars de chez moi, mobylette. Gare de Melun, Paris-Lyon, RER A jusqu'à Châtelet, RER B, gare, bus jusqu'au lycée. Là, la journée commence de 8 h 30 à 18 heures le soir. Cantine de 12 h 30 à 2 heures avec bousculade à l'entrée. Puis commence le train-train du retour jusqu'à 20 h 15, où je suis chez moi. J'ai trente-sept heures de cours, le mardi et le jeudi je quitte à 16 heures, je viens le samedi. » Marc sort sa machine à calculer et pianote : « Je passe près de soixante-dix-huit heures hors de chez moi, je passe le week-end à dormir. Je me suis battu pour être là avec mon BEP, je voulais faire une première d'adaptation, comme il y avait pas de place, ils m'ont mis ici. » Le cas de Marc est probablement exceptionnel, mais celui des élèves qui ont plus de deux heures de transports quotidiens dans les lycées de banlieue est relativement banal. Au lycée Duparc, les élèves qui viennent au lycée en chemin de fer puis en autobus ne sont pas rares. Bien des nouveaux lycéens travaillent dans les entreprises de restauration rapide, dans la distribution de journaux, font la plonge dans des restaurants, encadrent les enfants des centres aérés le mercredi. Une élève est couturière à domicile, d'autres travaillent le dimanche dans les grandes surfaces...

Parce qu'ils sont âgés et surtout parce qu'ils appartiennent à des milieux peu favorisés, les nouveaux lycéens vivent souvent comme des étudiants pauvres « payant » leurs études avec des « petits boulots ». Tout en ayant des horaires d'enseignement lourds, plus de trente-cinq heures par semaine, ils ne peuvent faire reconnaître ces conditions de vie et d'étude par l'administration et les professeurs. Le lycéen travailleur au noir ne relève pas des cas envisagés par l'école. Un élève du lycée Duparc, livreur de journaux avant d'aller en classe, ne veut pas en parler aux professeurs et aux conseillers d'éducation, pas même à ses camarades, parce que c'est la « honte ». Ces élèves ont l'impression que les autres sont des « planqués », des « fils à papa ». Ils ne se sentent pas vraiment lycéens, ce sont parfois de jeunes adultes qui paient pauvrement leurs études. A cet égard, les internes des lycées Duparc et des Pins ont l'impression d'être relativement privilégiés, protégés de leurs problèmes familiaux et de leurs difficultés de vie. L'internat joue un rôle « social ».

Le cas de Fouad, élève de première G à Villeneuve, incarne bien cette situation des nouveaux lycéens en mobilité ascendante et cependant déçus. Issu d'un LP et titulaire d'un BEP, il vit à la cité Emmaüs d'Aulnay. Lycéen « normal », il a le sentiment de sortir de l'univers de la délinquance, de la galère, des « zoulous » et des dealers. « En cinquième, c'était l'hystérie totale, tous CAP, CPPN, sauf deux. Au LP, ils nous prenaient pour des attardés, c'était pas des profs, c'était des psychologues, ils nous faisaient du bourrage de crâne, c'était affreux comme conditions de travail. » Mais le lycée apparaît comme un monde « extravagant » : « C'est pas sérieux, c'est l'absence de discipline » ; « Ici, les élèves s'en foutent et les profs font ce qu'ils veulent. » Fouad se sent inadapté :« Je sais pas prendre les notes, j'écris tout ce qu'il dit, même si ça a pas de rapport avec le cours. Pour poser des questions, on sait pas : J'ai pas compris. — Qu'est-ce que tu as pas compris ? Évidemment, on sait pas. » « Je suis bouleversé, j'ai envie d'arrêter. Tous les soirs, je recopie tous mes cours. On verra toujours que je suis un BEP, même en terminale. » « En plus, on me dit toujours que le bac G ça sert à rien. » « Ici, on nous conditionne pour des études longues, mais ça me fait peur la fac, je connais personne... »

Inadapté à une école dont il ne comprend pas les règles du jeu, Fouad éprouve, en plus, le sentiment de trahir ses copains du LP et du quartier. « C'était des copains de la cité, c'était des gens comme moi, je préfère l'ambiance du LP, on était tous solidaires ; ici, c'est chacun se démerde. » Fouad se déclasse en montant : « Je peux pas avoir de relations avec les camarades qui habitent dans les pavillons, ils sont pas comme moi, ils pensent pas comme moi, ils réagissent pas comme moi. » Fouad se sent à la fois étranger à l'école et traître à ses amis. Il travaille le week-end chez Darty : « Avec le travail que je fais à la maison, je me considère comme un exploité, pourtant j'ai un cerveau, comme les autres. »

Distance et « personnalité »

Il ne faut certainement pas considérer le cas de Fouad comme une image banale de ces nouveaux lycéens. Mais se retrouvent chez lui, de manière « excessive », les traits de ce type d'élèves : paradoxe des projets et des parcours de mobilité, absence de référence à la culture scolaire classique, sentiment de séparation entre l'école et la vie.

L'expérience des nouveaux lycéens est caractérisée par un instrumentalisme scolaire faiblement maîtrisé, surtout soucieux d'adaptation individuelle, de refus de la compétition et des risques de déception. « Le mieux pour moi, c'est d'avoir la moyenne. » Les élèves se présentent comme des acteurs calculant au plus juste leurs efforts afin de s'en tenir à « une honnête moyenne », compensant leurs faiblesses par leurs points forts, sans que l'image de l'exploit et du don soit réellement présente. Lors des discussions de groupes, les lycéens se définissent toujours comme des élèves moyens ou faibles, « dans la norme ».

Cette image de la performance moyenne est si ancrée que l'absentéisme lors des cours « inutiles » est perçu comme une conduite acceptable, sinon comme une pratique normale. On sèche le cours à faible coefficient ou celui dont le professeur apparaît incapable, un peu comme à l'université où les étudiants ont gardé cette possibilité de choisir les cours les plus utiles ou les plus intéressants. L'absentéisme des élèves devient alors le principal problème de l'administration.

La plupart des lycéens disent qu'ils travaillent peu. Plus exactement, ils considèrent que la présence au lycée est suffisamment lourde pour que le travail à la maison soit réduit au strict nécessaire. C'est un peu comme du travail supplémentaire qu'un employé zélé emporterait à la maison. « On s'acharne pas à travailler, on fait notre travail tout juste », dit Sandrine. « J'apprends pour l'interro et j'oublie tout de suite, c'est surtout pour rattraper les mauvaises notes. » « Je vise la moyenne, y a que la moyenne qui compte ; les autres, c'est 12, et moi j'ai 10, j'ai la moyenne, je suis sauvé », dit David à Villeneuve. Le groupe approuve et partage cette sagesse. Il s'agit de gérer un équilibre à niveau bas et, la plupart du temps, le travail est fait dans l'urgence, la veille pour le lendemain, parfois « avec l'envie de travailler, mais c'est rare ». « Le week-end, c'est pas pour travailler » ; « Pour le travail, je ne fais que ce qui est contrôlé. » Les appréciations relatives au travail ne sont pas les jugements que des chercheurs, par ailleurs enseignants, porteraient sur des élèves « médiocres » ; elles sont longuement expliquées par les lycéens, dont la plupart veulent préserver leur week-end, disent qu'ils ne travaillent qu'une heure par jour et qu'ils s'efforcent, en réalité, de faire une semaine de quarante heures sur cinq jours en espérant ainsi réaliser une adaptation correcte. « On travaille pas beaucoup » ; « On doit du travail à la maison en plus, c'est pas juste. » « T'es pas payé, c'est pas rentable », dit-on avec humour.

Un soir d'entretien collectif avec un groupe d'internes qui s'est terminé vers 22 heures, les élèves sont partis rédiger ensemble leur dissertation de philosophie pour le lendemain ; il ne pouvait s'agir que d'« assurer ». En revanche, le week-end, « on explose », « on récupère de la semaine, et, la semaine, on récupère du week-end ». Le rapport instrumental des élèves à leurs études, au plus loin de la vocation, de l'ambition et de l'exploit, semble régi par une norme proche de celle du travail salarié. Ces lycéens ressemblent un peu à des employés qui ne veulent pas d'histoires, qui ne souhaitent pas se faire remarquer et dont le rapport au travail est commandé par le temps libre, l'organisation d'une vie privée vraiment intéressante. Bref, ces élèves parlent un peu comme des employés ritualistes s'efforçant d'entrer dans une carrière automatique, « honnête mais sans plus ».

Cependant, les élèves ne maîtrisent pas toujours la norme qu'ils se fixent. Ils ne possèdent pas la virtuosité des élèves des bonnes filières et des « bons » lycées, ceux qui donnent le change, qui anticipent sur les demandes des enseignants, qui s'avancent dans leur travail, qui savent exactement quelle petite différence permet de se distinguer, quel verni de culture laisse croire que l'on adhère à la « grande » culture scolaire. Les nouveaux lycéens jouent le même jeu que les autres, mais ils en perçoivent moins l'utilité, en connaissent moins les règles et possèdent moins de ressources. Pour les enseignants, ces élèves sont donc à la fois plus « scolaires » et moins « bons ».

La relation à l'école est moins contrôlée parce que les élèves viennent de milieux sociaux où l'art de consommer l'école est moins présent. Les parents, semble-t-il, sont plus loin de la scolarité. Ils sont inquiets, ils craignent plus le chômage qu'ils n'aspirent à une réussite scolaire élevée. Surtout, disent les élèves, « ils ne peuvent pas suivre » et ils associent moins nettement la marge de liberté personnelle qu'ils accordent à leurs enfants à leur réussite scolaire. « Ils gueulent, ils font des leçons de morale, mais ils m'empêchent pas de sortir », dit Benoît. Ainsi, les nouveaux lycéens paraissent à la fois plus autonomes et plus culpabilisés que leurs camarades des bons lycées parce qu'ils peuvent « truander » des parents qui n'ont jamais fait d'études.

Naturellement, les parents de ces élèves moyens ou médiocres ne participent guère aux rencontres organisées au lycée et aux associations de parents. « Les parents d'élèves qui sont sérieux, c'est souvent les parents des bons élèves, parce qu'ils attendent, bien sûr, des compliments sur leurs enfants ; les autres, ils ont honte, quoi. » « Ma mère, elle est allée voir les profs, elle m'a dit : j'ai jamais eu aussi honte de ma vie », dit Barbara, élève de première G au lycée des Pins.

Il est également vrai que l'opposition vécue par les élèves entre la connaissance et la vie, la vacuité des projets aussi, ne favorisent pas un rapport stratégique élaboré et performant aux études. Ces lycéens donnent parfois l'impression d'être à l'école du bout des lèvres : « J'attends, dans deux ans, ce sera fini. » « D'un côté il y a le lycée et de l'autre, la vie privée, le lycée c'est gris. » « On est passifs, on subit », dit Laurence. Et tous les élèves opposent alors le samedi soir/dimanche matin, la vraie vie, à celle du lycée. « Vivement vendredi ! » « Il ne se passe rien au lycée, on garde tout pour le week-end. » Il y a deux univers, deux sociabilités, les amis du lycée ne sont pas souvent les « vrais amis » de la « vraie vie », et la plupart de ces élèves n'évoquent jamais l'absence de clubs, d'équipements et de foyers qui permettraient aussi de vivre au lycée. La nostalgie ou le rêve d'un « vrai » lycée n'affleurent pas.

Dans le fond, si la norme du rapport à l'école est voisine de l'instrumentalisme limité des employés, l'expérience réelle des nouveaux lycéens semble parfois plus proche de l'adaptation difficile et malheureuse des OS. Les élèves résistent à l'emprise d'une école qui les exclut par son propre système hiérarchique tout autant qu'elle s'efforce de les intégrer dans des positions inférieures et peu rentables. « On regarde passer le temps, et puis, pour le travail, il y a toujours le système D. » Non seulement la vie est extérieure à l'école, mais elle va contre l'école :

« Les C, ils n'ont pas de jeunesse, ils nous méprisent ; la vie, c'est de rencontrer des gens, c'est de communiquer comme ça. » Il faut aussi se protéger des notes et des évaluations scolaires toujours plus ou moins blessantes pour ces élèves arrivés dans leur section et leur lycée après une série d'échecs. Dans leur discours, les élèves s'efforcent de ne pas être définis par l'école, de ne pas être des lycéens ; ils parlent toujours avec une distance et un humour qui les mettent à distance des normes scolaires. Il faut « survivre », dit Sandrine, s'adapter sans se laisser « détruire ».

De ce point de vue, le souci de la relation dans le rapport aux enseignants apparaît comme un mode d'accrochage aux études plutôt que comme un incident aléatoire : « Y a des profs qui savent dire aux élèves la phrase qui va les encourager... » Plus encore que les autres, les nouveaux lycéens sont sensibles au thème de la *personnalité,* c'est-à-dire de la définition d'eux-mêmes comme des sujets autonomes et indépendants du système scolaire et de ses catégories. La vie juvénile est construite autour de cette sensibilité, elle apparaît ainsi comme indépendante du lycée, extérieure à sa culture et à ses enjeux.

Les élèves se démarquent des débats et des discussions se rapportant à l'école, recherchent une émotion, souvent liée à leurs goûts musicaux, au plus loin des thèmes scolaires. « Ce qu'il y a de bien au lycée, dit Sylvie, c'est qu'on peut discuter. » Mais on discute dans un espace « civil », indépendant de la vie scolaire, comme les discussions de café des ouvriers sont tournées vers l'oubli de l'usine. Les échanges et les débats, expliquent les élèves, ne prolongent pas ceux des cours, ils rompent avec l'ennui et les contraintes de l'école. « C'est pas au lycée qu'on a des idées, en tout cas, c'est pas dans les cours, c'est en discutant », dit Karine.

Parce qu'il n'est pas toujours maîtrisé, parce que la vie personnelle est souvent difficile, le rapport stratégique aux études est toujours menacé par l'irruption du thème de la personnalité. Bien des élèves, comme Fouad, se sentent « usés », « allergiques » et découragés. Les élèves parlent souvent de leur absence de confiance en eux et, surtout, de leur difficulté à se « motiver ». « Face à tout ça, t'as intérêt à être motivé. » L'école ne fournissant pas un fort sentiment d'utilité, étant reliée à des projets qui s'effilochent souvent les uns après les autres, n'étant ni un cadre intégrateur solide ni un modèle de connaissance intéressant, les élèves ont l'impression qu'ils doivent puiser en eux, au plus secret de leur personnalité, les motivations qui permettent de construire des stratégies proprement scolaires. Ces lycéens doivent aussi compter sur les enseignants. Dans un langage culturaliste, on pourrait tout à fait admettre que leur distance culturelle à l'école les oblige à compenser l'écart par de fortes motivations personnelles, puisqu'ils ne sont plus soutenus par un habitus scolaire précoce. La même analyse pourrait être adoptée en partant d'un point de vue « économique » : puisque ce type d'étude ne semble guère « payant », les élèves travaillent peu et les dimensions expressives de l'expérience recouvrent les calculs instrumentaux.

Mais, en même temps que la personnalité est considérée comme le principe central de la poursuite des études, elle apparaît comme une valeur et une subjectivité propres menacées par l'expérience scolaire. Ce thème est donc ambivalent, car si la personnalité construit l'expérience scolaire, elle est aussi sans cesse menacée par l'école. La personnalité s'engage et résiste à la fois : « J'ai le sentiment de ne jamais m'accomplir pleinement. A l'école, ils ont des programmes, et le but, c'est de nous rentrer ça dans la tête. C'est une uniformisation de tout. Ça va très loin en stéréotypes, on peut jamais personnaliser son style, même pour écrire. Pour moi, le bac, il faut être bête et discipliné, il faut pas se prendre la tête », dit Éric, élève de terminale G 3 à Villeneuve. « L'école c'est pas ma personnalité et la vie réelle. » Il importe de ne pas se laisser définir par des relations et des pratiques blessantes ou même humiliantes : « Je suis pas si bête que ça, j'ai le droit de me planter. » « J'ai un cerveau comme tout le monde », disait Fouad.

Évidemment, la sociabilité lycéenne est décrite comme une recherche permanente de l'« authenticité », de l'expression et de la reconnaissance pures de la personnalité. « La sincérité personnelle », dit Laurence, le courage d'affirmer son style, son look, sont au cœur de ces relations et les élèves du lycée des Pins étaient indignés par les remarques et les punitions infligées à une élève dont les cheveux teints en rouge affirmaient aux yeux de tous sa personnalité. « Il y a les blaireaux et les non-blaireaux ; un blaireau, c'est quelqu'un qui parle de ce qu'il a et de ce qu'il sait, non pas de ce qu'il est », dit Laurence.

Certains affirment nettement leur personnalité contre l'école. Ils esquissent une logique déviante en s'opposant à toute compromission avec l'école, en refusant d'avoir l'air de se laisser séduire. Ils développent une image des relations scolaires dans laquelle il importe de ne pas « collaborer » avec l'adversaire, de « répondre », de ne pas se « laisser faire ». Tout au long des séances de travail, Benoît est le seul élève ayant refusé d'admettre un instant une hiérarchie des sections, ayant refusé d'être défini par les classements scolaires. Il explique comment il ne s'est pas excusé lors d'un conflit avec un enseignant, comment il a refusé aussi d'aller « pleurer chez les profs » pour éviter un redoublement. Pour lui, c'est une affaire de dignité, de conflit irrémédiable entre l'école et son honneur, sa personnalité. Bien sûr, il peut déroger à cette règle lorsqu'il rencontre un enseignant sachant imposer sa personnalité, sachant parler entre personnes.

La personnalité est souvent mise en avant sous une forme malheureuse. Bien des élèves donnent l'impression de se détacher, d'être épuisés par ce qu'ils nomment le « stress », le sentiment d'être toujours mauvais, toujours définis par les jugements négatifs[9]. « Personne n'est con,

9. Un sondage de la Direction des lycées et collèges indique que 79 % des élèves associent la fatigue à l'expérience scolaire.

mais ça, ils ne le disent pas. » Alors ces élèves glissent vers la sortie pour, dit Nathalie, « sauver leur personnalité » : « Je sais que c'est un jeu, et moi, mon jeu, il n'est pas comme ça. » Certains lycéens sont isolés et quasi « muets ». Dans les trois groupes de recherche consacrés aux nouveaux lycéens, quelques-uns n'ont pas dit un mot durant tout le travail et n'ont pourtant manqué aucune séance ; ils étaient là et cependant absents, comme incapables de surmonter une expérience malheureuse et écrasante. En comparant la vie des groupes formés de nouveaux lycéens à celle des élèves des « bons » lycéens et aux élèves de LP, on ne peut se défaire de cette impression de tristesse. Tout se présente comme si les élèves ne parvenaient jamais à maîtriser réellement leur expérience, balançant entre de brèves euphories et de l'abattement. Ces élèves ne sont ni bien adaptés, comme la plupart de leurs camarades des bons lycées, ni révoltés et déviants comme les élèves de l'enseignement professionnel.

***

L'expérience scolaire des nouveaux lycéens peut être définie comme une forme accrue de décomposition de l'expérience des élèves des « bons » lycées. Tout ce qui est latent dans les « bons » établissements et permet une adaptation efficace, parfois cynique, prend ici un aspect plus décomposé et éclaté. L'univers des projets se dégrade en raison des paradoxes de la mobilité. Le modèle culturel scolaire s'éloigne, coupé en deux par l'opposition de la « vie » et des études. L'intégration dans les établissements est faible et, dans les banlieues pauvres, la galère de la zone entre dans le lycée avec les conditions de vie difficiles.

Le rapport instrumental aux études a du mal à se construire et les lycéens vivent une opposition inconciliable entre le travail scolaire et la « personnalité ». Celle-ci fonde l'investissement scolaire parce qu'elle construit les motivations. L'enseignement est appréhendé sous le mode de la relation interpersonnelle. Mais, d'un autre côté. cette personnalité est toujours menacée par l'école parce que les élèves ne maîtrisent pas les jeux scolaires, parce qu'ils sont définis par une norme d'excellence qui les écrase. Ce tableau général peut sensiblement varier d'un élève à l'autre, mais le travail des trois groupes d'élèves dégage un climat et une tonalité autorisant cette analyse. D'ailleurs, dans les trois groupes de recherche, les élèves se sont reconnus dans ce tableau. « C'est ça, y a rien à rajouter », ont-ils dit, confrontés à cette image triste et grise d'eux-mêmes qui les délivrait de l'obligation épuisante de sauver la face et de construire l'unité d'une expérience qui n'en possède, de fait, aucune en dehors de la subjectivité de chacun. L'école n'est plus alors une institution, elle est l'espace où se gère une multitude de parcours et de problèmes de « personnalité ».

5

Les futurs ouvriers

Les lycées professionnels constituent un monde à part dans le système éducatif français. Ils délivrent des formations et des diplômes directement définis par le marché de l'emploi, ils collaborent étroitement avec les entreprises. Les enseignants ont un statut différent de celui de l'ensemble du personnel enseignant, avec des syndicats spécifiques, ils sont souvent issus du monde du travail. Pour cette raison, la majorité des ouvrages traitant de l'école laissent de côté l'enseignement professionnel, comme s'il ne faisait pas vraiment partie du système éducatif français ; les débats sur la « crise de l'école républicaine », sur la « baisse du niveau » ou sur les contenus éducatifs, ignorent, la plupart du temps, cet univers scolaire, si ce n'est pour le comparer au système allemand et en regretter la mauvaise qualité, l'inadaptation, la pauvreté…

En choisissant d'étudier l'école du point de vue de l'expérience scolaire, nous ne pouvons reprendre à notre compte cette marginalisation. Au contraire, il faut multiplier les points de vue comparatifs et ne pas faire comme s'il s'agissait d'« espèces » d'élèves différentes, relevant d'une autre nature de phénomènes et de problèmes sociaux.

Après avoir travaillé avec les élèves du « centre », nous sommes donc allés dans deux établissements de la « périphérie ». Nous avons essayé de comprendre comment étaient formées les futures classes dirigeantes, les classes moyennes et les employés, il faut maintenant savoir comment sont « fabriqués » les futurs ouvriers qui passent aujourd'hui presque tous par le LP et n'accèdent plus directement à l'emploi par l'apprentissage chez un patron au sortir de l'enseignement obligatoire à l'âge de seize ans.

La périphérie

Le lycée Georges-Brassens fait partie de la nouvelle génération des LP. C'est certainement le plus bel établissement dans lequel nous avons travaillé : moderne, coloré, lumineux, il est construit au centre d'un grand ensemble de logements d'une banlieue de ville de province. Il appartient à ce nouveau style d'établissements scolaires bien équipés, spacieux, clairs. Construit depuis une dizaine d'années, il ne s'est pas dégradé et publie une plaquette de présentation qui donne l'image d'un lycée modèle, propre, loin des stéréotypes sombres du LP industriel. Brassens accueille 505 élèves, 20 filles seulement dans une filière d'opticiens-monteurs, et possède un internat. Ce lycée est intéressant dans la mesure où il reçoit l'ensemble des niveaux de formation de l'enseignement professionnel, des quatrièmes et troisièmes technologiques aux classes préparant le baccalauréat professionnel. Il s'agit donc de tout l'éventail des élèves, ceux qui sortent de la classe de cinquième dans une situation d'échec grave et ceux qui préparent un diplôme relativement qualifié. Brassens donne des formations en électromécanique, usinage et maintenance, équipements ménagers, maintenance de systèmes mécaniques organisés.

Le lycée Pablo-Neruda est situé à l'autre extrémité de la hiérarchie des établissements professionnels. Construit dans une banlieue de la même agglomération, plus bourgeoise d'ailleurs, il se présente comme une suite de bâtiments préfabriqués et rudimentaires. Dépourvu de cantine et d'équipements, il correspond assez bien au cliché des LP misérables et délaissés. Vu de l'extérieur, il n'a pas vraiment l'allure d'un établissement scolaire. Les

359 élèves de Neruda, dont 45 % de filles, se répartissent entre les quatrièmes et troisièmes technologiques, et les classes de BEP. Les formations se regroupent en deux grands types : les qualifications industrielles de tourneurs, chaudronniers, fraiseurs, soudeurs, et des formations tertiaires peu qualifiées d'employés de service et d'administration. L'établissement souffre de l'absence de filière de bac professionnel dégageant une élite scolaire — enseignante aussi — et renforçant surtout le prestige de l'établissement. Dans l'enceinte du lycée, de nouveaux bâtiments sont en construction, modernes et pouvant enfin accueillir des bacs professionnels dès la prochaine rentrée. Cependant, les élèves du groupe de recherche n'aiment guère cette construction : « Ça va faire prison, blockhaus, fermé... Il y aura une cour intérieure déjà, et ça, on va pas supporter, ça va être pire que le collège. » Par contraste, le lycée actuel, triste et un peu misérable, ne manque pas de charme : « C'est sympa, il y a des arbres, on entend les oiseaux l'été, ça fait un peu campagne... » Et puis, il est plus facile d'en partir.

Les deux établissements partagent quelques caractères. Ils reçoivent tous les deux les élèves difficiles qui sont « orientés » dès le collège. Les résultats aux CAP et aux BEP sont extrêmement variables selon les filières, de 48 % à 100 % de succès, et les diverses formations sont nettement hiérarchisées. L'un et l'autre ont un corps de professeurs également répartis dans l'enseignement général et dans l'enseignement professionnel. Enfin, d'après les élèves, les professeurs et l'administration, les deux lycées n'ont pas bonne réputation. De nombreuses histoires, toujours vagues d'ailleurs et proches de la rumeur, évoquent des bagarres, des agressions contre les enseignants, des vols, des mises à sac. Il semble que ces réputations font partie de l'image quasi « naturelle » des LP.

Depuis la célèbre étude de C. Grignon réalisée en 1965 sur les élèves des CET, il semble que le public de l'enseignement professionnel a sensiblement changé[1]. Il ne s'agit plus de la seule formation de l'élite ouvrière, des futurs ouvriers professionnels qualifiés et des contremaîtres. Les élèves des LP ne sont plus positivement sélectionnés afin d'échapper à une formation sur le tas conduisant vers les emplois d'OS et de manœuvres. Avec l'extension de l'emprise scolaire, la grande majorité des élèves qui ne peuvent rejoindre le cycle secondaire long se retrouvent au LP. Alors que le CET était fortement marqué par une culture et un recrutement ouvriers, le public actuel des LP apparaît plus diversifié. « Les différences des élèves nous ont autant frappés que leurs ressemblances », écrit C. Baudelot à propos des élèves de LP de la région nantaise[2]. L'origine populaire et l'échec scolaire ne suffisent pas à maintenir l'homogénéité observée voilà vingt-cinq ans par C. Grignon. Le public est assez mélangé, la hiérarchie des filières est sensible, le taux d'« évaporation » des élèves atteignant 40 % dans quelques cas. Les goûts culturels des élèves présentent un extrême éclatement, et 37 % d'entre eux seulement sont tentés par le métier de leur père.

Cette diversité est encore plus nette si l'on tient compte des différences entre les établissements, entre les filières, les futurs imprimeurs et les futures employées de collectivité. La distance sociale est extrême entre le petit LP de centre-ville sélectif et formant à l'usinage informatisé, et le LP de banlieue avec les métiers du bâtiment et la chaudronnerie. Il semble que la « concurrence » des établissements ait sensiblement accru ces écarts[3]. 30 %

1. C. Grignon, *L'Ordre des choses. Les fonctions sociales de l'enseignement technique,* Paris, Éd. de Minuit, 1971.

2. C. Baudelot *et al.*, « Les élèves de LEP, anatomie d'une population », *Revue française des affaires sociales,* décembre 1987, p. 79-98.

3. C. Agulhon, « Évaluation des formations industrielles en lycée professionnel : de la politique scolaire nationale à la concurrence entre les établissements », *Éducation et Formation,* 21, 1989, p. 25-35.

des élèves de Brassens sont enfants d'ouvriers, 30 % sont issus de familles d'employés, 10 % d'artisans et de commerçants, 10 % de professions intermédiaires, et 4 % seulement de familles de cadres et de professions intellectuelles supérieures. Dans le lycée Neruda, aux formations cependant moins qualifiées, 57 % des élèves sont issus de familles d'employés, 17 % de familles d'ouvriers, et 13,6 % de professions intermédiaires. Il s'agit donc, dans les deux cas, d'un public populaire plus que nettement ouvrier et surtout, d'un public divers où seuls les enfants issus des milieux les plus favorisés sont absents.

En fait, le principe d'unité de ce public tient surtout à son passé scolaire. 56 % des élèves de BEP ont un an de retard, et 27,6 % plus de deux ans. Quant aux élèves de CAP, les deux tiers ont plus de deux années de retard[4]. Une évaluation des performances scolaires indique que ces élèves obtiennent des scores inférieurs de 30 % à 50 % à ceux des élèves de troisième des collèges[5]. Le sentiment d'échec scolaire est net puisqu'ils ne sont que 56 % à accepter à la fois leur orientation en LP et dans la filière où ils se trouvent[6]. Comme le note le rapport de J.-P. Luppi, les élèves de LP sont relativement âgés et leur majorité légale n'est d'ailleurs guère prise en compte par l'établissement[7]. Dans nos deux lycées, les élèves de quatrième et troisième technologiques sont âgés de 13 à 17 ans ; ceux de BEP, de 15 à 19 ans ; et ceux des bacs professionnels, de 18 à 22 ans. Dans les deux groupes de recherche, les retards scolaires s'échelonnent entre une et quatre années.

Le cliché selon lequel on accède à l'enseignement professionnel par l'échec scolaire est amplement vérifié. Le cas de Nicolas, à Neruda, est loin d'être exceptionnel :

4. J. Binon, F. Œuvrard, « Comment devient-on élève de lycée professionnel ? », *Éducation et Formation,* 14, 1988, p. 19-47.

5. Cf. *Éducation et Formation,* mai 1989.

6. J. Binon, F. Œuvrard, art. cité.

7. J.-P. Luppi, *La Vie des lycéens dans les établissements techniques et professionnels,* ministère de l'Éducation nationale, 1989.

« A l'école primaire, ça allait, j'étais un élève normal. Ensuite, j'ai été au collège, j'ai fait une sixième et deux cinquièmes. En math surtout, je comprenais pas, j'étais pas haut, à peu près 5 de moyenne. Ma deuxième cinquième, ça a été pareil, j'ai pas progressé. J'ai essayé de travailler, mais comme j'y arrivais pas, j'ai arrêté. Je comprenais pas, en math ils arrivent à additionner des pourcentages avec des *x* et des *y*, je trouve que c'est curieux. Additionner des chiffres, ça va, mais additionner des lettres, ça va plus. Je trouve ça curieux, en plus je vois pas à quoi ça pourrait me servir. Ils m'ont alors dirigé vers le LP en me disant que ça pourrait me servir pour choisir un BEP... Donc j'arrive en quatrième techno, ça s'est bien passé, je suis tombé sur une bonne classe avec d'anciens copains et on a passé deux bonnes années. On travaillait en s'amusant. Au niveau travail, j'avais de bonnes notes, sauf en math comme toujours. On s'entendait bien dans la classe, on travaillait en s'amusant, les profs étaient plus gentils qu'au collège, car ils s'occupaient plus de nous... Alors j'ai fait une demande de BEP chaudronnier, pendant les deux années de quatrième et troisième techno, on a pratiquement fait que de la chaudronnerie en atelier. Beaucoup de copains ont fait comme moi. Cette année, ça va, sauf en math où j'ai 5 de moyenne. Mais je préfère l'atelier, on est plus indépendants, le prof est pas toujours derrière nous à voir ce qu'on fait, on fait notre boulot et c'est tout. Je pense passer en deuxième année de BEP et avoir le BEP, bien que les math me font peur. »

Même dans le cas où l'orientation est vécue positivement, où le métier est valorisé, il reste que l'entrée dans le LP résulte d'un échec. En cela, les LP ne forment pas un monde à part, ne serait-ce que parce qu'ils restent liés à la domination des conceptions générales de l'excellence scolaire.

Les projets : l'emploi et le métier

Les projets des élèves de LP présentent encore moins d'unité que ceux de leurs camarades lycéens. Il semble même qu'il nous faille ici nettement parler en termes de parcours à l'intérieur de l'établissement et de diversité des publics. Le parcours peut être celui d'une chute puis d'un « sauvetage ». La chute, c'est le fait même d'aboutir en LP, en quatrième technologique ou dans un BEP peu prestigieux, non choisi la plupart du temps. Le salut consiste parfois à réussir, pour la première fois, des études, à obtenir un BEP qualifié et, surtout, à préparer un baccalauréat professionnel. Aux extrémités de ces parcours se constituent deux publics scolaires : les élèves jeunes des classes technologiques et de BEP peu qualifiés, voyant essentiellement leur avenir en termes d'emploi, et les élèves des bons BEP et des bacs pro, construisant leurs projets autour de métiers et de professions.

L'enquête de C. Baudelot évoquée plus haut distingue aussi clairement ces deux publics scolaires[8]. Le premier vient des SES, de cinquième et de CPPN. Le second, issu des classes de troisième et de seconde, est beaucoup plus optimiste. De la même manière, une enquête conduite sur les élèves de l'enseignement professionnel dégage deux grands pôles d'attitudes : les unes de résignation et de désespoir chez les élèves en classes de CAP et de BEP ; les autres d'optimisme et de dynamisme dans les classes de baccalauréats professionnels, les bacs pro. Ces derniers ont le sentiment de « récupérer le bac » et de rejoindre l'enseignement normal, alors que les premiers ont l'impression d'être seulement « là où il y avait de la place »[9].

Le LP n'est pas l'institution où se réaliserait un projet ouvrier antérieur. Ce n'est pas la filière d'une reproduc-

8. C. Baudelot *et al.*, art. cité.

9. M. Gilles *et al.*, *Les Élèves de l'enseignement technique et professionnel*, ministère de l'Éducation nationale, mars 1989.

tion subjective de la classe ouvrière, fort peu d'élèves voulant faire le même travail que leurs parents[10]. Au contraire même, en dépit de l'origine sociale des élèves, le LP apparaît parfois comme une découverte de la condition de travail des ouvriers lors des stages en entreprise effectués par les élèves. Là encore, deux attitudes se manifestent. Pour les uns, l'éloignement de l'univers scolaire est une libération, ils découvrent dans l'entreprise un monde de camaraderie et de liberté, souvent de « rigolade ». Ils se frottent aussi à l'univers du métier : « On comprend ce qu'est le métier, on voit qu'il faut continuer les études. » Pour les autres, beaucoup plus souvent cependant, le stage en entreprise révèle la dureté des conditions de travail, et les élèves affirment alors qu'« ils ne veulent pas être ouvriers ». Se dévoile ainsi un métier ennuyeux, des relations de travail autoritaires, des salaires très faibles... L'avenir est perçu de manière effrayante : « Je vais trouver un travail, mais ça m'intéresse pas... Je vais trouver un boulot, huit heures par jour, enfermé. » Parfois même, les élèves parlent d'« arnaque » lorsqu'ils se heurtent aux conditions de travail et aux salaires proposés. « Les ouvriers, ils sont bloqués, ils sont piégés, ils peuvent plus rien faire. »

Les discours scolaires sur les qualifications et les diplômes apparaissent alors comme des leurres. « On fait plus confiance aux ouvriers qu'aux profs pour savoir ce qu'on fera. » La véritable information n'est pas donnée par l'école lorsqu'il se révèle que « le BEP, ça donne un boulot d'OS ». Souvent, les élèves décrivent le climat détestable de l'entreprise, « les clans », « la lèche »... De manière surprenante, nous le verrons, ils sont choqués par le racisme et la « méchanceté » des ouvriers : « ils insultent les Arabes, ça fait sentir qu'ils les aiment pas ». « Les ouvriers, c'est des barbares », dit un élève. Dans les petites entreprises de sous-traitance en particulier, « c'est l'enfer », et beaucoup savent déjà que c'est là qu'ils

10. C. Baudelot *et al.*, art. cité.

« échoueront ». C'est un ouvrier syndicaliste reçu par le groupe des élèves de Pablo-Neruda qui doit défendre une image positive de la condition et du travail ouvriers, en insistant sur la camaraderie, les possibilités de mobilité professionnelle, la reconnaissance des qualités personnelles par l'organisation, les services proposés par le comité d'entreprise, la chaleur des luttes syndicales... Les élèves lui font observer qu'il travaille dans une grande entreprise aéronautique aux technologies sophistiquées, alors qu'ils se sentent, eux, voués aux petites entreprises de sous-traitance, aux emplois instables et faiblement qualifiés.

Ces « découvertes » et ces représentations de l'entreprise mettent en évidence une coupure entre l'école et l'usine fort éloignée des images habituelles d'une espèce de reproduction ouvrière spontanée. Les élèves se sentent encore protégés par le lycée et jouissent de la liberté offerte. « A l'usine, on est plus tenus, on a des temps, on n'a pas droit à l'erreur... » « On aura moins de liberté qu'au lycée, les pièces, il faudra les faire dans les temps qu'on nous donne, alors que là, on a le temps qu'on veut. » Au lycée, les sanctions sont négatives, mais aussi positives, explique un élève : « Quand on réussit, c'est comme si on avait fait un exploit. » Par contre, à l'usine, elles sont toujours négatives, « le travail doit être bien fait et on n'est pas augmenté ».

L'image de l'entreprise devient si négative que le militant de la CGT défend une certaine justice de la société industrielle et de la culture professionnelle ; il rappelle que le patron doit tenir compte de l'avis des « compagnons », ne serait-ce que pour des raisons de compétence. « J'y crois pas », répond Éric. Il rappelle aussi qu'il existe des possibilités d'augmentation et de promotion, qu'un ouvrier peut faire une carrière, aller là où c'est le plus intéressant... « Au début, je vois ce que je vaux, combien je peux me vendre, je peux me comparer aux autres, changer de boîte, passer des essais... » Bref, ce syndicaliste parle métier, parle comme un ouvrier qui possède une qualification, qui est autonome, qui circule, aménage sa carrière, il parle aussi de son fils « prenant sa caisse et passant des essais pour voir ce qu'il vaut ». C'est ici la véritable vie, ce n'est pas celle du lycée, et les élèves ont tort de ne voir que les aspects les plus négatifs du travail ouvrier.

Mais cette image du métier est largement étrangère au groupe des élèves de Pablo-Neruda. Ils lui opposent une représentation prolétarienne du travail ouvrier, celle d'un emploi non qualifié et incertain, celle d'une exploitation brutale, celle aussi d'un destin beaucoup plus que d'une carrière maîtrisée par les acteurs. Les élèves de ce lycée se perçoivent d'abord comme de futurs prolétaires plus soucieux d'emploi que de métier, et, même « si le LP est un cul-de-sac », il n'empêche qu'il protège. « On voudrait rester le plus longtemps possible à l'école », dit Sandrine en BEP. « Les profs nous disent de rester le plus longtemps possible, on n'a pas spécialement envie de sortir vite de l'école », une fois dévoilé l'avenir probable.

La conscience prolétarienne, comme sentiment d'exploitation et de domination, d'impuissance, anticipé par les élèves, est associée à une impression de chute [11]. Aussi, il faudrait pouvoir revenir en arrière. « Moi, je retournerais bien où j'étais pour aller en quatrième », dit Christophe, qui prépare un BEP de mécanique. Il n'y a pas que des regrets. On peut aussi essayer d'en sortir par le haut : « Moi, je pense rattraper la première adapt [les classes de première des lycées techniques, F ou G souvent], mais c'est dur, il faut 15 de moyenne, je m'accroche ou alors je laisse tomber. » De toute manière, il faut se défaire de

11. La conscience prolétarienne peut être définie comme cette expression de la conscience ouvrière dans laquelle domine le sentiment d'exploitation économique et de domination sociale lié à l'absence de possession d'un métier ou d'une qualification propres à partir desquels le travailleur peut opposer une autonomie et une conscience fière aux diverses modalités de l'emprise des dirigeants sur l'organisation du travail. Cf. A. Touraine, *La Conscience ouvrière,* Paris, Éd. du Seuil, 1966 ; A. Touraine, M. Wieviorka, F. Dubet, *Le Mouvement ouvrier,* Paris, Fayard, 1984.

cette impression de chute. Ici, à la différence des élèves de G, il ne suffit pas de vouloir, « il faut pouvoir », disent des élèves qui ont si fortement intériorisé leurs difficultés scolaires qu'ils se perçoivent comme des « handicapés », comme des « nuls ».

La question de l'emploi écrase celle de la formation. Les filles, souvent les plus pessimistes, non sans raison si l'on en croit les taux de chômage, perçoivent parfois l'avenir comme une série de stages, de SIVP — stages qui ont suivi les TUC —, de périodes de chômage... « De toute façon, on fera n'importe quoi, il vaut mieux être n'importe quoi que chômeur. » Quelques élèves sont désespérés : « Je voulais m'occuper d'enfants, on m'a mise en secrétariat, c'est trop tard, toujours trop tard... Il me reste les TUC, les SIVP. » « Le BEP, c'est le SMIG » et pour les élèves, c'est la pauvreté. Alors il vaut mieux différer : « Encore deux ou trois ans avant de traîner la patte » ; « Vaut mieux attendre » ; « On s'imagine pas l'avenir » ; « De toute façon, on n'aura pas le choix, on sera obligé d'accepter. » Les élèves s'enferment ainsi dans leur propre expérience scolaire et dans leur vie juvénile, refusent l'idée même de projet qui n'entraîne que des frustrations. Ils construisent ces logiques apathiques que nous avions étudiées, il y a près de vingt ans, auprès d'adolescents qui ne pouvaient élaborer le moindre projet, s'en remettaient à une vie au jour le jour et se confiaient à un avenir perçu comme un destin[12].

La référence au métier absente, il ne reste que des opportunités imprévisibles. Pourquoi faire semblant d'avoir une stratégie ? Dans de nombreux cas, les élèves pensent qu'ils n'exerceront pas le métier qu'ils apprennent et qu'ils n'ont guère choisi. L'utilité de l'école est donc faible. Elle protège et permet de différer les épreuves plus qu'elle ne donne une véritable qualification. Précisément,

12. F. Dubet, « Pour une définition des modes d'adaptation sociale des jeunes à travers la notion de projet », *Revue française de sociologie*, XIV, 1973, p. 221-241.

la qualification évite de descendre plus bas encore, d'être trop démuni, mais elle n'est pas perçue comme l'apprentissage d'un métier inaugurant une carrière professionnelle. De même que le bac est le minimum pour monter, le BEP peu qualifié est le minimum pour ne pas être complètement hors jeu. C'est en tout cas ce qu'en disent les élèves.

A cette image prolétarienne, un peu désespérante, des projets des élèves préparant des BEP faiblement qualifiés, il faut opposer les représentations de l'avenir des élèves préparant un bac professionnel ou engagés dans des BEP prestigieux. C'est au lycée Georges-Brassens que nous avons rencontré ce type d'élèves. Ils sont proches de la situation de formation d'une élite ouvrière décrite par C. Grignon et semblent, beaucoup plus nettement que les autres, engagés dans un processus de socialisation professionnelle. Mais il est difficile de parler, à leur propos, d'« élite des réprouvés » car, s'il est vrai que 22 % des titulaires d'un baccalauréat professionnel cherchent un emploi après leur formation, 60 % travaillent dans un secteur proche de leur qualification, dont 42 % à un niveau correspondant à leur formation, et 18 % de ces élèves poursuivent des études supérieures. 82 % des lycéens préparant un bac professionnel se déclarent satisfaits par leur formation [13], ce qui n'est pas étonnant quand on sait qu'une partie de ces élèves sont issus des classes de CAP et de BEP et qu'ils éprouvent donc un réel sentiment de réussite scolaire. Seul un garçon venant d'une première d'enseignement général manifeste, à Brassens, une impression de chute. Parce qu'ils viennent de filières et de sections réprouvées, ces élèves peuvent avoir le sentiment d'être « sauvés » par le LP, non seulement parce que

13. Enquête DEP, ministère de l'Éducation nationale, 1988, sur 618 bacheliers. Une enquête CEREQ, *Bref*, janvier 1990, montre que, pour les 78 % de reçus aux baccalauréats professionnels, 93 % ont un travail au bout de six mois, contre 76 % dans le technique ; 30 % ont entrepris des études supérieures, mais très peu ont réussi.

s'éclaire l'avenir, mais aussi parce que le bac a de la « dignité », « c'est un bac quand même »[14].

Bien des élèves du groupe de Brassens n'espèrent pas démarrer leur vie professionnelle avec un salaire supérieur au SMIG, mais ils pensent en termes de métier et de formation professionnelle, ils raisonnent, comme le militant syndical, dans l'horizon d'une carrière. Beaucoup sont optimistes et croient qu'ils monteront, qu'ils ne connaîtront pas les « boulots cons avec le Ricard »... Les monteurs-vendeurs-opticiens qui préparent un BEP partagent cet optimisme, car ils sont dans une filière d'« élite » avec un métier où « on n'a pas les mains dans le cambouis ». Beaucoup de ces élèves mettent déjà en œuvre cette compétence professionnelle en « bidouillant », en bricolant chez eux ou dans des petites entreprises. Ils préparent déjà leur vie professionnelle, comme Stéphane qui a un « filon » dans la sonorisation, comme Yves qui entrera à EDF sur les traces de son père.

Ce clivage entre les deux types d'élèves apparaît nettement lorsque le groupe de Brassens reçoit un patron qui décrit un monde économique dualisé, avec ses entreprises de pointe et ses secteurs de sous-traitance, avec des noyaux de professionnels intégrés aux entreprises et des employés peu qualifiés aux statuts plus instables, souvent intérimaires. Pour appartenir au premier secteur, explique-t-il, il faudra se déplacer vers des régions moins agréables, il faudra s'« accrocher » dans la lutte opposant les « battants » et les autres.

La vie professionnelle s'ouvrira à ceux qui auront des qualifications, qui accroîtront leur expérience, qui sauront se « vendre », qui seront ambitieux. En fait, ce dirigeant propose une version patronale « dure » de la même représentation de l'avenir que celle que décrivait, dans l'autre groupe, le militant ouvrier en mettant en évidence la conscience prolétarienne des élèves.

Ici, plus encore qu'un critère objectif, ces propos

14. M. Gilles *et al., op. cit.*

instaurent une scission dans le groupe entre ceux qui anticipent sur cet avenir et ceux qui le rejettent. Tous les élèves des bacs pro n'acceptent pas ce discours. Mais ceux qui le refusent ne pensent pas qu'il s'adresse à d'autres qu'à eux ; plus simplement, ils ne veulent pas jouer ce jeu et opposent une passion privée, la musique pour l'un, le retour à la terre pour l'autre, à cette compétition. Stéphane explique que sa « personnalité » vaut beaucoup plus de 6000 francs par mois et que, de toute façon, il ne veut avoir qu'un rapport strictement utilitaire au travail puisqu'il est intéressé par la musique. Il souhaite au contraire un travail qui ne l'intéresse pas afin de « se garder » pour les activités qui le passionnent. Le rejet de cet avenir est conduit au nom d'un style de vie, d'un désir d'autonomie, d'une autre forme d'ambition, alors que les élèves de Pablo-Neruda refusent un avenir dont ils se sentent d'emblée exclus.

En définitive, il semble que le sentiment d'utilité des études au LP soit extrêmement clivé en fonction des deux catégories d'élèves : ceux qui y terminent une carrière d'échec scolaire et ceux que « sauve » le LP et qui entrent dans une socialisation professionnelle. Ces deux populations vivent des expériences largement contrastées, même si les parcours scolaires réussis consistent à passer d'une rive à l'autre de ce monde lycéen.

Les deux enseignements

Dans les anciens collèges d'enseignement technique coexistaient un atelier et une école. Malgré de sensibles efforts d'intégration des deux formations, cette dualité constitue l'essence même de l'enseignement professionnel. Elle ne concerne pas seulement les programmes, les méthodes et les manières de travailler, elle est aussi inscrite dans l'organisation, puisque les professeurs d'atelier sont souvent d'anciens professionnels, ouvriers de métier diplômés ou techniciens supérieurs[15]. Même si le « style ouvrier » tend à s'atténuer chez les enseignants professionnels, avec l'augmentation du niveau scolaire des chefs de travaux et des jeunes enseignants, d'autres facteurs maintiennent une nette bipolarisation : les itinéraires d'accès à l'enseignement sont différents, les charges de service aussi comme les appartenances syndicales. Alors que l'enseignement général est largement féminisé dans les LP — 55,3 % de femmes —, l'enseignement professionnel est presque totalement masculin[16]. L'opposition des deux styles encore très fortement marquée — rien n'indique *a priori* qu'ils doivent se rapprocher — pose évidemment un problème particulier, car il importe de savoir comment les élèves la perçoivent et la gèrent. Ont-ils le sentiment d'être dans deux écoles différentes ? choisissent-ils un des deux enseignements ? Comment construisent-ils, dans ce cadre, leurs relations avec les professeurs ?

Un premier fait : la bipolarité du système et du modèle culturel de l'enseignement professionnel s'impose à tous les élèves. Inscrite dans l'espace, elle paraît organiser l'ensemble de la vie scolaire : « On a une cloison entre tout », dit Jean-Christophe. Il n'y a pas de « passerelle » entre les deux mondes ; plus encore, « il n'y a pas de passerelles entre les matières ». Stéphane explique, de manière brutale, qu'il existe « deux blocs de profs : les intellos et les crados ». D'ailleurs, précise-t-il, « il y a deux salles des profs, et ils ne se parlent pas » — notons que ce n'est pas le cas dans le lycée de Stéphane, mais les manières d'être et de se comporter sont si marquées que

15. C. Agulhon, A. Poloni, L. Tanguy, *Des ouvriers de métier aux diplômés du technique supérieur, le renouvellement d'une catégorie d'enseignants en lycées professionnels,* GST, CNRS, Paris-VII, 1988, 468 pages.

16. C. Agulhon, « L'atelier du lycée professionnel ; lieu de socialisation », *Éducation et Formation,* 16, 1988, p. 14-31.

les élèves « croient voir » deux salles des professeurs. « Les profs de techno se croient moins supérieurs », dit un élève. Le professeur d'anglais invité dans le groupe lors de cette discussion ne conteste pas cette image : « Je ne sais pas ce qu'ils font à côté. » Il la renforce même en expliquant l'absence de relations par les « complexes et la timidité » des enseignants professionnels, les habitudes...

Il est vrai que deux types de personnages s'imposent rapidement dans le LP aux deux extrémités de tout l'éventail des positions. Le professeur d'atelier ne se démarque pas d'un « style ouvrier » : blouse bleue pour les anciens, jeans, baskets, tee-shirts pour les plus jeunes. Il parle de « son équipe » en désignant sa classe, mais souvent « le respect pour le travail bien fait se perd, même s'il y a de bons éléments qui en savent plus que les profs ». Maintenant qu'il a fait construire, ce professeur terminera sa carrière dans le lycée. Sa collègue, professeur de mathématiques, porte une blouse blanche, un tailleur parfois. Elle pense que « le niveau baisse », mais que c'est un « problème de société » et qu'il importe de « comprendre les élèves ». Elle déplore l'absence de formation psychologique des enseignants et trouve ce métier épuisant car l'attention des élèves, « des adolescents difficiles », n'est jamais acquise. Elle demande sa mutation dans un établissement plus tranquille.

Les élèves décrivent deux styles de relations pédagogiques, deux styles de connaissances et d'évaluation, deux modes de jugement. En atelier, les relations avec les enseignants sont définies en termes de proximité et d'autonomie. « Il y a des grandes différences, même des fois c'est pas des relations prof-élèves, dans l'atelier ils nous traitent comme des adultes. » Les lycéens décrivent surtout des comportements physiques. L'enseignement général contraint les élèves à s'asseoir, à être silencieux, à écouter le professeur et, « à force, on s'ennuie ». En atelier, par contre, la tâche est plus autonome, le professeur n'est pas le centre de l'enseignement, l'élève circule et parle, « le prof, il est ailleurs ».

Nous avons mené quelques entretiens avec les professeurs d'atelier durant leurs cours, tandis que les élèves travaillaient à leur machine ou à leur table à dessin, venaient parfois demander un conseil, mais restaient maîtres de leur exercice. Jean-Christophe, en BEP mécanique à Pablo-Neruda, explique bien ces différentes formes de contrôle social : « A l'atelier, je suis debout, je peux me déplacer, tandis qu'en français ou en math, je suis assis. J'arrive pas à rester plus d'une heure et demie assis, il faut que je bouge, il faut que je fasse quelque chose, c'est dur de rester assis, ça je peux pas, assis comme en gestion par exemple. Elle nous fait entrer, on s'assoit et on copie pendant une heure, ça je peux pas, je suis obligé de m'arrêter, je regarde ma montre, j'en ai marre. » Ce n'est pas que les élèves ne travaillent pas en atelier, mais ils ont le sentiment de maîtriser le temps et la tâche. « On traverse l'atelier pour aller chercher une petite cale, on rencontre un copain, on discute... » Il existe mille façons d'« endormir le prof » en racontant des histoires, de « coincer la bulle » un petit moment, puisque l'objectif en ce domaine, c'est que « le boulot soit fait » en un temps dont l'élève dispose largement.

Parce que les élèves sont moins contraints, peut-être aussi par un effet de proximité sociale, les relations en atelier sont plus familières et plus détendues. Michel, qui a réussi à « monter » jusqu'au bac, décrit bien ces relations : « On avait des profs de tournage, on était presque au même niveau qu'eux. On arrivait le matin, c'est comme si on arrivait à l'usine... Ils nous considéraient comme eux, les gars, ils nous filaient des conseils. Des fois, ils nous racontaient leur vie. Un prof qui a travaillé dans l'industrie nous racontait ce qu'il a fait... Il avait la passion des armes, on faisait des pièces et on voyait à quoi ça servait. On faisait des trucs hyperintéressants, on arrivait avant lui, on avait envie d'aller en atelier... Ça fait plus, je sais pas, ça fait plus équipe. Lui, c'était pas le prof, c'était le mec qui avait de l'expérience, qui nous filait des conseils. Il nous dit : en théorie on fait comme ça, en pratique on fait autrement. Ils sont un peu démodés, c'est des profs qui bricolent pour eux, ils font toujours quelque chose... » « Les profs d'atelier sont plus adaptés à nos capacités. »

Ajoutons que le goût du bricolage crée des liens entre les élèves avancés, déjà bien formés, et leurs professeurs qui réparent ensemble les voitures et accomplissent parfois quelques exploits, comme cet élève de Brassens dont la mobylette « de course » dépasse largement les 100 kilomètres à l'heure ! Il peut donc apparaître sur le versant professionnel une forte capacité de socialisation ouvrière et professionnelle, une fonction éducative forte là où, généralement, l'école n'en attend plus beaucoup.

L'enseignement professionnel se distingue aussi, dit Frédéric, parce que l'auto-évaluation de l'élève y est plus aisée : « En atelier, c'est plus facile, on peut se juger nous-même, on peut voir directement la faute, on prend le pied à coulisse, on voit la faute. Tandis que, sur un devoir de math ou de français, on voit pas la faute, c'est le prof qui nous juge. » Il semble que le sentiment d'arbitraire et d'injustice soit moins aigu en atelier que dans les matières générales, car il s'agit de réaliser un exercice dont les termes et les conditions sont fixés et que l'élève peut évaluer en cours de réalisation. Ces lycéens ayant tous plus ou moins connu l'échec scolaire, ils ont tous fait l'expérience d'une faible maîtrise des jeux des apprentissages classiques. Dans l'enseignement général, l'élève doit accepter le langage de l'enseignant, en percer les mécanismes les plus fins et, « si tu comprends pas, soit tu le fais exprès, soit tu es irrécupérable ». Ce n'est plus le cas en atelier où l'autonomie est plus grande. A l'idée que « ça dépend des profs » se substitue l'idée que « ça dépend de moi ». Souvent, c'est en atelier que les élèves réalisent leurs premières performances scolaires satisfaisantes, car leurs difficultés dans les matières générales cessent de peser comme un handicap : « On peut repartir à zéro. » L'enseignement professionnel « donne envie d'être bon, envie de devenir un bon élève... Y a plus cette accumulation d'échecs scolaires », dit Jean-Christophe.

Aussi n'est-il pas étonnant que la plupart des lycéens préfèrent l'atelier à la classe. Une enquête indique que deux élèves sur trois choisissent l'atelier contre l'enseignement général « trop ambitieux et trop abstrait »[17]. 80 % des élèves se déclarent satisfaits et ont l'impression d'être devenus, grâce au LP et à l'atelier, de meilleurs élèves. Cela dit, nous l'avons vu, l'atelier reste au lycée et les élèves savent bien tout ce qui peut séparer l'apprentissage scolaire de la vie de l'entreprise et de ses exigences. Il ne faudrait pas, en ce domaine, tirer des conclusions trop hâtives, car dans les stages « on te demande pas toujours de réfléchir... Ils ne respectent pas les normes, il ne faut pas réfléchir, c'est le système D ».

A travers les représentations des élèves, l'enseignement général est placé dans une posture assez inconfortable. Celui-ci, en effet, est loin d'être marginal et nous savons, depuis les travaux de C. Grignon, que la hiérarchie des formations professionnelles — de la stratification sociale en général, disait M. Halbwachs — est établie en fonction du degré des connaissances abstraites qu'elles mobilisent. Même au LP, l'excellence scolaire est celle de l'enseignement général, ne serait-ce que par le mode de recrutement du LP où aboutissent des élèves définis par leurs faiblesses dans ces matières et non pas leurs goûts pour les apprentissages pratiques. Ainsi, même si les élèves préfèrent l'enseignement professionnel, ils restent situés par leur niveau en mathématiques et en français ; ils deviennent opticiens grâce à la géométrie et techniciens sur des machines automatisées grâce à leurs connaissances en physique. Les élèves se sentent « infériorisés » dans les matières générales où souvent, disent-ils, « on a toujours été nuls ».

Comment justifier alors les enseignements généraux ? Les élèves des bacs pro mettent en évidence l'utilité de

17. Enquête sur les troisièmes technologiques, *Éducation et Formation,* mai 1989.

certains enseignements, comme l'anglais, par exemple, qui permet de lire les notices des machines informatisées, sous réserve que l'enseignant se préoccupe de ce style de littérature. Le même critère d'utilité peut être mobilisé pour le français : « On pourrait apprendre à lire un journal sérieux comme *Le Monde.* » Ainsi que le dit un enseignant, « ils veulent des choses pratiques et des choses concrètes ». Ces caractères pratiques et « concrets » ne sont pas directement liés au métier, il s'agit plutôt d'une culture favorisant la participation sociale, ouverte sur le monde tel qu'il est, permettant de dissiper les sentiments d'invalidité et de distance sociale éprouvés par ces élèves : « Ça fait pas de mal, le français, ça permet de faire des lettres. » Il s'agit d'une revendication de culture, telle que la décrivait R. Kaes, favorisant l'intégration sociale, permettant de ne pas se sentir « idiot », de « savoir vivre en société », d'accroître la participation sociale[18]. Non seulement l'enseignement général est utile lorsqu'il peut être lié à la formation professionnelle, ce qui est rare du point de vue des élèves, mais il possède une utilité sociale plus large, celle qui permet de ne pas être marginalisé et de rester, pour une part, un élève comme les autres, pouvant un jour retrouver les filières « normales ». C'est une chance que de suivre des enseignements généraux parce que ces derniers restent la voie noble, celle qui permettra un jour de quitter le LP vers une première d'adaptation ou de rejoindre une classe de bac pro.

Force est de reconnaître que les élèves éprouvent de grandes difficultés à reconstruire ce rapport aux enseignements généraux. Beaucoup retrouvent ce qu'ils n'aimaient pas au collège. « Ça me rappelle le collège, j'aimais pas du tout ça, je suis partie à cause de ça parce que j'étais nulle dans les matières générales, alors bon, ici, ça change pas », dit Sandrine. Les élèves donnent parfois l'impression de subir un acharnement pédagogique quand on leur

18. R. Kaes, *Images de la culture chez les ouvriers français,* Paris, Cujas, 1968.

enseigne des matières dans lesquelles ils ont toujours été faibles et qui les humilient chaque fois davantage, sans que l'utilité de la matière soit évidente. Michel explique, par exemple, qu'à son âge, vingt et un ans, il ne cessera plus de faire des fautes d'orthographe, mais que l'on s'acharne toujours à sanctionner son orthographe et à le pénaliser, à diminuer les mérites qu'il peut recueillir ailleurs. Chaque année, cette sorte d'invalidité lui est rappelée, chaque nouvel enseignant est d'ailleurs persuadé qu'il réussira là où tant d'autres ont échoué. « Ça sera toujours pareil, j'ai toujours été nul. » « Comme les profs veulent toujours rattraper le niveau, c'est toujours pareil, il faut avancer, avancer. » Les élèves se détachent de l'enseignement général, le trouvent alors « inutile ». « Ça sert pour s'instruire, mais c'est pas trop utile, quoi, si je pouvais apprendre dans les livres comme ça, mais pas l'étudier, quoi... », dit Frédéric. « C'est vrai que dans les BEP on a tendance à s'en foutre, des math, du français et de l'anglais. »

Il arrive que les élèves manifestent plus que de l'indifférence et montrent de l'hostilité à l'égard des enseignements généraux. La discipline est pénible, plus encore pour les enseignants, nous le verrons, mais parfois les élèves décrivent la perversité du jeu culturel auquel ils sont conviés. Jean-Christophe définit les sujets de français comme irréalistes, indécents et pervers : « Le prof, il nous demande ce qu'on pense devant un écran blanc de cinéma. » C'est pervers parce que « c'est pas ce qu'on pense qui l'intéresse, c'est surtout comment on écrit ce qu'on pense du cinéma ». Il est vrai qu'interroger des élèves qui écrivent difficilement sur l'« angoisse de la page blanche » peut sembler particulièrement vicieux. C'est indécent, explique Jean-Christophe, parce que « ça le regarde pas, ce que je pense », ce qui signifie que Jean-Christophe, à la différence des bons élèves des bons lycées, ne sait pas quels sont les sentiments convenus qu'il doit livrer comme intimes. Enfin, la meilleure manière de résumer la situation, c'est que « c'est con, ça sert à rien ».

Une longue litanie se déroule : « On n'est pas bons dans ces matières... On n'est pas motivés... On écoute c'est tout... L'enseignement général, on le laisse un peu de côté... On a tous des difficultés, on n'est pas des têtes, avec 10 on est les rois. » « J'aime pas bûcher, j'aime pas prendre un livre et travailler, dit Franck, mais ça me gêne pas, parce que ma passion, c'est de mettre les mains dans le cambouis, je démonte et je remonte ma moto. » La faiblesse dans les matières d'enseignement général n'invalide pas forcément les lycéens à leurs propres yeux. Il suffit de se dégager, de s'appuyer sur la formation professionnelle pour affirmer comme Jean-Christophe : « On n'a pas le courage pour garder le niveau, on n'a pas le moral, mais le niveau, on l'a. »

Dans un univers culturel aussi fortement polarisé que celui des LP, les lycéens sont encore plus sensibles qu'ailleurs à la nature des *relations* pédagogiques. Les élèves découvrent au LP des professeurs plus proches et plus attentifs que ceux du collège, où beaucoup furent malheureux, exclus et marginalisés, notamment ceux qui arrivent au LP après la classe de cinquième. « Ici, les profs, ils prennent le temps d'expliquer à l'élève... alors qu'au collège ils font leur cours suivant les élèves qui veulent profiter ou non, il y a des tranches parmi eux », dit Christophe. Les professeurs sont plus attentifs aux difficultés des élèves : « Ils peuvent ralentir le programme quand la classe suit pas, les profs normaux, non », dit Frédéric. « Les profs, ici, ils ont l'habitude de voir des nuls, des mecs qui sont mauvais. Dans un bahut normal, les mecs qui sont mauvais, ils restent à l'extérieur de la classe. » Les professeurs de classes technologiques abandonnent les modèles pédagogiques classiques ; bien des élèves se sentent « sauvés » par cette nouvelle école et reprennent confiance [19].

19. J. Hornemann, « Pratiques pédagogiques, climat relationnel et motivations scolaires dans les classes de quatrième et troisième technologiques », *Éducation et Formation,* 21, 1989, p. 63-77.

La distance à la relation « normale » avec des professeurs « normaux » ne suffit pas à construire une relation pédagogique stable. A l'exception des propos des élèves préparant un bac professionnel, le discours des lycéens est dominé par l'impression d'une désorganisation de cette relation, par la description aussi d'une opposition « naturelle » des profs et des élèves. Les élèves « difficiles » décrits par les enseignants se perçoivent eux-mêmes comme des élèves difficiles, confrontés à une galerie de portraits d'enseignants dont ne se détache aucune image stable.

D'un côté se tiennent les professeurs sympathiques, ceux qui laissent aux élèves une très large autonomie : « Il y a des profs sympas, on travaille pas, on rigole. » « C'est libre, c'est-à-dire on nous force pas à travailler... » A Pablo-Neruda, les élèves sont plus précis en décrivant un enseignant laissant jouer aux cartes ceux qui ne veulent pas s'intéresser au cours. Au fond, la relation, ici, consiste moins à « motiver » les élèves qu'à trouver un arrangement qui permette à tous de survivre, étant entendu que l'intérêt des élèves n'est pas, disent-ils eux-mêmes, acquis. Ils refusent l'acharnement pédagogique, ils refusent aussi certains enseignements professionnels qu'ils n'ont pas choisis. L'enseignante d'anglais invitée dans le groupe de Brassens, visiblement peu « laxiste », explique qu'elle a renoncé à travailler pour toute la classe, les rappels à l'ordre et la discipline l'épuisent et la découragent. Elle a ainsi permis à une partie de la classe de ne pas participer au cours et de ne pas y assister afin de travailler avec les quelques élèves qui le souhaitent. Cette stratégie n'est pas forcément bien supportée par les élèves, qui y voient une marque de mépris : « Ils font travailler ceux qui travaillent bien ; les autres, ils laissent tomber » ; « Ils s'en foutent les profs, ils en ont marre » ; « On se demande si on les gêne pas, quand ils embauchent, ça les emmerde » ; « Ils s'occupent pas de nous, ils nous méprisent, ils nous font apprendre l'alphabet, comme à la maternelle » ; « Au bout d'une semaine, j'ai rien appris, il s'occupent pas de nous... »

D'un autre côté, ceux qui veulent intéresser toute la classe ne sont pas nécessairement mieux acceptés : « Ils nous traitent de débiles ou d'illettrés, on est plus bas que terre. » « Y a des profs qui nous tapent dessus et qui nous tirent les cheveux », dit-on dans les « petites classes » de quatrième et troisième technologiques. Il est vrai que, dans ce cas, le rapport aux enseignants frôle souvent la violence, surtout celle des élèves à l'égard des enseignants. « Ils ont peur. » « Y en a, ils ont pas intérêt à nous emmerder. » Le plus souvent, la violence consiste à épuiser l'enseignant, à le faire « craquer » : « Un jour, un prof a fait une dépression nerveuse devant nous, ça nous a fait drôle. » Les élèves manifestent aussi un ressentiment social : « C'est un métier de fainéant, ils sont trop payés. »

Dans la mesure où l'intérêt intellectuel n'est pas acquis, dans la mesure aussi où les élèves sont moins soucieux d'efficacité quant aux objectifs scolaires, tout se joue « à la relation ». Mais celle-ci, parce qu'elle est « nue », s'affole, et chaque cours apparaît comme un rapport instable, comme une tension oscillant du laisser-aller à la violence. « On va pas se motiver tout seul, quel que soit le prof, c'est à lui de nous pousser », dit Aline. « Souvent ils arrivent pas à nous motiver, mais ça se voit qu'ils essaient », dit Jocelyne. Par contre, « même si on n'aime pas la matière, ça nous fait plaisir d'aller à telle matière pour le prof », ajoute Christophe. Si le professeur le plus unanimement détesté est celui qui « récite », le plus apprécié est celui « qui sait plaisanter, qui sait détendre l'atmosphère... celui qui met l'ambiance ». Éric explique que « c'est un petit écart délicat » qui permet à l'enseignant de réaliser cette performance. Pour le reste, les élèves perçoivent l'enseignant comme une sorte d'équilibriste travaillant à établir les conditions de son travail, balançant de la terreur au laxisme et de l'indifférence méprisante à l'amour déçu.

Les élèves de LP sont beaucoup moins dépendants des enseignants que les « nouveaux lycéens ». La « relation » ne signifie pas ici la soumission des élèves au jugement des professeurs, elle est surtout la construction d'une distance, d'une autonomie de l'élève qui veut justement se défaire du jugement professoral. Naturellement, « les profs et les élèves, ils sont chiens et chats ». Seuls les élèves qui souhaitent rejoindre la filière « normale » par les premières d'adaptation veulent réconcilier les deux espèces animales. Reste que le « prof sympa » est défini par des catégories non scolaires : il laisse jouer à la belote, il est drôle, il parle d'autre chose, il fait du sport avec les élèves, il bricole avec eux... Surtout, il laisse libres les élèves : « Moi ça me dérange pas quand il me fait pas chier », dit Renaud. « Y en a quatre ou cinq qui écoutent, les autres, on est tranquilles au fond. »

Mais le prof n'est vraiment sympa que lorsqu'il manifeste son intérêt, quand il souffre de la faiblesse des élèves et de leur indifférence, ne les méprise pas : « Le prof de math, il se donne du mal, on lui gâche son week-end, tellement on est mauvais. » Il faut donc sans cesse négocier : « Il faut lui faire comprendre [à l'enseignant], sans gueuler vraiment, il faut le mettre face aux faits », dit Michel. De leur côté, les élèves admettent les « cas d'élèves difficiles » auxquels « il faut faire des leçons de morale et donner des sanctions, mais pas trop ».

Mais tout cela est si instable, si fragile, si imprévisible au sein de la dualité du modèle culturel que les relations de travail paraissent dominées par des « cas », « des profs barjos et des élèves barjos ». L'exception dans les autres lycées devient ici la règle. De même que les professeurs parlent des élèves en termes de comportement plus volontiers que de niveau, les élèves parlent ce même langage en décrivant les professeurs comme autant de « cas ». Évidemment, ce sont surtout les professeurs d'enseignement général qui sont décrits de cette manière : l'utilité de leur travail est moins nettement perçue, ils doivent imposer une discipline et un contrôle plus stricts, ils se heurtent à la longue hostilité des élèves à l'égard de l'école ; les élèves aussi « piquent des crises ».

Vie juvénile et discipline

Dans les deux groupes de recherche, le thème de la sélection est faiblement abordé par les jeunes. Alors qu'il est omniprésent ailleurs, tout se passe comme si, la sélection étant déjà réalisée, elle n'organisait plus la vie scolaire. C'est un point commun entre les élèves des grandes écoles et ceux des LP, la sélection est déjà faite, elle ne pèse plus sur les études. Même si « le conseil de classe, c'est l'abattoir », comme dit Sandrine, l'essentiel ne relève plus de l'établissement. Les plus jeunes éprouvent même un soulagement à se trouver avec des élèves aussi faibles qu'eux : « On est tous nuls ici. » Les sentiments de honte et de mépris ne sont plus une affaire personnelle car tout l'établissement les partage et les assume. Ceux qui ne se sentent pas « trop cons » trouvent qu'ils sont « fainéants », c'est moins humiliant. « J'ai un poil dans la main qui progresse de jour en jour », dit Arnaud.

Ces élèves ont comme rompu avec la pression sélective et, lorsqu'ils racontent leur scolarité au collège, faite le plus souvent d'absences, de bêtises diverses, de redoublements, de conflits avec l'école..., ils inventent une manière un peu « héroïque » d'assumer cette période de leur vie. Mais il ne s'agit certainement pas d'une sous-culture de la délinquance et de l'échec, la « frime » ne dure pas et les élèves se comparent sans cesse à l'enseignement « normal » auquel prépare « normalement » le collège : « Ils nous disaient : si t'es mauvais, t'iras en LP. J'avais peur, très peur. J'avais honte, c'est l'humiliation » ; « Si j'avais pas été trop con, j'aurais continué mes études, passé un bac... Je ramais trop, bûcher je peux pas... » ; « J'en avais marre des études » ; « Moi je me foutais de tout, alors les profs m'ont dit : il vaut mieux que tu ailles dans un LP, quelque chose comme ça, parce qu'on sait pas trop quoi faire de toi. » La sélection produit le LP lui-même. « C'est la classe sociale, on est mal figurés, ils nous regardent...

les jeans serrés, les blousons de cuir, les baskets mal fermés, ils nous regardent. » Les autres lycées, « c'est des bourges, des snobs, ils nous prennent pour des merdes ». C'est l'unité des réprouvés.

La sélection est antérieure et extérieure, automatique, étrangère aux élèves : « On m'a mis ici » ; « En cinquième, on m'a dit d'arrêter mes études et de passer un CAP » ; « J'ai fait une quatrième techno, puis la troisième, puis j'ai fait un CAP, parce que j'étais obligé, quoi, on m'a dit : fais ça, fais ça… » Pour les élèves, de même que l'établissement n'est pas réellement sélectif, il n'offre pas vraiment de choix : « On nous a demandé de choisir entre usinage et chaudronnerie, on a préféré chaudronnerie. Pour quelle raison ? Parce qu'on n'avait pas fait beaucoup de mécanique et on avait fait de la chaudronnerie, alors on a préféré ça. » Les diverses formations sont mal connues et quelques élèves expliquent qu'ils ont été séduits par les noms en ique, « et puis quand on y est, c'est autre chose ». Beaucoup en veulent aux conseillers d'orientation qui ont fait « miroiter de belles formations ».

Il n'y a plus de sélection, certains cherchent seulement à s'« évader », à retrouver les filières « normales » ou à passer des bacs professionnels. Pour les autres, il n'y a plus de compétition scolaire : « Tous les vendredis soir on recopie le devoir de physique de Serge, il est bon. » L'absence des thèmes de la sélection est d'autant plus étonnante que les résultats aux examens sont loin d'être acquis, 60 % de succès seulement dans les deux lycées, et que les élèves qui échouent ne sont pas assurés de trouver une place dans l'établissement l'année suivante.

Les deux LP sont plus « disciplinaires » que les autres lycées où nous avons travaillé. Les entrées et les sorties sont contrôlées, les punitions sont plus fréquentes en raison des absences ou de diverses incartades, de vols, de conflits avec les enseignants, alors qu'elles sont rarissimes dans les autres établissements. Le lycée est fermé, les listes de punis parfois affichées sur un panneau, avec les exclusions et les colles. Le rapport Luppi consacré aux élèves de LP souligne que les élèves ne sont guère traités comme les adultes qu'ils sont pourtant [20]. Des enseignants le disent : « Les grands élèves sont comme nous, on a des conversations de collègues, alors qu'ils sont infantilisés au lycée. » Ce n'est pas que les élèves pensent que cette discipline est trop lourde ; au contraire même, ils estiment parfois que l'établissement devrait exclure les « fouteurs de merde ». Lors d'une affaire de vol de matériel à Brassens, le groupe ne se montrait pas indulgent, estimant qu'il fallait exclure définitivement les coupables. Toutefois, ces jugements n'empêchent pas que s'esquisse une définition de l'établissement comme mode de coexistence ou de conflit entre un univers juvénile rebelle *a priori* et une discipline scolaire dont le rôle est de rendre les études possibles. Plus on est proche des classes technologiques et des BEP non qualifiés, plus la tension est forte et plus la vie juvénile est indépendante du lycée. Les deux termes ne se réconcilient vaguement que pour les bacs professionnels, pour la population sélectionnée par l'établissement.

L'indiscipline est décrite comme une agitation permanente, comme un climat, comme une série d'incidents. Elle apparaît comme un comportement, une manière d'être à l'école. Ce n'est pas le chahut organisé et traditionnel décrit par J. Testanière, mais c'est une vie indépendante de l'école [21]. Elle n'est pas organisée et ne vise pas nécessairement un professeur ou toujours le même : « On fait comme si le prof était pas là. » On parle, on se lève, on se dispute, on fait autre chose... Les accrochages sont violents entre les élèves et avec les enseignants car il n'y a pas vraiment de différence de

20. J.-P. Luppi, *op. cit.*

21. R. Quivy, D. Ruquoy, L. Van Campenhoudt, *Malaises à l'école,* Faculté universitaire Saint-Louis, Bruxelles, 1989 ; J. Testanière, « Chahut traditionnel et chahut anomique dans l'enseignement du second degré », *Revue française de sociologie,* VII-VIII, 1967, p. 17-33.

langage, à ce moment-là, dans les conflits avec les enseignants. Le matériel n'est pas toujours respecté, il y a des vols et des dégradations, quelques élèves sont indifférents aux punitions et sont parfois violents. Un professeur de gymnastique explique qu'il lui faut être plus « costaud » que les élèves pour « s'imposer » afin de séparer ceux qui se battent.

Ces comportements et ce climat sont parfois douloureusement supportés par les enseignants, qui se sentent blessés. Ils savent que tous ne sont pas atteints au même degré. Le climat d'indiscipline est, paradoxalement, plus précis que les incidents qui le fondent ; les faits se sont passés avant, ailleurs, on a entendu dire, il paraît... On retrouve là, exactement, le phénomène désormais connu de la distance entre le climat d'insécurité et les événements qui le justifient ; l'insécurité relève d'un sentiment d'imprévisibilité et d'incertitude, de non-régulation des conduites plus que des risques réellement encourus[22]. La violence plane et menace plus qu'elle n'est réelle.

Ainsi en 1984-1985, il y eu 180 dossiers relatifs à des violences, dont 30 concernant des violences entre enseignants[23]. Un seul cas précis de violence contre un enseignant put être évoqué à Brassens. Il reste aussi que, souvent situés dans des banlieues difficiles, ces lycées sont soumis à un environnement agressif avec les bandes, des bagarres, la violence latente. Les règlements de comptes « à la sortie » ne sont pas rares. Depuis que les « bandes » se sont constituées, souvent sur des bases ethniques et territoriales, la vie du LP ne peut y échapper totalement. Il arrive que les sorties soient difficiles, même si ces groupes ne s'affrontent pas et ne se constituent pas à l'intérieur du lycée, au moment de cette étude, en tout cas.

22. R. Dulong, *Imaginaires de l'insécurité,* Paris, Librairie Méridien, 1983 ; H. Lagrange, « La perception de la violence par l'opinion publique », *Revue française de sociologie,* VII-XXV, 1984, p. 636-657.

23. *Le Monde de l'éducation,* février 1986.

La vie juvénile du lycée participe de la sociabilité agressive et tendue des quartiers. Les élèves se « chopent ». Un élève travailleur et trop zélé, un « bouffon », est devenu la cible de sa classe, il a reçu des menaces, il a été brûlé accidentellement par un fer à souder : « On s'amuse à le faire craquer. » « A la cantine, y en a souvent, ils mangent pas. » Ces jeux souvent cruels sont décrits par Jean-Christophe et ses amis.

« La personne, on l'emmerde toute la journée, et puis on la lâche plus.

— Toute la semaine.

— On la lâche pas d'une seconde.

— Il s'en fout carrément, on lui dit qu'il est un con, on le fout plus bas que terre, et puis toute la journée on insiste, on le fout plus bas que terre, on commence au début de l'année.

— On s'acharnait sur lui, mais lui il a pas bougé, il a pas bronché. Des fois ça commence à s'agiter fort. Le gars, un jour, il a craqué, il s'est foutu sur un établi, là, et il a craqué, il en pouvait plus.

— C'est-à-dire que des fois on est tellement énervés entre nous, y en a un qui veut pas aider l'autre.

— On choisit le mec le plus éloigné de nous, celui qui est le plus à part... »

Les filles aussi se « chopent » ; à Pablo-Neruda, il arrive qu'elles se battent et « piquent des crises ». Les élèves du groupe considèrent que ce défoulement est normal après le cours « qui prend la tête ». De toute manière, le lycée n'est pas que l'école, il est aussi un espace de jeu de la jeunesse : « Le lycée, c'est l'école, mais c'est un peu la récréation parce que, pendant les cours, même si le prof fait son cours, même si on est attentifs, c'est quand même un amusement », dit Christophe. Les élèves racontent les grandes « rigolades », les « coups », toute une série d'aventures, de jeux et d'exploits qui abolissent peu à peu la barrière entre l'école et la vie de tous les jours. La patience a des limites, raconte Franck ; un jour qu'une perceuse faisait trop de bruit dans la salle à côté, cet élève électricien a fait disjoncter tout le circuit électrique du lycée, « pour avoir le calme ».

Cette violence, disent les élèves et les enseignants, se concentre dans un noyau d'élèves rebelles et qui n'ont rien à perdre. Ils n'ont pas voulu aller au LP, ils n'ont pas choisi leur formation, ils n'ont pas de projets professionnels, ils sont âgés et s'offrent leur dernière récréation. Les enquêtes indiquent que 10 à 20 % des élèves manifestent un refus obstiné de l'école et n'ont aucune raison positive d'être en LP[24]. Les élèves décrivent tous ces « perturbateurs », ces lycéens qui ne jouent plus du tout le jeu scolaire. Pour les enseignants, ils relèvent de l'enseignement spécialisé et sont au LP car l'établissement accueille ceux dont plus personne ne veut. Mais il existe une autre manière de sortir du jeu : l'extrême passivité, « le silence de cathédrale » dont parlait un professeur. « On laisse tomber, on choisit les cours et on laisse tomber. » Les élèves sont absents, ne réagissent pas, refusent toute participation. Stéphane, ancien chahuteur notoire, « fait son programme » le lundi matin, choisit ses cours, aménage son temps et s'efforce d'échapper aux contrôles. Il importe alors que la vie scolaire ne menace pas la vie personnelle avec les sorties en groupe, les petits boulots, le bricolage des motos... De ce point de vue, la culture du samedi soir/dimanche matin, déjà esquissée chez les nouveaux lycéens, occupe tout l'espace. L'école ne doit pas menacer la vie personnelle, et le travail personnel ne peut grever lourdement un temps privé consacré à mille occupations.

Les lycéens résistent au contrôle scolaire et surtout à tout ce qui peut affaiblir la séparation de la vie privée et de la vie scolaire. L'attention des conseillers d'éducation n'est pas toujours appréciée : « Ils s'occupent trop de nous. Ils téléphonent chez les gens, ils se mêlent de la vie privée, ils en font trop, ça les regarde pas. » La vie juvénile doit rester hors champ scolaire, « on préfère Mme X [CPE],

24. J. Binon, F. Œuvrard, art. cité ; C. Baudelot *et al.*, art. cité.

elle est hypersympa, elle s'en fout », alors que la conseillère d'éducation attentive apparaît indiscrète et menaçante. « J'avais séché, dit une fille, j'étais avec un copain, elle m'a demandé ce que je faisais, elle me pose des questions sur ma vie privée. » La règle disciplinaire paraît plus acceptable, d'autant que les élèves ont l'impression que l'établissement n'a pas réellement les moyens de l'imposer. « La première chose dont on te parle ici, quand tu arrives, c'est des sanctions... Ils ont un règlement trop strict, et puis ils y arrivent pas, ils ont pas les moyens de l'appliquer. » « Les profs fument et mâchent du chewing-gum, et c'est interdit. » De même, ils ne peuvent interdire les jeans troués « parce qu'on est butés là-dessus ». Et puis bien des élèves sont majeurs, « ça fait quatre ans, j'ai jamais amené un mot de mes parents ». Comment exclure des élèves quand l'administration sait qu'il n'y a plus de solution de sortie, que le lycée est un cul-de-sac, que l'élève sera à la rue ? Entre une règle, vécue parfois comme arbitraire, et son application, un grand écart permet aux élèves de s'adapter et seuls les incidents très graves sont sanctionnés.

Les professeurs et les élèves préparant un bac professionnel décrivent toutes ces conduites en parlant de *barbarie ;* ils retrouvent le mot de C. Grignon, il y a vingt-cinq ans. Les enseignants pensent que cette barbarie vient du dehors, qu'elle est celle de ces jeunes « mal éduqués », « sauvages », issus des quartiers « difficiles ». L'école serait le réceptacle des problèmes sociaux, et la notion de barbarie ne serait que la marque de l'ethnocentrisme des classes moyennes qui constituent l'essentiel du corps enseignant. Ces élèves n'auraient pas intériorisé l'« ascétisme » associé à toute scolarité et supposant que les acteurs diffèrent les gratifications liées à leurs efforts. Du côté des élèves, cette indiscipline serait une forme de « sublimisme », de résistance spontanée des jeunes travailleurs à la discipline ouvrière, aux contraintes de travail industriel. Dans l'indiscipline, les élèves jetteraient les derniers feux de leur indépendance avant d'être engloutis par les contraintes de la condition ouvrière. Cette barbarie ne serait que l'expression d'une jeunesse ouvrière rebelle. La sociologie anglaise de l'éducation a largement développé ce thème de la sous-culture délinquante ouvrière et de sa rencontre conflictuelle avec l'univers scolaire toujours lié à la discipline des classes moyennes[25].

Frappée au coin du bon sens sociologique, cette explication n'est cependant pas totalement convaincante. D'abord, le public des LEP n'est pas essentiellement ouvrier, des élèves des classes moyennes s'y retrouvent, alors que de nombreux enfants d'ouvriers font partie du public des nouveaux lycéens. Autrement dit, plus que l'origine sociale, ces élèves partagent une histoire scolaire, celle de l'échec et de l'exclusion, et leurs attitudes dérivent plus de l'école elle-même que de leurs origines sociales. C'est ce que perçoit bien P. Woods, par exemple, lorsqu'il montre que la déviance scolaire se constitue comme une manière de résister à un étiquetage infamant, qu'elle est, de ce point de vue, une manière rationnelle de rompre les règles du jeu humiliant[26]. Les élèves ne rejettent pas n'importe quel enseignant, ils refusent ceux qui les méprisent, les traitent comme une horde et non comme des personnes. « On est ici parce qu'on n'a pas travaillé, quand le prof nous fout au fond, on fout rien. » « Le prof il se fout de nous, alors on renvoie la balle, parfois on renvoie trop fort. »

Ensuite, ce sont les élèves qui évoquent eux-mêmes cette barbarie et s'en offusquent souvent ; elle est décrite en termes de désorganisation et d'anomie plus que de communauté. Ils parlent des « voyous », des « gens dan-

25. D. H. Hargreaves, *Social Relations in a Secondary School,* Londres, Routledge and Kegan Paul, 1967. Voir aussi J. Nizet, J.-P. Hiernaux, *Violence et Ennui,* Paris, PUF, 1984.

26. P. Woods, « A Sociological Analysis of Disruptive Incidents », *in* N. Frude, H. Gault (éd.), *Disruptives Relations Schools,* Chichester John Wiley and Sons, 1984, p. 117-135.

gereux », « difficilement récupérables ». « J'en ai pleuré quand je suis arrivé... » Ils dénoncent les vols et les dégradations dont ils sont parfois les auteurs et toujours les victimes, « et pourtant c'est horrible ». On chercherait vainement le principe normatif établissant et justifiant cette indiscipline. Il est rare que les élèves paraissent révoltés contre l'école en général, tous disent avoir rencontré des profs « sympas », « extraordinaires »...

Ces élèves ressemblent aux jeunes que nous avions décrits en étudiant leur « galère »[27]. Ils sont pris dans un processus d'exclusion, le lycée n'a plus de capacités intégratives, et la culture du métier, celle qui peut donner sens à leur formation, ne touche qu'une partie d'entre eux. Ceux qui, justement, entrent dans une discipline scolaire sont de jeunes ouvriers en formation. Mais, chez les autres lycéens, les conduites se désorganisent, deviennent autodestructrices, sans références stables et se donnent à voir comme autant de problèmes personnels, de difficultés, de « cas », de phénomènes de groupe imprévisibles. Parfois, l'indiscipline des élèves s'apparente à de petites émeutes, à des mouvements de rage contre une expérience scolaire qui les invalide et les laisse sans espoirs. Les anciens ouvriers de métier devenus professeurs ne retrouvent pas là les débordements ouvriers traditionnels, à la fois tolérés et contrôlés par l'école car « il faut bien que jeunesse se passe », ils ne reconnaissent pas les anciens chemins de la socialisation ouvrière.

De l'échec au métier

Il faut se représenter l'expérience scolaire des élèves de LP comme un parcours, parfois réussi, parfois raté, entre deux pôles. C'est ainsi que les élèves se définissent lors des rencontres où nous leur avons proposé un « portrait »

27. F. Dubet, *La Galère : jeunes en survie*, Paris, Fayard, 1987.

sociologique à partir de leur travail. Ils se situent dans un mouvement, ce qui n'est pas le cas des autres lycéens beaucoup plus fortement « engloutis » dans leur expérience et leur condition scolaires. Un schéma permet de mieux comprendre ces parcours.

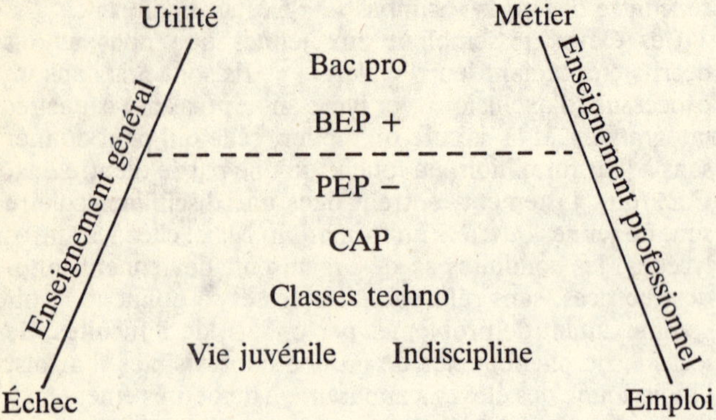

L'axe des projets est défini par l'espace liant la préoccupation de l'emploi à celle du métier. Celui du modèle culturel est ponctué par l'expérience de l'échec inaugurant généralement l'entrée en LP, et par la reconnaissance d'un enseignement général. Toutefois, le LP est caractérisé, nous l'avons vu, par le fait que ne se rencontrent jamais réellement l'enseignement général et le métier ; totalement séparés dans le bas du tableau, ils se rapprochent cependant chez les élèves des bacs professionnels. Enfin, l'axe de l'organisation scolaire, au lieu d'être dominé, comme chez les autres lycéens, par le libéralisme et la sélection, est ici défini comme la rencontre de la discipline et de la communauté juvénile. Très distendu, cet axe laisse place à une vie autonome, ressentie comme « barbare » par les enseignants et par les élèves situés vers le haut du triangle. Plus les élèves se tiennent dans la partie supérieure du triangle, plus leur expérience scolaire est intégrée ; plus ils sont vers le bas, plus elle paraît anomique, rebelle, plus elle ressemble aux conduites de « galère ».

Dans les deux groupes de Georges-Brassens et de Pablo-Neruda, les élèves ont reconnu cet espace comme étant celui de leur expérience, ils s'y sont placés sous la forme de flèches indiquant leurs parcours, définissant ainsi non pas leur projet, mais l'« intentionnalité » qui organise cette expérience.

Au bas du tableau, les élèves construisent leur expérience entre l'échec, l'emploi et la vie juvénile. Ce sont principalement les élèves de Pablo-Neruda, passés par les classes technologiques, marqués par l'échec scolaire et refusant plus ou moins nettement les enseignements généraux qui perpétuent des conditions scolaires pénibles. Pour certains, toutefois, le LP apparaît comme leur première expérience de scolarité « normale ». La référence à l'emploi est dominée par une « conscience prolétarienne » : il s'agit de trouver une place plus qu'un métier ; les élèves rejettent la condition qui les attend, la perçoivent comme une pure épreuve, une destruction de soi, ou bien encore ils pensent qu'elle est sans lien avec leur formation. Le lycée est protecteur à plus d'un titre : il diffère l'épreuve d'une mise au travail qui ne serait parfois, pensent-ils, qu'une mise au chômage. Il inscrit dans un système où, les élèves étant « tous nuls », les humiliations vécues au collège sont largement atténuées. Enfin, le lycée prolonge une vie juvénile « irresponsable ». Les enseignants appréhendent souvent avec amertume cette fonction « sociale » de l'école. La société « civile » et la société scolaire se mêlent et l'école n'est pas réellement séparée de la société, elle est un lieu d'attente. Rien ne l'indique mieux que les discussions des élèves sur le racisme.

Rien, *a priori,* n'autorise à penser que les élèves de LP sont nettement plus racistes que les autres. On sait que le vote Front national est très largement pluriclassiste et que les ouvriers n'y sont pas particulièrement plus représentés. Par ailleurs, dans les communes où sont implantés les deux lycées, le vote d'extrême droite est relativement faible[28]. Tout invite sinon à éliminer, du moins à atténuer l'idée d'une sorte de racisme spontané et ouvert des jeunes ouvriers, très supérieur à celui de leurs camarades des lycées techniques et classiques. De plus, dans nos deux lycées, les taux de jeunes immigrés, environ 8 %, ne sont pas supérieurs à ceux des établissements accueillant les nouveaux lycéens. Or, dans chacun des deux groupes, en présence d'enseignants dans les deux cas, deux longues discussions non provoquées par les chercheurs ont dérapé vers la manifestation d'un racisme extrêmement violent, surtout à Pablo-Neruda. Ce type de discussion était apparu comme « impossible » dans tous les autres lycées, y compris celui de Villeneuve, accueillant pourtant beaucoup de jeunes immigrés. Il y avait dans ces établissements comme un tabou, un *interdit* du racisme manifeste, il n'était pas concevable de tenir des propos racistes en public : au lycée, ça ne se fait pas, même si les sentiments privés sont plus que nuancés à ce propos. L'école est protégée des débats extérieurs qui pourraient la déchirer. Au LP, notamment pour les élèves dominés par l'obsession de l'emploi et par l'échec, cet interdit tombe ; le lycée est un espace ouvert, comme un autre. Cela ne signifie pas que les incidents racistes soient plus fréquents qu'ailleurs, mais seulement que l'expression du racisme est possible au lycée comme au café, que l'emprise éducative de l'école est des plus faibles.

Ce n'est pas le lycée qui fonde le racisme, c'est le

28. J.-P. Guillemet, *Le Vote Front national. Essai de construction de l'objet,* Université de Bordeaux-II, 1990 ; N. Mayer, « De Passy à Barbès : deux visages du vote Le Pen à Paris », *Revue française de sciences politiques,* 6, 1987, p. 891-905 ; N. Mayer, P. Perrineau (éd.), *Le Front national à découvert,* Paris, Presses de la Fondation nationale des sciences politiques, 1989 ; P. Perrineau, « Front national : l'écho politique de l'anomie urbaine », *Esprit,* 3-4, 1988, p. 22-38.

racisme qui l'informe du dehors. Sébastien et Christophe, les deux racistes avoués du groupe de Pablo-Neruda, comme François, l'antiraciste convaincu, le copain d'Amina, disent : « On forme pas nos opinions au lycée. » Et jamais les argumentations réciproques ne s'appuient sur l'expérience scolaire, le groupe de recherche décompte sept Maghrébins dans l'ensemble du lycée Pablo-Neruda. Il n'empêche que ces garçons « ouvrent la boîte à gifles » et que « si on peut en choper un »... S'exprime ainsi le racisme le plus violent et le plus dénué de culpabilité.

Cette hostilité est fondée sur deux arguments. Le premier est la rivalité dans l'emploi : plus les élèves pensent emploi et plus ils sont rivaux des étrangers. Le second relève de la situation classique de « petit Blanc » : « Avant, il y avait de grosses barrières et ça marchait ; maintenant, c'est le bordel et c'est partout pareil. » Tocquevillien sans le savoir, Christophe est raciste parce que, la distance sociale entre les immigrés et lui se réduisant, il lui faut reconstituer une barrière par la race. La même scène éclate dans le groupe de Brassens avec Renaud, devant Fatima révoltée puis effondrée. Là aussi, les immigrés prennent les emplois, les ASSEDIC et restent en France alors qu'ils n'ont plus de travail. Surtout, ils ne baissent pas la tête : « Quand ils te regardent, ils te voient », dit Renaud. Plus choquant encore, « y en a qui font des bacs C ». Autrement dit, c'est l'intégration des immigrés qui menace et qui choque.

Dans aucun des cas, les élèves ne parlent de différences culturelles, de menaces pour l'identité nationale ; c'est toujours un racisme de prolétaires. Évidemment, les lycéens se disputent et s'affrontent, les antiracistes convaincus ne manquent pas, soit par principe, soit parce qu'ils ont des copains arabes. Mais reste l'essentiel : ces deux discussions se déroulent sans être jamais provoquées. Pour ces élèves engagés dans une conscience prolétarienne, le lycée n'impose pas la règle « civique » qui interdit certains sujets, qui proscrit les idées condamnées par la majorité des enseignants. De ce point de vue, le lycée ne réalise pas la socialisation indirecte que l'on observe ailleurs. Il est ouvert aux quatre vents, il n'a pas d'emprise civique.

Les élèves préparant un bac professionnel ou espérant rejoindre les filières « normales » par les premières d'adaptation présentent une image très différente. Ce sont les élèves les plus dynamiques et les plus « positifs » que nous ayons rencontrés. Ces lycéens sont en mobilité ascendante : « Mon père m'a dit : ça me fait plaisir que tu travailles plus haut que moi », dit Serge. « Ils sont contents de voir qu'on est arrivés là, ma mère me voit une image plus haute, ça me fait plaisir, j'en fais un peu plus que ce que je devrais faire pour pas que son rêve soit déçu », explique Nathalie. Pour Michel, « ça crée un rapport plus sympa avec les parents ».

Ce sont aussi les seuls qui « montent » scolairement, soit vers le métier et une qualification qui facilitent l'intégration de l'enseignement professionnel et des enseignements généraux, soit vers une scolarité classique qui valorise les enseignements généraux. « Jusqu'en troisième, on apprenait des trucs dont on n'avait pas l'application. Dès qu'on arrive en électricité, on voit à quoi ça sert et ça rentre plus facilement. L'anglais, c'est pareil, on s'en sert pour les notices techniques. Ce qui fait que les lacunes qu'on avait accumulées au collège parce qu'on savait pas à quoi ça servait... Parce qu'on s'en foutait, on se disait ça sert à rien et on laisse tomber... On arrive là et on en a besoin », dit Serge. Souvent, les anciens cancres deviennent de bons élèves : « J'y vais parce que j'aime bien mes cours et j'aime ce que je fais. » « Ça donne un vrai métier, pas le caca toute la vie », dit Michel, âgé de vingt-deux ans et qui a fait le parcours de la quatrième préparatoire au bac pro. Ces élèves sont optimistes, « mieux vaut un bac pro qu'un bac F 3 ». Ils ont des relations de camaraderie et de proximité avec les enseignants. « Ce sont de bons élèves, on se fait confiance, ils sont agréables », confie un professeur de maintenance mécanique. Ces lycéens réussissent et améliorent l'image du lycée. Ils forment des classes valorisées par les professeurs ; d'ailleurs, un corps d'enseignants professionnels, les PLP 2, assimilés aux certifiés, a été créé pour ces sections qui les valorisent. « On a de bons élèves, des élèves brillants, ils ont été écrémés. » A ces nouveaux élèves correspondent de nouveaux professeurs, blouses blanches et qualifications intellectuelles, ils incarnent une alliance réussie de la culture générale et de la culture technique. Ils se démarquent des anciens profs d'atelier : « Il y a une cassure avec les anciens compagnons. Ils en sont au stade de la queue d'aronde, il y a tout un passé syndical, ils pensent que c'est toujours la faute aux autres... » Les bacs pro confèrent du prestige à l'établissement qui forme de futurs ouvriers très qualifiés, des élèves susceptibles d'aller à l'université, de préparer des BTS comme les autres. Ils permettent aussi d'établir des liens avec les entreprises de pointe. Le LP n'est plus un cul-de-sac, il sauve et promeut des élèves, se trouve ainsi capable d'assurer un recrutement de qualité.

Les élèves des bacs pro et des bons BEP se distinguent sensiblement de leurs camarades plus jeunes et moins qualifiés. Plus âgés, ils échappent à l'agitation juvénile et au climat d'hostilité. « Ils sont devenus des hommes, ils sont comme nous, ils ont des fiancées, des voitures, des problèmes, on peut avoir des relations de copains », dit un enseignant. Les élèves se démarquent aussi de manière plus volontaire en parlant des « bandits » à propos des jeunes et de leurs propres fautes de « jeunesse ». Ils interprètent leurs difficultés passées comme des erreurs d'insouciance, « des bêtises pour le plaisir »... Maintenant, « on se mélange pas, il y a des insultes ». Intellectuellement aussi, la distance est marquée : « En CAP, les cours, c'est pour passer le temps, on te demande pas de réfléchir, on te donne un truc, tu l'appliques, c'est tout » ; « En CAP, ils ont peur de se faire engueuler par les parents, ils savent pas ce que c'est les études, de réfléchir. »

La présence de ces deux catégories d'élèves dans les LP invite à souligner la capacité socialisatrice de ces établissements. En effet, certains de ces élèves sont véritablement transformés par leur scolarité quand ils passent du monde des CAP et des BEP peu qualifiés à celui des bons BEP et des bacs professionnels, ou bien lorsqu'ils envisagent de rejoindre l'enseignement général ou technique.

Comment passe-t-on d'une catégorie d'élèves à l'autre ? On ne peut répondre précisément à cette question sans une recherche particulière sur les carrières des élèves. Toutefois, les longues discussions des élèves permettent de repérer certaines modalités de cette évolution. En premier lieu, et cela ne dépend pas de l'établissement, les élèves vieillissent, se transforment plus que dans un lycée classique qui touche une tranche d'âge serrée, puisque le public des LP s'étend de 15 à plus de 20 ans. Les élèves les plus âgés décrivent ce changement en termes de maturité, d'éloignement des chahuts adolescents, de croissance d'un sentiment de responsabilité. Mais il existe aussi une série de facteurs qui tiennent au système éducatif. L'un d'eux concerne la découverte, par les élèves, de leurs capacités scolaires à travers leurs premières expériences de réussite. De ce point de vue, le discours des enseignants relatif au souci de « débloquer » les élèves, de les valoriser, de rompre avec le passé humiliant de cancre et de mauvais élève, d'abandonner pour un temps toute idée de niveau n'est probablement pas sans effets. La formule « on est tous nuls » n'est certainement pas purement négative, elle signifie aussi que les lycéens entrent dans un monde où il devient possible de progresser.

Par ailleurs, les élèves qui accèdent aux formations relativement sophistiquées parviennent à atténuer progressivement la fracture du modèle culturel des LP et à lier les deux types d'enseignement auxquels ils sont confrontés. Pour quelques-uns, le détour par l'enseignement professionnel parvient à donner un sentiment d'utilité aux enseignements généraux. Enfin, la découverte de l'avenir professionnel réservé aux élèves les moins qualifiés est suffisamment effrayante pour qu'un certain nombre d'élèves éprouvent un vif désir de s'en sortir, d'entrer dans un processus de qualification réelle ou de rejoindre l'enseignement qu'ils appellent « normal ».

Tout cela montre que, au-delà de l'image d'un LP gérant une population « difficile », commandé par un double modèle d'enseignement et voué à reproduire de l'échec et de l'exclusion, au-delà aussi du pessimisme des enseignants, le LP exerce une influence forte sur certains de ses élèves. Il les engage dans une expérience positivement vécue incarnée par les élèves préparant un bac professionnel, éprouvant un vif sentiment de montée sociale et scolaire, vivant une socialisation professionnelle. Dans la recherche, ces élèves ont été souvent les plus actifs, les plus engagés, fort éloignés finalement de la tristesse des nouveaux lycéens.

⁂

L'expérience des élèves peut être définie par une série de fractures. Fracture d'un modèle éducatif opposant plus qu'il ne les lie deux types d'enseignement. Fracture séparant aussi les projets liés à l'emploi des projets tournés vers le métier. La discipline scolaire, plus forte qu'ailleurs, ne parvient cependant pas à intégrer les élèves dans une communauté négativement définie par l'échec scolaire, la peur du chômage et le refus des enseignements généraux. Aussi, l'expérience des élèves est-elle largement dominée par une tension entre la vie juvénile qui prolonge celle de la jeunesse populaire rebelle à l'emprise scolaire, et les exigences de travail, de régularité et de discipline liées à tout travail scolaire. Dans une large mesure, les élèves de LP sont les plus éloignés du lycée, car ils ne possèdent pas tous les stratégies instrumentales qui permettent d'assurer l'adaptation scolaire relativement efficace et non engagée que nous avons observée ailleurs.

Toutefois, le public des LP est lui-même dualisé, peut-être à l'image de la structure de l'emploi aujourd'hui et, au sein de cette expérience, se dégage une catégorie de lycéens qui parviennent à reconstruire cette expérience scolaire autour des principes du métier et de projets de mobilité. L'expérience du LP paraît alors se retourner[29].

29. Cf. C. Baudelot, R. Establet, « Réussir au LEP », in *Le niveau monte,* Paris, Éd. du Seuil, 1989.

6

Adaptations

Les expériences lycéennes des divers publics scolaires ne sont pas identiques. Cependant, ces différences ne doivent pas être hypertrophiées au point de nous empêcher de saisir les traits communs. Sans doute, la sociologie a longtemps eu raison de souligner l'hétérogénéité des publics scolaires et des parcours des élèves, elle a justement mis en évidence l'extrême inégalité des chances et des conditions d'études imposées aux élèves. Il s'agissait alors, dès le milieu des années soixante, de briser le mythe d'une école unique hiérarchisant la juste reconnaissance des dons[1]. Il ne reste rien aujourd'hui de cette représentation unitaire de l'école, et c'est bien ainsi.

Mais, au-delà de la diversité, les lycéens ont bien des points communs ; quelle que soit la place qu'ils occupent dans le système, ils sont confrontés à des mécanismes identiques, à des attitudes pédagogiques proches, à des fonctionnements organisationnels voisins. Les chapitres précédents indiquent que l'on retrouve souvent des carac-

1. On peut d'ailleurs se demander si ce mythe eut un jour quelque réalité en ce qui concerne les lycées. Si l'école primaire a été l'agent d'un projet de citoyenneté, d'intégration nationale et de développement des Lumières, le lycée du même âge était celui de la bourgeoisie, des humanités classiques et des barrières sociales. Et lors des années soixante, avec l'arrivée d'une première vague de nouveaux lycéens, celle dont sont issus bien des professeurs d'aujourd'hui, la sociologie critique de P. Bourdieu et J.-C. Passeron, de C. Baudelot et R. Establet a liquidé dans l'œuf le mythe qui aurait pu se constituer.

téristiques communes de l'expérience lycéenne, ne serait-ce que parce que tous ces élèves sont régis selon des modalités identiques et uniques, celles de l'Éducation nationale qui sont un facteur de similitude puissant. La définition de l'école, de sa finalité et de ses valeurs reste largement unifiée. La centralisation française pèse encore. Par ailleurs, les différences sociales entre les élèves, pour tranchées qu'elles soient, n'empêchent pas que se développent des orientations proches et que l'on puisse parler, malgré les particularités, d'une expérience lycéenne.

Au fond, nous ne sommes pas dans une situation très éloignée de celle des sociologues qui étudient la classe ouvrière. Les écarts qu'ils observent entre les conditions de travail, les situations économiques, les niveaux de qualification, les traditions et les degrés de militantisme sont probablement plus dispersés que ceux que nous avons rencontrés dans les lycées. Ils étudient la situation du manœuvre du bâtiment et celle de l'ouvrier professionnel d'une industrie aéronautique nationalisée. Pourtant, les points communs paraissent suffisamment nets et nombreux pour qu'on parle légitimement de condition et de conscience ouvrières. Ce sont les traits communs de l'expérience lycéenne que nous voudrions mettre en lumière dans ce chapitre.

Bien que les élèves ne soient pas les mêmes, ils définissent leur situation, le système scolaire, de manière souvent identique. Les mécanismes de la sélection, les modes d'organisation des établissements, les droits des élèves sont décrits par les acteurs de façon voisine. Tout se passe comme si des lycéens situés en des points différents du système décrivaient bien le même système. On peut donc « passer » de l'acteur au système, inférer des logiques du système à partir des logiques des acteurs, retrouver dans le propos des acteurs les modes de fonctionnement du système scolaire étudiés par des méthodes très différentes des nôtres. Les lycéens construisent une « réalité » souvent très proche de la « réalité » dégagée par des méthodes de connaissance objective. Ces similitudes et ces lignes de force permettent aussi de comprendre, à leur tour, les grandes ressemblances observées dans les conduites des élèves, notamment une logique adaptative, une réserve et un faible engagement, une conception « stratégique » et distanciée de l'expérience scolaire.

Sélection et filières

Si les élèves devaient définir d'une formule le lycée, ils parleraient d'un système de sélection, d'un mode de définition et de répartition des compétences. L'école est d'abord un vaste système de répartition et de classement, et plus les lycées s'ouvrent à de nombreux publics, plus cette fonction sélective « entre » dans l'expérience scolaire.

La représentation de la sélection est avant tout *scolaire*. Elle est déconnectée d'une logique d'adaptation économique, de professionnalisation, de référence à un emploi précis. Si l'on excepte le cas très limité de certains BEP, des bacs professionnels et de quelques élèves, les projets des lycéens restent, dans tous les cas, des projets scolaires, définis et limités par le cadre scolaire. On sait que l'opinion publique critique cette distance de l'école à l'emploi : 38,1 % des Français la déplorent — il ne sont que 12,6 % à regretter que l'école ne s'intéresse pas suffisamment au développement personnel de l'élève —, mais on ne retrouve pas cette référence utilitaire à la profession chez les membres de nos groupes[2].

Plus surprenant encore, les élèves ne parlent guère de l'avenir, leur scolarité n'est pas sous-tendue par des projets professionnels à long terme. Ils se « forcent » un peu pour en parler, comme s'ils devaient révéler à ce

2. CREDOC, Enquête 1985-1986 sur les conditions de vie et les aspirations des Français, cf. *Jeunes d'aujourd'hui*, Paris, La Documentation française, 1987.

moment-là des pensées intimes ou des angoisses profondes. Il est vrai que les sondages nous apprennent que le climat général est au pessimisme : la crainte du chômage apparaît chez 62 % des jeunes, alors que 10 % seulement des lycéens ont le sentiment de réussir leurs études et envisagent l'avenir avec sérénité[3]. Mais cette angoisse est encore plus vive chez les parents : « J'ai un gavage mental vingt-quatre heures sur vingt-quatre... Je peux pas les endormir. » Au lycée, explique Sébastien, on vit dans le présent ; d'une épreuve et d'une vérification à l'autre, ce sont les adultes qui pensent le long terme.

Le lycée met les projets professionnels à distance. Moins d'un lycéen sur deux — 43 % — pense être dans une filière adéquate avec le métier qu'il envisage, et la plupart de ces derniers sont dans les sections C et D, c'est-à-dire dans les filières qui offrent les plus grands choix possibles et qui évitent de s'engager dans une voie trop étroite. Évidemment, ce sont les élèves les plus faibles qui ont le moins de projets[4]. Le projet se développe avec les ressources scolaires qui permettent aussi de différer l'engagement dans ce projet. Par conséquent, la logique du projet est avant tout scolaire, c'est moins l'image du métier que celle des potentialités attachées à la position scolaire qui la fonde. Le privilège devient même l'absence d'obligation d'avoir un projet. « J'ai un peu peur, l'année prochaine, j'ai peur de faire quelque chose qui m'entraîne vers un métier que je veux pas faire, et ça pendant toute ma vie », dit une fille qui prépare un bac F. « J'ai peur d'être embarqué et de ne pas pouvoir changer. Ça me fait très peur d'être obligé de faire quelque chose qui me plaît pas après pendant toute ma vie, alors que je sais pas ce qui me plaît », précise un garçon de la filière A. Bref, le projet

3. A. Prost, *Les Lycéens et leurs études au seuil du XXIe siècle*, Paris, ministère de l'Éducation nationale, 1983.

4. Enquête ONISEP, décembre 1989-janvier 1990, sur 3032 élèves

se borne souvent au diplôme, et « plus on en a, plus c'est bon ». Il n'y a donc pas vraiment de logique alternative à celle des projets issus des sélections proprement scolaires.

Quelles que soient les filières, le bac est l'objectif central et la clé qui permet et oblige à la fois les lycéens à faire des projets. Jusque-là, le temps est un peu suspendu. Mais, alors que le bac est indispensable, il possède une valeur ambiguë : pour tous ces élèves, « avec le bac, t'as plus rien » et ce, quelle que soit leur position scolaire. Les élèves préparent un diplôme qui permettra d'en préparer d'autres, qui n'a pas de valeur pour celui qui arrête ses études à ce niveau-là. En se plaçant du point de vue des acteurs, la thèse de l'inflation des diplômes semble validée et le bac est un diplôme négatif, car il n'offre pas d'opportunités précises et ferme l'avenir à ceux qui ne le possèdent pas [5]. A des degrés divers, le bac n'apparaît pas non plus comme l'équivalent fonctionnel d'un rite de passage vers la vie adulte. Il n'ouvre guère la voie vers une liberté personnelle déjà acquise, avec cependant une nuance pour les nouvelles lycéennes. Mais il reste que l'université ne représente plus l'anti-lycée avec sa liberté, sa camaraderie et ses engagements [6].

Si la vie étudiante garde parfois son aura de vie émancipée et d'intérêt intellectuel, elle est aussi un lot de consolation plus qu'une récompense. Son image est fortement dégradée : 10 % seulement des élèves sont satisfaits de leur orientation en faculté et auraient fait le même

5. Cf. R. Boudon, *L'Inégalité des chances,* Paris, Armand Colin, 1973 ; J.-C. Passeron, « L'inflation des diplômes. Remarques à l'usage de quelques concepts analogiques en sociologie », *Revue française de sociologie,* XXIII, 1982, p. 551-584.

6. Il faudrait certainement nuancer ce tableau avec le cas des lycéens des petites villes de province pour lesquels le bac signifie qu'ils devront quitter leur famille pour la grande ville universitaire où se tiennent aussi les classes préparatoires, les écoles, les IUT... Il est vraisemblable que, pour ces élèves, le bac peut avoir une valeur initiatique et émancipatrice.

choix s'ils avaient disposé d'autres ressources scolaires. La plupart vont à l'université et dans une spécialisation donnée faute de mieux ; d'ailleurs, la moitié des élèves de C optent pour les classes préparatoires, 89 % de ceux qui ont une mention[7]. Lucile le dit nettement : « La fac, c'est une manière de se consoler, d'espérer, d'espérer quand même », elle entrera en classe préparatoire. Les élèves les plus faibles savent qu'ils rencontreront des difficultés à l'université, qu'ils se heurteront à un univers faiblement organisé, peu contraignant et très sélectif.

Au lycée, la sélection et la menace de l'échec pèsent sur l'ensemble du parcours scolaire. Rappelons que 50 % seulement des élèves entrés en seconde obtiennent le bac en trois ans, et que 30 % de ces élèves n'acquièrent pas le diplôme ; 27,7 % des élèves entrent dans les filières scientifiques, dont on sait qu'elles sont les plus fréquemment désirées et choisies[8]. Par conséquent, plus d'un élève sur deux a des chances d'échouer à un moment donné ou de se sentir orienté vers une filière qu'il n'a pas vraiment choisie. La sélection domine donc l'expérience scolaire. Dans nos groupes de recherche, la plupart des lycéens en font une préoccupation centrale. Seuls les « très bons » et les « très faibles » sont plus indifférents, étant pris dans des carrières automatiques. Les élèves promis aux classes préparatoires des grands lycées parisiens cultivent la distance aristocratique, la vraie sélection commencera plus tard, et les élèves des BEP peu qualifiés pensent aussi que la sélection débutera avec le premier emploi.

Une hiérarchie des filières se dessine de manière objective, construisant les règles de cette sélection. L'inégalité des filières va de soi, reconnue à la fois par les

7. J.-M. Berthelot, « De la terminale aux études post-bac : itinéraires et logiques d'orientation », *Revue française de pédagogie,* 81, 1987, p. 5-15.

8. *Le Monde de l'éducation,* février 1988.

professeurs, les parents et les élèves. L'ordre est si stable qu'il n'y a pas vraiment d'orientation en tant que recherche d'une voie efficace et ajustée aux projets. Pour 51 % des élèves, l'orientation est une simple sélection, un classement hiérarchique [9]. Le processus paraît d'autant plus aveugle que 54 % des élèves n'ont jamais parlé de leur orientation avec un professeur [10].

En fait, l'orientation sanctionne un niveau. Perçue comme un processus mécanique, la sélection semble largement acceptée par les élèves dans la mesure où elle entérine des performances scolaires « objectives ». En cela, elle est juste. Il ressort des discussions que la majorité des élèves apprécient justement leurs performances et trouvent que les décisions d'orientation ne sont pas injustes. Le mécanisme paraît d'autant plus objectif, disent les élèves, que les professeurs expliquent peu leurs décisions : « C'est trois lignes à la fin d'un bulletin. » Sans doute est-ce un peu frustrant parce que « c'est toujours stimulant d'avoir en face de soi quelqu'un qui s'intéresse même si on a des problèmes ». Mais l'impersonnalité qui régit les relations scolaires favorise l'image d'une hiérarchie objective et scolairement juste. Les démarches d'appel contre les conseils de classe sont peu nombreuses, 7,5 % en seconde, et 35 % seulement d'entre elles sont satisfaites [11]. Dans les représentations des élèves, les possibilités d'appel occupent peu de place ; elles procèdent plus des choix des parents que de ceux des lycéens, et rien n'indique qu'ils approuvent des démarches qui les mettent en porte à faux avec leurs camarades et avec leurs enseignants.

A Flaubert seulement, avec la création volontaire d'une filière de « vrais » littéraires, existent une discussion et un débat sur l'incertitude de la hiérarchie. Dans tous les autres cas, les élèves s'accordent sur l'ordre hiérarchique

9 *L'Étudiant,* novembre 1985.

10. Sondage Louis Harris, *L'Express,* mars 1987.

11. *Le Monde de l'éducation,* avril 1989.

qui les concerne. Il n'y a jamais eu de discussion à ce propos et les élèves maîtrisent le champ dans lequel ils se situent. Chaque lycée connaît les sections reines et les sections « poubelles », on sait aussi dans quelle mesure l'établissement se plie à la règle de formation de classes de seconde hétérogènes. Évidemment, les repères des élèves sont plus flous lorsqu'il s'agit de hiérarchies qui ne les concernent pas directement : alors que les élèves de G et de F n'hésitent pas sur la hiérarchie qui les définit, ils perçoivent mal les ordres de classement des sections C et D, absentes dans leur établissement. De même, les élèves des « bons » lycées ignorent tout des subtilités du classement des filières G.

Mais l'objectivité des connaissances utiles ne se discute pas. Les lycéens sont des « consommateurs » informés de la valeur des produits proposés. Il existe cependant des zones floues liées aux filières dont les statuts sont peu congruent. La filière E, par exemple, reçoit de bons élèves comme en C, mais elle est « technique », comme l'enseignement moins valorisé. Les A 3 — arts plastiques — mêlent le prestige de la vocation à la réputation plus faible des A. Si les élèves se sentent parfois dupés quant aux perceptives offertes par les filières et découvrent des impasses, l'ordre du prestige scolaire est, lui, clairement établi.

La hiérarchie décrite par les lycéens « reflète » les classements objectifs des filières dégagés par des critères sociaux et scolaires. Une enquête sur les publics de terminale de l'académie de Lille indique que le recrutement social des élèves se hiérarchise ainsi : C D B A E F G [12]. Pour les bacheliers de 1989, le taux des enfants de cadres et de professions libérales suit à peu près le même ordre : 24 % en C, 21 % en D, 20 % en B, 18 % en A, 10 % en G, 6 % en F. La proportion des enfants d'ouvriers suit un ordre exactement inverse, allant de 6 %

12. B. Convert, M. Pinet, « Les classes terminales et leur public », *Revue française de sociologie,* XXX, 1989, p. 211-241.

en C à 28 % en G[13]. Mais la hiérarchie sociale frappe moins les acteurs concernés que la hiérarchie proprement scolaire. A la fin de l'année de seconde, les performances objectives des élèves, mesurées selon des épreuves communes, se répartissent ainsi : S : 9,84 ; E : 9,04 ; B : 8,62 ; A : 8,35 ; F : 7,86 ; redoublants : 7,31 ; G : 7,11 ; LP : 6,25. Les S se révèlent meilleurs dans toutes les matières, pas seulement dans les domaines scientifiques, alors que les G et les élèves orientés en LP sont plus faibles que les redoublants[14]. Le critère de l'âge, que l'on peut tenir pour un indicateur de la qualité scolaire, suit la même progression : 73 % des élèves de C sont à l'heure ou en avance ; en E, A, D et B, les taux vont de 52 % à 46 % ; alors qu'ils tombent de 22 % à 15 % en F, H et G[15]. La hiérarchie scolaire est donc extrêmement rigoureuse, « objective », et largement positive dans la corrélation des statuts scolaires et des statuts sociaux.

Toutefois, cette hiérarchie est d'abord vécue par les élèves comme un classement scolaire, car elle se présente à eux comme une sélection continue sur des critères scolaires au cours de laquelle les survivants sont scolairement sélectionnés. A chaque étape de la sélection, suffisamment d'élèves d'origine favorisée chutent, alors que quelques élèves défavorisés réussissent, pour que l'objectivité scolaire de la sélection s'impose aux acteurs, aux dépens des mécanismes sociaux qui l'informent. Ce processus, décrit par M. Cherkaoui, conduit les acteurs à ne guère percevoir la logique sociale de la sélection sans qu'il soit utile à ce propos de postuler un aveuglement nécessaire ou une aliénation[16]. Dans notre étude, le sentiment d'injustice sociale apparaît surtout au sein des établissements socialement plus homogènes, Flaubert et les LP. Mais cette

13. *Le Monde de l'éducation,* février 1990.

14. *Éducation et Formation,* avril 1989.

15. *Le Monde de l'éducation,* février 1990.

16. M. Cherkaoui, *Les Paradoxes de la réussite scolaire,* Paris, PUF, 1979.

impression d'injustice est moins associée à la filière qu'au lycée lui-même selon que l'on se trouve dans l'établissement de l'élite ou dans celui des parias. Une enquête confirme ce fait en révélant que ce sont les élèves les plus favorisés qui perçoivent le plus nettement les inégalités sociales dont ils bénéficient[17]. Toutefois, aux yeux de la grande masse des élèves des établissements hétérogènes, notamment les nouveaux lycéens, les mécanismes sociaux de la sélection sont plus voilés.

La sélection scolaire est d'autant plus vivement ressentie que les élèves obtiennent de bonnes performances, car elle se joue alors sur de petites différences extrêmement valorisées. Lors des discussions de groupe, le thème de la sélection tient une place croissante lorsqu'on remonte la hiérarchie, des LP vers le lycée Flaubert. Les lycéens sont de plus en plus sensibles aussi au rôle sélectif des diverses matières, notamment des mathématiques. Il semble en effet que la première vague sélective, celle qui va décider de l'entrée au lycée, se joue sur le rôle discriminant du français. Puis, dès la classe de seconde, l'anglais et surtout les mathématiques prennent le relais[18]. De la même manière, l'âge devient un critère discriminant quand les aspirations sont élevées ; les bons élèves décrivent la précocité des stratégies familiales : choix de l'établissement, entrée précoce au cours préparatoire, choix des langues... Ces élèves, à bien des égards privilégiés, ressentent aussi le plus fortement les « stress » de la sélection.

A quelques exceptions près, les filières autorisant une rhétorique de la « vocation », les « vrais » littéraires de Flaubert ou les artistes de F 3 et F 11, ce modèle sélectif engendre des choix négatifs. « Objectivement », tout se passe comme si les élèves choisissaient la filière la plus

17. Sondage CSA-*Phosphore,* janvier 1989.

18. D. Bonora, « Connaissance et réussite ultérieure », *Psychologie française,* décembre 1989, p. 255-268

prestigieuse qui leur est ouverte, indépendamment de leurs goûts et parfois contre. L'exemple le plus manifeste est celui de la filière D, dont aucun élève ne nous a jamais dit qu'elle était choisie en raison d'un intérêt particulier pour la biologie. Les élèves de D se vivent eux-mêmes et sont perçus comme des « ratés » de C ; heureusement qu'il y en a au-dessous d'eux ! Les défenses subjectives des lycéens, les rationalisations par lesquelles ils présentent un choix négatif comme l'accomplissement d'une disposition ou d'un goût, sont des plus faibles, et ils ne s'y accrochent jamais longtemps. Les C aimeraient les mathématiques ; les B, l'économie ; les A, la littérature ; les G, la gestion... Chaque filière possède sa petite idéologie, ce qui ne signifie d'ailleurs pas que les élèves n'éprouvent aucun intérêt pour leurs études, mais le choix lui-même ne relève pas de ces intérêts.

Nous avons vu que les élèves expliquent longuement comment ils se « rabattent » sur ce qui reste possible, la plupart du temps ils anticipent sur les décisions des conseils de classe. Dès le second trimestre de la classe de seconde, les demandes de passage en première S décroissent sensiblement, la plupart des élèves ne s'acharnent pas. Cependant, la logique de la filière s'impose. Au lycée Duparc, Yannick, déjà titulaire d'un bac F 1, entre en première S pour préparer un bac C ; deux années supplémentaires ne lui paraissent pas un prix trop élevé. Les lycéens pensent que la filière commande l'avenir plus que la performance propre : « Ça cloche parce que même les mauvais élèves scientifiques arrivent à trouver des places par rapport aux bons élèves de A et de B », dit Éric à Michelet. Et Lucile, la littéraire, prépare un bac C pour entrer en khâgne.

La hiérarchie des filières se double de la compétition des établissements. Beaucoup d'élèves ont affirmé qu'un bac obtenu dans tel lycée « vaut plus » qu'un autre. Là aussi, les élèves ne sont pas des agents aveugles et naïfs, ils connaissent les règles et les manières de les tourner à leur avantage. Les lycéens ont longuement décrit les diverses stratégies qui permettent d'être dans les bonnes filières des bons établissements. Il s'est avéré que les nouveaux lycéens n'étaient pas sensiblement moins informés en ce domaine, ils ont seulement moins de ressources. Dans chaque espace scolaire, les établissements sont classés comme le sont les filières, et les élèves peuvent éprouver, selon le cas, une fierté aristocratique ou des sentiments d'infamie. Les lycéens apparaissent vraiment comme les acteurs du système décrit par R. Ballion [19]. Dans les bons lycées, ils n'ignorent rien des « magouilles » qui permettent d'y être inscrit ; dans les lycées « poubelles », ils savent aussi qu'ils sont au bas de la hiérarchie et qu'ils n'avaient pas d'autre choix. Les lycéens expliquent que la réputation de l'établissement a un pris lorsqu'on propose aux élèves faibles de les garder dans les établissements d'élite à la condition qu'ils s'inscrivent au bac en candidat libre ; rumeur ou pas, le palmarès du *Monde de l'éducation* entraîne quelques effets pervers.

L'emprise considérable de la sélection sur l'expérience scolaire des lycéens est un des effets de la massification des lycées. Au fur et à mesure que le lycée s'ouvre, que la sélection, sociale et scolaire, préalable à l'entrée au lycée décroît, elle est mise en œuvre par le lycée lui-même. Les jeux de répartition entre les filières apparaissent comme une fonction centrale du lycée, commandant l'expérience des élèves. La scolarité n'est plus encadrée par une sélection préalable et sanctionnée par un examen final, elle est identifiée à un long processus de triage et de gestion des flux d'élèves. La fonction sélective assurée autrefois en amont, tant sur des critères sociaux que sur des critères scolaires, faiblissant, elle entre dans le lycée et en irrigue la vie. Sans doute, de nouveaux élèves « montent », mais le lycée, en perdant son homogénéité, accen-

19. R. Ballion, F. Œuvrard *et al., Le Choix du lycée,* Paris, Laboratoire d'économétrie de l'École polytechnique, ministère de l'Éducation nationale, 1989.

tue toutes les différenciations qui se transforment immédiatement en hiérarchie. Les écarts qui étaient, jusqu'alors, maintenus hors du système, deviennent maintenant significatifs et provoquent un travail de stratification continue. En ce domaine, les témoignages des élèves rejoignent exactement les descriptions des sociologues : les plus petits écarts servent à construire des filières.

Comme l'a montré A. Prost, dès le début des années soixante-dix, l'arrivée massive de nouveaux lycéens issus des classes populaires accentue les hiérarchies internes au point de créer un système parfois plus inégalitaire que l'ancien [20]. L'étude sur le « niveau » proposée par C. Baudelot et R. Establet aboutit à une conclusion voisine : lorsque l'école élargit et prolonge son emprise, le niveau de tous monte, mais les écarts se creusent, le nombre de coureurs participant à la compétition s'accroît, mais le peloton s'étire [21]. Toujours de manière convergente, mais en partant de postulats différents, M. Cherkaoui montre aussi comment les mathématiques ont été amenées à jouer un rôle sélectif croissant en raison du caractère trop faiblement discriminant du français [22].

Notre recherche n'ajoute rien à ces analyses, elle montre simplement comment l'expérience scolaire est totalement dominée par ce processus, jusque dans ses mécanismes les plus intimes et les plus fins. Bien plus que par la professionnalisation, l'adaptation économique ou

20. A. Prost, *L'enseignement s'est-il démocratisé ?,* Paris, PUF, 1986.

21. C. Baudelot, R. Establet, *Le niveau monte,* Paris, Éd. du Seuil, 1989.

22. M. Cherkaoui, *Les Changements du système éducatif, 1950-1980,* Paris, PUF, 1980. Notons qu'un système scolaire non sélectif au cours des études secondaires, comme au Japon, est conduit à une sélection féroce lors du passage dans le supérieur, ce qui a mené à la formation d'un véritable système parallèle hypersélectif et dont le coût psychologique pour les enfants et financier pour les familles serait très élevé. Cf. M. Jolivet, *L'Université au service de l'économie japonaise,* Paris, Economica, 1985.

les représentations de l'avenir, l'expérience scolaire est définie par ces jeux de sélection. En cela, les lycéens avec lesquels nous avons travaillé sont différents des héritiers comme des boursiers qui peuplent les souvenirs, les nostalgies et une partie de la littérature sociologique.

Une faible intégration

Malgré des différences entre les divers établissements, le lycée ne peut pas être considéré comme une organisation forte, entraînant une vive conscience d'appartenance, un esprit de corps, un langage et des rites propres. Le lycée est à la fois une bureaucratie imposante, édictant des règles précises et impersonnelles, et une organisation faible.

Pour mieux saisir cette caractéristique, il suffit de comparer les lycées français aux collèges anglais par exemple. On ne trouve plus en France ni uniforme, ni folklore, ni rites initiatiques, ni mémoire, ni domination des anciens sur les jeunes, ni véritable organisation de la vie des adolescents. Les quelques compétitions sportives dans lesquelles sont engagés les lycées n'entraînent aucune identification des élèves aux équipes : on n'y rencontre ni supporters ni même le moindre intérêt pour les résultats des compétitions. Les quelques élèves des bons lycées qui ont eu la possibilité de fréquenter un collège anglais ou un Gymnasium allemand soulignent tous cette caractéristique : les élèves français s'identifient symboliquement à l'image de leur établissement, mais ils n'ont pas l'impression de lui appartenir aussi fortement que leurs camarades étrangers. Surtout, le lycée n'a pas réellement d'emprise sur la vie juvénile. Les élèves ne forment pas une communauté organisée par des associations de lycéens, comme dans les grands collèges américains, avec ce qu'elles supposent de réunions, de chahuts, de canulars et, aux États-Unis, parfois de violences à l'encontre des enseignants, des filles et des « minorités ». Le « groupe de pairs », qui a tant d'importance reconnue dans l'organisation scolaire anglo-saxonne, n'a aucun équivalent dans les lycées français, souvent même il apparaît comme un peu dangereux[23].

Jamais les élèves n'ont parlé de véritables associations de lycéens organisant une « sub-culture » du lycée autour d'activités reconnues ou clandestines. Les anciens ne prennent pas en charge les plus jeunes pour les intégrer, ne serait-ce que par les humiliations du bizutage. Jamais les lycéens n'ont parlé de canulars, de ces « coups » qui permettent à la fois de se venger et d'affirmer la connivence d'un groupe, sa solidarité et son adhésion à une culture commune. Les élèves sont loin du lycée, la plupart n'ont jamais vu et parlé au proviseur, ils ne connaissent que leurs enseignants et une ou deux personnes de l'administration ; l'établissement se présente comme une organisation anonyme gérée par les décrets de « on » ou de « ils ». Le lycée est impersonnel. Les divers clubs n'accueillent qu'un très faible nombre de lycéens, les musiciens et les sportifs se tournent vers d'autres organisations. Les élèves de seconde perçoivent nettement, souvent avec bonheur, cette faiblesse de l'organisation comparée à la surveillance plus stricte du collège. Mais ils ne se sentent pas intégrés dans une nouvelle organisation, au contraire même, ils sont parfois « perdus » et insécurisés.

Un des effets de la faiblesse de l'organisation est la rareté, voire l'absence des problèmes de discipline dans les lycées d'enseignement général. Tous les témoignages concordent : le monde lycéen se régule tout seul. En

23. Cf. B. C. Clark, M. Trow, *Determinants of College Student Subculture,* Berkeley, 1963 ; T. Parsons, « Youth in the Contexte of American Society », *Deadalus,* 1962, 91, p. 97-123 ; T. Parsons, G. M. Platt, « Age, Social Structure and Socialization in Higher Education », *Sociology of Education,* hiver 1970, p. 1-37 ; A. Touraine, *Université et Société aux États-Unis,* Paris, Éd. du Seuil, 1972.

dehors de la classe, les enseignants n'exercent pas de discipline et les récréations mêlent des centaines d'élèves sans que se manifeste la moindre surveillance. Les quelques « pions » sont occupés à des tâches administratives. Dans ce cadre, l'absentéisme devient le principal problème ; les élèves ne viennent pas, quittent le lycée, choisissent leurs cours, passent au travers de mailles extrêmement lâches. Ils « sortent » mais ne sont pas en conflit avec le lycée. Pourquoi protester contre un monde si faiblement organisé ? On verra que les enseignants partagent ce jugement : eux aussi ne constituent pas une communauté, beaucoup ne connaissent pas les collègues avec lesquels ils ne sont pas forcés d'entrer en relation. Pour le reste, « bonjour, bonsoir ».

La seule unité réelle et vivante est celle de la classe. C'est là que s'organisent les chahuts, lorsqu'il y en a, que les élèves se connaissent vraiment, c'est le monde auquel ils se sentent appartenir. Le lycée est perçu comme un espace ouvert aux affinités électives, ce n'est pas une organisation imposant ses « mœurs », ses « rites » et ses fidélités.

Le chahut organisé, « traditionnel », est un bon indicateur de l'intégration d'un établissement[24]. Les conduites de communauté délinquante, c'est-à-dire d'opposition ou de résistance organisée à l'école, sont des plus faibles. Les lycéens ne racontent pas toutes ces histoires « folkloriques » d'organisation de « coups », de « complots » contre les enseignants et l'administration. Ils n'évoquent pas non plus les affrontements plus ou moins traditionnels entre sections ou générations d'élèves. Ces conduites ne se manifestent que dans la classe ou, plus souvent encore, dans l'internat, dont les capacités intégratives sont nettement plus fortes. C'est le cas des filles internes, élèves de la section F 11 du lycée Joffre. Ces élèves se « vengent »

24. J. Testanière, « Chahut traditionnel et chahut anomique dans l'enseignement du second degré », *Revue française de sociologie,* VII-VIII, 1967, p. 17-33.

d'un enseignant qui leur a dit : « J'aime pas les artistes, c'est la même catégorie que les prostituées et les clochards. » Alors elles « montent des coups », « on est en colère, on agit contre, on pouffe de rire et on amène la foule aux cours qu'on n'aime pas ». Ces vengeances organisées reposent sur la solidarité du groupe, sur l'« ambiance », « si on avait pas les copains ce serait la dépression ». Les filles se sont approprié le lycée, elles en connaissent tous les coins et, la nuit venue, elles s'en sentent les propriétaires : « C'est poétique, ça a de la classe... » « En fait, ce qui nous fait chier, c'est les cours, pas le lycée. »

A contrario, la rareté de ces conduites renforce l'image d'un lycée peu intégrateur, car les logiques d'opposition des élèves y restent individuelles et désorganisées. Elles ne trouvent de support que dans la classe ou l'internat. La paix des lycées et le fait que la violence n'y parvient souvent que de l'extérieur n'indiquent pas que les élèves vivent dans une organisation harmonieuse et chaude, elles signifient que le lycée est plus un lieu d'évitement et de retrait que d'intégration, d'identifications collectives, de rôles marqués, de rites d'appartenance et d'exclusion.

Ce tableau doit être cependant nuancé, car chaque établissement possède un style, une histoire et une image. La situation du lycée, son ancienneté, son prestige, son recrutement en font toujours un établissement particulier. Il arrive aussi que la personnalité du proviseur participe de cette tonalité particulière. Ainsi Flaubert est-il lié à la réputation de son proviseur, alors que Brassens ne se remet pas d'une crise provoquée par un changement de direction. Michelet maintient, au-delà des changements du personnel, une allure de « bon » lycée. Nous avons vu aussi que Joffre, ancien lycée des jeunes filles de la bourgeoisie, gardait de ce passé une image et une atmosphère. Tous les lycées sont différents, l'homogénéité du cadre administratif ne produit pas des « clones ».

Nous avons même travaillé dans des lycées totalement

différents, comme le sont Flaubert et Villeneuve, où s'opposent la conception des locaux, les publics recrutés, les styles de direction... Joffre, lycée bourgeois, n'a pas de style propre, disent les élèves, comme le lycée Duparc marginalisé dans une banlieue populaire. Parfois, des clubs sont ouverts aux élèves, comme à Michelet, mais il arrive, à Pablo-Neruda par exemple, qu'il n'y ait rien. Aucune règle ne semble *a priori* expliquer la diversité des établissements. Des lycées bourgeois peuvent, comme des LP, être anonymes et vides, alors que d'autres paraissent, comme le LP Brassens, plus chaleureux. Contrairement à des idées reçues, la taille de l'établissement ne permet pas d'en prévoir le type d'organisation ; le petit lycée populaire des Pins n'est pas plus intégrateur que Michelet, le lycée bourgeois de masse.

Chaque lycée procède d'une alchimie particulière dont les lois ne peuvent être dégagées dans cette recherche. Mais il est bien évident que certains établissements sont mieux intégrés que d'autres. Les capacités organisationnelles sont plus ou moins fortes, et quelques indicateurs simples permettent de les percevoir. A Michelet, à Flaubert et à Brassens, les élèves connaissent les CPE, ils ont rencontré le proviseur, quelques-uns participent aux clubs. Parfois, il existe un foyer ou une salle réservée aux élèves dans laquelle trône une table de ping-pong. Ailleurs, il n'y a rien, les élèves ne connaissent qu'un CPE, l'administration reste enfermée et lointaine, le repas à la cantine est une épreuve pénible en raison de la cohue.

Tous les élèves ne sont pas traités de la même manière, et l'on a le sentiment que certains établissements sont plus riches que d'autres. Quelques lycées sont des parkings, d'autres sont agréables. Les salles des professeurs aussi sont différentes, certaines chaleureuses, d'autres glaciales, d'autres encore sont réservées à des catégories particulières de personnel. Les sociologues qui entrent dans les établissements perçoivent vite à travers mille petits signes le climat et le style qui y règnent : l'ouverture, le formalisme, la méfiance... Il arrive que l'on atteigne rapidement le proviseur et que les dossiers s'ouvrent. Au contraire, il se peut que l'on doive lever de nombreux obstacles, que l'on ne sache qui décide et qui peut donner des informations. Dans certains cas, les entretiens avec les enseignants se déroulent sous le sceau du secret ; ailleurs, ils se font dans la salle des professeurs.

On n'en finirait pas d'évoquer toutes les différences des établissements. Mais du point de vue qui nous intéresse ici, celui des élèves, toutes ces spécificités sont atténuées et presque effacées. Sans doute y a-t-il des établissements plus agréables et plus chaleureux que d'autres. Pourtant, dans aucun cas le lycée n'est une organisation suffisamment forte et intégrée pour définir de manière précise des normes collectives et des rôles lycéens. Quelques minorités d'élèves peuvent s'engager dans la vie du lycée, mais jamais, dans cette recherche, un établissement public n'est apparu comme une véritable organisation sociale. La similitude du discours des élèves en ce domaine s'impose comme un fait majeur. Est-ce un hasard ? Jamais les élèves de nos groupes n'ont parlé du conseil d'administration de l'établissement ; seul compte le conseil de classe, parce que le destin de chacun en dépend, bien sûr, et parce qu'il touche l'unité la plus vivante, celle de la classe. Les quelques lycéens militants et engagés dans la vie du lycée ne peuvent faire illusion. Les élèves ne restent pas dans l'établissement après la classe et la socialisation dans le groupe d'amis s'effectue plus volontiers dans les cafés alentour qu'au lycée. Un spectacle théâtral réussi à Michelet n'accueille pas plus d'une centaine d'élèves, les amis des comédiens, mais pas au-delà [25]. Ce n'est que dans l'action collective et les mouvements sociaux que le lycée

25. Tous les établissements ne sont pas dans le cas déjà favorable de Michelet. En revanche, un établissement comme le lycée du Château, privé et bourgeois, offre une véritable identification, légèrement aristocratique, aux élèves, renforcée par l'offre de très nombreux loisirs durant les week-ends et les petites vacances. Cf. chapitre 2.

paraît parfois être au centre de la communauté juvénile.

Nous avons travaillé dans des établissements si désorganisés qu'ils en paraissaient anomiques. C'est là qu'est née la protestation des lycéens de l'automne 1990 où ce thème a joué un rôle majeur, dans la mesure où il était associé à la vie difficile des nouveaux lycéens décrite dans un chapitre précédent. Il ne faut cependant pas en déduire que ces établissements sont exceptionnels et que d'autres lycées se présentent comme des organisations intégrées. Fondamentalement, un lycée français reste défini par son public, la gestion sélective des flux d'élèves et l'organisation des seules études. Au-delà, il n'a pas la capacité d'organiser la vie des élèves, de former une communauté juvénile, et il faut bien reconnaître que ce rôle éducatif n'est guère revendiqué par la plupart des acteurs du lycée. Il n'apparaît que sur les marges, dans le militantisme de quelques CEP et de quelques professeurs.

Des libertés sans droits

Aujourd'hui, les élèves définissent le lycée comme un système dans lequel « on a beaucoup de libertés, mais où on n'a pas de droits ». Cette jolie formule proposée par un élève a l'avantage d'être précise : l'expérience lycéenne est construite par la rencontre d'une organisation libérale n'exerçant pas de contrôle sur les conduites des élèves et de procédures sélectives rigoureuses et bureaucratiques dans lesquelles les élèves ont le sentiment de ne disposer d'aucun droit.

Pour employer un langage plus analytique, on pourrait dire que le lycée est une *organisation faible* laissant aux acteurs une grande liberté et une *institution fermée* excluant les élèves de la possibilité de participer aux décisions qui les touchent et concernent l'établissement. Les lycéens se sentent libres et sans pouvoir. Toutes les formules employées mettent en évidence cette dualité :

« On n'a pas assez de liberté d'expression, mais on fait ce qu'on veut » ; « Les élèves sont libres, mais il y a rien à dire et à négocier avec les profs, ils font bloc » ; « On a l'impression d'avoir beaucoup de liberté tout en étant en prison, tout en n'ayant pas le droit de faire beaucoup de choses »... Ces expressions se retrouvent dans tous les établissements et dans toutes les filières. La situation ainsi décrite concerne les « vrais » lycées comme les LP, les élèves des bonnes filières comme ceux des moins bonnes.

Au lycée, la liberté décrite par les élèves est définie comme l'absence de contrôle social externe, manifesté par des sanctions et de la réprobation, relatif aux comportements personnels. L'établissement ne pèse guère sur la tenue des élèves, sur leur circulation, sur leurs relations. Les lycéens s'habillent et se coiffent comme ils le désirent, fument s'ils le souhaitent la plupart du temps, fréquentent qui bon leur semble. Des couples se forment et se tiennent tendrement... Les looks les plus divers peuvent coexister, parfois sages, parfois provocants, ils sont toujours considérés comme relevant de la conduite privée, d'une sphère personnelle dans laquelle l'organisation scolaire ne peut s'immiscer. Comme le faisait remarquer une enseignante, on peut être choqué par les comportements des élèves, mais on ne se sent pas le droit d'intervenir à ce propos. La coupe de cheveux, les amours et les vêtements, « après tout, ça ne me regarde pas ».

Qu'on nous permette de rappeler que cette absence de contrôle social et cette reconnaissance du privé par l'institution n'ont pas toujours été la règle. Les vêtements et les blouses, les coiffures, les attitudes respectueuses, les diverses interdictions, l'absence de mixité et tout un système de punitions et de colles ont longtemps constitué la loi des lycées. Parfois, l'homogénéité du public et la connivence culturelle rendaient le contrôle léger ; parfois, il devenait plus manifeste. D'ailleurs, à la fin des années soixante, le thème de la répression et du « lycée caserne » avait un certain poids dans les revendications scolaires ;

aujourd'hui, il a presque totalement disparu, les élèves se sentent libres.

Cette liberté surprend et émerveille la plupart des élèves de seconde qui découvrent un monde beaucoup plus libéral et ouvert que le collège. Il s'agit même d'un passage émancipateur : « On est mieux au lycée qu'au collège, on a des rapports de grands à grands, y a plus de petits. » « C'est bien, cette liberté », la sociabilité s'épanouit plus largement, « c'est plus décontracté, c'est plus chaleureux ». Quelquefois, les lycéens ont l'impression de ne plus être tenus par des images de rôles. « Ce qui compte, c'est d'être au lycée plus que d'être lycéen. » La pression du groupe elle-même est moins forte et les élèves se sentent plus autonomes. « On passe d'un système de groupe à un système plus individuel, comme à la fac. » « Quand je suis arrivée en seconde, j'étais bien, parce que je respirais la liberté. » Brusquement, les élèves se sentent acceptés comme des adolescents, plus comme des enfants. « On vit bien, on est traités comme des personnes indépendantes. »

Souvent, les élèves disent qu'ils sont beaucoup plus libres au lycée que dans leur famille : « Du point de vue indépendance, on peut pas faire mieux, on a une vie personnelle, c'est plus libéral que la famille souvent. » Les parents veillent encore au grain, aux sorties, aux fréquentations. Les adultes du lycée ne se mêlent plus de ces problèmes. « Quand je passe le seuil du lycée, je sens comme une oxygénation. » Il est vrai que de nombreux lycées donnent une certaine image du bonheur. Les élèves sont détendus, n'ont l'air d'être régis par aucune discipline, ils forment des petits groupes, ne hurlent pas, ne se battent pas, les couples se retrouvent à la récréation, ils ne craignent pas les adultes et les surveillants... Contrairement à quelques représentations terrifiantes du « laxisme » généralisé, le monde lycéen est très largement autorégulé de manière harmonieuse si l'on pense à la quasi-disparition de toute surveillance disciplinaire.

Les « meutes » hurlantes déferlant dans les couloirs et

les escaliers, les parties de football violentes dans la cour, les règlements de comptes « derrière les cabinets », les agressions contre les surveillants, les brimades, tout ce qui faisait la vie des lycées traditionnels a largement disparu. Il est vrai que ce libéralisme des mœurs apparaît très ancré lorsqu'un garçon explique : « Chacun fait ce qu'il veut, c'est normal. D'ailleurs, ça me choquerait pas de voir un couple de profs se tenir par la main. »

Aux yeux des élèves, chaque lycée possède un « méchant », un membre de l'administration antipathique, rébarbatif et vieillot, quelqu'un qu'il vaut mieux éviter, un « flic », disent les lycéens. Toutefois, ce personnage un peu « folklorique » n'empêche pas les élèves d'avoir une image extrêmement peu répressive des agents de l'administration auxquels ils ont affaire, notamment des CPE. Souvent même, ils sont très populaires, car ils s'efforcent de « comprendre » les élèves, d'arranger les situations difficiles, de jouer un rôle médiateur. Le personnel est accueillant, le bureau des conseillers d'éducation est ouvert ; à Villeneuve il fait presque office de foyer où se font consoler les élèves, où ils prennent un café, racontent leur vie et leurs « petits malheurs ». Quand l'administration est proche des élèves, elle paraît bien plus chaleureuse et compréhensive que répressive. Là encore, les choses ont beaucoup changé, si l'on pense à l'image détestable des surveillants généraux traditionnellement voués à la répression et au contrôle.

Il arrive que les élèves de seconde soient déconcertés par cette liberté, par « ceux qui se rendent intéressants » par des conduites provocantes et par les enseignants qui disent à la classe : « Ceux qui veulent travailler viennent devant, au collège, c'était le contraire. » Un élève pense que cette liberté ressemble à celle d'un « parking », tant les relations sociales sont fugaces. Une enquête sur les élèves de seconde met en évidence ce phénomène[26]. Le

26. R. Chapeaux, B. Thery, *Échecs et Succès en classe de seconde des lycées : vrais problèmes et illusions,* Lille, IRAP, 1989.

sentiment de liberté se confond avec l'anxiété provoquée par la sélection, la nécessité de travailler seul, la difficulté d'apprécier les résultats. En raison de la distance des enseignants, les appréciations des professeurs sont perçues comme vides et stéréotypées. Dans les LP, les élèves ressentent aussi cette association de la liberté et de la désorganisation à travers la rudesse d'une vie juvénile plus autonome que celle du collège [27]. Les lycéens de Joffre ont une image plus atténuée du choc de cette liberté et expliquent que la « personnalité », la capacité de s'autocontrôler, devient déterminante dans ce grand passage de la classe de seconde. Sans elle, sans cette « force de caractère », les nouveaux élèves se sentent perdus.

La critique est parfois plus précise, notamment chez les nouveaux lycéens et dans les lycées surpeuplés. En effet, dans la mesure où la barrière entre le lycée et son environnement est des plus fragiles, les conduites désorganisées, voire délinquantes, atteignent l'établissement. Le lycée de Villeneuve, dans la banlieue nord de Paris, est caractéristique. Nous savons déjà que l'établissement est sale, dégradé, couvert de graffiti. La société, que les élèves décrivent comme une zone et une galère, s'immisce dans l'école. « Les tags, c'est pas un problème du lycée, c'est un problème de société, c'est l'environnement qui est comme ça. » « T'as vu où on se trouve ? » « On est dans un monde cruel et insensible, tu vois, le mec qui a tagué, c'est un mec qui a exprimé son angoisse ou bien son bonheur. » « C'est de plus en plus noir la vie, la vie est comme ça, il faut l'apprendre. »

Certains élèves du groupe pensent qu'« il y en a qui abusent, et on ne peut rien faire ». D'autres déplorent le « laxisme ». Surgissent, dans cet établissement, des appels à la discipline et à un certain ordre : « Moi, je veux bien qu'ils s'expriment, mais pas au détriment des autres et du

27. M. Gilles *et al., Les Élèves de l'enseignement technique et professionnel,* ministère de l'Éducation nationale, Paris, 1989.

bien-être » ; « C'est inadmissible, tu trouves normal, toi, tu arrives avec une demi-heure de retard, le prof te dit rien, il arrive avec une demi-heure de retard, on attend » ; « Le lycée libéral, ça veut dire que si on veut pas travailler, on travaille pas, on se fait pas virer, c'est ça la liberté. » Mais ces élèves ne sont pas prêts à sacrifier leur liberté et leur autonomie. Villeneuve n'est pas moins encadré, ni plus libéral, ni plus laxiste qu'un autre établissement, mais il est situé dans un contexte où la sociabilité juvénile est régulée de manière moins pacifique et moins parfaitement ajustée à l'école que dans la population favorisée des « bons » lycées. Ce n'est pas le lycée qui engendre cette désorganisation, il la reçoit, comme telle.

Malgré les problèmes qui peuvent apparaître, la liberté des élèves est acquise. Les réactions des lycéens de Villeneuve durant l'affaire du « foulard islamique » sont significatives à ce propos. Le foulard est perçu comme un quelconque signe individuel, comme n'importe quel look. Il ne peut être question de l'interdire, disent les élèves dont les amis sont punks, rastas, rappers, babas, cuirs... Pourquoi fermer le lycée aux filles voilées, alors que toutes les manifestations individuelles de styles et d'opinions y trouvent place ? Pourquoi refuser au voile ce qu'on accorde aux « crêtes » des punks ? Cependant, disent ces mêmes élèves, le voile pose un problème particulier lorsque « la liberté de la fille n'est pas respectée parce que son père l'oblige ».

Autrement dit, le lycée n'a pas à contrôler des choix individuels, religieux, politiques ou esthétiques, il ne peut que s'assurer de la liberté de ces choix. La seule norme collective reconnue est celle de la liberté de chacun. Il faut bien admettre que le ministère de l'Éducation nationale, de son côté aussi, propose une conception très étroite du contrôle scolaire. En tolérant le foulard dans l'établissement et en l'interdisant dans la classe, il reconnaît que le contrôle des comportements se limite à l'espace purement scolaire défini par la rencontre des élèves et d'un professeur. Sans doute ces réponses ne règlent-elles rien sur le fond, mais elles montrent à quel point ce que les élèves nomment leur liberté semble acquis.

Le lycée n'est ni favorable ni hostile aux cultures juvéniles, il les accueille comme elles sont. Tant qu'elles n'entrent pas en conflit avec la vie scolaire, le système éducatif se refuse à intervenir sur des conduites qu'il considère comme privées et que les élèves perçoivent comme individuelles et liées à leur personnalité. Dans la plupart des cas, le lycée ne propose pas d'activités culturelles, mais il ne s'oppose pas à ce que les élèves vivent leur vie. Pour bien saisir ce trait, il faut nous rappeler combien l'école a longtemps résisté à toutes les expressions de la culture juvénile, y compris dans les années soixante où les jeans, le rock et les cheveux longs faisaient partie de la vie civile, pas de la vie scolaire. La culture scolaire, celle des programmes, ne s'est guère ouverte sur la « vie », dit-on, mais l'organisation scolaire, elle, est devenue largement « civile ». Ce qui fait qu'elle paraît parfois moins laïque, parce que moins close sur elle-même.

On aurait certainement tort de ne voir dans cette ouverture et cette liberté qu'un abandon, un laxisme, un renoncement. Si l'on se place du point de vue des élèves, qui n'est pas toujours négligeable, cette liberté est aussi un mode d'éducation, indirect sans doute. Elle n'est pas toujours vécue comme de l'anomie et de la crise, elle est aussi ce qui attache au lycée Elle permet à la fois de devenir « grand », et, surtout, de devenir un « individu ». Ajoutons qu'elle est peut-être le moyen de compenser les tensions nées de la pression sélective entrée dans le lycée en même temps que la société.

« Le règlement est cool, mais on n'est pas à l'aise pour autant », parce que le lycée offre une liberté mais pas de droits. Rien n'y paraît sérieusement négociable dans le domaine de la pédagogie et de la sélection. Tout conflit avec les professeurs et l'administration semble voué à l'échec. La sélection, en particulier, est décrite comme une procédure discrétionnaire, brutale et secrète. Au conseil de classe, « tout est préparé à l'avance ». « Comment peuvent-ils nous juger en cinq minutes ? » « Les délégués de classe sont des secrétaires, les profs font bloc, un élève n'a jamais raison. » Une recherche nous apprend que les deux tiers des élèves de seconde pensent que les conseils de classe ignorent leur avis, et 45 % d'entre eux n'ont aucune opinion sur les délégués[28]. Les élèves ont souvent l'impression d'être soumis à des jugements qui ne les préservent pas de l'« erreur judiciaire », de l'incohérence. Il ne manque pas d'histoires à ce propos, celles d'élèves « enfoncés » parce que les enseignants ne les aimaient pas, celles de favoritismes, de haines tenaces, de manies de professeurs...

Qu'ils aient de bonnes ou de mauvaises raisons de croire à cet arbitraire n'importe guère, l'essentiel est que les lycéens le jugent possible parce que la décision reste largement obscure, aveugle et définitive[29]. Les élèves se sentent impuissants, car le domaine de la sélection est toujours associé à la crainte de la répression ; intervenir au conseil de classe, c'est prendre un risque, « ils nous le font payer ». Un délégué du groupe de Joffre raconte qu'il a été « lâché » par la classe et qu'il s'est retrouvé seul à porter la critique des élèves, situation pour le moins désagréable et, ajoute-t-il, « dangereuse ». « Le conseil de classe, c'est du torpillage d'élèves. » « J'ai assisté à un conseil de classe, j'ai trouvé ça horrible, on est passé à la suite les uns des autres ; enfin, ils étaient là parce qu'ils devaient le faire, mais ils réfléchissaient pas en fait. » « Ils combinent, ils parlent et, après avoir bien parlé, c'est là qu'ils nous appellent et ils nous demandent : alors vous n'avez rien à dire ? Alors on essaie de parler et puis

28. « Évaluation pédagogique des classes de seconde », *Éducation et Formation,* avril 1989.

29. Il semble d'ailleurs que l'« erreur judiciaire » existe souvent en ce domaine, cf. P. Perrenoud, « La triple fabrication de l'échec scolaire », *Psychologie française,* décembre 1989, p. 237-245.

stop ! » Ces jugements sur le conseil de classe ne sont pas l'apanage des seuls élèves. Les enseignants eux-mêmes ont parfois des opinions plus cruelles encore sur les appréciations superficielles, le climat défaitiste et désespéré sur le « niveau », la rapidité des décisions, 35 cas examinés en quarante-cinq minutes, les conflits entre collègues, le fonctionnement de chambre d'enregistrement des décisions des professeurs les plus influents... [30]. Cette description est sans doute excessive ou exceptionnelle, il n'empêche que personne ne la juge absurde ou improbable.

Si la participation des délégués, au moment de notre étude, devait être le symble et l'apprentissage de la démocratie, on pourrait craindre que les élèves ne deviennent à jamais sceptiques ou écœurés. « Les délégués c'est du vent. J'étais déléguée l'an dernier, de toute manière, ce qu'on dit ou ce qu'on dit pas, les profs s'en foutent. Ils évaluent nos capacités, ceci, cela, ça sert à rien », dit Josa à Villeneuve. « De toute manière, c'est bidon, dit Éric à Michelet, c'est pour faire démocratique. » Le sentiment le plus courant est qu'« il y a des délégués parce que c'est obligatoire dans tous les lycées, mais ça sert strictement à rien ». D'ailleurs, les élections des délégués ne passionnent pas les élèves ; fréquemment, il n'y a pas de candidats, et il faut parfois six tours pour qu'un nom émerge de la masse des non-volontaires. Le rôle de délégué est défini comme celui d'un secrétaire : il prend des notes afin de répondre aux coups de téléphone de ses camarades. On ne le laisse pas parler, disent les élèves et, de toute évidence, il est si intimidé qu'il n'ose rien dire. « On est seul face à vingt profs, ils se liguent, c'est un ouragan. » Tout semble joué d'avance et de manière expéditive : « Par exemple, en conseil de classe, les professeurs se retrouvent avant, sans les délégués, c'est là que tout se décide. Les délégués entrent et les profs leur disent : on a décidé ça et ça. Vous

30. P. Boumard, *Un conseil de classe très ordinaire,* Paris, Stock, 1978.

n'avez rien à dire, si, si, c'est pas grave, au revoir ! » dit un garçon à Joffre.

Un professeur déclare devant un groupe : « Nous ne tolérons pas que le conseil de classe devienne une espèce de tribunal accusant un professeur. Un professeur, c'est quelqu'un de fragile. » Le groupe éclate de rire, un peu amer. Il arrive aussi que les élèves soient fragiles... « De toute façon, le délégué ne peut pas parler des choses importantes pour les élèves puisqu'il lui est interdit d'évoquer les enseignants et leur pédagogie. » « On nous a dit, le conseil de classe, c'est pas pour parler des profs. » Imaginons un instant ce que serait un délégué syndical qui pourrait parler de tout, sauf des salaires, des conditions de travail et de la hiérarchie.

Cette situation est sans doute caricaturale, mais les discours sont si homogènes et si réguliers dans tous les établissements, sauf à Flaubert[31], qu'il est difficile de ne pas les entendre. Les délégués ne se sentent pas vraiment protégés par leur statut. Il vaut mieux que le délégué soit un bon élève, mais il s'entendra dire en ce cas : comment quelqu'un comme toi peut-il défendre un tel cas ? S'il est un élève médiocre, on lui fera remarquer qu'il n'est pas le mieux placé, « vu ses résultats », pour mettre en cause les décisions du conseil de classe. Karim explique que les professeurs peuvent refuser les délégués : « Moi, je me suis présenté pour être délégué, mais le prof principal qui

31. Il faut ici souligner l'exception très notable du lycée Flaubert où le conseil de classe livre ses conclusions à chaque élève, cf. chapitre 2. Si l'on en croit les élèves, cette mesure a des effets très importants. Elle brise l'anonymat et la brutalité du jugement, puisqu'il doit être énoncé à l'élève « en chair et en os ». Le conseil tient compte des effets de ses jugements. Il se doit d'être « positif », y compris dans les critiques. Les élèves prennent des engagements qui les lient plus qu'une vague décision en début de trimestre avec le professeur principal. L'idée de « magouille » faiblit puisque les professeurs peuvent donner des explications. Enfin, l'aspect un peu cérémoniel crée un rite auquel les élèves sont sensibles ; comme dans tous les rites, « on a peur mais ça se passe bien », dit Olivier.

est un prof d'anglais, elle m'a refusé... Elle m'a refusé deux fois de suite et elle m'a dit qu'elle avait le droit, pourtant les élèves ont voté pour moi malgré que je me sois pas présenté, elle m'a encore refusé. » Quant au conseil d'administration du lycée, les élèves avec lesquels nous avons travaillé n'en parlent pas, ce qui signifie au moins que ce n'est pas un niveau de décision pertinent à leurs yeux. Notons cependant qu'une enquête de Viviane Isambert-Jamati nous apprend que, si 50 % du temps de parole y est utilisé par le chef d'établissement, les délégués des élèves n'en accaparent que 2 % [32].

En ce qui concerne l'univers scolaire défini de façon étroite comme la relation d'enseignement, les élèves n'ont pas de droits, et, de toute manière, concluent les lycéens lors des rencontres avec les enseignants, il n'y a rien à négocier, ni la méthode d'enseignement, ni le rythme de travail, ni les modes de contrôle. Tout au plus peut-on obtenir le report des contrôles lorsqu'ils s'accumulent la même semaine. Dès lors, expliquent les élèves aux enseignants, vous ne devez pas nous reprocher d'être passifs « parce qu'on peut rien changer ». « On peut pas dire à un prof : votre cours est nul. Ça se fait pas. » Et pourtant, disent les lycéens, les professeurs sont moins délicats lorsqu'ils s'adressent aux élèves ou quand ils parlent d'eux au conseil de classe. Un enseignant perçu comme incompétent et nommé dans une classe de terminale sur une matière importante apparaît comme « une catastrophe », disent les membres des groupes, et « il n'y a rien à faire, l'administration, les profs, tout le monde est contre nous ».

Lors de ces conflits, disent les élèves, même quand la situation scandaleuse est connue de tous et que les enseignants laissent entendre tout le mal qu'ils pensent de l'un d'entre eux, il se crée immédiatement une opposition de blocs : « Ils sont soudés, il n'y a rien à faire. » Si le

32. Cité *in* OCDE, *Tendances nouvelles de la formation et des tâches des enseignants. L'enseignement innovateur,* 1976.

problème éclate au grand jour, « les profs sont avec l'administration contre les élèves ».

Toute la liberté d'expression qui règne dans le lycée se trouve brusquement réduite lors d'un conflit portant sur un problème pédagogique, dont on admettra, avec les élèves, qu'il peut avoir une certaine importance dans un lycée. L'absence de sanction laisse alors place aux menaces voilées de répression. Les élèves craignent toujours que les comptes ne se règlent un jour ou l'autre et, si la plupart d'entre eux ne souhaitent pas que leurs parents interviennent dans ces situations, c'est parce qu'ils ont peur de vengeances qui se bornent souvent à des remarques blessantes devant la classe. « On essaie de dire et eux, ils essaient de nous écraser, on dit un mot, et hop, on n'a même pas le temps de dire pourquoi, ils nous tombent dessus. Pourtant on n'est pas tous des merdes », dit Jocelyne, en BEP au lycée Pablo-Neruda.

Les élèves peuvent même dénoncer un véritable déni de justice : « Si un élève a des problèmes, il est viré, c'est pas normal, car ce prof [il s'agit d'un enseignant alcoolique] il peut gâcher la vie d'un élève. » D'autres histoires sont colportées ailleurs à propos d'enseignants incapables, racistes et, surtout, méprisants et injurieux. Il ne faut pas voir à travers ces récits une description du monde enseignant, mais simplement l'expression d'un sentiment d'injustice, car les élèves soumis aux jugements des enseignants ne peuvent d'aucune manière en appeler à un principe de réciprocité : « Si on se plaint, ils sont capables de se venger. » L'impression d'injustice vient de ce que les enseignants font bloc avec l'administration : « Les profs peuvent se venger ; derrière eux, ils ont l'administration » ; « Le prof a toujours raison, l'élève a toujours tort, ils se soutiennent toujours » ; « Il y a des représailles. » Et puis les élèves ont l'impression que les enjeux ne sont pas les mêmes pour les uns et pour les autres, « eux, leur vie est faite, ils nous font peur pour notre avenir ». L'idée même de conflit s'estompe alors : « Ça nous suit, il vaut mieux se taire. » Partis battus, les élèves adoptent un profil bas : « Ça changera rien, on peut rien faire, c'est une chose qui est entrée dans le cerveau, ça va rien changer, quoi qu'on dise, quoi qu'on fasse. »

Plus que la menace voilée de vengeance, c'est la logique de bloc qui semble particulièrement injuste, le fait que brutalement ce monde libéral et courtois se referme, ne discute plus, n'entende plus ce que disent les élèves, même lorsque le scandale dénoncé est connu de tous et quand les lycéens savent que les professeurs et l'administration partagent, au fond, leurs jugements. Souvent le bien-fondé de la cause des élèves n'est même pas mis en doute. Cette défense bloquée devant tout ce qui pourrait apparaître comme un conflit relatif à la pédagogie ou à la sélection paraît d'autant plus injuste que les lycéens s'exposent individuellement, alors que les enseignants jouissent, à leurs yeux, de toutes les protections.

Un dessin de Plantu, paru dans *Le Monde* et montrant des professeurs évaluateurs pointilleux refusant à leur tour d'être évalués, affiché dans bien des lycées, remporta un succès certain. Dans les groupes de Joffre et de Michelet où le souvenir du mouvement des enseignants contre « le mérite » était encore frais, les élèves émettaient des jugements cruels. L'image des enseignants n'est plus protégée par une discipline, une organisation scolaire et une tradition pouvant en faire des personnages parfois ridicules, parfois odieux, mais toujours intouchables. Avec le ton de liberté des lycées, ils sont devenus plus proches des élèves, et les refus de créer un véritable espace de négociation en paraissent alors d'autant plus inacceptables et injustes.

Face à ces blocages, les lycéens développent des contre-stratégies « négatives » de résistance et de retrait, de refus de répondre à une offre de participation qui ne semble guère crédible. Les élèves « freinent », refusent de jouer le jeu, cherchent à diminuer leur charge de travail en évoquant un excès de travail dans d'autres disciplines. Ils établissent des réputations cruelles et se vengent sur les enseignants les plus faibles avec un chahut qu'ils trouvent eux-mêmes injuste et « sadique », mais déculpabilisé car le professeur « paie pour les autres ». Ils essaient aussi de jouer des inimitiés entre les enseignants en s'appuyant sur les professeurs ou les CPE les plus ouverts pour faire entendre leurs plaintes. Parfois, les lycéens jouent de la compassion que peut inspirer leur situation sociale, le divorce semble particulièrement efficace en ce domaine. Bref, à travers tous ces jeux, les élèves se décrivent comme cyniques et volontiers manipulateurs. Dans un système de relations bloqué, tous les moyens paraissent bons, y compris, au LP, les menaces physiques, la dégradation des voitures des enseignants, parfois les agressions. Dans les LP, des professeurs tirent une certaine fierté de pouvoir ranger leur automobile devant le lycée.

La régularité de cette représentation duelle de l'expérience scolaire suggère la réalisation d'une sorte de division du travail dans les établissements. En reprenant le langage classique de la sociologie fonctionnaliste, il se réalise une espèce d'équilibre entre le monde instrumental et « dur » de la sélection, et le monde expressif et « mou » de la vie juvénile. Autant l'établissement paraît libéral dans le domaine de la vie « privée » des élèves à l'école et dans le contrôle des comportements, autant il se ferme et se verrouille dès qu'il s'agit de la sélection et de la pédagogie. Tout se passe comme si la souplesse d'un registre « compensait » la fermeté de l'autre, comme si le libéralisme des mœurs consolait de la sélection.

En fait, il s'agit des deux versants du même libéralisme, la compétition d'un côté, l'autonomie personnelle de l'autre. Les élèves de Michelet décrivent bien cet équilibre en opposant la vie agréable et détendue de l'établissement, la chaleur des relations avec les CPE, à la rigueur des mécanismes sélectifs. Les choses se passent plus mal, on l'a vu, chez les nouveaux lycéens et dans les LP. Les perdants de la compétition s'y retrouvent moins.

Ce qui peut apparaître comme un système somme toute harmonieux et intelligent ne va pas sans créer des tensions.

D'une part, dans la mesure où les acteurs vivent sur les deux registres, ils ont souvent le sentiment d'être dans un monde « hypocrite », « faux cul », disent les élèves. Par exemple, les attitudes et les discours de la vie quotidienne ne sont plus ceux du conseil de classe et de la vie scolaire. D'autre part, les élèves doivent agir sur les deux plans. Dans un cas, ils sont traités comme des adultes ; dans l'autre, comme des enfants. Ils peuvent avoir au sein de l'établissement une vie personnelle autonome et libre qui les rapproche des enseignants, alors qu'ils sont ailleurs considérés comme des mineurs, même si beaucoup d'entre eux ne le sont plus.

Adaptations

Les projets ne débordent guère le cadre de la seule scolarité, la sélection est forte, le contrôle social est faible, et la capacité de participation bloquée. Toutes ces raisons concourent à expliquer pourquoi les élèves décrivent leurs conduites en termes d'adaptation. Les élèves parlent *comme s'ils* n'étaient pas les membres d'une institution, entrés dans un processus de socialisation et d'apprentissage de rôles, mais comme s'ils étaient des individus construisant des stratégies d'adaptation à des contraintes et à des règles qu'ils n'auraient que très partiellement intériorisées. L'image de l'adaptation s'impose, car les conduites lycéennes, liées à la manière dont les acteurs définissent la situation, paraissent commandées par un double principe organisateur du discours : un principe d'*efficacité,* grâce auquel l'élève essaie d'obtenir un « rendement » optimum, et un principe de *distanciation,* par lequel il s'efforce de montrer qu'il n'est jamais dupe, qu'il ne s'engage pas réellement dans cet apprentissage. La vraie vie est toujours ailleurs. Bien sûr, cette logique d'adaptation n'affecte pas tous les élèves au même degré. Comme nous l'avons vu, les très bons élèves des « vrais » lycées peuvent être liés à un modèle plus « vocationnel », alors que les élèves des BEP faiblement qualifiés disposent de si peu de ressources que les stratégies de retrait et de conflit l'emportent sur les calculs adaptatifs. Mais, entre les deux extrémités de la courbe, dominent les descriptions des conduites en termes d'adaptation.

Si l'adaptation l'emporte aux dépens du rôle, on comprend l'extrême diversité des stratégies et des « personnalités » qui peuvent émerger des réunions et du travail des groupes, car les ressources personnelles, éducatives, psychologiques trouvent ainsi un espace de mobilisation plus active. Si les élèves parlent tant de leur personnalité, c'est peut-être moins en raison d'un pseudo-narcissisme ambiant ou adolescent qu'à cause de la nécessité d'utiliser cette personnalité, de l'obligation de se motiver imposée par la construction permanente d'une adaptation. De la même manière peut s'expliquer la très grande ambivalence des élèves à l'égard de la discipline et de l'ordre scolaires. D'un côté, les lycéens apprécient la liberté qui permet de trouver une adaptation et un ton « personnels ». De l'autre, cette liberté rend fragile, elle suppose une intériorisation des objectifs, une capacité de se « motiver ». Elle crée une angoisse : « Y a des suicides, c'est assez terrible, y a des élèves paumés... » Les lycéens ne peuvent pas choisir. Plus le lycée est hétérogène, plus les professeurs sont différents, moins les rôles sont clairs, plus le thème de la « personnalité » et des motivations prend de l'ampleur. C'est, par exemple, un discours nettement plus présent à Joffre qu'à Michelet, lycée plus homogène et plus « organisé ».

Au lycée, les savoirs scolaires sont trop complexes et abstraits pour être finalisés en *amont,* ils ne répondent pas aux questions préalables que se posent les élèves quant à l'utilité pratique, à la marche du monde ou au « sens de la vie ». Ce lien au sens utilitaire et positif de l'enseignement n'est pas perçu dans la plupart des cas. L'enseignement est donc finalisé par l'*aval,* c'est-à-dire par les évaluations auxquelles il donne lieu. Il apparaît comme un ensemble de techniques et de réponses dont les élèves ne peuvent voir à quelles questions elles renvoient. L'utilité des mathématiques ou du français se ramène à la réussite aux exercices de mathématiques et aux dissertations. Autrement dit, l'évaluation donne le sens de l'enseignement. Quand les choses vont de soi grâce à la connivence culturelle et à la proximité des habitus, cette inversion de sens ne pose pas de problème. C'est de moins en moins le cas avec les nouveaux lycéens. Dès lors, les élèves parlent plus volontiers d'eux-mêmes en termes d'adaptation et de calcul.

Les lycéens décrivent longuement les diverses stratégies d'adaptation. Il faut apprendre à anticiper sur des demandes qui ne sont pas toujours les mêmes. Il faut apprendre aussi une certaine rhétorique, une manière de se présenter à travers ses travaux, avec ce que cela suppose de connaissance des « trucs », des manières plus ou moins adroites de « masquer » ses lacunes et de plaire à l'enseignant. Il faut aussi évaluer rapidement ses performances afin de savoir dans quelle matière doivent porter les efforts. Parfois, il vaut mieux se faire « oublier ». En somme, « il faut avoir les bases, après on se débrouille, je suis là uniquement dans le but utilitaire d'avoir le bac ».

Les lycéens se livrent à une comptabilité à la fois rationnelle et un peu magique en tenant compte des coefficients, des lacunes, des « manies » des enseignants, des talents des camarades. Ils se présentent comme des acteurs mesurant sans cesse leurs investissements. Évidemment, l'adaptation comporte aussi tout un versant illégal : la « pompe », les absences judicieuses, notamment après une bonne note, quand il faut sécher l'évaluation suivante pour ne pas faire baisser la moyenne... On peut aussi recopier les devoirs, trouver le sujet déjà traité dans les annales... Rien de bien nouveau en ce domaine. Les adaptations sont une manière de composer avec des lacunes et des « allergies » perçues comme des sortes de maladies. « En seconde, j'ai eu un prof qui m'a pas plu, qui parlait que de chiffres, qui grattait tant qu'il pouvait au tableau des choses incompréhensibles. A partir de là, je suis parti bouché, on pourra plus me déboucher, maintenant c'est trop tard. » Alors il faut vivre avec, masquer ses incompétences, s'adapter, « faire semblant », copier les devoirs des camarades et surtout calculer comment le handicap peut être surmonté avec les autres matières et les divers coefficients. Souvent, ces stratégies conduisent à la rupture, à une quasi-marginalisation et à un retrait. « Je fais des petits calculs pour avoir la moyenne ; de toute manière, j'ai pas le choix, je choisis les cours et les profs en espérant que ça passera pour le bac... » Bien sûr, les professeurs des matières « handicapantes » sont détestés, car chaque enseignement exclut un peu plus l'élève : « C'est une guenon poudrée avec un remontoir dans le dos... » Il n'y a plus rien, ni relation, ni efficacité, ni intérêt.

L'adaptation inclut aussi des calculs relationnels et sociaux : être ignoré, faire un peu de « lèche », être assis à côté des bons élèves pour être mieux perçu, connaître le CPE le plus sympathique... Les élèves pensent souvent, probablement par un souci de réassurance, que, lors des épreuves de français et de philosophie, « il faut aller dans le sens du prof ». Il ne faudrait surtout pas indisposer un enseignant pour des raisons idéologiques. Les lycéens n'ont guère d'exemple à donner en ce sens, mais leur conviction est faite. On doit la considérer comme une « technique » psychologique permettant de gérer une situation d'incertitude en postulant l'existence de règles latentes auxquelles il est possible de se plier là où l'arbitraire paraît probable, où les acteurs ne peuvent guère contrôler le jeu... Il importe de construire des « lois » et des repères, fussent-ils un peu « magiques ». Comme nous l'avons vu dans le cas des élèves de G et de F, moins les lycéens maîtrisent les règles du jeu, moins ils réussissent, et plus ces représentations en termes de relations aux enseignants prennent de l'importance, au point d'effacer parfois les règles « objectives » des épreuves.

« Stratégie, stratégie, il y a que l'intérêt, on y sacrifie tout », dit Cécile, « littéraire » en terminale D. En effet, le souci d'adaptation est d'autant plus fort que les intérêts intellectuels et les intérêts de carrière ne s'accordent pas forcément. On choisit de bonnes filières, quitte à sacrifier des matières que l'on aime, ou bien encore la contrainte des coefficients pousse à négliger les efforts gratuits malgré l'intérêt de la discipline en question. Il existe parfois une telle distance entre les intérêts intellectuels et ceux de carrière que la logique de l'adaptation s'en trouve renforcée. Elle devient ainsi véritablement consciente et organisée à travers un style, celui dont Richard, à Michelet, s'était fait le porte-parole.

Au fond, les lycéens n'ont pas l'impression d'être « adéquats à eux-mêmes », ils n'adhèrent pas. Le problème vient de ce que l'on peut penser que l'apprentissage efficace suppose un minimum d'adhésion, un minimum d'intérêt, le métier d'élève n'étant pas un métier comme un autre, il faut un peu « y croire ». « C'est assez difficile pour un lycée de concilier en même temps la stratégie et la connaissance », dit Gaëlle, élève de terminale B. « La connaissance, l'enrichissement, ça demande du temps, il faut une certaine maturité, ça demande de vivre des choses, de pouvoir les encaisser, de pouvoir y penser. Au lycée, c'est pas possible... », ajoute Lucile. « La connaissance, ça peut pas aller avec le bachotage. Au lycée, on bachote... »

L'adaptation a donc un prix, une tristesse l'enveloppe, la solitude, « le mec dans son coin, il s'ennuie... le travail vide ». « Les types, ils sont là pour bosser, ils bossent. » « Le type qui fait que bachoter, au bout d'un moment, il suit plus, y a trop de décalage, je sais ça aussi, y a trop de décalage. Au lycée, il peut plus suivre, c'est trop dur. Si on est vraiment à côté de nos pompes, ça marche plus, on supporte plus, on n'y croit plus, on n'y va plus », dit Carine en terminale D. « J'aime pas ce que je fais, j'aime pas ça, mais je ne le montre pas, les profs ils le savent pas », avoue François en BEP.

Les professeurs décrivent, eux aussi, les conduites des élèves en termes d'adaptation. Dressons un bref catalogue. Les lycéens sont conformistes et ne s'intéressent pas aux idées. Ils veulent un enseignement efficace et traditionnel. Souvent, ils sont travailleurs mais ne « participent » pas. Lorsqu'ils possèdent un « esprit critique », ils ne veulent pas l'exercer en classe. Ils délaissent les matières à faible coefficient et mesurent des absences stratégiques. Ils veulent des méthodes plus que de la culture. Ils préfèrent le contrôle continu qui atténue les risques. Ils veulent réussir à tout prix... Après tout, les critiques de l'utilitarisme des élèves et de leur conformisme « scolaire » ne sont pas d'aujourd'hui. Mais, de manière plus étrange, les élèves se décrivent eux-mêmes en ces termes. Plus exactement, ils ne livrent que cette part d'eux-mêmes à l'école.

Il est vrai aussi que la logique sélective qui organise le choix des langues, des filières et des établissements, celle des consommateurs d'école, détermine très en amont l'expérience des élèves [33]. Cette image adaptative et stratégique nous est même donnée de façon extrême par le marché parallèle de la scolarité, celui des stages de rattrapages, des manuels efficaces, des établissements miraculeux, des leçons particulières... A. Prost observe justement que les parents d'élèves ne manifestent pas de demandes éducatives relatives aux valeurs et à la culture transmises aux élèves, mais des demandes de performances strictement instrumentales [34]. Tout un faisceau d'éléments permet donc de ne pas réduire les représentations des lycéens par les enseignants à la seule rétrospective et lyrique de leur propre passé de bons élèves motivés, désintéressés...

33. R. Ballion, *Les Consommateurs d'école,* Paris, Stock, 1982.
34. A. Prost, *Éloge des pédagogues,* Paris, Éd. du Seuil, 1985.

⁂

Au-delà de la diversité des situations scolaires, les élèves construisent une « réalité » qui n'est pas sans lien avec la « réalité » dégagée par les travaux sociologiques, et qui permet de comprendre comment les conduites scolaires sont définies par les acteurs eux-mêmes en termes d'adaptations individuelles. Le lycée est conçu comme la rencontre d'un système sélectif sévère et continu avec une organisation sociale faiblement intégratrice. L'expérience subjective des élèves est alors organisée selon un double principe de liberté individuelle et d'absence de droit en ce qui concerne la pédagogie et la sélection. L'alliance de ces deux principes explique le développement de logiques adaptatives et la mise en évidence d'une certaine extériorité des élèves à l'égard de leur expérience scolaire. Il apparaît déjà que l'école n'est pas, de ce point de vue, une institution transformant des valeurs communes en normes et en rôles ; elle est un marché, un système bureaucratique ne négociant pas les termes du marché et, enfin, un espace de liberté juvénile. Mais ce premier niveau d'analyse ne suffit pas à la description et à la compréhension de l'expérience scolaire.

7

L'éducation : mépris et authenticité

L'expérience scolaire ne peut être réduite à une logique d'adaptation. L'école ne « fabrique » pas seulement des acteurs qui optimisent leurs intérêts et s'adaptent à moindres frais. Cela pour une raison très simple : l'école est un lieu d'apprentissage ou se transmettent une culture scolaire et des connaissances dont on pense qu'elle ne sont jamais strictement ramenées à leur seule valeur d'« échange » sur le marché scolaire. Nous ferons l'hypothèse que ces connaissances, en frôlant l'adolescent, le transforment, ont un effet que la vieille langue pédagogique nommait « éducatif ».

Nous sommes aujourd'hui si loin des discours sur le « vrai », le « beau » et le « bien », les logiques d'adaptation sont si fortes que l'on pourrait imaginer qu'elles bornent l'expérience scolaire. Il est vrai que le lycée n'affiche plus de principe à son fronton, que le proviseur s'évite le ridicule des discours de distribution des prix où les finalités ultimes de l'enseignement étaient rappelées à tous[1]. Il faudrait aller chercher bien loin de l'établissement les manifestes éducatifs qui peuvent informer explicitement le modèle culturel scolaire. Nous sommes, à l'école, dans un monde extrêmement sécularisé, sinon laïque, dont les valeurs explicites sont tues et latentes, et ne se manifestent que lors de diverses « affaires » comme celle du foulard islamique. Cependant, c'est en se plaçant

1. Cf. V. Isambert-Jamati, *Crises de la société, Crises de l'enseignement,* Paris, PUF, 1970.

toujours du point de vue de l'expérience des élèves que cette fonction éducative *inévitable* peut être appréhendée. Mais l'influence culturelle du lycée ne se réduit certainement pas à l'action directe de l'enseignement en raison de l'importance et de l'autonomie du monde juvénile. Il reste que l'école « fabrique » un sujet défini par la référence à des valeurs et à une image de soi, de son action autonome et de ses engagements. Les « vrais » littéraires ou les « vrais » scientifiques, par leur adhésion, souvent critique, à une culture scolaire médiatrice d'une « grande » culture, pouvaient être considérés comme une des images de ce sujet. Au moment où ces modèles paraissent résiduels, il ne faut pas en déduire pour autant que le lycée est devenu « vide », qu'il se limite à la coexistence d'une compétition sélective et d'une communauté juvénile, comme si ce qui s'y enseigne n'avait pas de sens.

Parce que le projet éducatif ne s'expose plus et parce que l'école n'est pas une institution organisée autour de quelques valeurs et de quelques principes fondamentaux, parce qu'elle n'est pas un monastère mixte et laïque, la constitution d'un type de sujet social ne peut y être saisie que de manière indirecte. L'action de l'école en ce domaine s'accomplit comme involontairement, n'autorisant réellement ni l'adhésion enthousiaste et la vocation ni la révolte. C'est ce qu'indiquent bien les élèves en soulignant sans cesse leur distance ou le fait que les jeux culturels significatifs se déroulent dans les « trous » du système, ou bien encore lors de rencontres définies comme aléatoires avec des enseignants.

Cette distance même et toutes les voies indirectes de la socialisation permettent de conclure que c'est bien de la constitution d'un *individu* qu'il s'agit, c'est-à-dire d'un sujet cherchant à être sa propre référence parce qu'il n'est pleinement jamais adéquat au rôle qui lui est attribué et aux intérêts qui le définissent.

Le mépris

Le thème du mépris, omniprésent dans le discours des lycéens, ne se réduit pas à la description d'un état des relations. Il nous oblige à introduire un raisonnement proche de celui de la « théologie négative », car, s'ils ne peuvent se définir *a priori* positivement comme des sujets culturels, les élèves y parviennent négativement, en se concevant comme des sujets détruits ou niés par le mépris. L'emprise du thème du mépris signifie au moins que l'expérience scolaire ne se contracte pas dans la seule adaptation ; ratée ou réussie, celle-ci rend les élèves plus ou moins malheureux, étrangers à leur expérience. Autant que des relations sociales, le mépris caractérise l'impossibilité d'adhérer. Le sentiment de mépris se présente de la manière suivante : il y a le mépris attaché à la hiérarchie sélective, le mépris des enseignants qui « rabaissent » les élèves, puis le mépris comme expression de l'indifférence.

La hiérarchie des établissements engendre un sentiment de mépris, de honte souvent. Rappelons que les élèves de LP parlent de l'enseignement « normal » pour désigner l'enseignement général et qu'ils n'ignorent rien de la réputation attachée aux LP. Il faut dire que ces lycéens ont souvent une longue expérience du mépris scolaire en raison des procédures de sélection négative qui les ont conduits dans l'enseignement professionnel. « On a toujours été rabaissés... » Dans les zones de contacts entre plusieurs publics, ce sentiment est encore plus fort. Pensons au cas des lycéens préparant un BEP des métiers de l'imprimerie, « aristocratie » des BEP, mais qui suivent quelques enseignements dans un grand lycée technique prestigieux : ils sont, de ce fait, les élèves les plus mécontents de leur formation en raison de leur statut infâme au grand lycée[2]. Dans les établissements popu-

2. J.-C. Roques, *Les Projets des élèves de l'enseignement professionnel,* Université de Bordeaux-II, 1989.

laires, les élèves savent bien que leurs goûts et leurs loisirs, « la télé et le Top 50 », sont méprisés par la culture scolaire, ils sont même le symbole de l'anticulture et de l'« abrutissement des masses »[3]. Évoquons ici les propos constants sur les lycées « poubelles », la zone, le cas du lycée Duparc constitué à partir des sections G dont ne voulait plus un établissement prestigieux. En ce domaine, les lycéens n'échappent pas aux stigmates collectifs.

La hiérarchie des filières engendre une chaîne continue et subtile du mépris, puisque la plupart des élèves sont dans une filière inférieure dès lors qu'ils ne sont ni en S ni en C. Rappelons le cas de Fouad, élève de première G d'adaptation, issu d'un LP et découvrant le mépris alors qu'il se croyait en mobilité ascendante, il quittait le sommet d'un système pour entrer dans le bas d'un autre. Chaque établissement possède ses filières et ses classes poubelles liées à la hiérarchie propre du lycée, les F 11 à Joffre, les A 2 à Flaubert. Un enseignant décrit ces élèves comme des gens « humiliés et blessés ». « Le prof, il aime pas les A 2, il nous l'a dit tout de suite, il voulait pas nous avoir. » « Le prof de philo, il nous méprise, il nous envoie des jettes en rendant les copies », dit un élève de G. « Les A 3, on est des moins que rien, les profs nous rabaissent, on est des moins que rien. » Rapporté aux filières, le mépris ne relève pas de la nature de l'établissement, puisque les filières prestigieuses d'un lycée peuvent être méprisées ailleurs : B a du prestige au lycée des Pins, car elle ne souffre pas de la concurrence des G, alors que B a déjà un aspect « bas de gamme » dans les « bons » lycées : « Depuis que je fais B, je suis quasiment reniée », dit Gaëlle à Michelet.

Les élèves sont d'autant plus sensibles au mépris que, emportés dans un processus de sélection scolaire continue, leurs groupes de référence restent largement scolaires. Même les élèves en mobilité sociale présumée ascendante, comme beaucoup de nouveaux lycéens, se définissent

3. COFREMCA, *Monographies de deux lycées,* janvier 1989.

selon les catégories scolaires qui les invalident. L'écart entre les deux cadres de comparaison fait en effet toujours apparaître l'école comme particulièrement méprisante[4]. Celui qui monte socialement peut se sentir scolairement rejeté, d'autant qu'il n'ignore pas que sa position scolaire procède d'une sélection scolaire continue. Les lycéens se vivent comme étant d'autant plus méprisés qu'il leur arrive de se percevoir comme méprisables. « Les A 2, on est considérés comme des nuls et des fainéants, les profs de sciences nous prennent pour des nuls... Mais les C sont des grosses têtes, les math et le latin forment l'esprit. » Avec la massification scolaire et la « baisse » de niveau qui en découle aux yeux de nombreux enseignants, les lycéens sont parfois stigmatisés comme une génération de mauvais élèves ; ainsi un enseignant déclare-t-il au groupe de Michelet, un « bon lycée », que « les gosses de seconde savent juste lire ». Le groupe proteste, mais de toute évidence ces images font partie du climat ambiant, ces élèves appartiennent à la génération où « le niveau a baissé ». « La prof, elle regrette l'ancien temps, elle dit qu'on aura le bac, mais que c'est normal parce que le niveau bac a tellement baissé... On est des élèves, on a tort ; elle est un prof, elle a raison. »

La chaîne du mépris affecte d'autant plus les lycéens qu'ils l'intériorisent et la relaient. « C'est une sorte d'agression, dit une élève de A 2, il y a des C qui veulent pas s'approcher des A parce qu'ils se croient supérieurs » ; « Les S et les C, ils se voient déjà ingénieurs, ils se voient déjà en haut et ils nous voient déjà en bas » ; « Pour les S, nous [les A] on est des moins que rien. » Il arrive que les élèves aient l'impression que les filières nobles sont mieux traitées : « Il y a une discrimination, en S, ils pètent plus haut que leur cul, on s'occupe d'eux, on les soigne... Il y a un mépris pour les élèves de G, les mauvais profs, ils les envoient en G » ; « Les A 3 et les B, on s'intéresse pas à

4. C. Ungerrer, « La double vision de la sélection scolaire », *Revue française de sociologie,* 2, 1987, p. 241-263.

nous, par contre, le lycée soigne ses petites terminales C. » Mais la réaction à ce mépris engendre aussi du mépris, « peut-être justement parce que certains C les méprisent, les A vont mépriser les C en disant que ce sont de pauvres malheureux bornés », dit une élève de C. Souvent, à leur tour, les élèves de C disent leur gêne et se défendent : « C'est pas parce qu'on est bons en math qu'on peut tout faire, c'est vrai, c'est scandaleux qu'on va piquer la place des autres. »

Reste que la hiérarchie scolaire crée un climat de mépris. Lorsque l'établissement est relativement mieux intégré que les autres, que le modèle culturel scolaire y est plus fort, comme à Flaubert, ce mépris peut devenir pesant avec la présence des snobs qui cultivent le mépris au nom du double principe de leur réussite scolaire et de leur distance par rapport aux normes scolaires. Ce sont eux qui « ricanent » devant les efforts plus laborieux de leurs camarades. Le mépris est si fortement lié à la structure même du système scolaire que le lycée le plus privilégié que nous ayons étudié est celui qui en fabrique le plus.

Le mépris ne découle pas seulement d'une hiérarchie, il « informe » aussi les relations sociales et celui des enseignants est le plus constamment décrit et dénoncé. A la différence du mépris engendré par la hiérarchie dont peuvent se défendre les lycéens, il s'agit ici d'une expérience plus brutale dont la constance dans les propos des groupes nous a, il faut l'avouer, surpris. « On leur doit le respect, et ils n'en ont pas pour nous. La prof d'économie dit à un élève algérien : pourquoi tu poses cette question ? Tu resteras ouvrier toute ta vie. Elle rabaisse les élèves, elle essaie de les écrouler », dit une élève de seconde à Villeneuve. Le rapport Luppi sur les élèves de LP met en évidence les reproches des élèves contre ces enseignants qui les « rabaissent »[5].

5. J.-P. Luppi, *La Vie des lycéens dans les établissements techniques et professionnels,* ministère de l'Éducation nationale, mars 1989.

« Les profs sont assez autoritaires, ils font leur cours pour eux-mêmes, sans nous regarder, ils se moquent de nous quand on passe au tableau et qu'on se trompe. On se sent écrasés, il faudrait qu'ils passent un diplôme de pédagogie, mais ça, l'inspecteur il y peut rien », dit une fille de Villeneuve. Or, pour les élèves, la pédagogie n'est pas le fort de ces enseignants : « Écoutez, vous êtes débiles, la pédagogie, moi je m'en fous, je m'en contrefous », aurait dit un professeur aux élèves de G. « Ça fait quand même réfléchir », précisent les lycéens. Il semble que ceux qui « passent au tableau » aient moins peur de ne pas savoir que d'être ridiculisés par les enseignants, avec la plus ou moins grande complaisance de la classe. Parfois, l'agression est directe, comme le raconte une élève de Flaubert : « Pour ne parler que de la prof de math, elle est arrivée au début de l'année, elle a dit d'abord : je sais que vous n'aimez pas les math, mais ne vous inquiétez pas, moi je n'aime pas les A 2. Elle nous a dit que les A c'étaient des glandeurs, que c'était pas du tout ce qu'elle avait envie de faire, mais qu'elle était bien obligée. Quand elle nous a rendu notre premier contrôle, elle nous a dit : non seulement vous êtes antipathiques, mais en plus vous êtes nuls. » L'humour grinçant des appréciations est souvent blessant : « Quand le prof écrit " sans commentaire ", tu sais pas où te mettre » ; « Il nous prend pour des demeurés, on n'a pas de vocabulaire, on n'a rien lu. »

Des lycéens racontent aussi comment ils découvrent en quelle estime les tient un enseignant le jour de l'inspection : après avoir fait un « cours remarquable » devant l'inspecteur, « il est redevenu tout mou, il avait fait son cours pour l'inspecteur, pas pour nous... Le mépris qu'il avait pour nous ressortait ». Parfois l'aveu est plus naïf ; un des enseignants invités à Joffre déclare au groupe d'élèves : « Au début, j'enseignais en A, puis, avec l'ancienneté, j'ai été dispensé de ces classes. » Les élèves de A ont beaucoup apprécié. « Il y a des profs envers qui on a un sentiment d'infériorité totale, le prof de compta, par exemple, il va nous dire quelque chose, c'est tout juste s'il n'est pas dégoûté de nous le dire », raconte un élève de G.

Précisons que tous ces propos, extrêmement violents, sont rapportés par les élèves et que rien n'indique qu'ils furent tenus devant des classes. Mais ils suggèrent au moins que c'est ainsi que les lycéens perçoivent les choses. Exagèrent-ils ? C'est possible. Toutefois, la plupart de ces critiques ont été énoncées lors de rencontres des groupes avec des enseignants et ces derniers n'ont jamais protesté, comme si ces conduites leur paraissaient pour le moins vraisemblables en fonction de leur connaissance du milieu et des collègues.

Les agressions et les manifestations directes du mépris ne suffisent pas à expliquer l'importance de ce thème, car les élèves admettent qu'il s'agit là de conduites relativement exceptionnelles. En revanche, le rapport de mépris peut prendre des formes plus subtiles et plus profondes dans la relation pédagogique elle-même, indépendamment de toute manifestation explicite d'hostilité.

Tout tourne autour de la question « idiote », celle que l'élève n'aurait pas dû poser, parce que la « bonne » question doit surtout montrer que l'on a compris plus que l'essentiel. Alors se crée un jeu dans lequel l'enseignant demande que lui soient posées des questions qu'il ne recevra pas : « On n'a pas le droit à l'erreur, il répond : t'avais qu'à écouter ou t'avais qu'à apprendre ta leçon. » Mais, d'un autre côté, la question trop intelligente fait « bouffon », et l'élève peut se trouver méprisé par la classe. Entre ces deux risques, mieux vaut choisir le silence. Tout est résumé dans ce bref dialogue entre les élèves de Joffre et un professeur de physique :

« Si l'élève pose des questions, c'est qu'il sait très bien qu'il n'a pas compris, c'est qu'il n'a pas étudié. Alors il se dit : si je pose la question, il va s'apercevoir que je n'ai pas étudié, c'est de la paresse, dit le professeur.

— Oui, mais si on n'a pas compris, on ne sait pas toujours ce qu'on n'a pas compris et, si on n'a pas compris, on peut pas poser des questions très claires », répond l'élève.

Le sentiment de mépris procède ici d'une absence de réciprocité parce que les règles de la communication ne sont pas claires et s'apparentent, du point de vue des élèves, à une injonction paradoxale. « Ils se foutent de nous, y a le mépris de l'erreur, on n'a jamais le droit de se rattraper. »

L'absence de réciprocité concerne aussi les règles de vie commune. Dix fois, les élèves ont souligné que les retards des enseignants étaient un droit acquis, alors que ceux des élèves ne l'étaient pas. « En latin, le prof, elle a systématiquement vingt minutes de retard, elle flâne dans les couloirs et, quand on fait mine de partir, elle nous guette. » « Un jour de grève des transports où j'étais en retard, le prof m'a dit : Que ça ne se reproduise pas ! » Souvent, les élèves ont l'impression que le lycée n'est pas organisé pour eux et que les enseignants jouissent de petits privilèges : ils ont une salle de réunion, ils ne font pas la queue à la cantine et surtout, ils sont toujours protégés parce qu'ils font « bloc ». Lorsque les élèves de Joffre apprennent, par un professeur, que les enseignants touchent une prime pour assister au conseil de classe, ils sont scandalisés : « Ça fait partie de leur travail, on n'est pas prof que pour faire des cours, que pour être en classe et faire des cours, c'est un métier global, ils devraient être payés pour le global. » Parfois, les lycéens pensent que les emplois du temps sont aménagés pour les enseignants, pas pour eux, que les copies non rendues par les élèves sont sanctionnées, alors que des enseignants s'accordent des délais interminables pour corriger les contrôles. Ici, le mépris s'inscrit dans le sentiment d'absence de droit que nous avons déjà longuement décrit.

Évidemment il arrive que les élèves se vengent et reportent le mépris contre les enseignants. « Il y a une espèce de rapport d'autorité ; à la fois on obéit à l'autorité, en même temps on la méprise, c'est-à-dire on se plie à toutes les règles pour finalement avoir un mépris caché. »

Le mépris se retourne aisément : « J'obéis, mais je les emmerde. » La manifestation ostentatoire de l'indifférence et du repli semble être l'attitude la plus banale : « Le prof, on lui obéit, mais dans son dos on posera pas de questions, et dans son cours on fera autre chose » ; « Le prof nous dit : vous avez atteint un niveau d'intelligence absolument stupéfiant, alors on va pas essayer d'être intelligents pour lui faire plaisir. Elle nous méprise, alors on la méprise à notre tour, c'est un cercle vicieux. » Souvent les lycéens font courir des rumeurs et établissent ainsi des réputations infamantes. C'est la haine : « Y a des profs qu'on qualifie d'ordures. Y a certains élèves qui disent : si on croise notre prof dans la rue, on le flingue », dit un élève de Michelet. De toute façon, le climat de mépris est tellement fort que les lycéens pensent que, si toutes les stratégies de résistance et de vengeance ne sont pas légitimes, elles peuvent être, pour le moins, comprises[6].

L'indifférence est la plus importante manifestation du mépris. Dans le langage de G. Simmel, on dirait que les lycéens paraissent aliénés par « étrangeté », le mépris étant ce qui interdit de construire le sentiment de l'autonomie et de l'individualité de l'existence, « l'âme subjective et les créations de l'esprit objectif », la culture, ne se rencontrent pas[7]. Le mépris comme indifférence interdit l'identification au professeur et la mise en mouvement d'un sujet élève. « Les profs disent qu'ils viennent au lycée

6. P. Woods distingue trois grands motifs de chahut : celui qui s'oppose au « vieux débris » et met en jeu un conflit entre jeunes et vieux, celui qui met en scène le « faible » qui « paie pour les autres » et celui qui vise l'enseignant qui ne négocie rien. C'est ce dernier type de chahut qui procède d'une vengeance contre le mépris. Cf. P. Woods, « A Sociological Analysis of Disruptive Incidents », *in* N. Frude, H. Gault (éd.), *Disruptive Behavior in School,* Londres, John Wiley and Sons, 1984, p. 117-135.

7. G. Simmel, *La Tragédie de la culture,* Paris, Petite Bibliothèque Rivages, 1988.

pour gagner de l'argent, ils appartiennent à des faisceaux horaires, et sortis de là... » Le personnage visé est le professeur qui entre, fait son cours, bien ou mal, et s'en va. « Il fait son cours en regardant par la fenêtre, il connaît pas vos noms, c'est comme si on n'était pas là. » « Il y a des profs, ils détiennent le savoir et ils nous déversent le savoir. Ça s'arrête là. On est là pour apprendre, ils nous disent ce qu'ils savent et c'est tout. Ils finissent leurs cours et partent à la sonnerie, c'est tout. » Les lycéens des Pins racontent l'histoire d'un professeur qui les ignorait tant qu'il les désignait encore à Noël par la couleur de leurs vêtements : « Toi, le bleu ! toi, le rouge !... » « Alors un jour, on est tous venus habillés en bleu. »

Le mépris est perçu comme le refus de s'engager dans une relation interpersonnelle. « Ils méprisent pas les élèves, c'est plutôt je m'en fous, c'est comme s'ils avaient un masque. » « On a souvent l'impression que le prof, quand il entre dans la classe, il a un masque, je sais pas si c'est pour garder sa vie privée ou pour garder sa personne. Moi, ça me paraît souvent égoïste. Bon, il va pas s'étaler, d'accord, mais quand même... » Josa raconte l'histoire d'un enseignant auquel la classe voulait offrir un cadeau et qui a refusé. « Il faudrait une relation entre personnes humaines. » Les élèves de seconde habitués à plus de proximité et de « pédagogie » sont souvent désarçonnés par cette froideur et cet anonymat ; deux tiers d'entre eux se plaignent de n'avoir jamais parlé à un enseignant en dehors du cours et perçoivent cette distance comme une difficulté[8]. « Au collège, ils étaient plus proches, ils nous faisaient un peu de philosophie de la vie, c'était intéressant. » C'est le « prix de la liberté » payé par les nouveaux venus et le choc de l'entrée dans un système plus froid et plus objectif que ne l'était le collège. « Ils nous prennent pour des machines à écrire. » Les appréciations des

8. « L'évaluation pédagogique en classe de seconde », *Éducation et Formation,* avril 1989.

bulletins paraissent objectives et indifférentes : « Ils enfoncent, y a jamais un petit mot. »

Quelquefois, les élèves ont l'impression de ne pas exister. « En seconde, les professeurs de math et de physique montraient visiblement qu'ils ne travaillaient qu'avec trois ou quatre personnes dans la classe, ceux qu'ils estimaient pouvoir passer en C. Tous les autres n'existaient pas, ils ne nous voyaient pas. C'est comme ça, c'est vrai, cette espèce de racisme naturel. On nous aime pas, on n'aime pas. C'est général, on travaillait pour les futurs C. Quand on levait la main : excusez-moi, monsieur, je comprends pas, le professeur continuait tranquillement son cours en dépit de nos interventions », dit une fille à Joffre. « Le prof désagréable, c'est celui qui fait son cours sans faire attention aux élèves. »

Les nouveaux lycéens, ceux dont nous avons vu qu'ils attachent une grande importance à la relation avec les enseignants, sont particulièrement sensibles à cette indifférence : « Le prof de gestion, interrompu au milieu d'une phrase par l'arrivée d'un pion, quand le pion est parti, il a repris son cours exactement sur le mot où il s'était arrêté » ; « J'aimerais bien sentir un être humain derrière le prof » ; « Le prof il fait son cours, nous on écoute, y a pas de rapports. »

Le mépris par indifférence se manifeste aussi chez les « bons élèves » des « bonnes filières ». « Souvent, on n'a pas l'impression d'être des personnes, mais des objets, on est quelque chose, on prend on jette », dit Hélène, qui vient d'entrer en classe préparatoire. L'indifférence ne concerne pas nécessairement les élèves faibles, elle est perçue comme une attitude routinière par laquelle le professeur laisse entendre qu'il ne se soucie pas des personnes, qu'il fait bien son travail et qu'il n'est pas intéressé. « Il fait bien son boulot, mais c'est comme si on n'existait pas, il regarde le mur du fond... Y en a qui nous regardent même pas... Il fait son cours au lampadaire, au mur du fond, avec un pied sur la table, en regardant par la fenêtre. Dernier arrivé premier parti... », disent les élèves du groupe Michelet. Cette attitude est particulièrement blessante parce que « ça fait peut-être vingt ans que le prof voit les élèves, mais les élèves, c'est la première fois qu'ils le voient. Si le prof en a rien à foutre, pas l'élève ». Naturellement, les élèves adoptent une attitude parallèle à celle des enseignants : « Je coupe le contact, je fais des progrès en dessin. Ils sont cons, c'est même pas la peine de leur dire, ils comprendraient pas », dit un élève de première S à Flaubert.

Ces remarques suggèrent que quelques enseignants, conformément à la thèse de Francine Best, refusent d'être des objets d'identification, refusent d'être aimés et admirés par les élèves, d'être de « bons adultes »[9]. Il est vrai qu'ils peuvent chercher à éviter une épreuve qui pourrait s'avérer blessante si les élèves ne les reconnaissaient pas. Ces professeurs s'engagent dans un rapport d'indifférence comme si les relations avec des adolescents étaient trop lourdes à gérer, comme s'ils devaient s'en protéger par une neutralité qui ne peut être perçue, par les élèves, que sur le mode du mépris. Au moment où les lycéens, parce qu'ils sont des adolescents, souhaitent s'identifier à des adultes qui ne sont plus leurs parents et désirent ainsi être reconnus comme des personnes adultes, cette conception ritualiste et protectrice du métier semble particulièrement blessante. Mais il serait faux d'imaginer pour autant que les élèves souhaitent établir une relation de « copinage ». Les lycéens ne sont pas dupes : « Ce genre de prof, il se fait un bide, les élèves n'en ont rien à foutre, il se plante totalement. » « On a eu un prof qui faisait le jeu des élèves et qui jouait la carte séduction ; en fait, c'était un beauf et il aimait pas tant les élèves que ça. Ça sonne faux, et en plus il se casse... Le 15 juillet, il aura oublié nos visages », dit Cécile à Michelet.

L'indifférence des professeurs n'est pas seulement émotionnelle, elle est aussi décrite comme une attitude intel-

9. F. Best, *L'Adolescent et la Vie scolaire,* Paris, Fernand Nathan, 1979.

lectuelle, un ritualisme scolaire par lequel le professeur ne crée aucune stimulation culturelle, ne dégage aucune passion pour ce qu'il enseigne, incarne le vide du modèle culturel scolaire. « La vocation des profs, elle est quasiment nulle parce que les profs que j'ai, ils sont pas là par vocation. Peut-être qu'au début où ils étaient profs, ils avaient la vocation, maintenant, c'est fini », dit une fille de Villeneuve. En pensant que les lycéens ne peuvent s'intéresser à rien, qu'ils n'ont aucune motivation intellectuelle, en se bornant au seul programme, les professeurs « méprisent » les élèves. Ainsi, rien n'est plus désagréable que les enseignants qui sous-estiment leurs élèves et qui ont, en fait, renoncé à les intéresser. Les lycéens aiment les « bons profs » passionnés et cultivés parce qu'ils les valorisent en supposant que ces élèves peuvent faire des progrès intellectuels, peuvent s'intéresser « gratuitement » à la connaissance, parce qu'ils les jugent capables de passion.

En décrivant le mépris, les lycéens montrent qu'ils ne sont pas les purs stratèges d'une adaptation. « En creux », ils se définissent aussi comme des sujets de relations et de connaissance, ce qui les rend extrêmement sensibles au mépris, aux attitudes qui les réduisent à leurs performances et à leurs seuls intérêts de carrière. Ils voudraient être traités « comme des personnes et comme des élèves ».

Les copains et la personnalité

Les sondages l'indiquent régulièrement et les groupes de recherche le confirment : les élèves aiment le lycée. Déjà, nous avons vu que la liberté y était fort appréciée. Elle permet notamment que s'y déroule une vie amicale à laquelle les élèves attachent une importance centrale. Le groupe juvénile lui-même, par ses relations et ses discussions, construit un mode de socialisation qui ne relève pas forcément d'une emprise pédagogique directe de l'école, mais auquel les élèves sont très liés. Le groupe et la sociabilité des jeunes font totalement partie de l'expérience lycéenne.

A la différence du modèle éducatif de l'élite anglo-saxonne, la vie du groupe juvénile est considérée, la plupart du temps en France, comme extérieure à l'école elle-même. Elle ne participe guère du projet éducatif du lycée. Au contraire, elle est souvent perçue comme parasite ou dangereuse pour une école assurant ainsi une distance et une « indépendance » en regard de la « société », de ses modes et de ses injustices. Aussi se tient-elle à l'écart du lycée, dans ses marges et dans ses « trous ». Les lycéens, de leur côté, ne veulent guère confondre les genres, ce qui peut expliquer leur relative indifférence à l'environnement, à l'état des locaux, et leur faible participation aux activités sportives et culturelles offertes par les établissements. Le lycée « sympa » est défini par la nature de la coexistence du monde des jeunes et de celui de l'école proprement dite, plus que par l'intégration étroite des deux univers. De ce point de vue, tous les établissements où nous avons travaillé paraissent agréables à leurs élèves parce qu'ils laissent une grande autonomie.

Joffre, par exemple, relativement anonyme, massifié et très dégradé, n'en est pas moins jugé comme un des établissements des plus attachants par ses élèves. Malgré l'inconfort extrême, les internes semblent heureuses parce qu'elles « possèdent » le lycée et que la discipline ne leur pèse pas. Sans doute les lycéens préfèrent-ils aux ruines des établissements propres et accueillants, mais force est de constater que ce thème est loin d'être central. L'« ambiance » l'emporte sur le cadre et les revendications de confort ne sont qu'une manière indirecte de mettre en cause le climat des relations. Il importe avant tout que les lycéens puissent s'approprier l'établissement. Au LP Pablo-Neruda, par exemple, les élèves n'apprécient guère le bâtiment moderne qui leur est promis parce qu'il menace, à leurs yeux, une façon de vivre indépendante.

C'est certainement par un abus de langage que nous

avons parlé ici de « communauté juvénile ». Tous les membres des groupes de recherche le soulignent, les élèves ne forment pas une communauté. Les « vrais amis » sont souvent extérieurs à l'établissement. Il semble notamment que les amitiés solides du collège résistent aux séparations lycéennes. L'univers amical des élèves ne se limite pas aux murs du lycée. Il faut dire que le passage au lycée ne dure que trois ans et qu'il est extrêmement rare, en raison des filières et des redoublements, que les mêmes élèves soient ensemble au cours de ces années. Nous sommes loin de ces classes des anciens lycées qui pouvaient être formées pour six ou sept ans, de la sixième à la terminale. La classe reste cependant l'unité de référence, plus que l'établissement, mais elle est presque toujours formée de « clans » définis par des goûts communs et des attitudes comparables à l'égard du travail scolaire. Au-delà du petit clan, « les camarades de classe c'est pas des vrais amis, c'est des relations de travail », dit une élève de terminale à Flaubert. « Il n'y a aucune unité entre les élèves, le lycée, c'est de tout petits groupes. » « Dans le lycée, on n'a pas d'amis, on n'a que des relations. » La classe ne possède pas vraiment d'unité, il faut alors qu'un événement la soude pour qu'elle devienne une communauté [10]. Les enseignants soulignent bien cette hétérogénéité des classes ; certaines sont agréables, d'autres très conflictuelles, éclatées en une multitude de clans qui s'ignorent ou se méprisent. Jamais les élèves ne se présentent comme un groupe uni et homogène en dehors de la classe et de ses quelques « grands moments » de rire et de chahut.

Les discussions méthodiques entreprises à Michelet et à

10. Un des effets positifs de l'intervention sociologique, rapporté par les élèves, a été la formation de liens amicaux et de découvertes réciproques. Les élèves qui ont participé à l'étude ne formaient pas de groupes réels préalablement constitués. Les réseaux de sociabilité denses sont limités à quelques élèves, parfois appartenant à des classes différentes.

Joffre sur le « système » des looks choisis par les élèves montrent qu'il n'y a pas de corrélations fortes et visibles entre les styles choisis et les études menées. Les lycéens ne reconnaissent pas le style « polar » et conservateur des scientifiques ou le style « bohème » et critique des littéraires, à l'exception des élèves de Flaubert, beaucoup plus proches des traditions et des modèles anciens. En fait, disent-ils, les styles sont sociaux, ils relèvent de la fortune des familles et, plus encore, d'une myriade de choix extérieurs à la scène scolaire : les « cuirs », les néo-punks, les « babas », les « minettes » pour les filles, plus souvent encore l'absence de style symbolisée par le jean et le blouson où, là, c'est le seul prix qui fait la différence. Le lycée est un espace « civil » ne créant pas de culture juvénile propre, et les élèves tiennent à marquer le fait que leurs goûts sont indépendants de l'école. Pour utiliser une formule rapide, la sociabilité juvénile n'est pas construite par le lycée, mais elle se déroule au lycée et à côté.

La vie juvénile se niche dans les larges mailles du lycée. Les établissements de centre-ville jouissent du privilège considérable d'être entourés de cafés ou de milk-bars faisant office de foyers socioculturels, de salles d'études, de cafés intellectuels, de salles d'attente, de rendez-vous amoureux... Ils accueillent ce qui constitue l'espace public des lycéens, et les élèves ne manquent jamais de souligner leur importance, d'autant plus qu'ils sont tellement entrés dans les mœurs que les administrations des établissements reconnaissent volontiers l'utilité des bistrots voisins. L'image un peu sulfureuse des lieux de perdition est absente ou faible.

Comme le dit joliment une fille, l'essentiel de l'activité est consacré à l'« *art de la conversation* ». Les lycéens ne font rien, ils parlent et se trouvent bien incapables de dire précisément de quoi : de la classe, des professeurs, des autres élèves, des amours, des cours, de la politique, du football, de la musique, du cinéma... Le café est aussi un lieu de représentation sociale où le look s'affiche avec plus de fermeté et l'on voit encore subsister les marques extérieures d'un style « intellectuel » : air absent, lecture absorbée dans un brouhaha insensé... Évidemment, si quelques professeurs fréquentent les mêmes cafés, leur nature « culturelle » en est plus fortement marquée, car chacun d'eux possède son style. Ainsi, les milk-bars autour de Joffre reçoivent des clientèles spécifiques, celle des « frimeurs », des « bûcheurs » et des « intellos ». Comme l'observe O. Galland, cet art de la conversation occupe l'essentiel du temps sans que les jeunes puissent en définir une finalité précise [11]. Mais, justement, c'est ce qui en fait un temps « culturel », parce qu'il est libre et qu'il n'est plus dominé par les contraintes de l'évaluation et de l'adaptation.

Il ressort des discussions avec les groupes de lycéens que leur sociabilité n'est pas oppositionnelle ; elle ne se développe pas contre le lycée, mais à côté, y compris dans le cas des LP, où l'« indiscipline » observée relève plus d'une indifférence et d'une autonomie que d'une culture d'opposition à l'école. Dans les autres lycées, les élèves adoptent un style « cool » et indifférent, probablement parce que l'espace de liberté leur semble suffisamment assuré. Dans la plupart des cas, le style de comportement correspond à la culture « fun » décrite par J. S. Coleman dans les années soixante aux États-Unis [12]. Elle privilégie les aspects expressifs et émotionnels des relations, le refus de se définir sur des critères scolaires, elle organise un petit monde non adulte et non scolaire.

Il est difficile de saisir les principes culturels et sociaux qui organisent la vie juvénile des lycéens. En raison de l'hétérogénéité des publics certainement, les pistes et les filiations se brouillent, car les catégories sociale ne recouvrent pas exactement les catégories scolaires, les parcours

11. O. Galland, « Quelle sociabilité pour les jeunes ? », *Échange et projets,* 57, 1989, p. 17-24.

12. J. S. Coleman, *The Adolescent Society,* New York, The Free Press, 1968.

de mobilité divergent aussi et dans la population des bons et des nouveaux lycéens, les « peuples lycéens » se fragmentent sans cesse. Les enquêtes relatives à l'univers culturel des élèves indiquent que, si l'on exclut les deux extrêmes sociaux, ceux des « vrais » lycées et ceux des LP défavorisés, les corrélations entre les goûts et les positions faiblissent. Il se forme un univers de masse sans unité réelle [13].

Toutefois, cette explication ne suffit pas, car les élèves semblent guidés par le souci de construire des relations interpersonnelles beaucoup plus que par celui de s'identifier à des « tribus » et à des styles marqués. Il existe une volonté de se désaffilier afin d'apparaître comme un individu. Les lycéens se démarquent des critères sociaux et objectifs qui pourraient organiser leur espace privé, ce qui ne signifie évidemment pas que ces mécanismes ne les déterminent pas en fait. Mais les lycéens veulent faire « comme s'ils étaient » de purs individus sans position sociale et sans passé. Ils désirent ne s'inscrire que dans des relations interpersonnelles et mettent toujours à distance les divers critères sociaux et scolaires. Les élèves n'ont pas de mots assez durs pour « ceux qui s'y croient », pour « ceux qui croient qu'ils le sont » ; c'est-à-dire les bons élèves qui se croient « géniaux », les snobs, les riches qui s'affichent, ceux qui s'exposent, qui mobilisent leur statut scolaire ou leur statut social et « faussent » ainsi la recherche d'une relation « pure » entre individus.

Cette logique adoucit considérablement les relations en valorisant une mouvance intersubjective. Elle crée aussi un certain humour, un détachement permettant de mettre en lumière sa propre subjectivité. Le monde juvénile et adolescent des lycéens veut créer des individus et très rares sont les élèves qui affirment de fortes identifications à une « tribu » quelconque. Certains d'entre eux ont l'air de personnages héroïques et admirés tant ils ont réussi, par

13. R. Boyer, M. Dellaux, A. Bounoure, *Les Univers culturels des lycéens et des enseignants,* Paris, INRP, 3, 1986.

leur look notamment, à mettre en scène cette subjectivité personnelle, comme cette fille portant sans ostentation apparente une coiffure rouge vif.

La recherche d'individualité imprègne très fortement le style des relations entre les sexes. L'entrée au lycée marque le déclin des tensions et des chamailleries entre les filles et les garçons qui dominent la vie au collège[14]. Le lycée mixte, ce n'est pas le cas de nombreux LP encore très largement masculins, apparaît comme un monde sexuellement pacifié, installé dans un climat androgyne plus que dans la séparation et la compétition sexuelles[15]. La mixité va de soi, elle crée une « meilleure ambiance », disent les élèves, « c'est plus détendu ». Les filles du lycée Duparc expliquent bien cette pacification en comparant les diverses classes. La mixité atténue, disent-elles, les traits négatifs des sociétés de filles, « les cancans, les jalousies, l'hypocrisie », et ceux des sociétés de garçons, « la violence, la vantardise... » Il se constitue, notamment après la classe de seconde, un monde « intermédiaire » où chaque sexe exerce une action « civilisatrice » sur l'autre. La montée des filles au lycée, leurs performances scolaires meilleures que celles des garçons créent un climat « féminin », « cool », détendu où les conflits sont évités[16]. Dans les groupes de recherche, les filles ont souvent été plus actives, plus critiques aussi que les garçons. Rien ne suggère un rapport de domination marqué ; les élèves n'évoquent jamais l'image d'une sociabilité construite sur une opposition et une séparation des sexes : on ne dit pas « vous les filles, vous les garçons ». La mixité, avec ce qu'elle peut éventuellement entraîner comme valorisation de l'indétermination sexuelle, est si totalement installée

14. D. Paty, *Douze Collèges en France,* Paris, La Documentation française, 1981.

15. N. Mosconi, *La Mixité dans l'enseignement secondaire : un faux-semblant,* Paris, PUF, 1981.

16. Sur la « montée » des filles, cf. R. Establet, *L'École est-elle rentable ?,* Paris, PUF, 1987.

dans les représentations que les professeurs ne sont guère définis sexuellement. A propos du portrait du professeur idéal, le sexe est absent dans 80 % des cas[17]. Le seul thème inégalitaire évoqué une fois à Michelet concerne le faible nombre de filles en section C, alors qu'elles sont aussi bonnes, voire meilleures que les garçons.

« La mixité, ça équilibre, mais les petits copains on les prend pas dans la classe, je pense qu'une fille, ça aime pas être totalement compressé. » Il vaut mieux, disent les lycéens, séparer les genres ; la vie privée ne doit pas se mêler à celle de la classe. Le souci de l'autonomie individuelle se manifeste dans le passage de la drague au couple au cours de l'expérience lycéenne. La drague, comme multiplication des flirts, relève d'une compétition dans laquelle les filles et les garçons assoient leur prestige, aux yeux de leur propre groupe sexuel, en établissant la démonstration de leurs capacités de séduction. Le partenaire compte moins que la valeur de l'exploit, rendu public, de la séduction. C'est ce que décrit T. Parsons dans l'univers des teenagers américains[18]. Il s'agit avant tout d'établir une réputation dans son propre groupe sur le double mode d'une rivalité sexuelle et d'une nette séparation des filles et des garçons. « La drague, c'est qu'un jeu, ça perd tout caractère sentimental. Entre filles, on monte un stratagème, c'est une occupation, on en parle. On drague d'abord pour se prouver qu'on plaît », dit Hélène. Tous les élèves expliquent que la drague est une activité de collégiens, qu'elle décline en seconde et qu'elle ne procure plus de prestige. « En seconde, les garçons sont trop jeunes, ils sont pas aptes à répondre aux filles. » Le dragueur, dit-on à Michelet, est considéré comme un « salaud » et surtout comme un personnage ridicule.

17. N. Mosconi, *op. cit.*

18. T. Parsons, « Âge et sexe dans la société américaine », in *Éléments pour une sociologie de l'action,* Paris, Plon, 1955, p. 109-128.

Au lycée, il semble que la norme visée soit celle du couple et de l'amour romantique. « Ce qui compte, c'est le rapport d'honnêteté par rapport à l'image qu'on donne aux gens de ce qu'on est », dit Cécile. « On a tous envie de vivre des choses solides et durables », ajoute Richard. « Les vieux couples du lycée, on les envie, on les admire. » Quelles que soient les illusions nécessaires à l'amour romantique, le fait est que la norme de relation vise l'autre et la construction d'une relation entre deux personnes dégagée des identifications collectives et de la compétition du groupe. Les filles, en particulier, défendent cette image d'une relation stable, aussi trouvent-elles que le milieu scolaire est « trop superficiel », trop « puéril ». Il semble que ce soient elles qui imposent les modèles en ce domaine où la constitution d'une relation entre deux individus, la recherche d'un couple, l'emporte sur les jeux de la drague[19]. En réalité, l'obstacle au couple est constitué par les intérêts stratégiques, selon le vieux modèle de la lutte des « passions » et des « intérêts ». Pour la plupart des élèves, il ne faudrait pas que la « passion » affecte trop la scolarité. Les partenaires sont alors choisis, la plupart du temps, hors de la classe et du lycée afin de préserver les « passions » comme les « intérêts ».

Le modèle et l'utopie d'un univers régi par les seules relations des individus sont confortés par la liberté scolaire, mais aussi par les attitudes des familles à cet égard, par la manière dont les lycéens les décrivent et en proposent une sorte de norme. Nous avons demandé au groupe de Flaubert s'il existait des actes, des gestes, des sortes de rites qui, à leurs yeux, signifiaient qu'ils cessent d'être des enfants et qu'ils entrent, pour eux et pour les autres, dans le monde des jeunes adultes, sinon dans celui des adultes. Ces lycéens, dont il faut rappeler la condition sociale privilégiée, n'ont proposé aucun signe clair : ni le bac, ni le vote, ni les vacances indépendantes de la famille,

19. Cf. C. Tapia, *Jeunesse 86, au-delà du sexe. Psychosociologie de la vie affective de la jeunesse,* Paris, L'Harmattan, 1987.

ni l'ouverture d'un compte en banque, ni même la sexualité ne sont considérés comme l'équivalent d'un rite.

En fait, disent-ils, l'éloignement de l'enfance se « négocie avec les parents ». Il se présente comme une succession d'étapes infimes dont la signification est reconnue par les deux parties. Ce n'est pas que la famille soit « incertaine », mais elle propose des relations négociables, ménageant les intérêts affectifs et matériels de ses membres. Comme l'écrit L. Roussel : « On n'est plus dans un monde d'institutions, mais dans un monde de pactes[20]. » Le pacte associe l'économie des sentiments et celle des performances. Les parents accorderaient ainsi la plus grande autonomie personnelle, quant à l'organisation de la vie personnelle, aux choix des loisirs et des camarades, dès lors que leurs enfants assureraient un niveau de performance scolaire élevé. La famille maintient son équilibre par la cohésion émotionnelle, par la reconnaissance de l'autonomie des adolescents et la recherche de la plus grande efficacité scolaire.

Si l'on en croit les élèves de Joffre et de Michelet, la présence des « petits amis » à la maison pose moins de problèmes que la chute des résultats scolaires. Hélène, comme beaucoup de ses camarades, décrit les relations détendues et amicales, « sympa », qu'elle entretient avec ses parents, mais elle souligne que les tensions viennent uniquement de la vie scolaire, car il faut que les loisirs soient « intelligents », les orientations bien choisies et les performances assurées. Le contrôle familial est presque toujours à finalité scolaire : vacances en Angleterre, rencontres utiles, influence sur les lectures pour les familles qui le peuvent... Comme le dit Gaëlle, « les parents sont très libéraux, sauf pour l'école, mais pour le reste ils ont une confiance absolue ».

D'après ces descriptions, les parents veulent des enfants

20. L. Roussel, *La Famille incertaine,* Paris, Odile Jacob, 1989 Cf. aussi F. de Singly, *Fortunes et Infortunes de la femme mariée,* Paris, PUF, 1987 ; « L'homme dual », *Le Débat,* 61, 1990, p. 138-151.

performants et « bien dans leur peau ». L'épanouissement personnel contribue à l'efficacité scolaire et confère à la vie familiale un aspect ludique et « décontracté », celui des loisirs partagés. Beaucoup de lycéens possèdent une autonomie importante, notamment grâce aux « petits boulots » de vacances, à la facilité de voyager. Réelle ou non, cette représentation est une norme. Richard est soumis à un contrôle traditionnel, il passe encore ses vacances en famille, se sent très marginal dans le groupe de Michelet. Il est en guerre contre ses parents, en parle de manière hostile et souhaite partir dès le bac en poche ; comme sa sœur, il poursuivra ses études le plus loin possible de sa famille. Quel que soit le nombre des lycéens dans la situation de Richard, il reste que cette éducation est vécue par le groupe comme anormale et scandaleuse et que l'alliance de la performance et de l'autonomie personnelle apparaît comme l'idéal des relations familiales.

La vie personnelle est plus nettement régulée par des négociations affectives que par des affirmations normatives. Éric explique que sa mère, divorcée, a une vie personnelle qui ne le « regarde pas », comme sa vie personnelle, à lui, lui appartient : « C'est à cette condition qu'on a de bonnes relations... Je discute de tout avec ma mère, sauf de nos vies privées respectives. » Anne, à Flaubert, raconte que sa mère a pleuré quand elle s'est aperçue que son frère avait passé la nuit avec sa petite amie. Mais le chagrin de la mère ne venait pas de ce que le frère s'était mal conduit ou avait trahi une confiance, il tenait, dit Anne, à ce que sa mère comprenait ainsi qu'elle avait vieilli. Pour la mère, la sexualité du fils fait office de rite de passage, sans être pour autant un geste de transgression pour le fils. C'est en tout cas de cette manière qu'Anne raconte et interprète la scène.

Au fond, c'est la même dualité que l'on retrouve dans la famille et au lycée. Les deux organisations sont dures et fermées dans l'ordre des performances, ouvertes et sans contrôle dans celui d'une vie juvénile conçue comme un domaine privé. Tout le talent de ces élèves consiste à gérer les deux logiques. De même qu'au lycée ils doivent allier performance et vie amicale autonome, en famille ils doivent associer performance et vie personnelle. Les parents interviennent dans les choix scolaires, mais pas dans les choix affectifs, ce qui renforce le caractère instrumental des études d'une part, l'investissement dans la vie personnelle de l'autre. Lorsque les choses se passent bien, la vie familiale est décrite comme idyllique, car elle repose sur des bénéfices émotionnels associés aux loisirs ; à l'école sont réservées les choses plus désagréables. Mais, quand l'équilibre est menacé, les élèves se sentent soumis à un « chantage affectif », ils ne méritent plus l'amour reçu et brisent les termes de l'échange. Ce « système » engendre nécessairement un sentiment diffus de culpabilité, l'adolescent craint de ne pas rembourser la dette émotionnelle qui le lie à sa famille. Les lycéens craignent moins d'être « engueulés » par leurs parents que de leur faire de la peine. Bien sûr, plus le niveau social de la famille est élevé, plus les attentes sont fortes et plus la liberté consentie est grande, mais plus la culpabilité latente est présente.

Cette logique éducative privilégie le thème de la personnalité aux dépens du rôle et du conformisme. Elle contribue à considérer l'expérience scolaire comme un processus d'individuation subjective. Ainsi définie, la personnalité apparaît comme la capacité personnelle de lier une vie individuelle, autonome et expressive, à une performance qui ne trahisse pas les espoirs des familles.

L'authenticité

Entre la sélection et l'autonomie personnelle, entre le mépris et la vie amicale, il se constitue un modèle éducatif dans lequel la culture scolaire est médiatisée par l'« espace public » des élèves visant la réalisation d'une « authenticité ». Dans la mesure où la situation scolaire est définie par les acteurs comme une série de dualismes, les lycéens s'attachent à un principe d'unité subjective qui ne leur est pas accordé par l'adhésion à un rôle. C'est en cela que l'authenticité fait pendant aux stratégies et aux calculs, et qu'elle apparaît comme le versant éducatif de l'expérience scolaire.

Les relations avec les enseignants sont définies comme autant de rencontres personnelles et aléatoires. Si le thème du mépris peut être conçu comme la manière dont les élèves perçoivent le refus de cette rencontre, il reste que tous les groupes de lycéens parlent des « bons profs », accueillants, compétents, respectueux. Sans doute, la définition de cet enseignant varie sensiblement selon les divers publics scolaires, mais ce personnage existe aux yeux des élèves. Toutefois, le portrait du « prof qui s'intéresse aux élèves » est malheureusement plus sommaire que celui du mauvais enseignant. La manière la plus sage de le concevoir est d'en faire l'inverse du « prof méprisant » : il doit associer les vertus de justice, de chaleur, de compétence ; il doit, disent les élèves, comprendre que « son métier, c'est de faire apprendre ». La rareté des discours à ce propos ne signifie pas que le « bon prof » est rare, mais simplement qu'il va de soi ; autant les élèves sont prolixes pour décrire le mépris, autant le portrait du « bon prof » reste évasif, associant les vertus cardinales de l'enseignant, l'efficacité, la capacité de susciter l'intérêt et de s'intéresser aux élèves.

Cependant, même dans les cas où l'enseignant est défini comme « extraordinaire », la grande masse des élèves manifeste un refus d'adhésion. Les lycéens veulent se protéger de l'influence *directe* des enseignants. Un professeur nous parlait de « la terre brûlée idéologique » et du repli des élèves face aux « grands débats » qui peuvent émerger des enseignements de l'histoire, du français, des sciences économiques et sociales, de la philosophie... Les groupes tracent un portrait au vitriol du professeur engagé et propagandiste : idées fixes, injustice, mépris, bêtise... « Il ne discute pas, il est obsédé, il a toujours raison, c'est des fausses discussions, il gagne toujours. » Comme le note A. Prost, les élèves réagissent comme si leur identité était menacée[21]. Lorsque le professeur est adroit et sympathique, la méfiance subsiste : « Quand elle parle de son sujet, il y a un grand silence dans la classe, on pourrait presque dire : c'est la vérité, ce qu'elle dit. On finirait par la croire, heureusement que les copains sont là. » Superbe formule, qui fait ressortir que le professeur, pour remarquable qu'il soit, ne doit pas être en mesure de susciter l'adhésion.

Mais, explique Priscilla, ce bon professeur joue un rôle éducatif, justement parce qu'il oblige à se déprendre du charme : « Il y a une certaine satisfaction à se dire : je me détache un peu des opinions reçues. Ça fait dix-sept ans que je suis là, dix-sept ans que je pense la même chose, il y a une certaine satisfaction à se dire qu'on forge sa propre personnalité, qu'on peut discuter... » Ainsi, les élèves se placent un peu « à côté » d'une adhésion possible : « Au point de vue de la maturité, le savoir, ça nous apporte pas vraiment quelque chose, il faut s'écarter. » Parfois, les lycéens décrivent ce petit pas d'écart et admettent que « c'est frustrant pour un prof de voir des gens qui ont déjà leurs idées, c'est vraiment déconcertant ». « Mais le prof qui permet ça, il a vachement bien réussi. » Les lycéens évoquent ainsi le jeu qui vise à construire cette distance, en « piégeant le prof » par des questions déconcertantes et « vicieuses », en recueillant une information préalable, en affectant le désintérêt...

Le refus de l'adhésion est vivement ressenti par les enseignants. « Il faut vraiment faire un effort pour imposer certaines formes de débat ou de discussion », dit un professeur de philosophie. « C'est vrai, répondent les élèves, il n'y a pas de discussion, on ne réagit pas assez, il n'y a que le prof qui réagit. » Cette attitude est parfois pénible et blessante quand les enseignants font un effort

21. A. Prost, *Les Lycéens et leurs études au seuil du XXIe siècle*, Paris, ministère de l'Éducation nationale, 1983.

particulier. Dans un des lycées où nous avons travaillé, une équipe pédagogique avait dégagé quatre heures mensuelles afin de permettre une discussion ouverte entre les élèves d'une classe et les enseignants. Mais, conclut le professeur qui rapporte cette expérience dans une revue, ils ne perçoivent pas les efforts des professeurs : « Tout va bien, disent les élèves, les profs sont bons, les relations avec eux sont satisfaisantes... Les profs n'en croyaient pas leurs oreilles, évidemment. Le seul homme de l'équipe exprime notre étonnement en soulignant à quel point chaque heure de cours était pour nous une épreuve de force. Réponse des élèves : bien sûr les professeurs crient de temps en temps, c'est normal... Ils n'ont pas voulu entendre parler de nos difficultés de travail avec eux[22]. »

L'attitude de non-adhésion excède le seul enseignement et se manifeste aussi à l'égard des engagements politiques. Contrairement à quelques clichés, les élèves avec lesquels nous avons travaillé ne sont pas politiquement indifférents, mais des acteurs bien informés, disposant des moyens de s'engager. Cependant, ils refusent l'engagement et rejettent avec force le militantisme des extrêmes qui brise la sociabilité juvénile et pose le masque de la langue de bois sur les relations interpersonnelles. « On est contre les extrémistes qui crient sur les toits. » Ils désignent presque toujours des sympathisants du Parti communiste et du Front national. Il se crée un climat « soft » dans lequel les identifications politiques ne doivent pas altérer les relations interpersonnelles. Conformément aux observations d'Annick Percheron, les élèves s'offrent un « moratoire politique » avec le droit de n'avoir pas d'opinion et de changer d'avis[23]. Les petits groupes d'affinités ne veulent pas être menacés par un engagement si net qu'il briserait une recherche d'authenti-

22. Afin de préserver l'anonymat des établissements, nous ne donnerons pas la référence de ce texte.

23. A. Percheron, « Se faire entendre », *in* H. Mendras, *La Sagesse et le Désordre,* Paris, Gallimard, 1980, p. 129-165.

cité. Les lycéens se présentent comme des spectateurs et des voyeurs, et nous verrons que cette posture n'est pas contradictoire avec les mobilisations qui explosent régulièrement dans le monde lycéen.

Les lycéens ne sont pas indifférents au rôle éducatif de la culture scolaire et à l'effort des enseignants pour les intéresser, les motiver. Mais le système dans lequel ils se trouvent est si fortement clivé que cette dimension de l'expérience scolaire, celle qui échappe à la stratégie, est médiatisée par la communauté juvénile, qui fonctionne alors comme un espace public. Elle incorpore et traite cette culture afin de lui donner un sens subjectif. Dans les groupes, l'adhésion est vécue comme un avilissement, une pauvreté psychologique et, dans la plupart des cas, le *bonheur* du lycée réside dans cet « art de la conversation » entre amis.

C'est là, à distance des parents et des enseignants, que « se forme le véritable caractère ». « La vie commence là, j'ai vraiment l'impression qu'elle commence là et pas après », dit un garçon à Joffre. « La glande, se balader, discuter... » forment le véritable privilège vécu par les lycéens dans ce monde « à côté » qui n'est pas un monde « contre » celui des parents et des professeurs, mais un monde qui en reprend les problèmes et permet de se les approprier. On est au plus loin de l'idée de conflit des générations. Les débats et les discussions que les élèves ne veulent pas accorder aux enseignants qui les en prient, se développent là, comme dans les groupes de recherche, dans des rapports dépourvus des calculs et des stratégies qui commandent l'expérience scolaire proprement dite. Aussi n'est-il pas étonnant que la popularité des établissements et l'attachement des élèves aux lycées tiennent à tous les « trous » offerts par l'organisation et que les enseignants aient souvent le sentiment d'être aux marges d'un monde qui leur est à jamais fermé. « L'opinion objective, c'est nous qui la faisons, dit Gaëlle, d'ailleurs, quand l'enseignement est objectif, histoire-géo, t'es obligé de dire oui, alors tu te méfies. » « Mais, ça pose des questions, alors on en parle et, du point de vue de la maturité, ça nous apporte forcément quelque chose. »

Il est vrai que dans les discussions, disent les élèves, interviennent d'autres sources d'information que le cours, la télé, la presse et, si le professeur a le monopole de la sélection, il n'a plus celui du savoir intelligent. « Avec les parents et les profs, on est en infériorité, alors que là, on est avec l'adversaire qui est à son niveau, qui a le même cours que nous. Ça peut devenir des débats d'idées. » Gaëlle ajoute : « Les intellectuels au lycée, dans le fond, c'est les élèves. » Du point de vue des élèves, le bon lycée est donc celui qui autorise cette distance, « y a pas de style, on est tous hyper-différents ». Les lycéens manifestent alors une véritable tendresse à l'égard d'établissements souvent tristes et dégradés, mais qui offrent ces « niches », ce quant-à-soi perçu comme l'espace de l'éducation alimenté par les cours mais extérieur à eux. Comme le dit un élève de Michelet, « il faut que le lycée soit un support, pas une direction ».

Cette expérience-là, proprement subjective et personnelle, se heurte à toute la dimension instrumentale et stratégique de l'action sociale des élèves. Aussi ne va-t-elle pas sans critique de l'utilitarisme. Cécile s'exprime de manière un peu dramatique : « Moi je fatigue, je sèche en ce moment parce que ça me fait chier. Il faut se pointer tous les matins à 8 heures, midi, 2 heures, 5 heures, prendre ses cours, aller chez papa-maman, le samedi soir aller au cinéma, quelque chose comme ça... On a envie de gueuler, ça sert à rien, les autres bougent pas et on te sacquera... Ça fait trois ans que je suis ici, j'en ai ma claque, je suis pas du bétail, j'en ai marre. » Il y a la peur de l'avenir : « On est tous angoissés, beaucoup plus à la limite, on vit pas pépères, c'est pas vrai », dit Hélène. Et puis la stratégie est égoïste : « C'est pas l'administration qui nous pose des problèmes, c'est nous, entre nous », ajoute Olivier. Les objectifs et les projets sont si lointains, explique Richard, qu'« on se sent mal quand on voit ce qu'on fait là ». « Tu peux être balèze en math, très clair en physique, pour ta vie, ça te sert à rien... On manque d'air, on n'est pas toujours motivés pour jouer ce jeu », ajoute Cécile.

Il arrive même qu'un élève passionné par la littérature, comme Lionel, refuse de mêler ce goût à l'enseignement du français ; les enseignants ignorent ses lectures et la revue qu'il anime. Il ne faut pas confondre le plaisir et l'intérêt. Stéphane, au LP Brassens, a lu Freud — tout indique qu'il l'a fait — parce qu'un professeur en a un jour parlé, mais il ne l'a jamais dit à l'enseignant, de même qu'il est un lecteur passionné d'Asimov. L'enseignant peut ignorer tout de cette sphère intime qu'il contribue cependant à former. Il se crée alors un sentiment d'extériorité, une sorte de masque, comme celui que l'on reproche aux enseignants de porter. « Quand on me dit que c'est moi, je le crois pas, sauf pour ma carrière. » « On est obligés de ressentir ça pour Baudelaire, on est obligés de dire certaines choses, mais pas des choses qu'on ressent, on est une foule d'individus qui perdent leur personnalité. » « Il faut choisir entre le travail intéressant et l'exercice qui permet d'avoir un diplôme, c'est anti-intellectuel », explique Thomas. C'est justement parce qu'ils s'intéressent que ces élèves en ont assez de jouer : « Je veux travailler pour moi, pas pour l'école, j'aimerais me connaître pour savoir ce que je veux faire. » Ce sentiment de vacuité n'est pas le privilège des « bons » élèves des « bons » lycées : si la compétition est moins vive ailleurs, l'angoisse de l'avenir est plus grande et l'importance accordée à la relation aux professeurs et à la motivation suffit à montrer que la tension existe partout. « Ça paie plus, on est fatigués. »

Dans la mesure où l'activité instrumentale et stratégique n'engage pas totalement l'acteur et où la vie juvénile offre un espace plus expressif, dans la mesure aussi où l'expérience lycéenne se présente comme une série de dualités, l'enjeu éducatif défini par les élèves est la recherche, illusoire sans doute, d'une *authenticité*. Les lycéens sont proches du Jean-Jacques Rousseau lu par J. Starobinski. Ce sont des acteurs soucieux de lever les masques et les apparences afin de dire comme Jean-Jacques : « Je devins tel que je parus[24]. » Il faut être « honnête par rapport à soi », refuser les adhésions, les identifications à des rôles qui apparaissent comme autant de masques. La véritable vertu consiste à être soi-même et si les idéologies perçues comme telles sont si fortement rejetées, c'est parce qu'elles sont « inauthentiques ».

Quand ils rencontrent les enseignants ou d'autres interlocuteurs, les élèves cherchent toujours « la personne derrière le rôle ». Au lieu d'enfermer l'invité dans son statut et de percevoir ce qu'il dit comme une ruse et un jeu, ils cherchent à le dépouiller de son statut, à le faire parler « comme une personne humaine ». Cela conduit parfois à une certaine naïveté quand les déclarations d'intentions ont plus d'importance que les pratiques. Tout se passe comme si chacun menait une double vie ne pouvant se souder que dans l'authenticité subjective, c'est-à-dire l'émotion. « Toute ma vie, c'est des liens affectifs... Des amitiés comme ça, on n'en trouvera jamais d'aussi franches, d'aussi dénuées d'intérêts... De savoir que je vais perdre tout ça après le lycée... » Aussi les goûts musicaux, les looks et les émotions paraissent-ils établir des liens plus sûrs, plus sincères que ceux des intérêts et des carrières scolaires. Ces dispositions engendrent un humour mettant à distance la tendance à croire que l'on est ce que l'on paraît et que les autres sont ce qu'ils présentent. Il importe de maintenir l'idée ou la fiction d'une intériorité contre les apparences. L'autodérision est des plus banales, des sections G qui se qualifient de « poubelles » aux élèves de C qui se disent « bêtes ». Si l'on veut être authentique, il importe d'abord de n'être pas sérieux, de ne pas adhérer à un rôle, de se démarquer. Dès lors, tout le discours des élèves peut s'interpréter en

24. J. Starobinski, *Jean-Jacques Rousseau. La transparence et l'obstacle,* Paris, Gallimard, 1971.

termes d'obstacles à cette authenticité : le mépris, les masques, l'hypocrisie, le snobisme...

Le look est à la fois le paraître, une manière de se masquer et l'image d'une authenticité. Les élèves développent toute une expertise de la sincérité, de l'adéquation de la personne et de son image. Le look réussi apparaît comme le véritable courage de s'exposer soi-même, de choisir un masque qui n'en soit plus un. Hannah Arendt écrivait que l'héroïsme de l'homme moderne consiste à « quitter son abri privé, à faire valoir ce que l'on est, à se dévoiler, à s'exposer [25] ». Ce look n'est pas du narcissisme, il montre que l'individu résiste, dirait J. Habermas, à « la colonisation du monde vécu ». L'élève devient une sorte de « prophète exemplaire » individuel. Seul le rêve d'une authenticité peut réconcilier l'expérience lycéenne. C'est en cela que l'école « fabrique des individus » sous le double visage du stratège d'un marché et d'une subjectivité non adéquate aux rôles définis par ce marché.

Le malheur

Il arrive que l'expérience lycéenne engendre une souffrance spécifique, une lassitude, une fatigue. Le différement imposé par l'école, quand les projets sont faibles et l'utilité mal perçue, engendre le sentiment de perdre son temps et le désir de rompre : « Des fois, j'ai pas envie de sauter les barrières ; je me dis : saute pas ; et puis après : terminé ! » avoue Richard. Quand les conditions de vie sont difficiles, notamment dans les lycées des banlieues recevant les nouveaux lycéens, bien des élèves en ont assez, comme au lycée Duparc : « Y a des jours où on se demande ce qu'on fait là, y a des jours où on voudrait tout foutre en l'air, on en a ras le bol, franchement, on peut

25. H. Arendt, *La Condition de l'homme moderne,* Paris, Calmann-Lévy, 1983, p. 210.

plus. Ça passe, ça dure un jour, deux jours, mais c'est vrai qu'il y a des moments où on a envie de tout balancer. On en a franchement assez de cette routine, d'avoir des journées impossibles, de faire neuf heures d'affilée. »

Ces difficultés et ce temps dévoré par l'école ne sont pas réellement entendus par les enseignants : « Les profs, ils nous disent : ah ! mes petits, il faut pas faire que l'école, il faut avoir des activités. Et puis deux secondes après, ils nous donnent des tonnes d'exercices. D'un côté, ils nous disent : ayez des loisirs, et puis de l'autre, ils font tout pour qu'on n'en ait pas. » Les élèves décrivent le « stress » provoqué par la « pression » : « On sait, on n'aime pas en parler, il y a le stress quand même, huit heures par jour dans les cours à être confrontés aux notes. On a beau faire, ça prend la tête. » « Le premier mois, je chialais tous les jours. L'an dernier, y a des jeunes qui allaient pas bien, y a eu des tentatives de suicide », dit Laurence au lycée des Pins. La pression des parents n'est pas rien : « Ils me prennent la tête avec ça, l'école, l'école, l'école et rien d'autre. Moi, je sais pas, j'ai envie de souffler quand même, y a pas que l'école dans la vie », explique Carine à Villeneuve. A Flaubert, la plainte est la même : « On n'est pas des machines à apprendre... Je fais de la musique, mais ça m'ennuie énormément, je fais du scoutisme et du tennis, mais j'ai vite déchanté, c'était pour mes parents », dit un garçon de Flaubert.

Le lycée est aussi un endroit « inauthentique », car il faut y « jouer » un rôle pour réussir. « Au lycée, les gens portent une carapace ; on fait croire qu'on connaît, qu'on sait tout, on évite que les autres nous connaissent. » Aussi les élèves ne parlent-ils guère de leurs échecs, ils préfèrent évoquer ceux des autres ou, au détour d'une phrase, suggérer leur malheur. L'échec conduit au silence, car il invalide le sujet à ses propres yeux. Les lycéens décrivent des impressions d'engloutissement et de noyade silencieuse, comme s'ils ne pouvaient plus rien contrôler et plus rien dire. Ainsi que l'observe H. Mehan, l'école fonctionne comme un processus de renforcement, les meilleurs élèves reçoivent plus d'aide que les autres, contraints au silence[26]. « Depuis la quatrième, c'est une courbe descendante, je suis en G, je peux plus remonter, je travaille pas, je suis plus motivé », dit Pascal. Une élève du lycée Duparc se laisse aller à décrire sa panique : « Cette année, ça va pas du tout, je bosse, je bosse, et puis ça va pas. Les profs peuvent pas comprendre et m'aider. Les trous s'ajoutent aux trous, cette année c'est la panique. Il faudrait peut-être m'aider individuellement, je sais pas. Je me dis que je suis con, exactement. Quand on travaille et qu'au moment de l'interrogation on a une mauvaise note, c'est décourageant. Une fois, deux fois, ça va, puis après, c'est décourageant quand on voit que les efforts fournis sont inutiles. »

L'échec, explique Fabienne en première G, progresse comme une maladie : « Ça se manifeste pas d'un seul coup, c'est progressif, et puis on finit par se dégoûter du travail. Moi, je finissais par me dégoûter de tout en général, j'avais plus envie de travailler... C'est comme une noyade, complètement... J'avais des profs qui ont été très sympathiques avec moi à ce moment-là, ils ont été gentils, très compréhensifs, mais, à ce moment-là, j'avais pas de contexte positif. » Évidemment, cette lycéenne vit dans une anxiété permanente, comme Jérôme : « Plus je vois mes notes qui arrivent, plus vraiment je me dis : qu'est-ce que tu fais là ? t'es vraiment paumé. C'est la crise de nerfs à chaque caisse. »

La description de l'enfoncement est toujours la même. Lucile, à Michelet, raconte l'évolution : « Je connais des gens qui travaillent tout le temps pour avoir des résultats médiocres. C'est des gens qui perdent espoir au bout d'un moment, c'est des gens perdus vraiment. Au premier trimestre, ils en parlent à la limite. C'est le premier stade où ils disent : j'ai plus qu'à me faire clochard... Au deuxième trimestre, ils le disent pas, ils disent plus rien, on

26. H. Mehan, *Learning Lessons. Social Organization of the Classroom,* Cambridge (Mass.), Harvard University Press, 1979.

les voit qui commencent à lâcher du lest. » Quelques élèves donnent des signes plus tangibles encore de cette destruction : « On a mal au ventre, on est excités, on n'arrête pas de blablater... Mais on n'en parle pas, on n'ira jamais dire qu'on a eu 4 en français, ça dévalorise, c'est ça qui démolit. » Cette tristesse est souvent plus sensible en LP, avec un sentiment d'humiliation personnelle exprimé de manière presque banale : « Je suis con », « Je ferai jamais rien. » L'avantage, si l'on peut dire, des élèves des LP est qu'ils se sentent moins seuls et peuvent se réfugier dans l'indiscipline juvénile afin de transformer, sans trop y croire d'ailleurs, ce sentiment d'échec en choix.

Cette souffrance n'est pas sans rapports avec les attitudes et les ambitions des familles qui écrasent les élèves décevants. Le proviseur de Flaubert parle de « loi du silence » et de « piège tragique ». « Les élèves sont reniés » par des parents qui parfois « perdent leur contrôle », les injurient et les frappent. Pour les élèves socialement voués au succès, l'échec ferme toute vision de l'avenir, d'autant plus que les familles s'écharnent. Quelques lycées nous ont décrit la longue suite des cours particuliers, des séances de répétiteurs, des vacances studieuses et « intelligentes » et, dit l'une d'elles, de « chantage à l'affection ». L'infirmerie reçoit les « blessés » avec des maux de tête, des troubles alimentaires, des insomnies... Il semble, en particulier, que la consommation de médicaments de « soutien » soit assez banale[27].

Les familles ne sont pas moins angoissées que les enfants et leur demandent d'assumer un contrat trop lourd. « Mes sœurs, c'est des bêtes géniales, elles avaient 17 partout ; je vais repiquer, je suis le nul, le déshonneur de la famille », dit Olivier. « J'ai fait B, pour mes parents c'est la sélection par le bas, c'est le déshonneur, c'est la défaite. Mon Dieu, elle n'a pas un bac C, qu'est-ce qu'elle va devenir ?... »

27. M. Choquet, F. Ledoux, *Les Drogues illicites parmi les 11-20 ans et les Attitudes face au SIDA*, INSERM, 1989.

Si des crises familiales, comme des divorces en cours, s'ajoutent à ces tensions et à ces « noyades », les élèves peuvent être désespérés. Les enfants de couples séparés, nombreux dans les groupes, en parlent de manière très variable, mais tous s'accordent à dire qu'ils ont éprouvé un sentiment de rupture de contrat à leur encontre et que les épisodes de crise ont été douloureux. Pourtant, ils n'attribuent guère leurs échecs et leurs difficultés scolaires à ces crises familiales ; elles auraient, semble-t-il, un effet de renforcement. Le jugement des CPE, des infirmières et des enseignants est bien différent. Peut-être entendent-ils des discours plus intimes que ceux que nous avons recueillis, peut-être aussi sont-ils tentés de sous-estimer les souffrances engendrées par l'école elle-même afin d'en attribuer la responsabilité aux familles ? Ils transforment ainsi des problèmes sociaux et scolaires en difficultés psychologiques.

⁂

Que fabrique l'école ? En termes d'éducation, de socialisation et de sujets sociaux, l'école fabrique des *individus*. Plus exactement, l'école produit deux types d'individuation complémentaires et liés par une tension.

D'une part, étant un espace stratégique de sélection continue et de calcul, l'école est définie par les lycéens comme un marché dans lequel il importe de mesurer les investissements et les bénéfices. De ce point de vue, l'école fabrique des stratèges, des individus déterminés par leurs ressources et leurs capacités de gestion instrumentale. C'est pour cette raison que les élèves parlent massivement en termes d'adaptation et que le lycée n'est pas décrit comme une institution organisée autour de valeurs centrales et de distributions fonctionnelles ou traditionnelles de rôles.

D'autre part, le lycée ouvre un espace à la vie juvénile et expressive qui réinterprète les connaissances et la culture scolaires dans une sorte d'espace public lycéen, décalé et largement fermé à l'influence directe des professeurs. L'individualisme subjectif poursuit le dessein d'une authenticité, de la réalisation et de la découverte d'une pure subjectivité. En se plaçant de ce point de vue, les lycéens critiquent les masques, l'hypocrisie et le méppris qui leur interdisent d'atteindre une image réconciliée de soi. Cette sensibilité rousseauiste renvoie aussi à l'idée d'un affaiblissement de l'image institutionnelle de l'école, car la personne et le personnage, « l'être et le paraître », la stratégie et l'identité profonde ne se réconcilient jamais réellement.

Les deux définitions de l'individu mises en œuvre par les lycéens participent de la constitution d'un double espace libéral contradictoire, présent dans l'école comme dans le modèle de relations familiales. Dans un cas, il s'agit du libéralisme du marché et de la compétition, de la performance, de l'ascétisme et d'un contrôle non négociable, sans droits ; dans l'autre, du libéralisme culturel et subjectif pour lequel la réalisation de soi et la construction d'une autonomie définissent les seules expériences méritant réellement d'être vécues[28]. Mais le couple formé par l'instrumentalisme et l'expressivité ne renvoie pas à l'harmonie sous-jacente des théories fonctionnalistes ; il est perçu comme une contradiction et un drame par la grande masse des élèves qui ne parviennent pas à gagner sur les deux tableaux, qui ont l'impression de se détruire dans leurs efforts d'adaptation ou qui ne réussissent pas à devenir des stratèges efficaces. Il n'est pas facile d'être performant, « bien dans sa peau » et « sincère ».

Tous ces couples d'opposition pourraient être interprétés en termes d'épreuves adolescentes[29]. Les adolescents

28. Cette dualité correspond, selon D. Bell, aux deux dimensions contradictoires de la modernité : celle de l'expression « nihiliste » et celle de la rationalité instrumentale, *Les Contradictions culturelles du capitalisme,* Paris, PUF, 1979.

29. Cf., en particulier, B. Bettelheim, « The Problem of Generation », *in* E. H. Erikson (éd.), *Youth : Change and Challenge,* Londres, New York, Basic Books, 1963, p. 64-92 ; E. H. Erikson, *Adolescence et Crise,* Paris, Flammarion, 1972.

seraient à la fois soumis à une exigence d'efficacité, d'*achievement,* et emportés par une crise d'identité les rendant particulièrement sensibles aux jeux des masques, de l'être et du paraître. Sans doute cette interprétation n'est-elle pas fausse. Mais la réduction du lycée à la seule rencontre d'une adolescence et d'un marché scolaire signifierait que l'école n'est plus du tout une institution. Par ailleurs, les élèves protestent contre cette logique, et, surtout, les professeurs, dont on admettra qu'ils ont quitté l'adolescence depuis quelques années, construisent des représentations et des logiques formellement identiques à celles des élèves, même s'ils se placent d'un point de vue différent.

8

Le statut et le métier

Les élèves et leurs professeurs participent du même ensemble. On ne peut vraiment décrire, comprendre et expliquer l'expérience des lycéens sans s'intéresser aux acteurs qui la façonnent : les enseignants. L'étude de la manière dont les professeurs perçoivent et définissent leur expérience semble donc une étape nécessaire de cette recherche : l'action des enseignants est l'autre face de l'expérience lycéenne. Au fil des entretiens et du travail d'un groupe de professeurs, un principe de similitude se dessine entre les deux univers.

Dans la plupart des cas, le discours des enseignants est organisé selon une suite de clivages qui, semble-t-il, finissent par se superposer. Selon qu'ils parlent comme enseignants ou comme parents, qu'ils évoquent leurs élèves ou leurs enfants, le système scolaire ou leurs classes, les professeurs tiennent des discours différents, voire opposés. Ces clivages sont suffisamment étonnants et réguliers pour que nous les considérions comme le fait majeur à partir duquel doit être conduite l'analyse.

D'un côté, les professeurs organisent leurs discours et leur expérience autour du *statut* : leur position dans une organisation et leurs identifications collectives. De l'autre, ils se définissent par leur *métier* : leurs investissements personnels, les relations qui les attachent aux élèves et une conception très individuelle, parfois intime, de leur tâche. La sagesse conduit à interpréter cette dualité comme une des conséquences du caractère de « bureaucratie professionnelle » de l'Éducation nationale[1]. En effet, les enseignants appartiennent à une bureaucratie régie comme telle par des règles impersonnelles et générales, fixant strictement les carrières et les relations d'autorité. Mais en même temps, parce qu'ils sont des professionnels, ils bénéficient d'une très grande autonomie dans la définition et la réalisation de leur tâche. Il est donc naturel que leurs discours renvoient à cette double nature de leur situation.

Cependant, cette analyse en termes d'organisation n'est pas totalement satisfaisante, et ce pour deux raisons. D'abord, les deux types de discours ne sont pas seulement séparés, ils sont parfois sans liens et souvent antinomiques, comme si ce n'était pas toujours le même acteur qui parlait. Si la bureaucratie professionnelle n'est pas nouvelle, cette disjonction, identifiable au « malaise » des enseignants, paraît plus récente. Elle introduit une crise de l'action collective, une « mauvaise foi » que les acteurs eux-mêmes soulignent sans cesse dans un climat de « mauvaise conscience » et de culpabilité. Ensuite, on ne peut éviter d'associer ce clivage à celui qui est au cœur de l'expérience des lycéens ne pouvant, eux, se définir aussi fortement par la bureaucratie professionnelle. Cette homologie invite donc à dépasser l'interprétation en termes de bureaucratie professionnelle et à situer l'expérience des élèves et des professeurs au sein d'un système général d'action et de construction des sujets.

Professeurs et élèves

Si l'on en croit leurs propos, les professeurs participent bien du même ensemble de représentations et de définitions des situations que celui des élèves. Dans la plupart des cas, les jugements des uns et des autres se croisent et

1. H. Mintzberg, *Structures et Dynamiques des organisations*, Paris, Economica, 1982.

se complètent, comme ceux de deux sujets regardant exactement le même objet, mais à partir de points de vue différents. Les appréciations des professeurs confortent celles des élèves.

Les nouveaux lycéens « flottent comme des feuilles mortes, dit un professeur de comptabilité, ils sont indifférents, on ne peut apprécier ce qu'apportent les enseignements ». Les élèves de G sont « gentils », mais « ils ne travaillent pas ». « Ils n'ont pas d'intérêt pour les idées ». « Ils sont un peu tristes, je les trouve scolaires, ils sont là avec leurs cahiers, ils attendent ; parfois je dis n'importe quoi pour les faire réagir. » Les enseignants de LP définissent leurs élèves en termes de comportements. Comme leurs élèves eux-mêmes, ils se préoccupent moins du niveau que de la possibilité de survivre ensemble et d'amorcer un processus. « On ne s'occupe pas de savoir s'ils ont le niveau ou pas, on va essayer de démarrer quelque chose. Et alors là, il y a peut-être ce phénomène de rejet... On est partis de cette idée de table rase. Quand ils sont arrivés, on leur a dit : vous étiez peut-être nuls, vous faisiez peut-être quarante fautes à la dictée, mais c'est pas le problème, on part d'où vous êtes, on trace un trait sur ce qu'il y a derrière... », dit un professeur d'anglais.

Parfois, les représentations se construisent comme dans un miroir où se croisent des images renversées. L'instrumentalisme des élèves et leur manque d'adhésion sont sans cesse soulignés, de la même façon que les élèves reprochent aux enseignants de coller aux programmes et de manquer de motivation. « Ils sont pas motivés », disent les professeurs à propos des élèves qui les accusent de n'être pas « motivants ». « Je ne sais pas s'ils attendent autre chose que l'examen », précise un professeur dans un établissement où les élèves reprochent aux enseignants de ne penser qu'au bac. « Ce qu'ils veulent, c'est le bac ; à côté, ils sont vides... Ils sont pas autonomes, il faut bien répéter les choses, il faut pas de fantaisie, ils sont conventionnels. »

Tous ces jugements, confrontés aux impressions des élèves, ressemblent aux imprécations symétriques des querelles enfantines : « C'est toi qui l'as dit, c'est toi qui l'es ! ». Lors d'une rencontre avec un professeur de mathématiques à Flaubert, le groupe et l'interlocuteur se parlent comme des vieux couples amers : ils n'ont pas été à la hauteur de l'autre, ils manquent de générosité et de conviction, ils ne pensent qu'à leurs intérêts, ils ne manifestent ni des vocations d'élèves ni des vocations d'enseignants... C'est ainsi que les professeurs reprochent parfois aux élèves de « faire bloc », de refuser par là toute négociation véritable.

Si le conseil de classe est un tribunal pour les élèves, beaucoup d'enseignants pensent qu'avec la présence des élèves et des parents il est devenu une instance de jugement des professeurs. Il n'est pas jusqu'au thème des masques, du silence et de l'hypocrisie que l'on ne retrouve parfois chez les enseignants, comme s'ils se reconnaissaient dans les jugements des élèves. « C'est une solitude terrible, le silence... les apparences, on survit dans des petits groupes... » Comme les élèves.

Bien sûr, le thème du mépris est commun aux professeurs et aux élèves. Les enseignants ont l'impression d'être en chute sociale, de subir le mépris des élèves, des parents, de l'administration... « Les profs sont traités par les parents comme des fournisseurs », dit-on à Flaubert, où les parents s'intéressent aux études de leurs enfants. Toutefois, là où les parents ne viennent pas voir les professeurs, cette indifférence est aussi perçue comme une forme de mépris. Évidemment, le respect des élèves se perd, et il semble admis que le mépris de l'opinion publique pour les enseignants aille de soi.

Même les critiques du système sont parfois identiques : « On a donné en théorie la parole aux élèves, mais dans les faits les élèves sont extérieurs à l'école, ils ne sont pas au courant », dit une enseignante d'espagnol. « Je suis mal à l'aise en conseil de classe, on ne veut pas parler des collègues, mais c'est quand même les élèves qui subissent », ajoute un professeur de mathématiques. Les conditions de travail pénibles sont dénoncées elles aussi : « Les élèves sont matraqués, j'avoue que je ne tiendrais pas leur rythme. » « Les élèves sont fatigués, ils ne veulent plus jouer le jeu », dit un professeur d'histoire accusant la « pression » des collègues et des parents. « Si les élèves parlent un jour, ce sera le clash. » Quant aux critiques des conditions matérielles de travail, elles vont de soi. Il n'est pas utile de poursuivre la liste des similitudes et des ressemblances pour convaincre le lecteur de la proximité des thèmes et des attitudes des professeurs et de leurs élèves.

Les clivages

Les entretiens avec les enseignants et les rencontres de groupe se déroulent selon un scénario immuable. Tout se passe comme si les interlocuteurs adoptaient tour à tour plusieurs rôles et comme si, en fonction de ces rôles, ils se plaçaient dans des univers de normes et de jugements totalement différents.

Un professeur de physique invité à Michelet illustre bien ce type de renversement. Après avoir affirmé que, selon lui, les élèves qui ne réussissent pas manquent soit de moyens intellectuels, soit de courage, il abandonne brutalement ces critères pour expliquer que, une de ses propres filles ayant échoué en physique, il a dû réviser son jugement, car elle n'était, par définition, « ni idiote ni fainéante ». Mais il apparaît que ce qui vaut pour le père ne vaut pas pour le professeur et que les élèves ne sont pas aussi des adolescents. Presque tous les entretiens se terminent sur l'évocation de la scolarité des enfants de l'enseignant. A partir de cette position de parent, le sujet développe des critiques cruelles contre un type de pédagogie que le professeur défend, par ailleurs, pour les élèves. Ainsi en est-il de ce professeur de philosophie déplorant l'absence d'intérêt des élèves, mais déconseillant fortement à ses propres enfants de faire de la philosophie parce qu'elle n'est plus « rentable ». Quelques enseignants stricts et traditionnels décrivent le « stress » de leurs enfants et déplorent le niveau d'exigence trop élevé de l'école. De même, si « le niveau » baisse en général, ce n'est évidemment pas celui des enfants du professeur qui doivent affronter des « programmes démentiels ».

Alors que les professeurs rencontrés se déclarent quasi tous hostiles à la désectorisation et aux diverses « magouilles » permettant aux familles privilégiées de tourner la loi, on sait par ailleurs que, en tant que parents, les enseignants sont les plus nombreux à demander des dérogations à la carte scolaire. Comme le dit R. Ballion, les enseignants « républicains » et égalitaristes ne sont pas seulement des consommateurs d'école, ce sont des « spéculateurs »[2]. Notons simplement, de manière plus nuancée, que le professeur et le parent n'agissent pas comme un même acteur, bien que parfois « ça aide à comprendre », dit un enseignant en évoquant les difficultés scolaires de ses propres enfants. Mais, après tout, cette distinction d'un domaine professionnel et d'un domaine privé ne prouve rien quant au clivage de l'expérience enseignante.

Plus troublant et plus pertinent est le clivage systématique entre le métier et le statut. Un très grand nombre d'enseignants ne veulent pas se reconnaître dans leur milieu professionnel. « Le milieu enseignant, les institutions scolaires, j'en ai ma claque. Pas les élèves, parce que j'aime bien enseigner, c'est con, c'est mon truc, l'enseignement, vraiment. Mais c'est le milieu qui m'emmerde, le poids de la hiérarchie et l'inertie du système, la sclérose, et pourtant j'aime bien enseigner », dit une enseignante de

2. R. Ballion, « Le choix du collège : le comportement " éclairé " des familles », *Revue française de sociologie,* XXVII, 1986, p. 719-734.

mathématiques. Cette distinction est si forte et va tellement de soi que ces propos sont tenus devant les élèves. « 80 % des enseignants me font chier... » Les définitions statutaires, les appartenances collectives et la place dans l'organisation sont perçues comme des attributs extérieurs, pesants, parasites, hostiles, alors que le métier est défini comme une propriété personnelle.

Non seulement au statut négatif s'oppose le métier positif, mais les acteurs parlent du métier en termes individuels de plaisir, de talent, de réalisation personnelle indépendante du statut, comme s'il ne relevait que de la personnalité. La véritable définition de soi passe par le métier comme expérience subjective plus ou moins gratifiante et reconnue. Alors que le statut est vague et anonyme, menaçant parfois, le métier fonde la reconnaissance et établit les véritables différences, « d'autant plus qu'on sait très bien qui fait quoi, les bons profs et les profs fumistes ». De nombreux entretiens commencent par la description d'une carrière décevante, routinière, mal payée, fatigante, peu reconnue, pour se terminer sur des phrases comme : « Mais en cours, en tant que prof, comme on dit, je prends mon pied, quoi. »

Le groupe d'une quinzaine d'enseignants que nous avons pu réunir durant trois jours a suivi exactement le même chemin. Il a commencé la session par de longs débats sur les salaires, la comparaison avec le privé, les conditions de travail, la chute des « vocations », pour se clore sur l'apologie et le plaisir d'un métier ramené à une expérience privée. Tout ce qui relève du statut, de l'organisation et du système est dépeint de manière sombre et négative. La sélection, l'établissement, les défauts des élèves tiennent à la société, au « système qui veut ça ». En revanche, dans l'ordre du métier, les jugements s'inversent : « J'ai fait ça sans vocation, mais c'est un métier intéressant et enrichissant. Je suis frappée par la conscience professionnelle des enseignants, l'intérêt pour les enfants, le désir de faire réussir les élèves. » Ainsi que le dit très clairement un enseignant d'histoire : « On aime notre métier, mais pas notre statut, pas le système. »

L'image négative du statut et le sentiment de s'accomplir personnellement dans un métier autorisent des jugements extrêmement négatifs sur les collègues. Si l'on a pu trouver les propos des élèves sur les enseignants souvent cruels, ceux des professeurs le sont plus encore dès qu'ils se placent du point de vue du métier. Le plus banal d'entre eux souligne que des collègues « ne sont pas faits pour ce métier » et qu'on ne leur « confierait jamais nos enfants ». Ajoutons aussi le « conservatisme » et la « prétention » des uns, la « démagogie » et la « nullité » des autres, quand il ne s'agit pas des « fous » et des « détraqués dangereux pour les élèves ». Il faut joindre à la liste la jalousie et le mépris des plus diplômés, et l'inculture de ceux qui le sont moins. Dès que la conversation adopte le ton plus intime du métier, le milieu enseignant pratique la haine de soi avec application et sans ambages.

Évidemment, tout jugement négatif venu de l'extérieur du « corps » provoque la défense obstinée de tous avec la même fermeté, mais, « entre collègues », l'indulgence n'est pas de mise. « Il y a une sorte d'autodévaluation des profs » d'autant plus nette que le sentiment de chute statutaire est vif et qu'il faut alors sauver l'estime de soi dans un naufrage général. « Les élèves sont dégoûtés, ils sont là parce qu'ils ont été dégoûtés par l'affreux prof de math », dit un collègue. « Les élèves sont nuls, comme leurs profs », ajoute un autre. A la différence des élèves, dit un enseignant, « les profs sont seuls, ils n'ont pas un monde à eux ». « La salle des profs, bonjour, bonsoir, ça suffit. » La solidarité n'excède jamais les frontières d'un petit groupe : « Si vous entendiez comme ils parlent des élèves en conseil des profs... C'est que des ragots, ils n'aiment pas les élèves. » « Un professeur est un élève qui n'a pas trouvé la porte de sortie. »

Ces jeux d'opposition du statut et du métier, du système et de l'expérience personnelle, apparaissent nettement dans la manière dont les professeurs se désolidarisent des pratiques collectives comme la sélection. Elle est décrite comme un mécanisme aveugle largement indépendant des choix personnels des enseignants. Ce sont les parents, la société, l'université qui imposent du dehors des processus auxquels les professeurs ne s'identifient pas nécessairement. Pour employer le langage de l'« individualisme méthodologique », les professeurs ne reconnaissent pas leurs choix personnels dans les effets agrégés qui en résultent pourtant. Pessimisme collectif et passion privée peuvent être associés tant la séparation des deux domaines paraît profonde. Même les plus militants des enseignants établissent ce clivage en reconnaissant que les deux domaines n'interfèrent pas.

Ce clivage crée une disposition d'esprit s'apparentant, dans l'organisation du discours, à la « paranoïa », car tout ce qui relève du statut et du système semble conspirer à nuire au métier. Comme le notent H. Hamon et P. Rotman, les professeurs se sentent lâchés par l'administration qui ferait parfois bloc, contre eux, avec les parents et les élèves [3]. Une étude que nous avions menée sur les collèges montrait que les enseignants se plaignaient volontiers de l'« interventionnisme autoritaire » des principaux ou de leur « repli frileux et irresponsable », comme si l'administration ne trouvait jamais la bonne distance [4]. Les élèves s'intéressent peu au monde qui les entoure, mais la télé semble menaçante. De manière étrange, observent deux chercheurs, les enseignants reprochent à la télévision les maux dont leurs prédécesseurs accusaient la lecture : des choix intellectuels et moraux dégradants parce que non contrôlés par l'école [5].

3. H. Hamon, P. Rotman, *Tant qu'il y aura des profs,* Paris, Éd. du Seuil, 1984.

4. F. Dubet, O. Cousin, J.-P. Guillemet, « Mobilisation des établissements et performances scolaires. Le cas des collèges », *Revue française de sociologie,* XXX, 2, 1989, p. 235-256.

5. A.-M. Chartier, J. Hebrard, *Discours sur la lecture. 1880-1980,* Paris, Bibliothèque du Centre Georges-Pompidou, 1989.

Le métier est intéressant, mais son image dans l'opinion publique est perçue comme négative : 69 % des enseignants souffrent d'un sentiment de dévalorisation ; par contre, 65 % sont satisfaits de leur fonction éducative et 81 %, de leurs relations avec les enfants. 81 % des enseignants sont mécontents de la politique du pouvoir, mais 43 % d'entre eux pensent que leurs collègues sont « conservateurs » et « coupés de la société ». Autrement dit, l'environnement est ressenti comme hostile, mais le milieu se critique lui-même et contribue à produire cette hostilité. Alors que 83 % des Français se déclarent satisfaits ou très satisfaits de l'école, les professeurs ne sont que 2 % à conseiller le métier d'instituteur à leurs enfants, et 4 % celui de professeur[6]. Quand une journaliste est venue donner ces chiffres au groupe d'enseignants, ils ont eu du mal à la croire, tant le mépris et l'hostilité de l'opinion publique leur paraissaient aller de soi. Même si l'on peut toujours critiquer les sondages et le caractère imprécis des critères de satisfaction, ces chiffres montrent à l'évidence que les enseignants ont le sentiment de se heurter à l'hostilité générale. L'image négative du statut est évidente et les élèves la reprennent à leur compte : « Moi j'ai des parents profs, j'ai vu ce que ça donnait, et puis ils le disent eux-mêmes, c'est vraiment du travail dingue et tout, et puis, être en face de quarante élèves, je pourrais pas tenir... C'est vrai, quand on voit ce qu'on leur fait subir... Et puis répéter tout le temps la même chose... Je sais pas, nos profs, ils se plaignent tout le temps : on est mal payés, et puis vous êtes nombreux, ils se plaignent à longueur de journée, alors, pour nous, c'est pas très attirant. »

Le système est mauvais, l'acteur est bon à condition qu'il se désolidarise de ce système. La pensée s'organise

6. Cf. Sondages *CSA-La Vie, La Ligue de l'enseignement,* décembre 1988. Ces données établies sur 806 enseignants nous ont été communiquées par Catherine Bédarida, journaliste, nous l'en remercions vivement.

selon ce couple et crée souvent un « mythe pédagogique » selon lequel la relation aux élèves est pourvue d'une toute-puissance capable de sauver ce que le système et la société détruisent. Alors que tout semble collectivement bloqué, impossible et pervers, le métier apparaît comme une expérience de salut toujours renouvelée ou, au contraire, de destruction personnelle[7]. Le « on » impersonnel du « système » menace sans cesse le « je » du métier. Le « on » désigne indifféremment le pouvoir, le règne de l'argent, l'opinion publique, l'administration, les parents, les collègues parfois... Le « je » évoque l'expérience intime du métier, le plaisir ou les angoisses, l'intérêt intellectuel, les convictions, ses propres enfants...

Il ne semble pas que les formes organisées d'action collective surmontent véritablement cette dualité. Les enseignants syndiqués que nous avons rencontrés établissent, eux aussi, une certaine distance entre le métier et le statut. Les choix syndicaux ne sont pas ou ne sont plus nécessairement des engagements pédagogiques. Une enseignante d'histoire explique que, dans son lycée, les équipes pédagogiques ne s'établissent pas sur les affinités idéologiques et politiques, mais sur des manières communes de travailler. Elle admet que de tels liens lui auraient paru impossibles il y a encore quelques années, quand les orientations pédagogiques et les options syndicales semblaient nécessairement liées. L'observation des équipes formées dans les collèges confirme cette tendance : les professeurs se lient sur une base de métier et de pédagogie largement indépendante des choix politiques et syndicaux[8]. Un professeur de philosophie note, dans son lycée, un déplacement des affiliations syndicales vers des associations professionnelles disciplinaires : les historiens, les économistes, les scientifiques...

7. J. Filloux, *Du contrat pédagogique. Le discours inconscient de l'école,* Paris, Dunod, 1979.

8. F. Dubet, C.-H. Cuin, V. Audebert, O. Cousin, J.-P. Guillemet, J.-M. Party, *Trois Collèges en « rénovation »*, CADIS, Commissariat général du Plan, 1988.

Une enseignante affirme : « Les gens de droite pensent que ce ne sont pas eux qui enseignent mal, ce sont les élèves qui sont mauvais. » Mais cette catégorie, la droite, est beaucoup plus vague qu'une affiliation syndicale, et ce professeur admet d'ailleurs que « la règle souffre de nombreuses exceptions ». La distance entre les attitudes pédagogiques et les choix politiques semble attestée par une enquête sur les militants du Groupe français d'éducation nouvelle[9]. Leurs options précises en faveur des enfants issus de milieux défavorisés ne se traduisent, dans les faits, par aucun effet positif identifiable sur les performances scolaires de ces élèves. Les affiliations militantes et les attitudes pédagogiques seraient largement indépendantes[10].

« Longtemps, j'ai pensé que ceux qui ne s'engageaient pas étaient des salauds ; maintenant, je trouve que les syndicats ne nous reflètent pas, ne parlent pas des vrais problèmes. » Les « vrais problèmes » étant bien entendu ceux du métier. « Chaque fois que le statut est en cause, c'est dénué de sens, sauf pour le fric, il y a que le fric qui nous lie. » Pour beaucoup d'anciens militants, le syndicalisme, parce qu'il est très identifié à la défense du seul statut, est perçu comme conservateur, et « les profs sont fatigués ».

Une enseignante de mathématiques, longtemps militante active et responsable, se déclare lasse, découragée par le « conservatisme » et le « corporatisme ». Aussi s'est-elle repliée sur un métier qui lui donne satisfaction : « Un prof dans sa classe est le roi, et je ne crois pas tellement aux réformes du système. Remuer les montagnes, c'est fatigant. C'est des histoires de lèche, de carrière, sans rapport avec ce que font les gens dans la classe, ça m'ahurit complètement. » Sa collègue, enseignante de philosophie, raconte le même parcours : « Le

9. M. Gilly, *Maître-Élève. Rôles institutionnels et représentations*, Paris, PUF, 1980, p. 125.

10. *Le Monde de l'éducation*, janvier 1980.

corps enseignant est conservateur, le gouvernement ne peut avoir que l'unanimité contre lui, il faut travailler au coup par coup... la dimension salaire n'a pas de sens dans une comparaison avec le privé. » « Je suis devenue très marginale, dit cette ancienne militante, je demande simplement qu'on me laisse enseigner dans des conditions qui sont celles-là. La seule chose qui m'importe, c'est le rythme scolaire qui est trop lourd... Individuellement, les gens sont ouverts, mais, si on se confronte au corps enseignant, ils sont très conservateurs. » « On a une impunité administrative, mais on est exposés psychologiquement, la règle institutionnelle nous donne un cadre abstrait et on peut aménager sa vie. »

Le syndicalisme s'intéresse au cadre, mais ce qui compte, c'est la vie, c'est-à-dire le métier. Notons que les sondages ne contredisent pas ces quelques jugements : en dix ans, de 1978 à 1988, les enseignants pensant que les syndicats jouent un « rôle moteur » sont passés de 45 % à 21 %, et ceux qui pensent qu'ils jouent un rôle de frein sont passés de 15 % à 31 %[11]. Ces quelques attitudes et ces quelques jugements ne visent nullement à expliquer « la crise » du syndicalisme enseignant et la chute des effectifs militants. Mais ils nous importent ici, car ils opposent tous la défense du statut à la réalisation de soi dans le métier. Ce ne sont pas les programmes syndicaux qui sont critiqués ou les stratégies des partis politiques, c'est le fait que le syndicat se sépare du métier et s'identifie à la « part maudite » de l'expérience enseignante, celle du « système ».

Au fond, ces quelques professeurs décrivent une his-

11. Cf. sondage *CSA-La Vie, La Ligue de l'enseignement, op. cit.* De 1979 à 1989, tous les syndicats enseignants ont perdu de nombreux adhérents, 156000 à la FEN, 20000 au SGEN-CFDT, 2000 au SNALC, et, après une brève illusion, l'étrange conglomérat RPR-trotskistes de FO est retombé à presque rien. A partir des chiffres connus et toujours contestables en ce domaine, les syndicats ont perdu près de 30 % de leurs membres, ce qui ne les distingue pas des autres syndicats, cf. *Le Monde de l'éducation,* janvier 1989.

toire commune. Ils furent militants au SNES ou au SGEN dans les années soixante-dix, au moment où l'action syndicale relayait, à leurs yeux, un changement professionnel, où, plus ou moins clairement, elle impliquait des changements dans les façons de travailler, où elle était associée à une activité de critique pédagogique. Il allait alors de soi que la défense des statuts était, par définition, pédagogiquement « progressiste ». Le changement général, commandé par le politique, devait conduire vers une mutation pédagogique reportée par le SNES aux lendemains qui chantent, expérimentée déjà par les professeurs proches du SGEN. Rationalisation rétrospective ou non, cette vision partagée semblait d'autant plus forte que l'on pouvait penser que les changements politiques couronneraient ces projets. Le statut et le métier étaient si proches que, disent-ils, les salles des professeurs opposaient des clans idéologiques et professionnels associant des idéologies syndicales et des choix pédagogiques. Usure, fatigue, désenchantement, déceptions politiques... ? Au fil des années, l'unité s'est brisée. Le syndicat s'est dépouillé des engagements et des utopies pédagogiques, les passions pédagogiques se sont portées sur le seul métier comme espace autonome de réalisation personnelle.

« Le mouvement anti-Jospin était lamentable, ça m'a rendu malade. Je voulais travailler autrement, c'est ça qui m'intéressait, jamais les enseignants n'ont parlé des élèves ! » Même ceux qui ne sont pas amers ou déçus par l'action syndicale paraissent savoir que le métier relève d'une autre sphère d'action. Ainsi, dans le groupe d'enseignants que nous avons constitué pour cette recherche, le discours syndical tenu par l'un des professeurs n'est pas contesté sur le fond, mais personne n'en attend une évolution du métier, il « glisse » sur le groupe. Les plus favorables espèrent un changement des conditions d'exercice de ce métier, notamment par la diminution du nombre d'élèves par classe, mais l'enseignement lui-même est perçu comme une affaire personnelle, au mieux comme une affaire d'équipe. Dans les discussions, c'est là que la passion se porte.

Le statut

Le statut peut être envisagé selon deux aspects. D'une part, il renvoie à la position des enseignants dans la stratification sociale, l'échelle des revenus et le niveau de prestige. D'autre part, le statut est aussi défini comme une position dans le système organisé d'un établissement et d'une administration comme l'Éducation nationale. Nous pouvons donc, par commodité, distinguer le versant « externe » et le « versant » interne du statut [12].

Les professeurs éprouvent un sentiment de chute sociale. Le plus étrange en ce domaine tient à ce que l'impression de dévaluation peut être associée à une mobilité sociale personnelle ascendante. C'est ce qu'illustre de manière très claire un professeur agrégé de français. Fils d'ouvriers agricoles et bon élève, il doit sa promotion sociale à l'école, il manifeste même un sentiment de déracinement et de « trahison » à l'égard de son milieu et se déclare d'autant plus attaché à l'« école républicaine » qu'il se perçoit comme l'illustration vivante de sa fonction de mobilité. Mais, alors qu'il monte personnellement, il a l'impression d'accéder à une position qui se dégrade parce

12. Sur les liens du statut et de la stratification, se reporter à l'ouvrage classique de R. Bendix, S. M. Lipset (éd.), *Class, Status and Power, Social Stratification in Comparative Perspective,* Londres, Routledge and Kegan Paul, 1966 ; G. E. Lenski, « Status Crystallization : a Non-Vertical Dimension of Social Status », *American Sociological Review,* XIX, 4, 1954, p. 405-413. Sur le statut comme composante fonctionnelle de l'organisation, cf. J. G. March, H. A. Simon, *Les Organisations,* Paris, Dunod, 1964 ; M. Crozier, E. Friedberg, *L'Acteur et le Système. Les contraintes de l'action collective,* Paris, Éd. du Seuil, 1977.

que la fonction enseignante perd de son prestige. Elle est identifiée au dernier carré des valeurs « non marchandes » : « L'école est le dernier endroit de la société où c'est pas la jungle. » Ainsi, de la manière la plus claire, les problèmes de salaire sont perçus comme le signe de cette dévalorisation. « Dans une société où l'argent domine tout, on n'accepte pas d'être mal payés. C'est vécu comme une paupérisation de la fonction, et la dévalorisation sociale devient une dévalorisation individuelle... A formation égale, on est toujours mieux payés dans le privé. Le système scolaire est discrédité, qu'un gendarme soit mieux payé qu'un instituteur, ça veut dire quoi ? » « C'est le triomphe de la pensée de droite, et les enseignants ont intériorisé leur dévalorisation. »

Un professeur de dessin industriel en LP s'inscrit dans un processus identique : ancien ouvrier puis technicien, il est devenu professeur au prix de nombreux efforts, concours et mutations qui l'ont obligé à vivre dans une caravane pendant un an... Aujourd'hui, il est amer parce que les enseignants sont « méprisés » : « Il faut voir comment les gens vous parlent quand ils savent que vous êtes à l'Éducation nationale. » Suit une anecdote dans laquelle il apparaît que le mot « prof » serait devenu une injure pour l'opinion publique. Une autre enseignante de LP déclare de manière provocante : « Comme je suis corse, j'avais le choix entre faire le trottoir ou être fonctionnaire, j'ai choisi l'enseignement » — notons d'ailleurs qu'elle se révèle un professeur passionné par son métier, mais « écœuré » par son statut. Parfois s'exprime un véritable sentiment de décadence : « Nous avions un certain nombre d'habitudes d'éducation, on disait " monsieur ", on se levait tous ensemble quand le professeur entrait dans la classe... Maintenant, il y a des choses scandaleuses : en 68, il y a des jeunes professeurs qui se sont laissé pousser les cheveux. »

De façon relativement indépendante du parcours personnel de mobilité, beaucoup d'enseignants se sentent emportés dans une chute statutaire liée à la dévalorisation de la fonction éducative, au déclin de l'« école républicaine ». Déclin d'autant plus fortement vécu que ces professeurs sont tentés de construire un âge d'or du prestige et de la grandeur enseignante. L'image de l'instituteur, plus que du professeur d'ailleurs, respecté, « petit notable », dit-on, reste la référence à partir de laquelle se mesure l'effondrement du statut. Parfois, la décadence paraît inscrite dans l'histoire même de l'établissement ; c'est le cas de ces anciens « grands lycées » de jeunes filles qui ont, avec la mixité, vu partir les meilleures élèves et les meilleurs professeurs vers les « grands lycées » de garçons plus prestigieux, et dans lesquels résiste un dernier bataillon de professeurs identifiés à la gloire passée.

Les longues discussions sur le niveau des élèves sont souvent l'expression de cette chute professionnelle chez quelques enseignants déçus de ne pas trouver l'image des anciens bons élèves qu'ils ont été ou qu'ils pensent avoir été. Ils perçoivent une menace directe dans l'arrivée massive d'élèves en seconde qui n'ont pas le « niveau », ce qui ne leur interdit pas de penser que quelques lycéens sont aussi bons, voire meilleurs qu'autrefois. L'impression de dévalorisation statutaire s'insinue cependant. Pour eux, avec leur statut, c'est la culture qui est directement menacée, ainsi que l'exprime avec obstination et constance la Société des agrégés. Se forge alors l'image d'une expérience lycéenne personnelle tout à fait exemplaire, associant un haut niveau de performances, un fort intérêt pour la culture, un attachement à l'école, mais aussi un esprit critique et engagé. « Dieu que l'Empire était joli sous la République !... » Et comme le passé scolaire devient, avec le temps, merveilleux !

Le problème des salaires cristallise toutes les plaintes, avec cependant un zeste de mauvaise conscience, comme s'il fallait s'excuser de se sentir mal payé. Mais, s'il est clair que le salaire est le signe du statut, la lutte pour les salaires dépasse les égoïsmes privés. Cette impression d'être emporté dans une chute ne souffre guère la contestation. Nous avions donné à un groupe d'enseignants les conclusions du livre de F. de Singly et de C. Thélot montrant que les « gens du public » étaient, à qualification égale, aussi bien traités, sinon mieux, que les « gens du privé » : personne dans le groupe n'a vraiment accepté ce fait, tant la ruine statutaire va de soi [13]. Ensuite se développe une longue plainte axée sur la comparaison avec les revenus du privé dont les voitures des beaux-frères sont le symbole. Quelquefois, la belle époque d'une notabilité professionnelle est appelée à la rescousse avec, il faut bien le dire, un oubli de la pauvreté de nombreux enseignants, le statut du professeur d'université ou de khâgne d'un grand lycée parisien, le Brichot de Marcel Proust ou Alain à Henri-IV, symbolisant la totalité de la condition enseignante. Les parents sont devenus agressifs, exigeants, méprisants parfois. Les problèmes de recrutement de nouveaux enseignants sont la manifestation la plus évidente de cette chute du statut : les postes mis au concours ne sont pas attribués ; les niveaux de recrutement baissent dangereusement ; dans certains lycées, quelques postes sont occupés par des jeunes étudiants immigrés... « Comme chez Renault, les immigrés font le boulot que les Français ne veulent plus faire. »

Les jeunes enseignants, les plus mal payés cependant, ne paraissent pas aussi sensibles à l'effondrement du statut. C'est le cas d'un professeur de sciences économiques, titulaire d'un diplôme d'une école supérieure de commerce, qui dit avoir choisi un mode de vie, une liberté personnelle, un métier « intelligent » et que « ça a un prix ». L'identification au statut paraît plus faible, le souvenir des grandeurs anciennes s'atténue ; en même temps, il est clair que « je ferai pas ce métier toute ma vie ».

Quand l'impression de déclin collectif est renforcée par une chute sociale personnelle, lorsque les acteurs descendent dans une institution qui descend elle aussi, l'idée de

13. F. de Singly, C. Thélot, *Gens du privé, Gens du public,* Paris, Dunod, 1989.

décadence et de crise emporte tout. Un professeur d'anglais ayant longtemps enseigné en Afrique, puis intégré dans le corps diplomatique, se retrouve dans un lycée de banlieue aux alentours de la cinquantaine. Tout se défait : son statut personnel, l'Éducation nationale et la société française. Le respect de la société pour les enseignants a disparu, le niveau de vie s'est écroulé, les élèves ne « s'intéressent à rien » : « J'ai le sentiment d'une démission générale et individuelle totale » ; « Y a plus de notion de service, personne n'y croit » ; « Tout est permis, il y a un désintérêt des choses du gouvernement, les gens sont entraînés dans un gouffre. »

Un autre professeur, normalien et agrégé, se retrouve enseignant de latin dans un lycée de province ; là aussi tout paraît s'effondrer, notamment le niveau des élèves et celui des collègues. Ce professeur continue à « résister » en mettant des notes négatives aux lycéens comme dans ses années de khâgne. Parfois les témoignages sont plus naïfs, comme celui de cette jeune agrégée de philosophie nommée dans un lycée de province qui raconte son expérience dans la revue *Autrement*[14]. Il s'agit de la « déportation » d'une aristocrate dans un monde médiocre, étriqué, inculte, autoritaire... Mais, là, le salut vient des élèves auxquels elle parle de Nietzsche contre les routines des programmes, avec lesquels elle fait un film et crée une relation « privilégiée » « contre » la bêtise ambiante. Il importe de se démarquer d'un monde sans grandeur, sans ambition et sans culture.

Bien sûr, de nombreux professeurs ne se reconnaîtront pas dans ces descriptions qui ne font pourtant pas du sentiment de chute une affaire d'« intérêts », les enseignants souffrant d'abord de la décadence de l'école. Mais ils y reconnaîtront certainement beaucoup de leurs collègues et le climat de nombreuses salles de profs : « J'en ai marre, tous les matins, de les entendre gémir, d'entendre ces jérémiades... » Il suffit aussi de parcourir régulière-

14. *Autrement*, « Et le lycée ça marche ? », 33, 1981.

ment le courrier des lecteurs du *Monde de l'éducation* pour se convaincre de la banalité de cette plainte. Mais il est vrai que si les manières de s'adapter à cette chute sont des plus variées, si chaque enseignant y mêle son histoire personnelle et sa sensibilité, si beaucoup paraissent s'en détacher, l'impression de dévalorisation statutaire participe du climat général où se construit l'action collective.

Appréhendé du point de vue « intérieur », des positions dans l'organisation, le statut des professeurs renvoie au tableau désormais classique de la « société bloquée »[15]. L'administration est souvent décrite de manière fort ambivalente comme toute-puissante et aveugle, absente et tatillonne. Il n'y a rien à ajouter à ce que H. Hamon et P. Rotman ont écrit à ce propos[16]. Le contrôle est lointain et bureaucratique, les carrières sont automatiques et décourageantes, mais la proximité du contrôle est perçue comme une intrusion menaçante. L'administration des établissements est contraignante, toute initiative pédagogique se heurte à mille obstacles ; toutefois, elle est aussi soupçonnée de « lâcher les profs » dès que se font jour des tensions avec les élèves, les parents ou le rectorat. « On n'est pas considérés par notre administration, on est considérés comme des pions, ça se dégrade depuis vingt ans », dit un professeur de comptabilité. « L'administration, c'est un mal nécessaire que nous percevons tous comme un vêtement sale, dit une enseignante de physique, le but d'aider un professeur, il faut pas y compter. » Comme l'observe justement J.-L. Derouet, en ce domaine le discours opte volontiers pour le ton de la dénonciation et de l'imprécation[17]. Le plus étrange est la stabilité de cette vision hostile de l'organisation, même dans les cas où les professeurs rendent hommage au dévouement et à la

15. M. Crozier, *La Société bloquée,* Paris, Éd. du Seuil, 1970.
16. H. Hamon, P. Rotman, *op. cit.*
17. J.-L. Derouet, « Désaccords et arrangements dans les collèges (1981-1986). Éléments pour une sociologie des établissements scolaires », *Revue française de pédagogie,* 83, 1988.

compétence de l'équipe de direction des établissements. La bureaucratie apparaît comme une catégorie englobante qui, du ministère à l'établissement en passant par le rectorat, n'est pas au service des professeurs.

Cette chape, trop proche et trop lointaine à la fois, est d'autant plus mal supportée que les clivages statutaires des enseignants n'instaurent pas, c'est le moins que l'on puisse dire, un climat de solidarité. D'abord déniées, les oppositions entre les agrégés, les certifiés et les maîtres auxiliaires sont vite mises en avant, que les acteurs les approuvent ou non. L'organisation de la salle des professeurs apparaît, de ce point de vue, comme la scène de ces tensions : « Quand je suis arrivée, dit une maîtresse auxiliaire, j'ai tout de suite compris que je n'étais pas un véritable prof. » « Jeune agrégée, dit une autre, j'ai été prise en charge par les agrégés déjà là, on m'a fait comprendre qui j'étais. » Les liens d'équivalence ou d'indépendance entre les compétences pédagogiques et les positions statutaires sont l'objet d'incessantes discussions, de blessures et d'amertumes quand les enseignants ont déjà une longue carrière derrière eux et pensent avoir fait leurs preuves. Elles sont plus vives encore quand les établissements accueillent un corps de professeurs hétérogène [18]. Le statut peut être porté comme un stigmate même quand les professeurs les plus diplômés ne manifestent explicitement aucune arrogance et aucun esprit de corps. Tout autorise à penser que persistent des luttes sourdes, du ressentiment et des réactions de prestance [19].

Mais on ne voit pas comment l'attribution de tâches identiques à un personnel défini par des statuts, des contraintes et des revenus différents ne pourrait pas créer des tensions plus ou moins lourdes. Si l'on ajoute à cela les

18. J.-M. Chapoulié, *Les Professeurs de l'enseignement secondaire. Un métier de classes moyennes,* Paris, Éd. de la MSH, 1987.

19. L. Tanguy, « Savoirs et rapports sociaux dans l'enseignement secondaire en France », *Revue française de sociologie,* XXIV, 1983, p. 227-254.

clivages liés aux identifications disciplinaires, ceux qui séparent les disciplines générales et les enseignements préparatoires ou des BTS, le statut d'enseignant a l'air incroyablement atomisé. Aussi les professeurs ont-ils quelques bonnes raisons de se déclarer satisfaits lorsqu'ils jugent que les relations entre collègues sont simplement « courtoises » ou indifférentes. Il s'agit, en réalité, d'un monde opaque où chacun préserve sa vie privée, son autonomie, ses activités extérieures et dans lequel se forment de petits groupes affinitaires qui ne se sentent pas liés à l'ensemble du monde enseignant.

Entre collègues et avec l'administration règnent des règles d'évitement. Dans l'ensemble, les occasions de conflit sont soigneusement contournées et, souvent, les relations limitées au strict nécessaire. Quelques enseignants avouent ne pas connaître leurs collègues et les découvrir le jour du premier conseil des professeurs. Sans doute y a-t-il des personnages, des professeurs anciens et connus, mais la règle reste l'évitement. Il est tacitement interdit de parler du métier, de porter des jugements en dehors de petits groupes intimes. Le statut protège du regard des autres sur le métier. Il va de soi, par convention, que personne ne rencontre de difficultés, que les pédagogies ne sont pas contradictoires et qu'il est presque indécent de se mêler du travail des autres, au prix d'une grande solitude parfois. Les quelques équipes pédagogiques apparaissent comme des isolats survivant difficilement au rythme des mutations et des affectations de classes. Les occasions de rencontres sont plutôt rares, la salle des profs fonctionne plus comme un hall que comme un club, les gens passent, les conversations se limitent à deux ou trois personnes, d'autres corrigent leurs copies ou attendent que la photocopieuse se libère... Vu de l'intérieur, le bloc imaginé par les élèves n'est pas très solide, et l'« espace public » de la communauté des professeurs semble ici bien restreint. En tout cas, il n'embrasse jamais l'ensemble ou la majorité du corps enseignant.

En contrepartie, dans un univers qui communique peu,

nous avons été surpris par l'importance du « marché noir » de l'information constitué par les rumeurs. Un professeur d'histoire en explique très simplement le mécanisme. Le statut des enseignants est si protecteur que la confirmation de la valeur tient au seul diplôme et à l'ancienneté. Dès lors, toutes les différences qui peuvent se présenter, avancement au choix, mutations, affectations des bonnes classes, aménagements des emplois du temps, sont fatalement attribuées aux informations recueillies par l'administration sur la réputation des enseignants. Mais cette réputation est une pure réputation, elle s'apparente à la rumeur en établissant l'image d'un bon ou d'un mauvais enseignant sans qu'interviennent jamais de débats ou de critères clairement perceptibles. Les acteurs décrivent fréquemment deux types de conduite liés à ces enjeux de réputation. La première est l'extrême susceptibilité du professeur « rendu malade » par un accrochage avec les parents, un chahut, la remarque d'un collègue... En effet, puisqu'on ne maîtrise pas ce qui fonde la réputation, tout fait sens. La seconde conduite est le « fayotage » ou le soupçon de « fayotage », lié à l'extrême dépendance à l'égard de l'administration, comme le montre la conversation suivante.

« Dès que quelqu'un sort du lot, on le soupçonne de fayotage.

— Oui, il y a des fayots.

— On fayote pour avoir les bonnes classes, les stages, on fayote pour être ici, ça vole bas.

— C'est normal, ça fait plaisir dans notre métier, on est seul, on n'a pas d'appréciations, on se défonce, on n'a pas de reconnaissance, on aimerait bien... »

Suit l'histoire d'un professeur qui « a fait une déprime » parce que le proviseur avait oublié de le remercier dans un discours aux enseignants.

« Les profs font exprès de hiérarchiser les relations avec l'administration. On force à en faire un tyran, je comprends pas. Quand tu le salues [le proviseur], on dit tu fraies avec le diable, c'est de la lèche, c'est de la trahison.

C'est infantile, c'est toujours tu m'auras pas. C'est fou, tout ce qui vient d'en haut, c'est un sale coup qui se prépare. »

La nature même de ces conduites implique leur dénégation, l'extrême susceptibilité et le « fayotage » n'appartiennent qu'aux autres.

Lorsque les sentiments de chute et de blocage se conjuguent, quelques enseignants semblent au bord de la rupture : « Le système est pourri, la confiance est perdue ; s'il n'y avait pas le stress de l'entreprise, je partirais. » Parfois, le rejet haineux du statut et du système emporte aussi le métier : « On tend vers l'entreprise privée, on a de moins en moins de vacances, à Pâques on est passé de quinze jours à douze jours... j'enseigne pour gagner ma vie, ils [les élèves] n'ont pas les bases, ils sont faibles, ils sont mal élevés, ils ne savent pas compter, ils sont démunis intellectuellement, ils ne comprennent rien, ils sont assistés, ils ne comprennent même pas la question... Ça m'intéresse pas de leur apprendre ça, le niveau est de plus en plus faible, le niveau de l'examen baisse aussi. Quelquefois, j'ai peur, ils sont infects, je sors du cours, je tremble. Ils sont pas aptes à raisonner, c'est pareil pour les filles... » Ce discours d'une chute finale englobant tout dans la haine du statut, du métier et des élèves est le seul que nous ayons entendu. Et c'est justement ce caractère isolé qui est étonnant car, contrebalançant le discours souvent négatif sur le statut, se développe la plupart du temps une conscience positive du métier.

Le métier

« Les enseignants ne racontent pas les liens affectifs avec les élèves, parce qu'ils s'imaginent qu'ils sont les seuls à avoir ces liens », dit un professeur d'espagnol. Tout autant que la mise en œuvre de savoirs et de compétences, le métier est affaire de personnalité et de relation. Cela ne signifie pas du tout que les enseignants adoptent des orientations « psychologiques », se transforment en thérapeutes des élèves ou d'eux-mêmes. Mais le métier est considéré comme la réalisation d'une activité personnelle dont l'acteur peut choisir le style, les moyens et le climat. Le métier apporte aussi des gratifications ou des déboires personnels et, donc, tourne le dos au statut, à ses règles automatiques, comme on le dit si justement, « impersonnelles ». Aussi le style choisi pour parler du métier est-il très différent de celui qui imprègne le discours relatif au statut ; les professeurs parlent, se passionnent, se confient, se laissent aller...

De nombreux enseignants parlent du métier en termes de « spectacle », « c'est comme si on montait sur scène », mais c'est un spectacle exigeant parce qu'« on veut être aimé des élèves et de tous les élèves ». Le métier implique une sorte de métamorphose et d'excitation : « J'ai le sentiment de les vampiriser, de prendre leur jeunesse. Il y a un public, mais il ne faut pas en jouer. Quand j'arrive fatiguée en cours, je reprends vigueur, je commence à exister. Si on veut pas être regardé, si on veut pas être écouté, si on a peur qu'on trouve un secret en vous, il faut pas faire ce boulot, c'est impossible, ça devient vite l'enfer. » Cette enseignante d'espagnol dit tout haut ce que d'autres suggèrent, un peu gênés par le plaisir de cette expérience, celle du silence, des regards, de la beauté même des visages... « Je suis heureux en tant que prof avec mes élèves », dit un professeur d'anglais.

Tous les cours ne procurent pas cette émotion et ce bonheur, mais chacun sait, en sortant de la classe, si « ça a marché ». « Il faut être en forme, ou alors ça passe pas. » Sans pour autant parler de spectacle, les membres du groupe de professeurs disent tous que l'entrée dans la classe transforme, que les problèmes personnels sont un moment oubliés, que le cours implique un engagement, un oubli de soi [20]. L'échec, quant à lui, est très mal supporté .

20. Cf. H. Hamon, P. Rotman, *op. cit.*

« Il y a des profs complètement démontés par le ricanement d'un élève » ; « S'il y en a un seul qui n'écoute pas, je le regarde, j'essaie de le captiver, ça me rend malade. » Cet échec peut devenir si dramatique que le cours est une épreuve, un cauchemar ; souvenons-nous de ces quelques enseignants rôdant dans les couloirs, hésitant avant d'entrer en classe, décrits par les lycéens de Villeneuve.

Le métier d'enseignant est très largement construit par chacun. Les programmes, les disciplines et les élèves exercent des contraintes, mais le professeur a le sentiment de pouvoir définir un ordre de priorités, un style, une relation, étant entendu que « le programme doit être bouclé ». A écouter les professeurs, il semble que deux grandes stratégies se dessinent. Certains professeurs parlent surtout de la discipline enseignée, du niveau à atteindre et des moyens d'y parvenir, mais cela n'implique pas forcément une conception rigide du rôle. Les mathématiciens rencontrés ont souvent l'air très centrés sur cette attitude et décrivent aisément tous les « trucs » et les techniques qui permettent de « lever les blocages » : « Ils ont été habitués, les profs de math, à avoir des élèves hypersélectionnés, et je crois que maintenant, vu l'évolution de la population, il faut qu'on change. » Deux enseignantes expliquent comment elles bougent, comment elles font se déplacer les élèves afin qu'ils comprennent les nombres négatifs.

D'autres professeurs évoquent plus volontiers les élèves que la discipline et parlent de socialisation, de stimulation de l'intérêt : « Il faut penser en termes d'initiative, de réflexion personnelle » ; « Je veux leur montrer qu'ils sont valables alors qu'on leur a toujours dit qu'ils sont nuls ; s'ils sont intéressés, ils réussissent et, s'ils réussissent, alors ils sont valorisés. » Les uns sont tentés de centrer l'enseignement sur le professeur, les autres sur le travail des élèves ; les premiers parlent de leurs cours et de leur discipline, les autres, des classes et des lycéens.

Peut-on pour autant opposer une définition étroite à

une définition élargie du rôle ? Peut-on opposer ceux qui conçoivent le métier en termes de contenu à ceux qui le pensent en termes de méthode[21] ? Cette distinction ne paraît pas fondée, car les uns et les autres ne séparent pas le contenu de la forme, tous poursuivent les mêmes objectifs : faire travailler, faire réussir les élèves et les intéresser. Par ailleurs, ils définissent leurs choix pédagogiques comme des réponses adaptées à leur public beaucoup plus nettement qu'en termes d'affirmation de principes. Ainsi n'est-il pas étonnant que les pédagogies plus centrées sur les élèves apparaissent souvent dans les classes de seconde, chez les nouveaux lycéens et dans les LP.

A l'image impersonnelle, dure et méfiante du système scolaire se juxtapose un discours émaillé d'expériences émotionnelles, douloureuses ou tendres : la lettre d'un ancien élève, les larmes d'un autre à la fin de l'année... « Je m'intéresse à eux personnellement... » La reconnaissance des élèves est le sel du métier. « Quelquefois, c'est deux ou trois ans après qu'un élève nous dit : j'ai fait ça grâce à vous. » Cependant, il s'agit d'un métier défini comme « l'art de faire travailler les élèves, de séduire, de pousser des coups de gueule, de tirer, de pousser... », dit une enseignante. On ne sait où a pu s'élaborer l'image de ces enseignants enfouis dans une psychopédagogie relationnelle, soucieuse de proximité et de fusion, d'expression, abandonnant les savoirs et le travail... Les professeurs que nous avons rencontrés veulent faire travailler leurs élèves, et les relations qu'ils tissent avec eux n'ont de sens, disent-ils, qu'à partir de cet objectif-là. C'est ainsi

21. Les sociologues britanniques ont travaillé sur ces définitions de rôles, cf. G. Esland, « Teaching and Learning as the Organization of Knowledge », *in* M.F.D. Young (éd.), *Knowledge and Control,* Londres, Collier-Mac Millan, 1971, p. 70-115 ; F. Musgrove, « The Contribution of Sociology to the Study of Curriculum », in J.-F. Kerre (éd.), *Changing the Curriculum,* Londres, University of London Press, 1968, p. 96-109.

qu'il faut comprendre le discours des professeurs de LP si soucieux de « motiver » les élèves. « Ce sont des élèves cassés, et ce que j'essaie de faire avec eux, c'est de les remotiver, c'est essayer qu'ils perdent leurs habitudes scolaires, c'est essayer qu'ils en attrapent d'autres », explique un enseignant de français qui se soucie plus des élèves que du programme. « L'école, ça les fait chier, il faut bien les motiver, y a un rouleau compresseur qui est passé », dit un professeur de mécanique. A l'opposé, le cours « traditionnel » semble mieux adapté aux « bons » élèves des « bons » lycées. Mais rien n'autorise à voir là un clivage idéologique fermement établi ou à associer ces deux postures à des « types de personnalité », car le plaisir et la souffrance d'enseigner peuvent être les mêmes dans les deux cas.

En fait, la majorité des enseignants ne se reconnaîtront pas dans ces deux figures du professeur. Lors des journées de discussions que nous avons eues avec un groupe de professeurs, la notion de « métier d'enseignant » s'est révélée impropre. En effet, le métier évoque des apprentissages formalisés et reproductibles, l'acquisition de certains tours de main transmissibles. Or, si tous ces enseignants ont accordé une place à l'habitude, au « métier » comme accumulation d'expériences et de « recettes », il est apparu que cette pratique professionnelle ressemblait plus à un « *art* », tant elle exige d'innovations, d'ouvertures aux autres et, surtout, tant son exécution rituelle est vécue comme un échec ou une faute professionnelle, un abandon, une usure. De même qu'il n'est pas concevable de réduire cet « art » à des techniques formalisées, la plupart des professeurs rencontrés n'en font pas seulement une affaire de personnalité.

La distance ressentie par les élèves est sciemment construite par les professeurs. L'un d'eux explique qu'il craint le pouvoir de séduction des élèves tout autant que de les séduire : « J'évite les rencontres personnelles, je préfère toujours qu'on soit plusieurs » ; « Je n'ai pas plusieurs casquettes, mais je suis un prof et un adulte, jamais un copain. » L'engagement de la personnalité peut sembler menaçant : « Il y a des affrontements difficiles, et il faut être très sûr de soi, très fort, pour les aborder de façon détendue, sans se cuirasser, sans se masquer », dit un professeur de lettres. « On paie de sa personne, il faut pas se laisser avoir. »

Une enquête de l'OCDE souligne la très forte identification des professeurs français à leur discipline[22]. Dans l'ordre du statut, des rapports entre collègues et avec l'administration, la chose semble peu contestable. Dans l'ordre du métier, on observe plutôt une conversion de l'identification disciplinaire vers l'« art » d'enseigner. « Je n'ai pas fait de choix réel, dit un mathématicien passionné de didactique, ça s'est fait comme ça. On a pu avoir un sentiment de rupture de contrat avec le niveau des élèves, et puis je me suis moins intéressé aux mathématiques qu'à leur enseignement... Il y a un imaginaire de la propreté, de la pureté chez les profs de math que d'autres méthodes d'apprentissage détruisent. Pour un élève, une phrase, c'est quelque chose qui sert à convaincre ; pour un prof, c'est un code et un ordre déterminés. Il faut pourtant qu'on arrive à parler. »

Un autre professeur, agrégé d'histoire, raconte lui aussi cette transformation aisée du goût pour l'histoire en intérêt pour son enseignement : « Je suis de plus en plus intéressé par l'enseignement et de moins en moins par la discipline. J'ai plus de plaisir à trouver quelque chose pour l'enseignement que quelque chose de fondamental... J'apprécie la nécessité de clarté, il a fallu que j'apprenne à m'expliquer, je trouve ça formidable. » Une enseignante, agrégée d'espagnol, explique : « Quand j'ai découvert que, pour eux, une heure d'enseignement, c'était une heure de mort, je suis devenue un prof motivé sur la dignité humaine, je ne supporte plus qu'un seul élève s'ennuie. » « Avant, ce qui m'intéressait, c'était la littéra-

22. OCDE, *Tendances nouvelles dans la formation des tâches des enseignants. L'enseignement secondaire,* Paris, 1989.

ture ; maintenant, c'est l'enseignement du français », avoue un autre professeur. « En cours de route, j'ai appris à aimer faire cours », disent ces enseignants dont le diplôme a pourtant supposé un grand investissement sur une discipline et qui admettent que la plupart de leurs connaissances ne sont pas directement utiles à leur travail. Certains, comme cet économiste, ont « découvert une grande indépendance et une impression de liberté, de faire quelque chose d'intelligent.

Bien que personne n'ose parler de vocation, les enseignants intériorisent l'image d'un rôle idéal, d'une action pédagogique « totale » touchant à la fois l'intelligence et la personnalité des élèves. Après tout, quelles sont les professions où l'on déclare : « Maintenant je suis fatigué, je suis devenu cynique, je fais mon travail sans plus », où l'on considère qu'il est cynique de faire seulement son métier ? Existe-t-il beaucoup de professions où les gens sont « déprimés » de n'avoir pas le sentiment de réussir, alors que leur carrière n'en souffre pas ? Si les professeurs ne revendiquent plus explicitement cette part de « sacré » que leur attribuait Durkheim, il reste malgré tout un stock de valeurs que l'on ne peut guère identifier à de simples rationalisations des intérêts statutaires. Il suffit de voir l'image positive du « boursier », du bon élève socialement défavorisé « sauvé » par l'école ; aujourd'hui, les jeunes filles maghrébines en sont l'incarnation.

Sans doute aussi existe-t-il une crainte de la « souillure », de l'idée selon laquelle la société « marchande » corrompt la culture. Là encore, il est souvent trop rapide de n'y voir qu'un repli frileux[23]. Si les enseignants ne « croient » plus à l'école, ils « croient » encore à leur travail et à la valeur propre de la culture qu'ils s'efforcent de faire partager : la rigueur, la rationalité et la mémoire contre l'émotion, les associations d'images, la fascination de l'événement… Chaque établissement compte ces quel-

23. M. Douglas, *De la souillure. Essai sur les notions de pollution et de tabou,* Paris, Maspero, 1974.

ques professeurs qui organisent des voyages, rencontrent les élèves, participent à des groupes d'adultes relais, gèrent des clubs, et qu'il serait injuste d'oublier, ne serait-ce que parce qu'ils rappellent que ce métier n'est pas vivable sans une certaine dose de conviction.

Bien des professeurs s'engagent, intellectuellement d'abord en ayant des « idées », en voulant faire partager des convictions et des passions. « Je m'engage, je suis pas neutre, et les parents me critiquent », dit un professeur d'histoire à Flaubert. Nous savons par les élèves que ces professeurs peuvent frôler la propagande, mais nous savons aussi que cet engagement porte la conviction et l'intérêt, qu'il brise l'indifférence de la seule recherche d'efficacité. Il n'est pas de « bon prof » qui ne soit un minimum « engagé ». D'autres adoptent un rôle social, connaissent les élèves et leurs difficultés, les aident, les mettent en contact avec des travailleurs sociaux ou des médecins. Ils ne répugnent pas à être pour les élèves « de bons adultes », comme ce professeur d'arabe de Villeneuve qui est tout autant un éducateur qu'un enseignant. Un autre encore, professeur d'économie, fait partager son intérêt pour les techniques vidéo et le cinéma ; tous les ans, il réalise un film avec une douzaine d'élèves. Il en est de sa poche, et quelques collègues n'apprécient pas un zèle qui « gâche le métier ». L'engagement est aussi pédagogique quand une équipe se constitue : « Ce qui m'intéresse, c'est l'enseignement du français, la nécessité de travailler le français en dehors du français... On a fait une équipe avec ceux qui ont cette passion. Il y a des gens différents, les conservatismes ne sont pas liés avec l'idéologie, ça n'aurait pas été imaginable il y a quelques années. »

Par ses vertus mêmes, le métier est fragile. Comme nous l'avons vu, les gratifications sont rares et subtiles, car l'enseignant ne mesure jamais précisément les effets de son travail. Une des formules les plus banales affirme qu'« on ne sert à rien pour les bons élèves, parce qu'ils seront bons de toute manière, ni pour les mauvais, parce qu'ils ne changeront pas ». Il n'y a pas de rapport stable entre ce que le professeur a le sentiment de donner et ce qu'il reçoit. « On est toujours un peu inquiets, angoissés, et il y a des profs transparents. » La « transparence » est une manière de réduire l'investissement sachant que les bénéfices seront, de toute façon, faibles. Il n'y a pas reconnaissance précise de la valeur du travail fourni ; les « mœurs » du milieu atténuent ces possibilités de reconnaissance par l'affirmation de l'égalité de principe de tous dans le métier, par l'attachement à l'anonymat du statut.

« Le métier de prof est un métier solitaire », dit un professeur d'anglais. « Gros ou petit établissement, on se retrouve toujours seul, on nous jette dans la fosse aux lions, on ne nous aide pas et on se débrouille tout seul, et à tous les niveaux... On est seul face à soi-même et on se teste. » Les enseignants ne parlent guère métier : « C'est indécent de se réunir, c'est indécent de parler du travail des autres et du sien », dit un professeur d'allemand. L'enseignant en difficulté est totalement seul, il connaît des spirales et des « noyades » proches de celles des élèves. « Il y a un découragement des profs qui est grave. Il y en a qui sont découragés, malades, je suis sûr qu'il y en a qui ont la trouille d'entrer en classe », dit un professeur de dessin. Parfois, cet isolement est revendiqué : « Tout ce que j'ai en commun avec mes collègues, c'est d'être sur la même planète ; quand je vois les conseils de classe, j'ai rien à leur dire », dit un professeur de physique.

L'indifférence se mêle aisément à l'hostilité, à l'imprécation entre « laxistes et fascistes » : « Y a des profs qui disent aux élèves qu'ils sont de la merde, c'est de la provoc, c'est fou... » « Y a des profs nuls, ils tutoient les élèves, ils sont devenus copains, c'est lamentable, quand je prends leurs élèves, le niveau ! » Ces jugements sont si peu discrets que l'on découvre vite dans un établissement que les élèves n'en ignorent rien. Les procès se mènent au nom de chacune des catégories qui définissent le rapport pédagogique. Les critiques sanctionnent, au nom du « niveau », les collègues « incultes » et « démagogues », au nom de l'« efficacité », les collègues « méprisants » et « démagogues », et, au nom de la « relation », les collègues « coincés » et « méprisants »... Les plus sages se taisent, « bonjour, bonsoir ». Il faut dire que ces jeux de dénonciation permettant à chacun de construire l'image de son propre « art » sont facilités par la présence vraisemblable dans chaque établissement de personnages un peu caricaturaux, l'aristocrate de la pensée déchu, le « prof baba et copain » et le « psy » persuadé que tout passe par le « corps » ou l'inconscient. Chacun d'eux a l'avantage de posséder une solution miracle et d'être le repoussoir des autres. Ainsi s'organise un simulacre de discussion professionnelle sur fond de loi du silence.

Le métier « use ». Il épuise d'autant plus que les professeurs ont le sentiment d'être tenus de « conquérir » chaque fois les élèves ; ni leur attention ni leur silence ne sont acquis à l'exception des « bonnes » classes des « bons lycées ». « Si je pouvais partir, je le ferais, j'essaie de faire bien par honnêteté professionnelle, pourtant j'ai voulu être prof », dit un professeur d'éducation physique en LP. « Il faut toujours être en forme, tous les ans c'est plus difficile, j'ai plus la pêche. » Parfois, l'absence de reconnaissance du travail par les collègues et l'administration entraîne un sentiment de « grande fatigue », d'« écœurement » : « Vous savez, c'est difficile sans un mot, ni merci, rien... » Une enseignante de mathématiques se plaint de ne jamais faire un cours de niveau convenable : « Ça remet en cause la motivation, à force, c'est pas très gratifiant, ça doit être agréable de travailler avec de bons élèves. » Un professeur de LP a l'air totalement dépressif : « Ça se dégrade, j'ai vu des classes agitées, mais à ce point-là... On est désemparés, il faudrait soutenir les profs. Je me demande si je vais tenir, j'ai déjà dû m'arrêter. » Quelques professeurs ont l'impression d'être toujours « au front », d'avoir à travailler avec ces nouveaux élèves mal « dégrossis » ou avec ceux dont les autres ne veulent plus ; ils rêvent du havre des bonnes classes des bons lycées et sont d'autant plus « fatigués » qu'un peu de l'indignité des élèves rejaillit sur leur réputation.

De temps à autre, la frustration est si forte que le discours s'inverse. Se révèle alors un véritable dégoût du métier et des élèves : « On recueille la lie, je me fais chier avec les élèves... Je vous parle pas du niveau incroyable des élèves et des collègues... » ; « Ils [les élèves] n'ont pas de curiosité, c'est pas la peine de discuter... Je démissionne, mais je culpabilise pas, on en bave, on se résigne, c'est un boulot qui tue. » Ces nouveaux lycéens sont des barbares, « c'est perdu d'avance, ils ont peur de penser, de réfléchir, ça les panique, ils ricanent, ils tournent tout en dérision ». Si le métier est la meilleure des choses, il est aussi la pire.

Les jeux sélectifs

Comment, dans les pratiques, s'articulent les logiques du métier et celles du statut ? Comment fonctionne ce système à double face ? Nous examinerons le cas de la sélection où les opinions et les conduites semblent sans liens. La sélection semble indépendante des professeurs qui la réalisent. En effet, tout se passe comme si elle était un pur effet de système dans lequel les opinions et les attitudes des acteurs ne comptaient pas. Des mécanismes extrêmement stables, largement comparables dans tous les établissements, sont associés aux opinions les plus diverses et parfois les plus critiques.

Rien n'est plus banal que le refus du conservatisme des « collègues » et de la hiérarchie des filières. La « tyrannie des math » est au centre de la cible. « Les profs de math ne se remettent pas en cause » ; « Les profs de math sont dans un ghetto... heureusement qu'il y a les élèves de S pour les affreux profs de math. » Les mathématiciens se défendent : « C'est une science aux vertus formatrices au même titre que les autres... Il se trouve qu'elles ont une réputation de science exacte qui permet d'évaluer de façon objective. » Mais leur rôle sélectif encombre souvent, perçu comme une demande sociale extérieure à la discipline : le poids de la technologie, les pratiques sélectives des universités et des grandes écoles : « Comme l'enseignement supérieur sélectionne avec les math, ça passe dans le lycée, c'est pas la faute des profs de math. »

Si le niveau des élèves « baisse », nombreux sont les enseignants qui pensent que les exigences du programme « montent ». En histoire, en particulier, « il y a maintenant des sujets de bac qui sont des sujets de grand oral d'agrégation... Dès la seconde il ne suffit plus d'apprendre par cœur, il faut un esprit d'analyse et de synthèse ».

« La sélection est toujours négative ; les élèves nous disent : on est mauvais », affirment des professeurs de LP. A cause de la sélection, « il y a une dévalorisation objective de nos élèves », dit un professeur de comptabilité en filière G. La sélection fausse tout : « On trouve les parents d'élèves, on veut pas leur dire que leurs enfants sont en LP par l'échec, ils sont dupés, on leur dore la pilule. » « Alors que les profs de collège sont là pour faire le tri, on est là pour leur donner confiance en eux. » Les attitudes sélectives sont critiquées autant que la sélection elle-même. « Je suis scandalisée par les appréciations sur les bulletins, les enseignants ne se rendent pas compte », dit un professeur de lettres à Joffre. C'est vrai, « certains profs sont des fachos », avoue un enseignant de physique devant un groupe d'élèves. Si le lycée est sélectif, les professeurs ne le sont pas nécessairement.

A l'opposé, on entend aussi des professions de foi sélectives. Dans un « grand » lycée technique dont les portes ont été fermées à notre recherche, la politique de l'établissement était annoncée sans ambiguïté : sélectionner les meilleurs élèves, refuser les contraintes de la carte scolaire, se lier aux entreprises prestigieuses, asseoir une réputation contre le grand lycée classique « laxiste et démagogique » voisin : Michelet. Ce discours-là a au moins l'avantage d'éviter le ridicule de couvrir d'un voile « démocratique » et « républicain » la sélection la plus féroce[24]. Certaines conduites pédagogiques sont définies comme explicitement sélectives : « On part du plus bas avec les secondes pour arriver plus haut. Un C, il devra savoir plus de choses que nous en savions à son âge. Les équations différentielles, je les ai vues en math sup. Il faut amener les C plus haut, c'est notre fonction. Même si pendant un trimestre on accueille les élèves au ralenti, au bout d'un mois ou deux, c'est fini, on a pris notre rythme de marche. » Ce professeur de mathématiques décrit ce programme devant un groupe d'élèves ; il est là pour faire des C. Dans les bons lycées, l'identification à la sélection peut sembler parfois caricaturale : « Je dis aux élèves : sans mention, votre bac C, il ne vaut rien. » Dès qu'il y a des classes préparatoires, certains enseignants travaillent explicitement au recrutement de leurs futurs élèves.

Ces attitudes tranchées et opposées n'expliquent, au fond, pas grand-chose, car la hiérarchie des filières est objective, et les jugements s'accordent pour reconnaître les bons et les mauvais élèves. Les études de A. Mingat et M. Duru sur la sélection au collège ne mettent pas en évidence le rôle des variables individuelles et des orientations idéologiques[25]. Celles de M. Gilly atténuent considérablement l'idée d'une toute-puissance de l'« effet Pygmalion » selon lequel les attentes implicites des professeurs auraient une influence déterminante sur les performances des élèves[26]. Nous pouvons tirer de cette stabilité deux conclusions : premièrement, les performances objectives des élèves ont un poids réel ; deuxièmement, chaque établissement génère une norme d'évaluation partagée par tous, indépendamment des opinions de chacun.

24. Cf. P. Deheuvels, *L'excellence est à tout le monde,* Paris, Robert Laffont, 1988.

25. M. Duru, A. Maingat, *De l'orientation en fin de cinquième au fonctionnement des collèges,* Dijon, Cahiers de l'IREDU, 1985.

26. M. Gilly, *op. cit.*

Cependant, la logique sélective est accélérée par les rivalités statutaires selon un mécanisme qui nous a surpris. Dans la construction de leur image et de leur réputation, les enseignants s'identifient beaucoup plus à leurs élèves que ces derniers ne s'identifient à leurs professeurs. Nous avons vu que les professeurs de LP partageaient l'indignité de leurs élèves et, souvent, les « défendaient » contre un système qui les avait, tous ensemble, enfermés dans cette position infamante. Quelquefois, l'hostilité envers cette « lie scolaire » est apparue si forte qu'elle ressemblait à un lapsus, un « dérapage » révélant le désir de se défaire de l'emprise de la mauvaise réputation.

A Flaubert, le mécanisme est le même, mais plus positif. Ainsi que le dit un élève : « Pour les profs, c'est : on est les meilleurs parce que vous êtes les meilleurs. » Dans les situations intermédiaires, l'identification peut aussi être positive au nom d'un devoir de promotion de tous. « Avant, quand j'étais à Michelet, je faisais un enseignement modèle des belles-lettres. Ici, au lycée des Pins, il faut s'attacher à une tâche plus humble et plus profonde. Ce que je fais me mobilise, je me sens plus propre et plus libre. Je suis d'un milieu très humble et, si j'étais resté prof de khâgne, je le vivrais comme une trahison. » Un professeur d'espagnol précise cette identification : « C'est plus gratifiant d'enseigner aux Pins plutôt qu'à Michelet, les élèves sont gentils, ils ne veulent pas écraser les autres ; si on croit en eux, ils ont des résultats. » Comme entaché par la mauvaise réputation du lycée de Villeneuve, un professeur de mathématiques reçu par le groupe de lycéens de Flaubert défend la dignité de ses élèves et la sienne par la même occasion. « Quand Joffre *nous* a rejetés, les sections G et leurs enseignants, ça a été terrible », dit un professeur du lycée Duparc.

Si l'on accepte de reconnaître la force de ces identifications positives ou négatives, la hiérarchie scolaire est aussi celle des enseignants. Avoir une bonne classe, indépendamment d'un travail plus aisé, signifie surtout que l'on est un bon professeur. En revanche, « hériter » de mauvaises classes signifie aussi que l'on est un moins bon professeur. De sourdes rivalités s'instaurent, des « luttes de classements », dirait P. Bourdieu, dont le résultat est le renforcement des logiques sélectives. Les enseignants des filières « nobles » en ferment les portes contre l'envahissement d'une médiocrité qui les ferait déchoir, alors que ceux qui veulent accéder à ces statuts ont intérêt à montrer qu'ils en sont dignes par le sérieux, la rigueur et le refus du « laxisme ». « Longtemps, pour être prof en terminale C, il fallait être nommé par l'inspecteur, c'est une caricature de l'aristocratie des profs de math. On les a toujours données à des agrégés, à des profs qui vont à toute allure, qui donnent pas d'explications aux élèves et, si on veut avoir ces classes, il faut faire pareil », dit un professeur de math lui-même agrégé et pourvu d'une terminale C.

Autrement dit, conformément à la théorie des groupes de référence, pour « monter », il faut adopter les pratiques de ceux qui sont au sommet du système et qui ont eux-mêmes tendance à les durcir afin de se protéger de ceux qui les menacent en les imitant. La hiérarchie des statuts des professeurs accroît les écarts et les barrières des hiérarchies scolaires. « Il faut rester en haut, c'est une manière de se démarquer, c'est humain, si en tant que statut on est barrés... » En termes de métier, mieux vaut produire des bons élèves ; en termes de statut, mieux vaut qu'ils restent rares.

Il resterait à vérifier de manière systématique cette hypothèse. Mais elle paraît vraisemblable. Une étude menée sur trois collègues aux caractéristiques proches, en 1987-1988, montrait de grandes différences dans les procédures sélectives. L'établissement le moins sélectif et dont les performances étaient les plus élevées était aussi celui dont l'équipe pédagogique était la plus intégrée, celui dans lequel les rivalités de statut et de prestige étaient les plus faibles. En revanche, le collège dominé par une tension latente entre « conservateurs » et « modernisateurs », « sérieux » et « laxistes », était très sélectif, ce conflit impliquant des démarquages constants sur le « niveau » des élèves, sur les « exigences ». Le troisième collège, anomique et peu régulé, confiait la sélection à l'examen final, chacun, pour le reste, s'efforçant d'avoir les bonnes classes[27].

Tout se passe comme si les rivalités statutaires, parce qu'elles mettent en jeu des rumeurs et des images, étaient identiques aux rivalités des établissements dans une même zone, les bons établissements augmentant leur niveau de recrutement et contraignant les autres à fonctionner comme leurs « poubelles »[28]. Cette hypothèse paraît d'autant plus vraisemblable que la répartition des qualités scolaires des élèves en fonction des filières n'est pas discutée, même par ceux qui la trouvent injuste. « En C, ils sont comme des poissons dans l'eau, il est plus facile d'enseigner, il y a un goût, ils sont pas faits comme les élèves de A 2. » Ils ont des comportements d'élèves avant d'avoir des conduites adolescentes. « Les C sont plus disponibles au système scolaire, ils sont moins centrés sur leurs problèmes intérieurs. Ils sont dans la norme scolaire sans apparemment en souffrir. »

Ce jugement est strictement pragmatique : « On a des types d'élèves différents. Ce n'est pas parce que les élèves de C font des math qu'ils sont meilleurs, c'est parce qu'ils sont meilleurs qu'ils font des math », dit un professeur de mathématiques. « Les bons élèves de C font les meilleures copies d'histoire, ils ont de l'étoffe et ont confiance dans leur avenir personnel », ajoute un enseignant d'histoire. Les luttes pour la formation de ces élèves ne sont pas seulement idéologiques et symboliques, elles participent aussi de la défense des intérêts professionnels bien compris.

27. D. Dubet, C.-H. Cuin *et al.*, *op. cit.*

28. R. Ballion, F. Œuvrard, *Le Choix du lycée,* Paris, Laboratoire d'économétrie de l'École polytechnique, ministère de l'Éducation nationale, 1989.

Le double visage de l'établissement

Le clivage qui est au centre de l'expérience enseignante organise aussi la vie de l'établissement. Mais il ne s'y présente pas de manière aussi aiguë que dans la tension interne à l'acteur. Il s'agit plutôt de la juxtaposition de deux fonctions : l'une de gestion et d'administration, très peu perçue par les élèves, aussi ne nous y attarderons-nous guère ; l'autre de relations avec les élèves et d'organisation d'une vie scolaire.

Pour les élèves et les professeurs, l'administration est un monde formel, lointain, souvent inaccessible. Elle se tient dans un espace protégé du lycée, interdit d'accès aux élèves, souvent le dernier endroit monumental et impressionnant, incarnant les traditions et protégeant le proviseur de contacts trop familiers. Pour réaliser cette étude, malgré la courtoisie du personnel, nous avons dû passer les barrières de ce monde encore très formaliste où les rendez-vous se prennent plusieurs semaines à l'avance, où l'on « vous introduit auprès de monsieur le proviseur », où survit une sociabilité presque anachronique plus proche de la grandeur de l'État que de la direction des entreprises. Parce qu'il est lointain, le proviseur est parfois considéré par les élèves comme un personnage « sympa, génial ». Il est la ressource ultime, celle qui pourra intervenir dans les cas les plus extrêmes. Mais, souvent, personne ne l'a jamais rencontré. Comme il se doit, la composition de l'équipe de direction autorise presque toujours l'apparition d'un « méchant », d'un « flic », d'un « fasciste », d'un « maniaque » faisant contrepoids à la bienveillance du sommet.

L'administration incarne plus distinctement l'ordre que le pouvoir. Il est vrai que, de ce point de vue, le lycée ne semble pas gouverné. C'est une machine qui tourne seule, règle quelques problèmes aigus, mais le proviseur n'est pas réellement perçu comme un « patron » ; c'est un « principe », parfois un personnage. D'ailleurs, à l'école, le pouvoir est toujours dénié et refusé ; personne ne revendique d'en posséder, et tout le monde soupçonne chacun d'en avoir trop[29]. Même le proviseur, qui détient quelques-uns des attributs formels du pouvoir, refuse la plupart du temps de se définir autrement que comme un rouage de l'administration ne pouvant réellement prendre des initiatives : les traditions, les enseignants, les syndicats, les parents, le ministère, là se tiennent les vrais pouvoirs. Il est aussi vrai que le pouvoir est faible dès lors, comme le fait remarquer un proviseur, qu'il est « quasiment impossible de sanctionner un profeseur ou de le récompenser »[30]. « Ça, c'est un drame, dit un proviseur à propos d'un enseignant qui a fait plusieurs fois le même cours à la même classe, parce que nous sommes dans un cadre très strict, un professeur, c'est un fonctionnaire, c'est une personne protégée. » L'établissement a l'air de fonctionner par la simple mise en œuvre des règlements, et les professeurs ne sont pas loin, souvent, de partager cette vision, la « classe » l'emporte totalement sur l'établissement, qui n'est, au mieux, qu'un cadre organisateur, au pire, une série d'obstacles et de contraintes.

Le lycée — rappelons que nous sommes avant l'automne 1990 — n'est jamais perçu comme un espace politique. Les élèves ignorent jusqu'à l'existence du conseil d'administration de l'établissement ou, en tout cas, ils n'en parlent pas. L'idée que des décisions se négocient leur est étrangère. Voici une anecdote qui ne démontre rien, mais donne une image. Dans un des lycées, un chercheur a assisté à une réunion préparatoire au conseil d'administration à laquelle participaient les élèves élus au conseil, quelques enseignants et quelques délégués de classe. Les professeurs,

29. P. Perrenoud, C. de Montandon (éd.), *Qui maîtrise l'école ? Politiques des institutions et pratiques des acteurs,* Lausanne, Réalités sociales, 1988.

30. De 1979 à 1982, il n'y eut qu'une seule révocation à l'Éducation nationale : « Le manque de compétence n'est pas une faute professionnelle », *Le Monde de l'éducation,* octobre 1983.

essentiellement des syndicalistes, ont dénoncé l'absence de moyens, les sureffectifs, la politique du ministère. Pour eux, « tout est politique » et se situe « au-dessus » du lycée. Les délégués élèves, tous en classe préparatoire, ont refusé l'idée d'un cahier de doléances ouvert aux élèves : « C'est une provocation, parler des méthodes, c'est faire porter le chapeau aux profs. » Pour les professeurs et l'élite des bons élèves qui veulent leur ressembler, l'établissement n'est pas un système de rapports sociaux, il n'y a pas grand-chose à débattre à l'intérieur de l'établissement. Les délégués de classe ne sont plus revenus à ces réunions.

Lors d'une rencontre entre les lycéens des Pins et un proviseur adjoint, l'interlocuteur appelle les élèves à participer comme des « citoyens » : « Maintenant, au lycée, on forme des têtes, mais on ne forme plus des hommes, ni des femmes, ni des citoyens... Tu es capable d'élire le président de la République, mais tu te laisses malmener par le prof de math. » Les élèves ne réagissent pas, tant ce discours leur semble étrange, suspect à dire vrai.

La relation des élèves à l'établissement est médiatisée par les conseillers principaux d'éducation. Peu nombreux dans les lycées, ce sont eux qui voient les élèves et, dans la plupart des établissements, ils adoptent un rôle résolument « expressif », centré sur les élèves. Deux « dragons » tout au plus ont été signalés dans deux lycées. Pour le reste, nous savons que l'image des CPE est largement positive auprès des élèves que nous avons rencontrés ; ils font partie des personnages « humains » du lycée. Ils n'endossent pleinement ni la fonction disciplinaire ni la fonction sélective de l'établissement : « Le bac représente simplement un passage, pas un objectif. Nous les préparons aussi à devenir des citoyens. »

A Villeneuve, le bureau des CPE fait office de service d'accueil et de soutien où les élèves vont se confier, se faire réconforter et prendre un café... A Michelet, le bureau est toujours ouvert, comme au lycée Duparc. « L'objectif premier est d'avoir la confiance des élèves... Mon principe premier, c'est de ne pas convoquer les élèves, c'est eux qui viennent me voir, il ne faut pas représenter une sanction. » Les lycéens sont considérés comme des adolescents, pas seulement comme des élèves : « Ici les élèves flirtent beaucoup, et c'est très bien, ça nous permet de mieux les connaître, on voit qui est avec qui. Je crois que le monde de la vie et celui de la scolarité ne doivent pas être séparés. Les cafés, c'est notre annexe. » « Que feraient des robots sans âme ? Il faut faire des gens généreux, et c'est ça qui est difficile. » Il arrive aussi que l'infirmière adopte les mêmes attitudes : « Ici, c'est un refuge pour les enfants désemparés et, quand les gosses arrivent en pleurs, il faut les soutenir... Comme la plupart des profs font leurs cours sans avoir de relations avec les élèves, c'est une niche de tendresse, les élèves semblent heureux. » Les CPE se définissent aussi comme des médiateurs entre les élèves et les enseignants : « On se tient entre le prof et l'élève quand il y a conflit, on essaie de les faire dialoguer. »

Il va de soi que cette définition de rôle ne va pas sans critiques et ressentiments contre les professeurs. Les CPE déclarent avoir choisi le camp des élèves. « Les profs s'en foutent, ils font leurs cours et c'est tout, en plus on ne peut pas agir contre un prof. » « Ils transmettent des connaissances, ils veillent à contrôler leur acquisition, mais ils s'en tiennent là ; ce qui est fait est bien fait, ils entretiennent des rapports courtois entre eux, mais ça s'arrête là. » A partir du moment où ils adoptent cette attitude, les CPE dénoncent la « façade », la nécessité hypocrite de protéger le « bloc » des professeurs parfois aux dépens des intérêts des élèves.

« Les profs ne veulent pas jouer un rôle éducatif... Ils veulent pas savoir pourquoi les élèves sont toujours absents à leurs cours. » Les CPE se sentent pris entre l'enclume et le marteau, entre l'obligation de protéger les enseignants et le devoir de défendre les élèves : « Il y a un élève qui vient se plaindre. Je sais qu'il est de bonne foi. Il me dit : Mme Untel m'a foutu à la porte, c'est pas normal parce que c'est la première fois que je suis en retard, alors qu'elle, elle est toujours en retard. Alors je dis, mais c'est là que c'est difficile de répondre... alors que faire ? Alors on essaie de ménager la chèvre et le chou parce que c'est vrai que si le prof est en retard, j'ai pas de moyens, je suis pas censeur... Je suis très gêné parce que je sais qu'il y a des profs qui se gênent pas. » « Dans les conflits, il ne faut pas que le prof perde la face, alors il y a la résistance passive des élèves, et les collègues font la politique de l'autruche. »

Dans la mesure où il ne se borne pas à la fonction disciplinaire, le rôle des CPE peut être étendu dans plusieurs directions. L'aide psychologique offre un modèle. En témoigne la grande importance accordée aux problèmes familiaux des élèves, notamment aux séparations et aux divorces. En ce domaine, les bons lycées ne sont pas préservés et les CPE interviennent pour obtenir un peu de compréhension lorsque les élèves entrent dans des périodes de turbulences familiales.

Rien ne prouve cependant que le divorce affecte les études des enfants, mais les CPE sont extrêmement sensibles aux situations qui semblent fortement connotées de tensions psychologiques[31]. Les difficultés scolaires peuvent alors être interprétées comme le produit de drames personnels, elles sont ainsi « déscolarisées », étant entendu que, la plupart du temps, elles ne peuvent pas être traitées dans l'espace proprement scolaire où les relations pédagogiques sont intangibles. « Les profs considèrent que les élèves sont des machines à apprendre, c'est tout. » « Chaque élève est une personnalité et, quand il y a une sanction à prendre, on la prend en accord avec l'élève. »

31. E. Burguière, *Nouvelles Études sur l'échec scolaire. Familles à problèmes ? Dissociations familiales et difficultés scolaires*, Paris, INRP, 1988.

Les élèves perçoivent cette extension de rôle et comprennent parfois que les CPE ont besoin de ce type de relation personnelle pour l'accomplir pleinement : « C'est en quelque sorte un cadeau qu'on leur fait en allant les voir, car ils ont toujours été sympas avec nous. » Il n'empêche que les CPE sont souvent les seuls à connaître un peu de la vie personnelle des élèves, de leurs difficultés, de leurs drames souvent, avec la toxicomanie et les tentatives de suicide, et qu'ils se considèrent comme les seuls alliés des élèves. Dans deux lycées, cette fonction a été élargie à l'infirmière et à un petit nombre d'enseignants et de parents qui forment des groupes d'adultes relais prenant en charge toute cette part de la vie qui échappe à l'école.

Auprès des nouveaux lycéens et des élèves de LP, le modèle de l'assistance sociale se superpose à celui du psychologue. « Comme les profs disent toujours qu'ils ne sont pas des assistantes sociales, il faut bien qu'on le fasse. » Ils appellent les travailleurs sociaux et « défendent » les élèves contre certaines agressions : « De toute façon, cette prof, il va falloir qu'elle se calme, parce que c'est pas la première fois qu'on me rapporte les propos racistes qu'elle a tenus. » « Je suis obligée de faire le flic, mais ce qui est gratifiant, c'est de se dire : j'ai aidé quelqu'un, et je peux vous dire qu'on découvre de ces situations !... » Enfin, un CPE adopte résolument un rôle démocratique ; il se définit comme l'avocat des délégués et de la participation des élèves. Il organise des stages de formation de délégués et dénonce violemment les conseils de classe où « ils sont envoyés à l'abattoir ». « C'est dramatique, les élèves ne veulent pas être délégués parce qu'il y a toujours des profs qui peuvent se venger, c'est facile. »

Le monde calme, courtois, souvent indifférent des lycées cache des conflits où s'affrontent des passions professionnelles plus encore que des rôles. Les CPE, quelques enseignants et une partie de l'administration défendent un modèle « domestique » et « relationnel » de l'école faisant contrepoids à l'univers du statut, de la bureaucratie et aux définitions plus étroites du métier d'enseignant[32].

Nous pouvons caractériser les établissements par la façon dont ils articulent ces deux fonctions. Dans cette perspective, Flaubert et Michelet sont les établissements les plus intégrés, car le rôle d'aide et d'appui, la reconnaissance et l'accueil de la vie juvénile y sont explicites, revendiqués et soutenus par la direction. A Flaubert, le proviseur se présente même comme un défenseur des élèves contre les excès de la sélection. Notons que, dans ces deux établissements bourgeois et réputés, il n'y a pas vraiment de débat sur les orientations pédagogiques, et il règne un accord tacite des enseignants sur le niveau des performances à produire. Il se construit l'image fonctionnelle d'une gestion convenable du dualisme de l'établissement ; les uns font travailler les élèves, les autres les « écoutent ».

Dans d'autres cas, les établissements semblent beaucoup plus éclatés, soit parce que les CPE se bornent à un rôle disciplinaire, soit surtout parce que cette fonction d'aide et d'accueil des élèves reste identifiée à quelques personnes isolées créant des « niches » au sein d'un lycée qui ne s'accorde sur aucune règle. Les établissements qui reçoivent les nouveaux lycéens paraissent relever de ce modèle qui n'en est pas un. Les LP où nous avons travaillé ont un aspect plus désorganisé encore, ni les professeurs ni les élèves n'étant capables de définir fermement les règles du jeu commun.

Il serait cependant absurde, à partir de cette recherche, de proposer une esquisse de typologie des établissements, car nous n'en avons étudié que huit et, surtout, parce qu'en ce domaine la personnalité et les choix de l'équipe de direction, notamment du proviseur, sont d'un poids déterminant. Il faut bien comprendre que ce style, ce

32. J.-L. Derouet, art. cité.

mode d'articulation des fonctions de l'établissement reposent sur une demi-douzaine de personnes, notamment le CPE, le proviseur et son adjoint. Il suffit alors d'une nomination, de la survivance d'un CPE au style de surveillant général, de tensions personnelles dans une équipe pour que règne l'accord ou pour que l'établissement ne soit qu'une coquille bureaucratique abritant des professionnels individualistes et rivaux.

⁂

En rapportant ces observations et cette brève analyse des conduites des professeurs à l'expérience des élèves, nous sommes saisis par une ressemblance : comme les élèves, les professeurs sont inscrits dans un clivage. A la distinction de l'instrumentalisme et de la recherche d'authenticité des élèves se juxtapose l'opposition fondamentale du statut et du métier chez les enseignants. Plus nettement encore que chez les élèves, cette dualité apparaît destructrice ; la logique du statut abrite et ronge en même temps celle du métier, car elle est à la fois emportée par un sentiment de chute et « coincée » par les blocages de l'organisation.

Cette dualité est normativement connotée de manière très tranchée : le système est « mauvais », alors que l'acteur est « bon ». C'est le métier qui apporte du bonheur, pas le statut. Il s'agit là d'une autre image de la « transparence et de l'obstacle » vécue par les élèves. Mais, tandis que les élèves bénéficient parfois des charmes des *Rêveries,* les professeurs s'enfoncent dans les aigreurs du Jean-Jacques des *Confessions.* En effet, le statut peut aller jusqu'à détruire le métier, cet « art » situé au centre de l'expérience commune des élèves et des professeurs.

Les thèmes du mépris et des masques sont communs aux élèves et à leurs enseignants, et l'on comprend pourquoi ils apparaissent plus destructeurs encore chez les seconds. Protégés, autonomes, préservés, les enseignants sont souvent plus malheureux que les élèves sélectionnés, contraints, menacés. Ils ne bénéficient ni du sentiment de liberté dont jouissent les lycéens, ni de la création d'un monde amical et chaleureux, ni même des plaisirs intellectuels qu'ils peuvent parfois réserver à leurs élèves. Aussi quelques-uns se prennent-ils à les détester, car le métier solitaire, privé, suppose que l'on puise en soi et que l'on se « vide » pour être acceptable. Les professeurs ne se définissent pas par un rôle, mais par la juxtaposition d'un statut et d'une « personnalité ».

9

Mouvements lycéens

Depuis 1968, le monde lycéen « explose » à intervalles irréguliers et imprévisibles. Parfois le mouvement lycéen est à la remorque des étudiants, parfois c'est lui qui prend la tête de l'action, mais toujours se dévoile une « crise » du système scolaire. Les mouvements étonnent, rien ne paraît les annoncer, ils sont toujours précédés d'un sondage commandé par un magazine décrivant l'apathie d'une « bof génération » quelques semaines avant une mobilisation que chacun avait alors prévue. Surtout, ces luttes acquièrent une extrême importance politique, comme en 1968 bien sûr, mais aussi comme en 1986 et en 1990.

Le but de ce chapitre n'est pas de raconter ces crises successives, mais d'essayer de les comprendre et de les analyser à partir de ce que nous savons maintenant de l'expérience lycéenne. En effet, on peut considérer que l'action collective est une des manifestations de cette expérience ou, plus exactement, qu'elle la mobilise en essayant de lui donner un langage structuré, des témoignages, un programme, des mots d'ordre et des formes d'action organisées. Pour effectuer cette démarche, il faut retourner au matériau de la recherche en étudiant particulièrement les réactions des lycéens aux discours des militants, en observant leurs sensibilités idéologiques et politiques.

Toutefois, le mouvement lycéen ne peut s'expliquer par la seule expérience des élèves. Il faut considérer chaque « crise » comme un événement ayant sa propre logique parce qu'il ne se développe pas dans un espace strictement scolaire. L'expérience lycéenne se transforme aussi quand elle devient action collective, qu'elle entre en contact avec une scène politique et qu'interviennent d'autres acteurs, comme les syndicats de professeurs, les partis, les médias et le gouvernement. Chaque fois, d'ailleurs, on mesure la grande distance qui sépare les directions des mouvements, les coordinations et les groupes organisés de l'action de base dans les lycées ; il en résulte des chutes et des retraits aussi spectaculaires que les explosions de mobilisations.

L'action collective lycéenne, par sa faible organisation et son caractère expressif, se donne à voir comme un « paquet » de signalisations mêlées dont il est difficile de distinguer les diverses logiques et leurs articulations sans un minimum de méthode. Aussi convient-il de repérer certaines logiques de l'action. La première d'entre elles est l'action *revendicative* : l'acteur s'efforce d'améliorer ses conditions de vie et de travail ainsi que sa position dans un système hiérarchique et organisé. La deuxième logique est celle de l'action *démocratique* par laquelle les lycéens cherchent à obtenir des droits et à augmenter leurs capacités de participation et de négociation dans les établissements, et, plus largement, dans le système éducatif. La troisième logique de l'action est celle du *mouvement social,* de l'action critique et contestataire par laquelle les acteurs mettent en cause la « nature » du système scolaire, son rapport à la société globale, élaborent des contre-projets d'éducation au nom de la justice, d'une alternative culturelle ou du droit des individus à maîtriser leur destin[1]. Nous examminerons chacun de ces niveaux de

1. La définition de ces trois niveaux de l'action sociale est empruntée à A. Touraine. Cf. *Production de la société,* Paris, Éd. du Seuil, 1973 ; *La Voix et le Regard,* Paris, Éd. du Seuil, 1978 ; *Le Retour de l'acteur,* Paris, Fayard, 1984. Le concept de mouvement social désigne l'action conflictuelle d'acteurs qui luttent pour le contrôle ou la mise en œuvre d'un modèle culturel. Dans le cadre qui nous occupe, un mouvement social lycéen aurait pour enjeu la définition et le contrôle d'un modèle éducatif dans lequel les élèves et

l'action, à la fois dans la recherche et dans une évocation sommaire de l'histoire du mouvement lycéen.

Revendications

Il va de soi que les lycéens ne sont pas très satisfaits de leurs conditions de vie et de travail. 79 % des élèves de seconde, nous apprend un sondage de la Direction des lycées et collèges, en juin 1986, associent l'école à la fatigue, 83 % des élèves de LP pensent que les journées de travail sont trop longues, et 58,9 % d'entre eux trouvent les locaux inconfortables[2]. De 1984 à 1988, les conditions d'études se sont dégradées : le pourcentage des classes de plus de 35 élèves est passé de 15,3 % à 38,8 %[3]. Nous avons vu que les lycéens connaissent souvent des conditions de vie particulièrement difficiles : bâtiments délabrés, mal chauffés, vétustes, absence de salle d'étude, centre de documentation exigu et fermé aux heures de grand usage, longueur des transports... Les professeurs et l'administration partagent ces jugements et s'étonnent même de la patience des élèves. Les cantines sont bruyantes, encombrées, et souvent, disent les élèves, « dégueulasses », sans compter qu'ils sont nombreux à n'avoir pas le temps d'y manger lorsqu'ils ne disposent que d'une heure à midi. Il est souvent plus commode et tellement plus agréable de prendre un sandwich au café voisin.

Mais, paradoxalement, cette longue liste de frustrations et de mécontements touche assez peu les élèves. On doit

les enseignants mettraient en œuvre une culture et une définition des rapports de l'école et de la société.

2. J.-P. Luppi, *La Vie des lycéens dans les établissements techniques et professionnels,* ministère de l'Éducation nationale, 1989.

3. Source DEP, ministère de l'Éducation nationale, 20 octobre 1988.

reconnaître que les « bons », voire les « très bons » lycées peuvent être extrêmement dégradés, nous en avons été souvent surpris, sans que les élèves y attachent une très grande importance. Dans les « bons » lycées, les élèves s'accommodent avec une grande indifférence, de locaux incroyablement inconfortables : fuites d'eau, plâtre tombant sur les tables, chauffage déficient... Et, lorsque les élèves de Joffre disent que « les conditions de travail sont bonnes ici », force est d'observer qu'elles sont « objectivement » les plus mauvaises que nous ayons vues. En fait, ces élèves oublient les conditions matérielles au nom du privilège d'être dans un « bon lycée ». « On a des privilèges, on les garde », « On a l'impression que la loi s'arrête aux portes du bahut, on a une loi spéciale. » Dans ce cadre, la dégradation des locaux est parfois enveloppée par le charme des vieilles bâtisses prestigieuses.

Les conditions d'études sont plus mal supportées par les nouveaux lycéens, car l'état du lycée devient alors le signe de la dévalorisation de l'établissement et de ses élèves. « Le gouvernement peut libérer des fonds pour l'Éducation nationale, mais ils doivent pas arriver au bon endroit », dit un lycéen de Villeneuve. « Comment se fait-il qu'un grand pays comme la France, qui est une grande puissance, il faut le dire, ait des écoles aussi dégradées, ce serait un pays d'Afrique, on comprendrait », ajoute un élève. Quand le délabrement ne s'inscrit plus dans les charmes du passé et le prestige actuel, il devient le signe d'un mépris. « Les élèves ont une part de responsabilité dans les dégradations, mais il faut pas exagérer, vous avez vu vous comment on nous traite ? » Au lycée Duparc, les élèves paient des repas qu'ils ne prennent pas, ils sont reçus comme des intrus à la cantine du collège qui doit les accueillir. Lorsque les parents ont souhaité voir la cantine, on leur a demandé d'annoncer leur visite : ce jour-là tout était convenable.

Si les récriminations sont vives, les revendications sont faibles. Dissonante avec le mouvement de l'automne 1990 qui a fortement insisté sur les conditions d'études, cette observation doit être précisée. Il est vrai que les élèves, notamment les nouveaux lycéens, se sentent mal traités, mais les discussions des groupes à ce propos montrent toutes que les revendications matérielles ne sont que la cristallisation d'un mécontentement bien plus large. Ainsi, une esquisse de grève au lycée des Pins mettait en avant des problèmes de matériel, absence de machines à écrire et d'ordinateurs, alors que les élèves en avaient simplement « ras le bol » du lycée, notamment de la manière dont ils étaient traités par une CPE. « Moi, je mets les conditions matérielles en dernier, les relations avec les profs et l'administration sont bien plus importantes », dit Sylvie.

On observe, semble-t-il, un « déplacement » des mécontentements vers les revendications matérielles, car il n'est pas possible d'agir directement sur les rapports sociaux, alors que les revendications matérielles sont plus acceptables pour l'administration, les enseignants et les parents. Elles permettent de s'imposer comme un acteur légitime dans un domaine où les élèves ne menacent pas les équilibres du lycée. En revanche, dans le champ pédagogique, « de toute façon, ça sert à rien, on peut rien faire ». Les orages du mécontentement s'accumulent et, en les laissant exploser sur des revendications matérielles, les lycéens se placent sur le seul terrain possible de l'action. L'unité de l'établissement est ainsi préservée, et les lycéens offrent même l'image valorisée d'élèves sérieux se battant pour leur établissement. L'administration et les syndicats trouvent un allié inattendu tant que les formes de mobilisation sont contrôlées. Il n'y a visiblement pas de corrélation précise entre les conditions matérielles d'études et les explosions lycéennes. Ce sont les établissements où règne un sentiment de marginalité qui mettent en évidence des thèmes revendicatifs. Il y aurait quelque naïveté à croire que la qualité de la cantine est au centre de l'expérience lycéenne. Mais il est plus facile de protester contre la cantine que contre le « mépris ».

En 1988, des militants de la FIDL (Fédération indépendante et démocratique des lycéens) ont mené une action revendicative exemplaire dans un lycée : en alertant la presse et la télévision, ils ont obtenu la réparation d'une gouttière inondant régulièrement le dernier étage de leur établissement. Ils sont fiers d'avoir réussi là où leur administration avait échoué, parfois d'ailleurs en se battant contre un proviseur mécontent de se faire ainsi « doubler ». Pourtant, quand ils ont rencontré les élèves de Joffre et de Michelet, cette lutte n'a pas soulevé l'enthousiasme attendu. Il faut dire qu'elle s'inscrivait dans une stratégie globale qui, partant des revendications, finirait par imposer le syndicalisme lycéen dans les établissements. Les élèves sont sceptiques devant cette démarche, même si le principe d'un droit syndical paraît acceptable. Mais l'action revendicative elle-même, se battre pour les gouttières, semble souvent un peu dérisoire : « C'est pas l'essentiel et c'est pas aux élèves de s'en occuper. » De plus, reconnaissent les militants de la FIDL, ce fut une action isolée, menée par un petit groupe qui avait pour objectif d'imposer le syndicat comme interlocuteur; le mouvement revendicatif était le moyen d'une action plus démocratique.

Tout mouvement a besoin d'un adversaire, or, au sein du lycée, la structure bureaucratique « dissout » l'adversaire. Personne n'incarne véritablement le pouvoir et les décisions se prennent toujours « au niveau supérieur ». Parce que la logique revendicative semble, en réalité, faible, les embryons de lutte observés à Villeneuve et au lycée des Pins sont fortement marqués par un caractère expressif et communautaire. On a souvent décrit les aspects ludiques et « légers » des mouvements lycéens, leur absence de « sérieux ». C'est vrai, car il apparaît vite que le mouvement se nourrit de lui-même et que l'action vit de sa propre euphorie. Comme dans toute grève, y compris les grèves ouvrières, il existe un stade de l'illusion lyrique et du bonheur de tout arrêter, de se libérer des contraintes de la vie quotidienne. Combien d'amours et d'amitiés sont nées dans les grèves lycéennes ? Loin d'invalider la portée de ces mouvements, cette « légèreté » montre aussi que l'aspect revendicatif n'est pas central et que la communauté qui se forme sera portée vers d'autres niveaux d'action.

La faiblesse de l'action purement revendicative s'explique de deux manières. D'une part, nous savons que la logique d'adaptation implique une certaine mise à distance de l'expérience scolaire et du lycée. Il est rare que les élèves se vivent pleinement comme des élèves identifiés au lycée. D'autre part, les élèves qui se sentent mal traités par leur position périphérique s'identifient moins encore à leur statut infamant. On ne lutte pas aisément à partir d'une conscience honteuse de sa position. A ce propos, il faut noter que les élèves de LP sont particulièrement peu actifs en ce domaine. Ce sont peut-être les bandes, les « casseurs » et les exclus de l'école qui sont les plus en mesure, par leur violence même, d'incarner ces luttes revendicatives en protestant contre une exclusion plus radicale.

La participation démocratique

Nous savons que les élèves définissent l'expérience lycéenne par la rencontre d'un faible contrôle social et d'une absence de droits. La lutte pour les droits pourrait alors être plus proche de la conscience des élèves. Le discours démocratique, dans notre étude, a été très nettement présent lors des rencontres des groupes avec les militants de la FIDL.

Hélène insiste fortement sur ce point devant le groupe de Joffre : « Pour moi, on n'a pas le droit de parler. Lors des conseils de classe, on nous a fait attendre trois quarts d'heure dehors, et on nous a fait entrer, on nous a dit : voilà les avis. On a eu le toupet de nous dire après : voilà, ce sont les propositions, qu'avez-vous à ajouter ? On n'a pas d'explications, rien. » Les militants en appellent au

« droit d'expression des lycéens » dans les conseils de classe, les conseils des délégués, au droit de se réunir, d'afficher, de publier un journal sans censure préalable... « Chacun doit prendre la part de pouvoir qui lui est due ; le pouvoir, il appartient à personne. » Les élèves n'ignorent pas que ces revendications sont grosses de conflits avec l'administration et les enseignants, notamment lorsqu'il s'agit de la « liberté d'orientation ».

Les militants de la FIDL connaissent les prémisses de ces conflits à travers les mille difficultés ou brimades rencontrées à propos des panneaux d'affichage, des boîtes aux lettres ouvertes aux élèves, des possibilités de se réunir. Tout devient difficile, les professeurs de gauche ne s'engagent pas réellement à les soutenir, et les autres, disent les élèves, se vengent. Les enseignants « font bloc » et n'accordent pas aux élèves un temps d'information durant leurs cours. Le règlement intérieur, une série d'obligations non assorties de droits, concerne les élèves, mais pas les enseignants, « eux, ils sont régis par le ministère », disent les militants. Le lieu réel du pouvoir est le conseil de classe ; il faut donc protéger les délégués ; la demi-douzaine de militants que nous avons rencontrés sont de bons élèves de bonnes classes, relativement préservés par leurs résultats. « Je pense qu'il y un paquet de bastilles à prendre », dit Christian de la FIDL. « Il faut susciter l'enthousiasme des élèves pour qu'ils cessent de venir ici comme dans une usine et qu'ils trouvent un projet déjà tout tracé devant eux. »

Différents des lycéens qui jouissent avant tout de leur liberté, les militants décrivent tout un climat de répression et de contrôle. Alors que les parents d'élèves ont un peu de pouvoir, « sur le papier », disent-ils, les élèves vivent sous la menace : « Le proviseur peut toujours nous convoquer devant le conseil de discipline. » Il est vrai que lorsque nous avons voulu rencontrer un groupe de lycéens membres de la FIDL dans un établissement, la négociation a été extrêmement longue, difficile, une série d'obstacles administratifs et matériels nous ont été opposés, puis nous avons été invités à rendre compte de cet entretien. Les élèves se plaignent de diverses pressions dont les lettres aux parents ne sont pas les moindres.

Dans un autre lycée, un leader a été sanctionné, menacé d'exclusion ; il se plaint amèrement de l'attitude des enseignants favorables au syndicalisme en général et silencieux ou hostiles quand un tract dénonçant les conditions de travail des élèves est apparu dans le lycée. Face à l'installation d'un syndicat, l'image du lycée libéral se renverse brusquement, et, dans certains établissements, l'idée même d'un syndicat d'élèves semble une véritable provocation. Il est vrai que les quelques lycéens qui portent cette logique savent parfaitement qu'ils entreront en conflit avec l'administration et les enseignants, et que « là, c'est du sérieux ».

Les membres des groupes sont sensibles à ce discours ; l'absence de droits est fortement ressentie. Mais les élèves n'adhèrent pas toujours à cette action qui déséquilibre leur adaptation à l'école. En effet, la revendication démocratique suppose un engagement dans les études et une prise de risque dont le prix paraît trop élevé à beaucoup d'entre eux. Le sentiment d'injustice ne se transforme pas nécessairement en action collective.

Engagements

Il n'est pas d'action collective qui n'implique des valeurs communes, une idée de la justice, des références culturelles, des indignations et des refus partagés. C'est par le détour vers la politique et la critique culturelle que le mouvement lycéen peut définir les élèves comme des sujets de l'éducation capables d'inscrire leurs revendications et leurs protestations démocratiques dans un projet critique et global dépassant les frontières de la seule école. Cette dimension de l'action a même été centrale quand le mouvement de 68 a étendu la critique de l'université et de l'école à une lutte générale contre l'école capitaliste et bourgeoise. De la même manière, le mouvement étudiant américain des années soixante liait la critique de l'université à la lutte pour la paix au Vietnam et pour les droits civils. La question qui se pose à nous est alors de savoir si ce niveau de l'action est présent, si les élèves portent de manière latente un contre-projet d'école et de société, s'ils possèdent une capacité critique leur permettant de dépasser les conflits revendicatifs et démocratiques. La lutte dans le lycée peut-elle devenir plus globale, les élèves aspirent-ils à devenir les acteurs de leur propre éducation ?

Il y a vingt ans, tout pouvait sembler politique à la jeunesse scolarisée ; aujourd'hui, la mise à distance sinon le refus de la politique dominent les attitudes des élèves. Le clivage politique majeur, celui qui crée du débat, de la tension et de la chaleur, celui qui mérite que l'on s'affronte, n'oppose pas la droite à la gauche, mais les démocrates au Front national et, plus faiblement, au Parti communiste. Cela vaut pour tous les groupes, y compris les élèves des LP, sans signifier pour autant que l'opposition de la droite et de la gauche n'a pas de sens et qu'une partie des élèves ne s'identifie pas à ces catégories. Mais, à leurs yeux, elles ne méritent ni de construire ni de briser des amitiés. Le personnage du militant ne jouit *a priori* d'aucun capital de prestige et de sympathie, tant la crainte de la récupération est constante, « vous êtes toujours récupérés, gauchistes, LCR, communistes... ».

Les élèves qui ont connu les manifestations de décembre 1986 contre la loi Devaquet n'en ont pas conçu un grand intérêt pour la politique. « C'était contre la sélection par l'argent, dit Éric à Michelet. Elle existait déjà, mais ils voulaient la légaliser. On a lutté contre la légalisation d'une chose qui existait déjà. On ne voulait pas non plus que les bons Français passent en premier, puis les mauvais Français, puis les bons Arabes, puis les mauvais Arabes... mais la politique, en fait, on s'en fout, chacun a le droit d'avoir ses idées, c'est pour ça que ça nous empêche pas d'en discuter. »

Parfois même, les opinions politiques sont décrites commme des modes, comme des « masques ». « Il y a quatre ans, c'était le plan de gauche, tout le monde devait être de gauche, en réalité, ils n'en pensent pas moins, mais le climat, il est à gauche », ajoute Richard. Flaubert, un « grand lycée de gauche », disent quelques élèves, est décrit avec la même distance ironique, comme si cette teinture-là n'était pas vraiment sérieuse. Quant aux opinions d'extrême gauche de quelques-uns, elles ne sont pas loin d'être interprétées comme une forme particulière du « snobisme », tant elles « sonnent faux » dans ce milieu.

L'opinion politique n'est pas un engagement susceptible de participer de la personnalité, elle reste une opinion. « Ça veut pas dire que tout se vaut, mais on peut bien s'entendre quand même. On peut être d'accord sur aucun point mais rester amis », explique Benoît. Les deux professeurs de philosophie invités dans les groupes sont quelque peu attristés par ces propos : l'engagement politique n'est plus une modalité de l'initiation intellectuelle. « Ceux qui sont militants, ils sont l'objet d'une espèce d'agressivité », dit Gaëlle. Comme un « look » mal choisi, l'engagement politique est un masque. A Villeneuve, ce n'est pas très différent : « Il y avait des tracts de la Jeunesse communiste, c'était très politisé, y en a un qui a pris le micro : Camarades ! C'était pas tellement le lieu, on se serait cru à un rassemblement du parti, alors je suis partie », dit Josa. Les militants invités à rencontrer les groupes de Villeneuve, Michelet et Joffre ont toujours été tenus de s'expliquer sur leurs affiliations politiques, et les questions n'étaient pas des plus chaleureuses. Aussi tous se sont-ils déclarés sans parti.

Les enseignants soulignent la disparition du militantisme politique. « Il est vrai que vingt ans de communisme et de gauchisme chez les profs, ça a laissé une terre brûlée idéologique », dit un professeur de sciences économiques et sociales. Les philosophes ressentent même un vide pédagogique par l'« absence de répondant ». « Avant, il y avait l'anarchiste, le marxiste, on savait de quel point de vue ils parlaient. » « Je le regrette, les élèves aujourd'hui sont beaucoup plus individualisés. » De leur côté, les élèves se déclarent fatigués par les débats « spontanés et obligatoires » auxquels ils n'ont pu échapper au cours de leurs études, la discussion sur le racisme étant un des classiques du genre. Le professeur d'espagnol associant son cours à l'apologie de Cuba est largement détesté, les lycéens préfèrent les enseignants qui ne se « dévoilent pas », mais sont « passionnés » et peuvent être plus subtilement identifiés par leur cours sur le traité de Versailles ou sur la Révolution française. Les lycéens que nous avons rencontrés sont des *uncommiteds,* des adolescents non engagés politiquement, méfiants, soucieux de ne pas être identifiables à une idéologie politique organisée [4]. Dans le « vrai » lycée, l'engagement n'est pas loin d'être perçu comme un plan de carrière puisque la politique est un métier.

Il serait absurde d'associer cette défiance à l'égard de la politique au vide et à l'indifférence, comme le font parfois quelques enseignants entrés en terminale en lisant Sartre et ayant découvert l'action politique en Mai 68. Le monde des lycéens est traversé par quelques idéologies et quelques valeurs difficiles à cerner parce qu'elles apparaissent d'abord comme des émotions, comme des sentiments. Là encore, le principe d'authenticité domine, ce qui ne signifie pas qu'il soit authentique lui aussi. Ces principes moraux ne se discutent pas, ils s'éprouvent, ils ne s'inscrivent pas dans une histoire sociale vécue, ils se projettent sur des événements. Aussi les lycéens regrettent-ils parfois de n'avoir pas de prétexte à nostalgie ou, plus exactement, de n'être nostalgiques que des luttes et des émotions collectives qu'ils attribuent à leurs parents. Les années soixante qui commencent avec le rock et se terminent avec un rêve de révolution, semblent parfois des années pleines

4. K. Keniston, *The Uncommiteds. Alienated Youth in American Society,* New York, Harcourt, Brace, 1965.

dont ils ont été privés et dont ils sont nostalgiques à travers la musique et les souvenirs de leurs parents. Quand nous avons dîné avec les groupes de Joffre et de Michelet à la fin de l'intervention sociologique, les lycéens n'ont chanté que les succès des sixties, ont parlé d'une représentation de la vie lycéenne et étudiante figée dans un moment qui leur semblait plus dense, plus attaché à l'image même d'une « vraie » jeunesse. Ils étaient nostalgiques de l'expérience juvénile d'une autre génération. Bref, ils se sentaient « romantiques » parce que privés d'histoire.

Mais les lycéens sont au cœur d'une autre histoire dont la valeur centrale est celle de l'autonomie individuelle dans la défiance à l'égard de l'adhésion saisie comme une illusion, la pire de toutes étant celle du militant toujours exaspérant par son assurance. Si le racisme est généralement rejeté, ce n'est pas au nom d'une ferme idéologie, celle de la fraternité des travailleurs comme dans le mouvement ouvrier, ou celle des Droits de l'homme, mais au nom d'une communication transparente et « authentique ». C'est un antiracisme de tolérance pour lequel l'antiracisme organisé et militant devient à son tour suspect, car idéologiquement construit, loin de l'expérience, politiquement connoté et « inauthentique », disent certains, car ne laissant pas la part du doute, parce qu'il transforme une attitude individuelle en devoir moraliste.

On rencontre donc dans les lycées des « climats » plus que des idéologies. Et puis les élèves se donnent le droit de ne pas savoir, de ne pas s'engager, ils ne refusent pas les incertitudes de leur âge et ne veulent pas manifester à tout propos qu'ils sont devenus adultes. Il semble clair, de ce point de vue, que la fermeté des opinions comme l'engagement politique ne sont pas considérés comme des substituts de rites de passage. Le prestige du militant plus mûr et plus adulte que ses camarades, initié par la politique et l'idéologie à l'univers adulte, le « bachelier » de Vallès, ne les touche guère. D'après les élèves, le vote est un acte relativement banalisé dans une adolescence indéfinie et chez des lycéens qui ne paraissent pas forcément pressés d'en sortir. Ainsi, le racisme est « cordialement détesté parce que c'est une mentalité », disent les élèves de Michelet. « C'est plus que de la politique, ça je peux pas. » Mais le prix de cette attitude est l'absence d'engagement : « On se dit antiracistes, mais c'est un état passif, on ne fait rien. S'il y avait un crime raciste, je crois pas qu'on ferait beaucoup, sauf si ça nous touche personnellement. »

Après l'assassinat de Malik Oussekine, les manifestations s'expliquent, disent les anciens de 1986, par la chaleur de l'événement et un sentiment de proximité. Mais « on veut pas être influencés par les idées des autres et par celles des profs ».

Les attitudes enregistrées lors de l'affaire du foulard islamique, nous étions alors au lycée des Pins et à Villeneuve, révèlent bien cette disposition d'esprit. « La seule chose qui nous gêne, c'est la soumission des filles à l'autorité de leur père. » Autrement dit, si le foulard procède d'une liberté personnelle et d'une « authenticité », il ne pose aucun problème. Mais lorsqu'un professeur déclare « de toute façon, vous allez bientôt arriver avec un foulard en cours, bientôt on vous apprendra le Coran... ça c'est dégueulasse pour la copine marocaine qui est dans classe ». Parce qu'il y a du mépris, une agression contre une amie, les élèves ont protesté, mais, au même moment, le débat sur le racisme semble rhétorique et vide.

Il faut bien admettre que ce type d'attitude est largement défensif, centré sur une sphère intime, il consiste plus à préserver une individualité qu'à changer les normes et les valeurs en cours. Les lycéens font surtout confiance à l'émotion, il se crée une disposition collective largement dominée par une tolérance qui est aussi une indifférence. « La majorité silencieuse fait taire ceux qui ont les idées trop tranchées. » « On est trop égoïstes, on a du mal à se mobiliser pour quelque chose. » « Le soir de la manifestation de Villeneuve, j'ai pleuré », dit Marion, déçue par la passivité de ses camarades, par leur manque de générosité, « tout le monde est d'accord, mais personne fait rien ». Il semble cependant, mais notre étude ne permet de déduire aucune loi, que les filles sont plus actives et plus critiques que les garçons ; elles sont plus concernées et plus indignées. Si cette impression était confirmée, comment l'expliquer ? Peut-être sont-elles plus ambitieuses et attendent-elles plus de l'école que les garçons ? Peut-être aussi sont-elles encore prises dans des formes d'éducation plus traditionnelles et plus contraignantes dont elles veulent se défaire par un engagement [5] ?

Comme le font remarquer les élèves, la politique ne les concerne pas « en tant que lycéens ». Mais on pourrait imaginer que l'expérience lycéenne elle-même soit commandée par des orientations culturelles sur lesquelles pourrait se construire une critique du modèle éducatif scolaire. Les lycéens élaborant alors une action critique à partir de leur seule position de lycéens souhaitant être éduqués « autrement ».

Seuls les quelques militants parlent clairement de cette manière et se comportent en intelligentsia critique de l'école. Ils pensent directement en termes éducatifs, affirmant que « le lycée est l'endroit où les enfants deviennent des hommes ». Ils sont aussi les seuls à refuser de manière explicite la hiérarchie des filières et l'orientation sélective. Ils développent les critiques désormais classiques de la sélection sociale à l'école et souhaitent la reconnaissance de rythmes d'apprentissage différenciés. Ce sont des élèves informés et liés à des groupes de réflexion sur l'école. Ils parlent du modèle de formation allemand et de l'utilité sociale et économique de l'école. Lecteurs du *Monde de l'éducation,* ils sont sensiblement plus informés que leurs camarades tout en étant très éloignés des utopies pédagogiques libertaires qui avaient connu quelque succès voici bientôt vingt ans.

Ces lycéens défendent le modèle traditionnel d'une

5. O. Galland, « Représentations du devenir et reproduction sociale : le cas des lycéens d'Elbeuf », *Sociologie du travail,* 8, 1988, p. 399-417.

école de la culture et de la gratuité, « la science contre le commerce qui rapporte de l'argent », et opposent l'image d'une communauté éducative à l'anonymat de la vie lycéenne. « On voudrait que ce soit une grande communauté, une grande famille dans laquelle l'éducation soit très libre, alors qu'actuellement c'est l'usine. Comme on dit, les profs, c'est dernier arrivé, premier parti, on voudrait un peu plus d'échanges entre les profs et les élèves. » « Ce qu'il faudrait, dit Christian, c'est un grand mouvement d'engagement moral. » Mais, comme le fait remarquer un élève : « La société, c'est trop vaste, la société, c'est un petit groupe d'individus ; la notion de devoir, je la sens pour un petit groupe, ça motive, ça a de la valeur. » Le discours critique des élèves reste vague, idéologiquement peu construit.

Les quelques lycéens qui parlent ainsi et s'engagent sont généralement dans les « bons » lycées, les bonnes filières, et ceux que nous avons rencontrés sont issus de milieux favorisés. Le militantisme fait office d'apprentissage de la vie politique et s'inscrit dans un projet orienté vers les instituts d'études politiques, le journalisme... Ces élèves organisent dans le lycée des débats sur le racisme, les Droits de l'homme... Une faible intelligentsia critique apparaît dans les bons établissements, là où les lycéens s'identifient suffisamment à la culture scolaire pour lui opposer quelques idées éducatives. Il est probable qu'il s'agit là de l'élite des élèves. Mais, très vite, cette critique bute sur l'absence d'adversaire social dans la mesure où l'affrontement avec les professeurs ne paraît pas possible.

Le discours critique des militants issus des nouveaux lycéens, notamment celui des Jeunesses communistes, est d'une tout autre nature. C'est un propos essentiellement revendicatif qui insiste sur l'injustice du traitement réservé aux élèves de banlieue et qui acquiert une certaine généralité par le biais de la lutte politique. « Y a l'argent, y a le pouvoir, y a tout, pourquoi ils font pas tout ? » Suit généralement une critique du budget militaire. Mais le fonctionnement de l'école et la pédagogie ne sont pas critiqués ; plus exactement, les élèves reprennent les revendications des syndicats d'enseignants sur le nombre d'élèves par classe. Ici apparaît un adversaire, le gouvernement, mais il n'est pas dans l'école, et la critique ne propose aucun autre type d'école : elle invite à la réalisation normale de la démocratisation du système scolaire.

Issus de deux types de population, ces deux discours militants, dont il ne faut pas surestimer l'impact, apparaissent comme les deux morceaux éclatés d'une éventuelle protestation lycéenne. Le premier esquisse une critique interne du fonctionnement et de la culture scolaires, mais n'élargit pas réellement cette orientation hors des murs du lycée. Le second met en cause l'injustice sociale et scolaire, sans pour autant refuser les principes de fonctionnement de l'école. Le premier est critique, mais sans « base » sociale ; le second en appelle à une « base », mais il est scolairement conservateur. Ces deux logiques sont issues de populations bien différentes : les traces d'une intelligentsia contestataire dans un cas, les nouveaux lycéens mal accueillis dans l'autre. Ces deux tendances se partageront la direction du mouvement de l'automne 1990.

De l'adaptation à l'explosion

Durant cette étude, nous avons « découvert » une « situation révolutionnaire » sans « mouvement révolutionnaire ». Pour employer un langage plus modéré et plus adéquat, la situation des lycées semble difficile sans que les élèves protestent pour autant. De manière rapide, il apparaît que les élèves sont inquiets pour leur avenir, qu'ils se sentent souvent mal traités et méprisés, et qu'ils supportent mal la sélection. Bref, ils disent en avoir « ras le bol », mais ne se mobilisent pas. Lors des rencontres que nous avons organisées entre des élèves et des militants lycéens, il est apparu que tous partageaient la même critique de leur condition. Mais les logiques d'adaptation et de mise à distance de l'école constituent des obstacles à l'action collective organisée. Celle-ci ne peut émerger que sur un mode explosif et discontinu. Il peut y avoir des ruptures et des crises lycéennes sans mouvement lycéen, et, face aux militants, l'expérience se voile alors de teintes conservatrices insoupçonnées.

Les deux groupes de Joffre et de Michelet soumis au « stimulus » militant réagissent de façon identique. Même si les revendications et les souhaits de participation sont perçus comme légitimes, ils ne méritent pas de mettre en cause les équilibres auxquels chacun est parvenu. Le passage au lycée ne dure que trois ou quatre ans et il impose un diffèrement qui affecte l'engagement dans une action collective. Les nouveaux lycéens se sentent trop étrangers au lycée pour avoir envie de le transformer. Quant aux élèves des « bons » lycées, ils ne sont pas dupes des privilèges dont ils jouissent. « On n'est pas assez honnêtes », disent ces lycéens qui n'ignorent rien des petites « magouilles » qui leur permettent d'être dans un « bon » lycée. Tous jugent aussi le système suffisamment libéral et lâche pour qu'on puisse s'y insérer de manière convenable. Ceux qui souffrent et ne s'y adaptent pas en raison de leurs échecs ne se donnent pas le droit de lutter contre un système, car, au bout du compte, ils se sentent responsables de leurs difficultés.

Ces divers arguments sont opposés de manière continue aux militants. A Michelet, par exemple, la liste s'établit ainsi. Le passage au lycée est trop bref pour s'engager. L'entrée dans la politique ferait éclater l'unité du groupe lycéen. Il n'est pas certain que l'on souhaite une diminution du nombre des élèves par classe, les effectifs larges protègent du regard des enseignants et d'un contrôle trop serré[6]. Les lycéens veulent préserver une distance et une

6. L'étude de M. Cherkaoui, *Les Paradoxes de la réussite scolaire*, Paris, PUF, 1979, montre, contrairement aux idées reçues, que le grand nombre d'élèves dans une classe favorise les enfants issus des

absence d'implication, et le fait de n'avoir pas de droits évite aussi de se sentir tenu par des devoirs. Un élève explique qu'il ne veut pas être traité comme un adulte et qu'il ne se sent « pas assez honnête pour jouer le jeu ». Une plus forte participation priverait les élèves de tous leurs espaces stratégiques, « la pompe, les absences non motivées... » « Ici il y a une loi spéciale », dit un élève en soulignant qu'il préfère négocier avec la CPE qu'avec ses parents. L'anonymat du lycée et la distance au système se révèlent positifs, car chacun peut y trouver une forme d'adaptation que l'accroissement de la participation briserait. Face au discours militant, le mécontentement des élèves se renverse, un peu à la manière des OS de l'industrie qui préfèrent parfois se protéger derrière un emploi routinier et « irresponsable » plutôt que de s'engager dans une qualification qui nécessiterait une implication plus forte. « On se dit : on a trois ans à tirer, et puis on s'en va. »

A Joffre, le discours est plus négatif encore, car la dégradation du lycée et son caractère de masse accordent plus d'autonomie. Ici, les élèves ne sont pas prêts à abandonner les joies de la liberté et de l'absence de contrôle contre une augmentation des droits qui accroîtrait les obligations. « Ce qu'on subit de l'administration, c'est pas révoltant, il y a des lycéens malheureux, mais c'est pas une période de crise. » « De toute façon, on n'aime pas assez le lycée pour se battre pour lui. On se battra pas pour les gouttières. » L'emprise du lycée n'est pas assez forte pour que les élèves se révoltent : « On n'est pas traités bien ou mal, on est juste visités, c'est tout. » Et puis, c'est pas le « fascisme » : « Si on a un problème, on prend son courage à deux mains et on va voir le proviseur » ; « La CPE, elle est très maternelle, elle aime bien venir au secours des gens. »

classes populaires, car ils échappent ainsi à un contrôle plus serré qui les défavorise. On peut évidemment imaginer que cette « loi » ne vaut plus à partir d'un certain nombre.

Les élèves rappellent les libertés dont ils bénéficient : « C'est interdit de fumer, mais on a mis des cendriers partout » ; « On a des CPE qui sont humains et sympas, on n'est pas qu'un numéro, ils savent nos noms, nos situations, c'est pas comme au collège, où on est séquestrés et tout. » L'image du lycée se renverse brusquement : « On est bien ici, il n'y a pas de problèmes. » Mais justement, répond Hélène, une militante, « moi j'adore mon lycée, et c'est justement pour ça que je veux y faire quelque chose ; et les profs ne sont pas motivés en fonction de ce qu'ils apportent, mais en fonction de ce qu'ils savent ».

En fait, c'est moins d'attachement au lycée qu'il est question que d'indifférence et d'adaptation personnelle : « On va pas s'emmerder pour ça » ; « Chacun se démerde. » Si l'on admet que l'expérience lycéenne repose sur un principe d'adaptation personnelle et d'élaboration d'une subjectivité dégagée des études, on comprend que les lycéens puissent être à la fois mécontents et indifférents, voire hostiles à toute action collective qui transformerait des équilibres précaires et passagers. Cette indifférence peut même devenir cynique quand les élèves des « bons » lycées affirment ne pas vouloir menacer leurs privilèges : « C'est dégueulasse, mais ça nous arrange. Pourquoi veux-tu qu'on renonce à des privilèges qui sont les nôtres, qui nous arrangent bien, merde quand même !... » « C'est peut-être de la lèche, mais c'est comme ça. » Les bons élèves qui se perçoivent un peu comme des survivants sont satisfaits d'être mieux traités que les autres qui « ont des profs à chier ».

On pourrait penser que ces observations ne valent que pour les privilégiés du système scolaire et que les nouveaux lycéens sont beaucoup plus sensibles au discours militant. La réunion du groupe de Villeneuve consacrée à une rencontre avec des militants proches des Jeunesses communistes montre au contraire une certaine similitude des attitudes en ce domaine. Durant l'hiver 1989, le lycée de Villeneuve a connu des mouvements de grèves et de manifestations pour protester contre l'état des locaux. L'échec de ce mouvement révèle la faiblesse du thème revendicatif dans la conscience lycéenne.

Le leader, Ambroise, parle de manière très morale et très engagée, au plus loin de la langue de bois du militantisme. La saleté de l'établissement est inacceptable, moralement choquante, car elle prouve en quelle estime les études et l'avenir des élèves sont tenus. Appuyé par la direction de l'établissement, la FCPE, les syndicats, les Jeunesses communistes, il a sorti des tracts, tenu des meetings, conduit une manifestation au rectorat.

Afin d'alléger la tâche du personnel d'entretien, il en a appelé à la dignité et à l'autodiscipline de ses camarades : il faut aussi que les élèves cessent eux-mêmes de dégrader le lycée, par les tags notamment. « Il faut faire comprendre à nos copains que c'est important, l'autodiscipline chez soi, il faut ramasser les mégots, mettre les papiers dans les poubelles... » Mais les élèves ne se sentent pas chez eux au lycée ; l'établissement leur est aussi indifférent qu'une station de RER peut l'être à un voyageur qui passe et ne s'identifie pas au décor. « Je compare pas l'établissement à chez moi, c'est plutôt comme dehors, on crache, on écrase les mégots par terre... » « Même si l'état des lieux nous enchante pas vraiment, c'est pas notre premier point de vue pour les études. » A propos des tags, un élève fait remarquer qu'ils sont un mode d'expression des élèves, « ça prouve qu'ils se sentent un peu chez eux ici c'est la zone ».

Ambroise est déçu : « On a fait notre boulot, mais les copains ne suivent pas vraiment. » Les terminales ne sont pas concernées, et les autres ont peur du « bourrage de crâne ». Pour défendre le lycée et les conditions de vie, il faudrait sinon l'aimer, du moins y être un peu attaché, or les élèves qui saccagent détestent l'établissement : « Ils arrivent au bahut en touristes et, de toute façon, ils détériorent. Ils n'aiment pas le bahut, donc ils vont tout faire pour tout massacrer.

Dans ce lycée de banlieue, la destruction de l'établissement participe du phénomène plus large dans lequel les jeunes dégradent leur quartier et des équipements sociaux qu'ils n'ont pas choisis. Sans même parler d'émeutes, les groupes de jeunes retournent leur rage contre les locaux et les institutions qui doivent les accueillir, et, de même que les maisons de jeunes et les quelques équipements sont régulièrement mis à sac, le lycée de Villeneuve est sans cesse « tagué », « graffité » et sali.

Il apparaît, lors de cette réunion, que l'action revendicative suppose un rapport positif au lycée, que les élèves y soient suffisamment attachés pour le défendre. Ce n'est pas souvent le cas. Nous savons que le lycée est faiblement intégrateur et que les élèves en aiment avant tout la vie juvénile amicale qui, elle, n'est pas directement menacée par la dégradation des locaux. Il faut dire aussi que le soutien de l'administration et des enseignants, très explicite à Villeneuve, n'enchante pas tous les élèves. « Ils sont avec nous, mais quand on va les voir, ils peuvent jamais rien faire », dit Josa. L'unanimité des revendications matérielles paraît suspecte, d'autant que « les profs, ils font pas grève ». Nathalie explique qu'il n'y a pas d'adversaire puisque, sur ces problèmes, personne n'est responsable, l'administration envoie au rectorat qui renvoie vers le gouvernement qui semble loin de Villeneuve.

Adoptons pour un moment le modèle utilitariste selon lequel l'action collective résulte d'un « calcul » individuel des acteurs mesurant le coût de leur investissement dans une lutte à l'aune des bénéfices individuels escomptés par l'obtention d'un bien collectif, comme la réparation d'une gouttière par exemple. Les lycéens sont une bonne illustration du paradoxe selon lequel les acteurs peuvent être individuellement mécontents et inquiets sans agir collectivement pour autant[7]. En effet, face au discours des militants, il apparaît que l'action collective est d'un prix individuel élevé : le passage au lycée est si bref que les bénéfices d'un changement seront recueillis par d'autres,

7. M. Olson, *Logique de l'action collective,* Paris, PUF, 1978.

la négociation de la participation avec les parents, les professeurs et l'administration a, elle aussi, un certain prix. Surtout, la logique de l'adaptation personnelle est si forte que les élèves ne veulent pas la déstabiliser pour des bénéfices nécessairement lointains tant leur distance au système paraît grande.

Ces renversements vers l'indifférence et l'adaptation personnelle ne signifient pas pour autant que le lycée coule sa vie dans des eaux calmes. Nous savons que, brusquement, ce monde se réveille, explose, puis retrouve son atonie passée. L'analyse de l'expérience lycéenne explique pourquoi il n'y a pas de mouvement, mais elle peut expliquer aussi pourquoi surgissent des crises lycéennes.

Si l'on accepte de considérer un moment le chahut comme une forme d'explosion scolaire, on voit que le chahut décrit par les élèves est très différent du « chahut traditionnel » analysé par J. Testanière[8]. « On est très copains dans la classe, mais il n'y a rien d'organisé, c'est très individuel, c'est tout. » Nous savons que les élèves ne décrivent pas les chahuts organisés, les « coups » et les canulars montés ensemble qui supposent à la fois une forte intégration du groupe et une bonne connaissance des règles et des traditions. Il n'y a guère de « folklore » lycéen.

Le chahut est décrit sous une double modalité. La première est celle du « défoulement »; « le prof trop gentil se fait déborder ». Mais on a l'impression que les lycéens n'abusent pas de ce chahut, à l'exception des élèves de LP, car ils possèdent d'autres moyens d'expression, comme l'absentéisme ou l'indifférence. « On fait autre chose en cours. » Il n'y a guère de rituel du chahut, plutôt de « grandes rigolades », le chahut anomique décrit par J. Testanière. La pression et les traditions scolaires ne

8. J. Testanière, « Chahut traditionnel et chahut anomique dans l'enseignement du second degré », *Revue française de sociologie,* VII-VIII, 1967-1968, p. 17-34.

sont pas suffisamment fortes pour que le chahut soit traditionnel et conservateur.

La seconde modalité du chahut, la plus fréquemment évoquée, est celle de la « vengeance ». Parfois, on se venge sur une victime émissaire : « On a une prof d'allemand qui est particulièrement stressante, quand on sort de là, le prof de physique, il en bave. » La vengeance peut être directe contre le mépris ou l'indifférence du prof ; le chahut est alors décrit comme une agression, une émeute élémentaire. « Déjà, lorsqu'on rendait un devoir propre, il nous le rendait de manière très sale ou alors il nous insultait. Par exemple, il y avait une handicapée l'an dernier dans la classe, ça s'est mal passé avec ce prof, il se moquait de son handicap, ça s'est très mal passé, on l'a pas accepté, on s'est révoltés et, bon, on a été vingt sur vingt-six à être virés », dit Nathalie en terminale B à Villeneuve. Nous avons déjà raconté l'histoire de cette classe du lycée des Pins qui avait chahuté un enseignant s'appliquant à ignorer le nom des élèves. « C'est simple, dans une classe qui est une première G d'adaptation, on est tous nuls, on est tous tarés, on fout tous le bordel, on est tous contre les profs », dit Laurence. Les lycéens de Brassens racontent comment, pour protester contre un professeur qui avait l'habitude de dicter son cours sans se soucier des élèves, ils avaient branché un magnétophone et quitté la salle.

Décrit de cette manière, le chahut s'apparente plus à la violence qu'au chahut traditionnel, il se présente comme une forme collective et encore « civilisée » de conflit dont l'étape ultime serait l'agression physique contre les enseignants. Ce chahut n'est pas prévu et organisé, c'est une révolte limitée, provoquée par l'accumulation de tensions et par le caractère anomique du lycée. Comme le dit un enseignant, « on n'a pas de problèmes de discipline, de toute manière, on n'a pas les moyens de la discipline ». Le sentiment de violence latente éprouvé par bien des enseignants peut alors se comprendre, le chahut étant un événement imprévisible, au fond plus agressif que rituel.

Il convient alors d'accorder la plus grande importance

aux dimensions expressives des mouvements lycéens. Les « anciens » de 1986 rencontrés en 1988, au début de cette étude, gardent de la lutte un souvenir festif et émotionnel ; il reste du mouvement la nostalgie d'une identité, d'une fête, celle du bonheur de la mobilisation elle-même. Lors des brèves manifestations parties du lycée des Pins en 1989, les élèves ne parlent pas de programme et de revendications, mais de la mobilisation elle-même, de sa chaleur, de sa joie et du courage qui consiste à rompre avec la routine. « Il y a les gens gonflés et ceux qui craignent, les poules mouillées. » Laurence décrit d'une jolie formule l'« énamourement » du mouvement : « Ils forment une grande famille, ils sont tous uniques, ils ont chacun leur personnalité. » Le mouvement est dépeint simultanément comme une fusion et une individuation, comme un démarquage des routines, une identification aux valeurs[9]. Il est, à l'opposé de la foule, vécu comme une libération subjective, une découverte d'autonomie. Ces mouvements sont des émotions où il apparaît que le bénéfice escompté est le mouvement lui-même.

L'action collective des élèves rompt avec l'expérience lycéenne plus qu'elle ne la prolonge. Elle agrège toutes les significations, construit l'identité d'un groupe dans l'événement, mais ne se transforme pas en mouvement collectif organisé, car elle « brûle » les étapes de la revendication, de la demande de participation et de la critique. C'est pour cette raison qu'elle sort immédiatement du lycée et qu'elle est construite par sa rencontre, instable nous le verrons, avec les forces et une conjoncture politiques, tout autant que par les choix stratégiques des adversaires apparus. Il nous faut donc opérer un détour par l'histoire des luttes lycéennes afin de comprendre comment l'expérience des élèves s'« accroche » à des formes d'action organisées.

9. F. Alberoni, *Le Choc amoureux. Recherche sur l'état naissant de l'amour,* Paris, Ramsay, 1980.

Des années soixante-dix à l'automne 1990

Les mouvements lycéens des années soixante-dix sont dominés par la critique culturelle et politique. Ils peuvent être conçus aujourd'hui comme l'ombre portée du gauchisme et de Mai 68 sur l'expérience lycéenne. Le mouvement est « hyper » idéologique et « hyper » politique, au point de recouvrir totalement l'expérience des élèves par une critique générale de la société refoulant les dimensions proprement revendicatives de l'action. Les problèmes scolaires sont pris dans un discours, sinon dans un projet, révolutionnaire.

Un numéro des *Temps modernes* de 1974 consacré aux lycées illustre parfaitement ce climat[10]. De manière à peine métaphorique, le lycée est défini comme une instance de normalisation et se trouve assimilé à l'hôpital psychiatrique, la prison ou l'armée. Le mouvement lycéen lui-même n'a pas à être expliqué, tant la nature sociale du lycée ne fait pas de doute. Il est, d'une part, un « appareil idéologique d'État » au service de la bourgeoisie et, de l'autre, une agence de répression, de militarisation et de contrôle écrasant une spontanéité révolutionnaire de la jeunesse qui va de soi. Ceux qui parlent en termes de réforme du système scolaire, le SNES, l'UNCAL et les communistes, sont considérés, avec toutes les nuances du discours politique de cette période, comme des « traîtres ». On parle d'enfermement et de répression scolaire, et le lien entre les luttes scolaires et les combats « exemplaires » des Lip et du Larzac semble naturel, tant l'idée d'un mouvement révolutionnaire emporte tout. Tandis que le sociologue lit tout le social à la lumière des luttes de classes ou du grand enfermement institutionnel, le pédagogue et le psychologue en appellent à la libération de l'« institué » contre l'« instituant », d'une spontanéité indéfinie contre l'ordre. La critique idéologique est abso-

10. *Les Temps modernes,* n° 340, 1974.

lue. Par exemple, un texte des *Thibault* proposé aux élèves lors d'une épreuve du bac est interprété par un des auteurs de la revue comme la manifestation d'une idéologie petite-bourgeoise, machiste et militariste.

Évidemment, le seul texte d'un élève publié dans ce numéro des *Temps modernes* paraît très en retrait : il dénonce plus modestement la bureaucratie scolaire et l'absence de conviction pédagogique des enseignants. Mais là n'est pas la question, car le mouvement lycéen ne se soucie pas réellement de l'école. Il est dominé par une logique d'exemplarité. Il va de soi que le système n'est pas réformable et que l'école n'est qu'un des rouages d'un système emporté par ses contradictions. Le livre de G. Vincent sur *Le Peuple lycéen* met bien en évidence cette disproportion entre une critique globale et une expérience lycéenne « concrète »[11]. L'excès verbal s'impose ; le système est « pourri », « hostile », « aliénant », « capitaliste ». Tandis que les militants s'identifient au combat révolutionnaire et « adhèrent », se définissant par le discours lui-même, la plupart des élèves décrits par G. Vincent aiment le sport, les vacances, la plage et les loisirs...

Ainsi, il ne paraît pas y avoir de lien entre un mouvement appuyé sur une intelligentsia scolaire soutenue par de jeunes enseignants, et la masse des élèves. Plus exactement, entre les problèmes de la société et ceux du lycée, le rapport est tout idéologique, et le mouvement avance à coups de « luttes exemplaires » révélant la « nature » profonde du système : affaire Gilles Guiot, circulaire Guichard en 1970, assassinat de Pierre Overney en 1972, loi Debré en avril 1973... La conclusion du *Peuple lycéen* est révélatrice de ce climat ; elle s'interroge plus sur la vocation révolutionnaire de la jeunesse que sur la nature des problèmes scolaires et le fonctionnement des lycées. Comme le note G. Vincent, les lycéens se caractérisent par une bonne conscience absolue ; d'emblée, les élèves sont

11. G. Vincent, *Le Peuple lycéen,* Paris, Gallimard, 1974.

définis comme des victimes identifiables au bien, tandis que les autres sont des « salauds », des hypocrites, des méchants : le péché, c'est les autres. Cette présomption d'innocence n'est plus le fort des lycéens que nous avons rencontrés, si soucieux de « transparence » et de « sincérité ».

La grande faiblesse des revendications proprement scolaires dans ce mouvement et l'émergence d'une intelligentsia politique et scolaire invalident, semble-t-il, les analyses du mouvement en termes de crise de mobilité. Conformément à la thèse de K. Keniston sur les jeunes radicaux, il semble que ce sont les bons lycées et les bons élèves, notamment les khâgneux, qui forment l'élite de la lutte[12]. Ils ne se sentent pas déclassés, car on ne comprendrait pas alors pourquoi des groupes anticipant une chute que rien n'annonce en appelleraient à une ouverture plus large encore du système qui ne ferait qu'accentuer leur déclassement. Généralement, les élites menacées recourent aux traditions, à la défense de la culture, au refus de la massification[13]. Or ce sont des thèmes strictement opposés qui orientent un mouvement presque essentiellement défini par son discours et sa vision de la société.

C'est au milieu des années soixante-dix que le mouvement s'écroule, que le gauchisme s'épuise comme les nouveaux mouvements sociaux, quand les problèmes scolaires et universitaires prennent, avec la massification et la crise économique, une plus grande autonomie. Les thèmes anticapitalistes globaux ne trouvent plus d'écho dans une population scolaire soucieuse de son avenir. La critique culturelle, la lutte politique et l'expérience scolaire se séparent. Il ne s'agit plus de préserver l'école du capitalisme, mais, au contraire, de l'adapter à l'économie et de la rendre efficace[14].

12. K. Keniston, *Young Radicals. Notes on Commiteds Youth,* New York, Harcourt Brace, 1968.

13. A. Touraine, *Le Mouvement de Mai ou le Communisme utopique,* Paris, Éd. du Seuil, 1968.

14. A. Touraine et *al., Lutte étudiante,* Paris, Éd. du Seuil, 1978.

Cette séparation met en lumière la distance entre les directions idéologiques et politiques du mouvement et les bases qui s'éloignent des assemblées générales perçues comme des espaces de manipulation et de « magouilles ». La mort du gauchisme tue un mouvement lycéen qui n'en était peut-être pas un, tant la logique idéologique et politique était éloignée des revendications scolaires. Plus exactement, Mai 68 a produit une mutation culturelle d'ouverture et de libéralisation de la vie scolaire sans réelle demande de participation et de réforme des études. Pour quelques années encore, la logique du programme commun de la gauche contribuera à définir les problèmes scolaires comme des problèmes politiques.

Le mouvement de 1986 diffère totalement de celui des années soixante-dix. Il s'identifie moins à une critique générale de la société ou de l'école qu'il n'est l'expression des mal lotis du système scolaire. Parti des nouvelles universités de banlieue, comme Villetaneuse, et des lycées, il combat le projet de loi proposé par Devaquet restreignant ou, plus exactement, contrôlant les entrées à l'université. Avec la massification de l'université, il s'agit de proposer une politique d'accès aux études supérieures rompant avec la vieille tradition de libre choix qui n'existe déjà plus dans les faits. Les arguments, certainement pas tous mauvais, sur lesquels s'appuie cette loi sont perçus par les étudiants les moins bien placés sur le marché scolaire et par les lycéens comme une menace, une volonté de fermeture, une reconnaissance légale de la dévalorisation de certains diplômes, une entrave à la liberté de choix des élèves et, avec l'augmentation du prix des inscriptions, comme une politique sélective injuste, une « politique de classe ».

Il est vrai que, dans le contexte politique de 1986 où fleurissent les discours ultralibéraux, cette loi a été perçue comme une atteinte à la tradition égalitariste et républicaine, même si les faits montraient depuis très longtemps que les valeurs des formations et des divers baccalauréats étaient des plus inégales. De plus, chacun sait que la gratuité des études supérieures est un leurre. Il reste que cette loi et le gouvernement qui la soutenait ont incarné un adversaire contre lequel les lycéens et les étudiants se sont immédiatement mobilisés avec une efficacité et une rapidité qui ont surpris.

La mobilisation est cependant restée circonscrite à la lutte contre la loi Devaquet. Les lycéens et les étudiants n'ont mis en cause ni le fonctionnement de l'école ni sa finalité. Au contraire même, le mouvement révélait un attachement à une tradition « républicaine » ne contestant ni la pédagogie, ni le type d'études, ni même une inégalité d'accès aux diverses filières de l'enseignement supérieur. Très vite, pourtant, la distance s'est creusée entre les coordinations, contrôlées par diverses fractions de l'opposition politique partiellement au pouvoir dans cette étrange période de cohabitation, et une base largement « apolitique ». La mise en lumière des leaders choisis par les médias et quelques groupes politiques a tout de suite creusé une grande distance entre la mobilisation et la masse des élèves, refusant de manière désormais habituelle les « magouilles », les combines...

La fermeture du gouvernement, le refus net et hautain du ministre de l'Éducation nationale, la violence verbale, le « sida mental » du *Figaro Magazine,* la violence, avec la mort de Malik Oussekine, ont imposé un changement de nature de la lutte. Un mouvement défensif et parfois conservateur, tant il s'abstenait de critiquer le fonctionnement de l'école, s'est transformé en protestation morale, civique et antiraciste.

Il n'est pas faux de dire que la lutte des lycéens et des étudiants est devenue la protestation « morale » d'une génération contre le libéralisme radical et la xénophobie latente de quelques-uns des hommes au pouvoir à cette époque. L'adresse politique de l'opposition aidant, avec une véritable OPA du Parti socialiste sur les leaders de la lutte et du mouvement antiraciste, n'a fait qu'accentuer ce glissement d'une lutte scolaire défensive vers une protestation politique. Comme toujours en ces circonstances, l'image du mouvement est ambiguë, car se juxtaposent une mobilisation spontanée et imprévisible dans un monde d'élèves peu organisé par les militants, et une logique politique distante de la mobilisation elle-même [15]. Les acteurs retiennent de ces luttes le souvenir d'une chaleur et d'une émotion partagées, et d'une « magouille » politique issue de la lutte et la détruisant en même temps. Le monde des lycéens et des étudiants reste tout aussi inorganisé après l'événement qu'il l'était avant. Des logiques de masse et des logiques de minorités actives se juxtaposent sans jamais réellement s'intégrer.

Alors que les mouvements des années soixante-dix enserrent la critique du lycée et de l'université dans une critique et une utopie générales, le mouvement de 1986 passe d'une lutte défensive à une protestation morale sans jamais se centrer réellement sur l'école, ses programmes, ses modes de fonctionnement et de sélection. En cela, ce mouvement d'élèves ne met pas réellement l'école en question. Plus encore, les élèves semblent étrangement peu critiques. Une étude de D. Lapeyronnie sur les étudiants montre qu'ils sont anxieux, se sentent mal traités, mais ne dégagent aucun adversaire interne à l'université et semblent, de façon un peu désespérée, se satisfaire d'une position marginale dans le système scolaire; l'important est de n'être pas exclu [16]. Quant aux étudiants relativement privilégiés des bonnes universités et des bonnes écoles, s'ils adhèrent aux protestations antiracistes et se sentent solidaires de leurs camarades, ils ne construisent plus de critique scolaire. Il ne reste rien des utopies politiques et sociales des années soixante-dix.

Le mouvement de l'automne 1990 est une sorte d'antithèse de celui des années soixante-dix, ce qui fait que

15. L. Joffrin, *Une génération morale,* Paris, Éd. du Seuil, 1987.
16. D. Lapeyronnie, *Les Étudiants et leurs études,* CADIS, EHESS, 1989.

beaucoup d'anciens « soixante-huitards » n'y ont vu qu'une mobilisation de consommateurs conservateurs. Cette image est certainement fausse. D'abord, il y a quelque chose d'aristocratique et d'injuste à traiter les lycéens de banlieue et des filières peu valorisées de « consommateurs ». Nous savons en effet que les nouveaux lycéens ou les élèves de LP qui furent à l'origine du mouvement se sentent à la fois « sauvés » et dévalorisés par l'école.

Parti des lycées de banlieue et des nouvelles populations scolaires touchées par la dévalorisation de diplômes qui restent cependant le seul espoir d'accès à l'emploi, ce mouvement n'a touché que de manière marginale les « vrais » et les « bons » lycées. « Du fric, de la thune, du pognon », voici des mots d'ordre procédant du sentiment de marginalisation scolaire observé chez ces élèves, souvent les premiers à entrer dans une école qui leur attribue les positions inférieures. Ces élèves se vivent comme étant délaissés par une massification scolaire qui les intègre pourtant. En cela, ce mouvement est extrêmement proche de l'expérience scolaire ; en tout cas, il témoigne beaucoup plus des conditions de vie et de travail des élèves que ne le firent les luttes antérieures.

Cette arrivée massive des nouveaux élèves et l'absence d'une intelligentsia lycéenne dont nous avons vu l'extrême faiblesse expliquent le discours très revendicatif et très limité du mouvement. Toutefois, parce que les revendications sont portées par ces acteurs, elles manifestent un désir d'égalité probablement plus fort que dans les mouvements précédents. Les élèves de LP apportent même une sorte d'agressivité contre les « bourges » des bons lycées qui apparaissent dans les manifestations.

Mais ce caractère étroitement revendicatif s'explique aussi par la « sponsorisation » politique et syndicale de la lutte. Jamais auparavant une « explosion » lycéenne ne s'était aussi vite découvert des directions politiquement identifiables et « contrôlées ». Les Jeunesses communistes, d'un côté, radicalisent le programme revendicatif, lient la crise des lycées à la guerre du Golfe et reprennent les revendications du SNES, moins d'élèves par classe et « revalo » des salaires, jusqu'à un point pour le moins étonnant en regard de notre étude parmi ces élèves. De l'autre côté, la FIDL paraît totalement liée aux luttes intestines du Parti socialiste et s'autoproclame leader du mouvement. La grande affaire n'est plus l'objectif des luttes, mais de savoir si le président lui-même doit être contesté. La FIDL gagne, la manifestation du 12 novembre évite l'Élysée, et le président reçoit une délégation qu'il encourage plus ou moins contre son ministre de l'Éducation et son Premier ministre. Il n'est pas jusqu'à la stratégie du ministère elle-même qui ne renforce cette logique étroitement revendicative, définissant d'emblée le problème en termes de chiffrage des besoins et encourageant les lycéens à manifester massivement pour obtenir satisfaction.

Avant même que le mouvement ne se développe, son espace est défini comme strictement revendicatif au point de parfois « déraper » sur des demandes de sécurité et de discipline étranges aux yeux de ceux qui, comme nous, sont allés observer la vie des lycées. Les diverses composantes de la majorité et de l'opposition politiques soutiennent un mouvement aux objectifs si limités que chacun y trouve quelques raisons d'espérer. Et l'on voit cette chose étonnante : un gouvernement, un président, des syndicalistes de gauche, des professeurs réactionnaires, ceux qui expliquent dans le courrier du *Monde* que les terminales C ont un niveau plus faible que les sixièmes des années soixante [17], des conseils généraux de droite farouches défenseurs de l'école libre… s'unir derrière un mouvement qui pose le problème scolaire sans jamais mettre le fonctionnement de l'école en question.

La distance entre les témoignages des élèves, leur auto-organisation et les directions du mouvement est si manifeste que très vite se constituent, en province notamment,

17. *Le Monde*, 29 novembre 1990.

des coordinations volontairement apolitiques qui veulent construire l'autonomie du mouvement, les coordinations de Toulouse ou de Brest... Comment a-t-on pu parfois juger cet apolitisme comme le masque d'un conservatisme, selon la vieille analyse sartrienne des années cinquante, alors que toutes les forces politiques conspiraient à faire du mouvement lycéen un mouvement conservateur évitant soigneusement de mettre en cause le fonctionnement de l'école ? Chacun pouvait en effet se réjouir de ce mouvement qui ne parlait que d'argent, d'intégration, d'alliance avec les professeurs, qui montrait à tous que les nouveaux lycéens adhéraient aux modèles d'une école dont ils étaient en fait exclus. Plus largement, ce mouvement semblait indiquer que le lycée pouvait accueillir en quelques années 400 000 élèves nouveaux sans que son mode de sélection, ses règles de vie, son modèle culturel et ses manières d'enseigner en soient transformés.

Sans doute, les conditions d'études se sont dégradées, sans doute aussi les élèves sont-ils angoissés par l'avenir, mais notre étude montre que l'expérience des élèves est loin de s'y réduire. Aussi faut-il lire les revendications matérielles et les tentatives d'autonomie à l'égard des coordinations comme l'esquisse d'un mouvement lycéen dans lequel les élèves voudraient se constituer comme les sujets de leurs études.

L'amertume des élèves, alors que le gouvernement a beaucoup cédé, signifie pour le moins que le mouvement était porté par un « désir d'école » informulé, confus mais rapidement confisqué, comme les premières révoltes ouvrières furent vite réduites à des problèmes de pain et à des manipulations électorales par des notables républicains mal remis de la Commune. Ainsi, la place des élèves dans l'école, leur rôle dans les conseils de classe, la nature des relations avec les enseignants, le sens des programmes et l'utilité des diplômes ont paru réglés par une ardoise de 4,5 milliards de francs. Les acteurs de l'école, les proviseurs, l'administration, les professeurs n'ont pu que se féliciter d'un face-à-face entre les élèves et le pouvoir les excluant et donnant à des revendications corporatistes, sans doute légitimes, une certaine « grandeur ».

S'il pouvait encore subsister quelques illusions, il suffit d'observer les réactions du SNES aux propositions du Conseil national des programmes voulant atténuer la sélection et la « hiérarchie perverse » des filières : « Inacceptable pour les jeunes... et pour le personnel pour lequel il aurait pour conséquence de rendre le métier plus difficile par l'accroissement de l'hétérogénéité des élèves, par la multiplication du nombre de classes, par les changements d'emploi du temps[18]. » « L'hétérogénéité » n'est ici qu'une manière élégante de désigner les nouveaux élèves issus des milieux populaires. Quant à l'affirmation du droit des élèves dans l'établissement, elle se heurte à de vives résistances chez bien des proviseurs.

Cette analyse de la confiscation d'un mouvement prend un singulier relief lorsqu'on voit comment les manifestations lycéennes ont été poreuses aux émeutes et aux violences des « casseurs » et des gangs. Il est apparu trop simple d'opposer les « bons » lycéens non réprimés aux « méchants » casseurs sévèrement punis, tant il est clair que des casseurs étaient aussi souvent des lycéens et des élèves de LP, et que, derrière les revendications, couvaient une rage et une violence dont l'école ne pourra pas se préserver en dressant un mur. Le fait que les leaders du mouvement comme les casseurs soient, les uns et les autres, issus de l'immigration indique bien que, sous la volonté d'intégration des uns et la violence des autres, le lycée est appelé à se transformer et à ne plus proposer aux nouveaux venus dans l'école l'image dégradée et humiliante, pour les élèves et les professeurs, du seul « vrai » lycée.

***

Au fil des années, le mouvement lycéen est passé d'une action culturelle et politique vers un mouvement plus

18. *Libération,* 24-25 novembre 1990.

défensif, revendicatif, centré sur les lycées et la crainte de l'avenir. Cette évolution est parallèle à la transformation du public lycéen avec l'arrivée de nouveaux élèves pris dans la situation paradoxale d'accéder aux études secondaires longues au moment où elles se dévalorisent. Mais toutes ces mobilisations, soit parce qu'elles furent très idéologiques et critiques, soit parce qu'elles sont devenues très défensives, sont des mouvements hétéronomes. Ils juxtaposent une action de masse et une lutte politique dont la logique paraît très extérieure à l'expérience lycéenne. Ce sont des mouvements qui « montent » très rapidement vers la scène politique, au point de paraître menacer les gouvernements en place, avant que de retomber dans le silence.

Il n'y a pas de mouvement lycéen, mais des explosions scolaires, car l'action entreprise ne se stabilise jamais au niveau central de l'expérience scolaire : l'établissement et le rapport pédagogique. Pour prendre une comparaison un peu risquée, tout se passe comme si le mouvement ouvrier protestait contre un gouvernement et des conditions de vie imposées sans jamais construire une action collective dans l'entreprise contre un adversaire social. Cette caractéristique, avec les brusques montées aux extrêmes qu'elle implique, provient évidemment du caractère centralisé et bureaucratique de l'Éducation nationale où l'établissement n'apparaît pas encore comme un réel niveau de décision. Seul le sommet de l'État est perçu comme un lieu pertinent de l'action, ouvrant ainsi une distance considérable entre les minorités actives et les bases mobilisées.

L'absence de mouvement lycéen procède aussi des caractéristiques de l'expérience scolaire. Les élèves n'ont pas le sentiment d'appartenir à une institution, ils mettent à distance leurs études dès qu'il s'agit d'éducation. Les relations pédagogiques sont vécues comme aléatoires et interpersonnelles, comme autant d'alvéoles indépendants au sein d'un système auquel personne ne s'identifie. En cela, les élèves ressemblent à leurs enseignants qui opposent un métier individuel et positif à un statut dévalorisé et négatif. Si l'école est un appareil, elle n'est pas une institution suffisamment intégrée pour que se lient des revendications et des projets, pour que s'y associent les luttes défensives, les désirs de participation et les aspirations culturelles. Tout y paraît dissocié, et les mouvements lycéens n'y émergent que de manière démembrée.

10

L'institution et les individus

Il nous faut aller de l'acteur au système, de la « subjectivité » de l'un à l'« objectivité » de l'autre. Que nous apprend cette recherche sur le système scolaire et sur chacune de ses « fonctions » ? Le retour au lycée est aussi celui d'un sociologue retrouvant l'école plus de vingt-cinq ans après l'avoir quittée et s'efforçant d'en saisir les changements. Comment ne pas faire appel aux souvenirs personnels surgis au fil de cette recherche ? Cet éloignement conduit, semble-t-il, vers un ton plus subjectif, celui que l'on adopte en essayant de tirer les leçons d'une étude et de mesurer la part de la recherche qui appartient au chercheur. Il est vrai que la méthode d'intervention sociologique, parce qu'elle fait du sociologue un des objets de son étude, ne permet pas de laisser croire aux lecteurs que l'expérience des lycéens que nous venons de raconter est indépendante de la manière dont elle a été lue.

Les paradoxes du lycée de masse

La formation d'un enseignement secondaire de masse est le fait dominant des trente dernières années. La vague a d'abord atteint les collèges avec l'entrée de tous les enfants en sixième dans la seconde moitié des années soixante-dix. Depuis maintenant dix ans, le flot des nouveaux élèves arrive dans les lycées, et nous savons que, réaliste ou pas, l'objectif des 80 % de bacheliers ne fait que s'inscrire dans une tendance lourde[1]. L'évolution paraît d'autant plus irrésistible que, depuis le plan Langevin-Wallon, tous les gouvernements et toutes les majorités politiques ont œuvré dans le même sens, les gouvernements de droite réalisant très largement les projets et les programmes d'une pensée de gauche en ce domaine. Les idées de justice sociale, d'accès de tous à la culture, d'utilité économique de l'éducation de masse, la volonté plus récente de lutter contre le chômage des jeunes ont été associées dans la mise en œuvre de cette transformation fondamentale, celle que nous avons observée directement avec les nouveaux lycées et les élèves de LP dont les parents n'ont, pour la plupart, jamais fait d'études secondaires longues. L'expérience scolaire des élèves éclaire sur les effets de ce changement.

Le choc déjà subi par les collèges, celui de l'hétérogénéité des publics scolaires entrant en sixième, gagne les classes de seconde des lycées. Parce que la « société », les structures sociales et les projets des familles opèrent moins directement sur le travail sélectif, c'est au système scolaire que cette tâche incombe dans le cours même des études. Ainsi la société peut-elle apparaître moins injuste en permettant au plus grand nombre de fréquenter les lycées, mais c'est le système scolaire qui devient alors plus injuste, et la sensibilité des élèves au thème de la sélection n'est que le produit du travail de triage constant réalisé par l'école. Dès la sixième, les lycéens ont l'impression d'être engagés dans une course d'obstacles où seuls les bons élèves des vrais lycées ont le sentiment de réussir la totalité du parcours.

En effet, comme le soulignent D. Hargreaves pour le cas britannique, C. Baudelot et R. Establet pour le cas français, les parcours scolaires sont largement dominés par l'échec, étant entendu que la norme d'excellence reste

1. P. Cibois, J.-J. Droesbeke, « La croissance du nombre de bacheliers est-elle modélisable et prévisible ? », *Revue française de sociologie,* XXIX, 1989, p. 425-445.

inchangée et que la plupart des nouveaux lycéens ne peuvent y satisfaire[2]. De façon à peine caricaturale, on pourrait affirmer qu'à l'exception des élèves de terminale C tous les autres ont « échoué », à un moment ou à un autre, dans leur scolarité. Si le thème du mépris est si fort dans les lycées, c'est parce que l'échec y est la chose la mieux partagée. Des sections D aux quatrièmes technologiques des LP, les lycéens ont « raté », de manière relative, leur scolarité. Sur ce registre, tous les établissements construisent une hiérarchie très sensible, renforcée aussi par la hiérarchie entre les établissements.

Les effets de cette logique sélective sur l'expérience lycéenne sont pondérés par l'origine sociale des élèves et le niveau d'ambition de leurs familles ; la filière A 2, qui est un échec pour les enfants de cadres, est un succès pour les enfants de travailleurs immigrés. Mais le cas des nouveaux lycéens indique que l'emprise du système scolaire est suffisamment forte pour ne pas totalement atténuer les effets de la sélection sur l'expérience scolaire. Ces élèves qui montent socialement en poursuivant des études ont aussi une conscience très vive de leur « indignité » scolaire. D'abord, elle leur est sans cesse rappelée par les enseignants qui s'identifient à l'excellence scolaire dominante, et, dans les établissements polyvalents, ils sont placés « en bas ». Ensuite, le processus même de la sélection continue tout au long de la carrière scolaire fait que chaque élève a bifurqué au moment où certains de ses camarades ont été orientés vers une voie plus prestigieuse. A chaque étape sélective, les critères scolaires sont plus « visibles » pour les acteurs que les critères sociaux de la sélection. Le caractère continu de la sélection fait que les acteurs en voient plus l'aspect scolaire que l'aspect social. Imaginons par exemple que les enfants favorisés soient

2. D. Hargreaves, *The Challenge of the Comprehensive School. Culture, Curriculum, Community,* Londres, Routledge and Kegan Paul, 1982 ; C. Baudelot, R. Establet, *Le niveau monte,* Paris, Éd. du Seuil, 1989.

sélectionnés selon un taux de 0.8, et les enfants défavorisés selon un taux de 0.5 ; au bout de cinq épreuves sélectives, il restera en course environ 33 % d'enfants favorisés et 3 % d'enfants défavorisés. Mais cet écart considérable en fin de parcours se fonde sur une inégalité sociale de départ relativement faible et donc peu perçue par les acteurs[3]. Ainsi, malgré de faibles mécanismes de défense, les élèves intériorisent une part de leur indignité scolaire, et plus l'école accueille de nombreux élèves, plus ils s'y sentent mal traités, même s'ils sont « objectivement » beaucoup mieux traités que ne le furent leurs parents. Il se crée alors une sorte d'engendrement mécanique de la frustration.

Le cas des élèves préparant un bac professionnel, nettement plus « positif », vient de leur situation particulière, car ils redécouvrent une mobilité scolaire après avoir connu l'échec. Ils font partie des rares lycéens qui se sentent scolairement et socialement « sauvés » par l'école. Mais rappelons que leurs camarades de BEP parlent, à propos des sections G du lycée, de l'enseignement « normal ». Cependant, ces mêmes filières restent des « poubelles » en regard du système hiérarchique dans lequel elles s'inscrivent à leur tour. Le poids de ce mécanisme est d'autant plus grand que les enseignants, de manière latente, se hiérarchisent aussi en fonction du statut scolaire des élèves qui leur sont attribués ; les lycéens les plus attachants étant les élèves en mobilité scolaire *et* sociale.

La massification du monde des élèves affecte aussi celui des professeurs en créant une hétérogénéité nouvelle. Aux anciens lycées homogènes correspondaient des professeurs eux-mêmes homogènes, agrégés ou certifiés ayant suivi des formations proches et poursuivant des objectifs voisins. Le recrutement massif a diversifié le corps enseignant, créant des différences d'autant plus vives que les professeurs se classent aussi, et, souvent, ils ne se sentent pas mieux traités que leurs élèves. Tous les établissements

3. Cf. R. Boudon, *L'Inégalité des chances dans les sociétés industrielles,* Paris, Armand Colin, 1973.

sont traversés de clivages statutaires latents que le moindre incident ranime et que révèlent l'organisation et le climat de la salle des professeurs et de la vie commune.

La massification entraîne un fractionnement continu dans lequel les plus petites différences deviennent des hiérarchies installées. Comme le montre A. Prost dans un travail sur les élèves d'Orléans : depuis le milieu des années soixante, au fur et à mesure que le nombre des élèves augmente, les écarts scolaires et sociaux entre les filières se sont accrus, les classes de C sont *relativement* plus bourgeoises aujourd'hui que ne le furent les classes de mathématiques élémentaires à l'orée des années soixante[4]. Tout le système fonctionne selon ce principe : les sections littéraires, les sections G, les sections F, les BEP sont définis par un ordre hiérarchique, et les élèves sont sans cesse pris dans cette logique de classement.

Le plus étonnant est que même ceux qui réussissent ne sont pas pleinement satisfaits, car il est rare que les matières et les performances fixant la réussite correspondent aux goûts des lycéens. La situation des élèves de C est à cet égard exemplaire : beaucoup s'y retrouvent sans apprécier particulièrement les mathématiques et la physique, alors que leurs enseignants se plaignent d'avoir affaire à de bons élèves dépourvus de « vocation » scientifique. Si ces lycéens sont fiers de leurs performances, ils ne sont pas nécessairement satisfaits de leurs études. Bref, de haut en bas, ce mode de sélection engendre les frustrations que nous avons observées chez les élèves ; les « bons » élèves n'étant pas, au bout du compte, tellement plus heureux que les « moins bons ».

Quant aux professeurs, on a l'impression que cette sélection leur pèse. Beaucoup d'entre eux se déclarent « malades », « fatigués », « découragés » par les conseils de classe qui ponctuent le long mécanisme sélectif qui était

4. A. Prost, *L'enseignement s'est-il démocratisé ?,* Paris, PUF, 1986.

beaucoup moins lourd quand le tri était réalisé en amont, quand les élèves avaient une sorte d'assurance de carrière automatique une fois entrés dans l'enseignement secondaire long. Bref, avec la massification, le « sale boulot » sélectif est entré au lycée ; il devient de moins en moins facile d'« accuser » la société lorsque la sélection se fait *intra muros*. Dans les lycées de l'élite, on pouvait à la fois enseigner à de bons élèves préalablement triés et accuser l'injustice sociale fermant les portes du lycée à la masse des enfants « méritants ». Ce n'est plus aussi facile.

L'emprise de la sélection ne définit pas seulement le cadre de l'expérience lycéenne, elle se niche en son cœur. Une de nos surprises fut d'observer l'importance des logiques stratégiques et des calculs des élèves, ce qui n'implique pas d'idéaliser des scolarités plus traditionnelles, désintéressées et « passionnées ». Certainement pas. Cependant, aux grands moments sélectifs ponctués par les examens et les compositions trimestrielles se sont substituées une évaluation et une sélection continues beaucoup plus lourdes. Comme les matières qui « paient » ne sont pas forcément celles qui intéressent, avec le monopole vécu des mathématiques et de la physique, les lycéens se présentent nettement comme des stratèges, détachés sans doute, mais en recherche d'efficacité.

La classe de seconde pour tous et la première pour les S sont ponctuées par une sélection. Si l'on ajoute à cela que les bons élèves veulent échapper à la faculté et que les autres préfèrent entrer en IUT ou en BTS, les parcours scolaires sont devenus nettement plus arides. De plus, tout se passe comme si les lycéens avaient intériorisé la dévaluation relative du baccalauréat sur le marché du travail et comme si la compétition s'était durcie pour obtenir des diplômes de moindre valeur. L'aspect instrumental et stratégique des conduites s'en trouve donc accru, la crainte d'échouer étant plus forte que la confiance dans le succès.

A côté d'une compétition « légale », les lycéens en

suggèrent une autre, celle qui concerne les choix des établissements et les diverses manières de se placer sur les bonnes filières. Là aussi, les talents stratégiques sont des plus utiles. Les élèves des « bons » et des « vrais » lycées ainsi que leurs familles apparaissent comme de véritables experts dans l'art d'utiliser le système scolaire ; le choix des collèges, celui des langues et des matières optionnelles, le choix du lycée, les loisirs intelligents, les leçons particulières, les divers services privés mettent l'élève au centre de calculs et de stratégies visant à obtenir cette petite différence qui fait toute la différence. Tout se passe comme si les mécanismes et les stratégies révélés par les chercheurs n'avaient pas de secret pour les acteurs, comme s'ils faisaient partie de la connaissance banale. Mais les élèves qui ne bénéficient pas de toutes ces ressources n'en sont pas pour autant ignorants, et chacun, dans la position où il se trouve, se livre à ces calculs jusqu'au moment où il ne peut plus rien choisir, faute de moyens.

Si l'on adopte le point de vue des élèves, il apparaît que le principe de construction de la hiérarchie et la définition de l'excellence se présentent comme une série de paliers sur une échelle unique et non comme une multiplication des critères de jugement. La véritable excellence scolaire est une ; en même temps que le système scolaire se diversifie, les critères qui le hiérarchisent restent uniques. C'est pour cette raison qu'il n'y a pas plusieurs mondes lycéens, mais un seul qui se classe et se fractionne, car les normes d'évaluation auxquelles il est soumis restent, dans tous les cas, celles de la « grande » tradition de la culture scolaire.

Vers l'établissement ?

Pour les élèves, le lycée comme collectivité et comme communauté n'existe guère. Dans tous les établissements où nous sommes allés, le lycée organise les cours et la sélection sans avoir réellement d'emprise sur la vie des élèves. Nous sommes aussi loin du « lycée caserne » rejeté en 1968, et qui « opprimait » les lycéens, que du modèle du collège anglo-saxon qui intègre ses élèves dans une vie communautaire. Le lycée se présente comme la juxtaposition d'une gestion bureaucratique des enseignements, ce qui n'est d'ailleurs pas péjoratif, et d'une vie juvénile indépendante de l'école. Quelques conseillers d'éducation, quelques proviseurs particulièrement actifs et « motivés » s'efforcent d'établir des passerelles entre ces deux mondes, mais elles ne suffisent pas à construire l'établissement.

Sans doute avons-nous observé des différences entre les lycées. Certains sont plus anomiques que d'autres. Certains même parviennent à construire un équilibre associant la liberté des élèves à l'efficacité pédagogique. Mais il n'y a pas vraiment d'établissement scolaire, c'est-à-dire des organisations mobilisées autour du même projet éducatif et possédant la capacité d'intégrer les élèves et les enseignants dans un travail collectif. Rien n'indique d'ailleurs que cela soit souhaitable, mais, de même que les élèves juxtaposent plus qu'ils n'associent une vie juvénile personnelle et des études sélectives, les enseignants séparent le métier souvent valorisé du statut rejeté ou critiqué. Pour les uns et pour les autres, le lycée est un espace créant des opportunités et des occasions de rencontres et de gratifications personnelles, il n'est pas une organisation définissant des rôles et demandant de l'adhésion. Au fond, chacun peut mettre dans l'établissement ce qu'il désire y investir, clubs et foyers pour les élèves, équipes pédagogiques pour les enseignants, sans que se crée pour autant une norme et un modèle pédagogique.

L'observation des établissements et l'appel à de très vagues souvenirs personnels ne permettent pas de définir ce type d'organisation en termes de crise. L'équipe de sociologues reste frappée par le caractère paisible de la cohabitation des adolescents et de l'école dans les lycées.

La définition très large d'un espace personnel et privé, de conduites et d'opinions que l'école ne doit pas menacer aboutit à une indifférence pacifiée permettant au plus grand nombre de lycées de vivre harmonieusement sans véritable système disciplinaire. On est loin de la petite guerre froide entre les surveillants généraux, les pions, les élèves, les anciens et les nouveaux qui faisaient l'ordinaire des lycées. Il semble aussi que la mixité ait pacifié cette vie scolaire sans rites, sans sous-cultures, sans boucs émissaires.

Toutefois, la faiblesse du cadre accentue certainement les difficultés des enseignants qui doivent construire chacun leurs propres règles disciplinaires et qui n'interviennent plus devant un public déjà acquis, réglé, préformé au silence et aux manifestations extérieures du respect. Les élèves rangés dans la cour, les classes qui se lèvent à l'arrivée du professeur, les silences obtenus d'un regard comme les débordements et les chahuts gigantesques ne sont plus l'ordinaire du lycée. Aussi de nombreux enseignants se sentent-ils abandonnés par l'administration, « livrés » aux élèves. Il est vraisemblable que la faiblesse de l'organisation et la diversification des publics contraignent les professeurs à construire leurs propres règles de fonctionnement, à reconquérir sans cesse un public qui peut toujours se replier sur le quant-à-soi d'une vie personnelle. L'absentéisme et l'indifférence menacent plus que la violence et le chahut.

Quand les élèves sont dominés par une expérience d'échec et lorsque le système d'enseignement paraît lui-même clivé, comme dans les LP, la vie juvénile devient hostile au lycée, et, là, la faiblesse de l'organisation scolaire entraîne des problèmes d'indiscipline, parfois de violences. Cependant, ces établissements parviennent aussi à « réconcilier » une partie de leurs lycéens avec l'école.

Pour les élèves, il existe une contradiction majeure entre la liberté personnelle et l'absence de droits, entre un faible contrôle social et une bureaucratie. Dans la plupart des cas, cette contradiction est rendue supportable par l'absence d'engagement, par la mise à distance de l'établissement. Mais il semble évident que ce modèle sélectif et libéral, à la fois ouvert et fermé, présente plus de difficultés pour les élèves qui ne sont pas gagnants dans la compétition scolaire et pour ceux qui sont issus de catégories sociales préparant moins efficacement à ce type de compétition et d'attitudes. Ce qui vaut pour Flaubert ou Michelet est déjà moins harmonieux à Villeneuve ou à Brassens. La formation d'une organisation scolaire, le rapprochement de la jeunesse et de l'école apparaissent comme une double construction, celle d'une intégration plus forte et celle de droits plus ouverts et mieux affirmés.

L'établissement doit alors se concevoir comme une société « politique » autorisant la reconnaissance de conflits et de négociations. Il ne peut s'agir de juxtaposer une maison des jeunes, éventuellement ornée de quelques animateurs, et un système de participation bloqué. D'ailleurs, les lycéens ne le demandent pas. Ce qu'ils accepteront comme intervention de l'établissement sur leurs conduites et leur mode de vie devra être associé à une conquête de droits. Sur ce thème, les appels à la discipline et au retour à l'ordre qui ne seraient pas liés à la définition de modes de participation des élèves, et des élèves tels qu'ils sont, pas seulement des « bons » élèves, détruiraient des modes d'ajustement relativement harmonieux et provoqueraient sans doute de grandes tensions.

La question se pose alors de savoir ce qui est négociable dans un établissement. Tant qu'il sera acquis que tout peut être discuté dès lors qu'il ne s'agit ni des programmes, ni de la sélection, ni de la pédagogie, les élèves ne s'engageront jamais dans un jeu de dupes. Plus encore, le lycée construira des modalités de participation refuges des bons élèves, augmentant ainsi leurs ressources dans la compétition scolaire. Un des acquis du mouvement de l'automne 1990 est la mise en place de nouveaux droits des délégués. Ces mesures peuvent sensiblement transformer la vie scolaire, à condition toutefois que les enseignants jouent le jeu et ne se sentent pas pris en tenaille entre les élèves et l'administration, et que se créent de véritables enjeux de négociation. Par ailleurs, une fois la chaleur de la mobilisation retombée, il ne faut certainement pas surestimer le désir de participation des élèves. Ne perdons pas de vue que le lycée est un champ d'adaptations individuelles dans lequel chaque acteur joue pour lui-même.

Le problème est identique pour les enseignants. La construction d'un établissement peut être ici définie comme le rapprochement du métier et du statut autour d'un projet collectif. Ce rapprochement est d'autant plus difficile que nous avons noté que chaque enseignant n'est pas forcément le même selon qu'il agit du point de vue du métier ou du point de vue du statut. Parce qu'il préserve une très grande autonomie du métier, le statut bureaucratique, honni par ailleurs, est défendu bec et ongles. Cet attachement au métier n'est pas, lui, strictement conservateur.

Dans le refus du travail en équipe, des projets d'établissement et des diverses mesures visant à faire du lycée autre chose qu'une simple juxtaposition de cours autonomes se dessine une forme de résistance « antitechnocratique » qui n'est pas une pure « résistance » au changement, même si peuvent s'y mêler des motifs beaucoup moins honorables comme le maintien d'une protection indépendante de la réalisation du métier. La preuve de cette ambiguïté nous est donnée par la vitalité des initiatives prises par les personnes et par les groupes qui se choisissent d'un côté, et par le conservatisme rampant et les langues de bois syndicales auxquels se heurtent la plupart des initiatives « descendues » du ministère et des directions. Ainsi l'établissement se construit par morceaux, par enclaves, par bribes, car la « relation personnelle » aux élèves reste le cœur du métier.

Le refus d'abandonner de ce que B. Bernstein appelle un code « sériel », la gestion bureaucratique de cellules identiques, les difficultés à passer vers un code « intégré » où chaque établissement construirait une partie de sa loi provienment aussi d'un sentiment d'abandon[5]. Comme le notent Y. Robert et R. Ballion, la décentralisation de l'Éducation nationale est plus une déconcentration qu'une conquête d'autonomie[6]. L'autonomie apparaît quand le centre ne sait plus définir la norme, comme l'a montré de façon exemplaire l'affaire du foulard islamique. Après de grands débats théologico-politiques, il a été convenu de rappeler la règle laïque et de demander à chaque établissement de « se débrouiller ». Il n'y avait certainement pas d'autre solution, étant entendu que la règle implique à la fois d'accueillir tous les enfants et de refuser les particularismes religieux.

Dans la période actuelle de diversification du système éducatif, de renforcement des logiques sélectives internes au système, les enseignants craignent que la régulation de fait ne soit celle du marché éducatif. La politique autonome du lycée consisterait alors essentiellement à se défaire des mauvais élèves, des mauvaises filières et à s'approcher des « donjons ». L'imaginaire « républicain » est appelé à la rescousse comme la représentation d'une norme nationale, même si chacun s'adapte comme il peut[7]. S'appuyant sur une forte sélection en amont, sur un accord quant au modèle éducatif et sur une intégration bureaucratique, le lycée traditionnel a construit une norme d'équité et dc légitimité civique, formellement juste parce que libérée des grandes épreuves sélectives et orientée vers une « grande culture ». Cette norme s'épuise.

5. B. Bernstein, *Classes et Pédagogies : visibles et invisibles,* Paris, OCDE, 1975.

6. R. Ballion, « De l'État tout-puissant, à l'usager client », *Projet,* 223, 1990, p. 17-25; Y. Robert, « Les personnels dans la rénovation », *Projet,* 223, 1990, p. 67-75.

7. Cet aspect peu intégré et « mou » des systèmes scolaires est souligné par E. Weick, « Educational Organizations and Lowly Coupled Systems », *in* M. Zey-Ferrel, M. Aiken, *Complex Organizations : Critical Perspectives,* Cleavew Scott, Foresman and Co., 1981, p. 217-226.

Il faut bien admettre que, dans les faits, la régulation du système se reconstruit en termes de marché scolaire. Par le jeu des filières, des réputations, des dérogations diverses, les établissements s'efforcent de se placer au mieux dans une hiérarchie locale. Mais, en même temps, les lycées maintiennent une certaine homogénéité bureaucratique de fonctionnement. Cela a, semble-t-il, pour effet d'accentuer non des différences, mais des écarts avec une sorte de cumul des inconvénients des deux systèmes. Le tout est supportable parce que les acteurs restent extrêmement distants par rapport au système. Mais tout laisse penser que les tensions vont se développer, car la logique de diversification appelle à la fois la définition d'une règle commune et l'autonomie croissante des établissements, plus et moins d'État.

Le modèle culturel

N'ayant été élève ni dans les « grands », ni même dans les « bons » lycées, ce n'est certainement pas par un mélange de déception et de nostalgie que nous avons souligné la distance des élèves à l'égard d'une « grande culture scolaire » dont ne restent plus que ces traces à Flaubert. L'« évidence » de la grande culture forgeant l'éducation parce que la socialisation est déjà réalisée ne s'impose pas. Le lycée n'est pas une institution éducative au sommet de laquelle règne un modèle culturel, une image organisée des valeurs et de la « nature humaine » à réaliser.

Mais ceux qui parlent de vide, de décadence et de chute ont tort, car le lycée n'est pas culturellement vide. Ce n'est pas la diffusion d'une culture tombant du sommet vers la base qui donne sa dimension éducative au lycée. Ce sont des relations sociales. Les rencontres des élèves et des professeurs sont autant d'expériences particulières que les lycéens et les enseignants perçoivent comme des moments un peu « suspendus », discontinus. Le métier des uns et l'intérêt des autres se croisent sans se figer dans les attentes de rôles rigoureuses qui définissent une institution. Ainsi, bien des élèves sont déçus, amers et se sentent méprisés, alors que les enseignants qui acceptent ce jeu ont chaque fois l'impression de « jouer leur peau », se replient sur le métier et la pédagogie.

La force du thème du mépris révèle un changement de perspective et de sensibilité, elle indique à quel point, des deux côtés, la relation pédagogique engage des personnes plus que des personnages. Les élèves jouent « en tant que personnes » et se sentent aujourd'hui vulnérables, alors que nous avons l'impression, mais sans doute est-ce bien fragile et personnel, que les manifestations du mépris et de l'indifférence étaient nettement plus visibles et dépourvues de mauvaise conscience dans les lycées traditionnels. Pourtant, elles n'étaient pas ressenties aussi vivement. Si un adolescent éprouve aujourd'hui quelques difficultés à parler à un professeur, la chose était presque impossible et souvent impensable au début des années soixante. De leur côté, les enseignants ressentent la même impression de mépris parce qu'ils ne sont plus « soutenus », le métier se sépare du statut, et le respect n'est plus garanti.

Après avoir fonctionné comme une institution de socialisation, comme une Église croit-on aujourd'hui, le lycée accomplit maintenant cette tâche sans avoir le sentiment de la maîtriser. Il n'y a même plus de cérémonies, de rites, de symboles collectifs donnant une image au modèle éducatif et ponctuant les diverses mutations des élèves vers cette forme de « sacré » que serait la rencontre de la culture scolaire et de la « grande » culture. Tout se réalise dans des réseaux, des échanges, des groupes, par de la communication plus que par une organisation. L'opinion publique des lycéens s'alimente aux sources des enseignements, des moyens de communication de masse, de la vie juvénile elle-même, et le lycée produit de la culture, disent les élèves, lorsqu'il crée de la communication. Ce changement ne mérite ni l'enthousiasme ni les larmes, mais nous n'avons pas l'impression que les lycéens soient plus faibles ou plus incultes que ceux que nous avons connus ou que celui que nous croyons avoir été. Beaucoup d'enseignants soulignent d'ailleurs que les élèves sont peut-être moins « savants » aujourd'hui, mais qu'ils sont plus « intelligents » : « On leur demande plus de réfléchir que d'apprendre par cœur. »

Il est clair, cependant, que cette mutation est vécue douloureusement par un grand nombre de professeurs. Ils décrivent une chute et une décadence ; l'école n'est plus le centre de la culture. Les anciens « boursiers » ont l'impression de se dévaluer et de perdre leur raison d'être au fur et à mesure que l'école abandonne son monopole culturel, que la culture scolaire devient simplement « scolaire ». Certains se sentent coupables, comme ces militants de gauche et ces anciens communistes malheureux de n'avoir pas compris l'histoire à laquelle ils s'identifiaient. D'autres, les tenants d'une laïcité plus abstraite, pensent qu'« on » les abandonne, que « le dollar envahit tout », et ne parviennent plus à définir la laïcité comme autre chose qu'un simple esprit de tolérance.

De ces climats de chute naissent des courants d'opinion conservateurs dont l'originalité actuelle est de se vouloir « de gauche » et d'en appeler à la tradition républicaine. Par souci de vraisemblance historique, rappelons que, si l'école primaire fut l'école de la République, le lycée fut l'école de la bourgeoisie, résistant longtemps aux enseignements « techniques », aux lettres modernes, aux sciences naturelles et aux boursiers[8]. Par un étrange

8. F. Furet, J. Ozouf, *Lire et Écrire,* Paris, Éd. de Minuit, 1977 ; D. Julia, *Les Trois Couleurs du tableau noir. La révolution,* Paris, Belin, 1981 ; E. Plenel, *L'État et l'École en France,* Paris, Dunod, 1985 ; A. Prost, *L'Enseignement en France, 1800-1967,* Paris, Armand Colin, 1970. Pour se convaincre du caractère fermé et bourgeois du lycée républicain au seuil des années cinquante, il suffit de se reporter aux données de A. Prost, *L'enseignement s'est-il démocratisé ?, op. cit.*

raccourci idéologique, à travers quelques figures héroïques de boursiers, ce lycée se voit pourvu de toutes les vertus de l'école primaire et de l'école du peuple, étant entendu que, justement, le peuple ne le fréquentait pas. Ce conte est au principe d'une imprécation qui, sous prétexte d'être républicaine, est en réalité un mouvement de restauration[9].

La « défaite de la pensée », les appels à la « résistance », la défense de la culture cultivée contre la culture de masse, les mouvements de menton contre les foulards islamiques, la restauration des savoirs, le refus de la « pédagogie » et des « droits de l'enfant » ne sont que le visage, somme toute pas très nouveau, de l'ordre moral. Ce n'est pas parce que la peur de l'envahissement des « masses », de leurs enfants dans les lycées et de leur culture dans les esprits, se cache aujourd'hui derrière quelques voiles républicains qu'elle diffère sensiblement de la crainte de la « populace » manifestée par ceux qui haïssaient, en leur temps, l'école républicaine étrangement reconstruite aujourd'hui. Demander que tous les enfants de France obtiennent le niveau des classes préparatoires relève d'un beau sentiment qui n'engage à rien; dénoncer la pédagogie des lycées de banlieue, la « chute » des programmes et du niveau n'est même plus un beau sentiment. Voilà de bien grandes idées masquant de petites peurs : celles des héritiers de toujours, celles des professeurs et des parents qui voient avec angoisse de nouveaux élèves envahir les écoles qui leur étaient, jusque-là, réservées.

9. En dehors des manifestes publiés régulièrement par R. Debray et ses amis, citons quelques textes : A. Finkelkraut, *La Défaite de la pensée,* Paris, Gallimard, 1987; J.-C. Milner, *De l'école,* Paris, Éd. du Seuil, 1984; N. Postman, *Enseigner, c'est résister,* Paris, Le Centurion, 1981; J. de Romilly, *L'Enseignement en détresse,* Paris, Julliard, 1984. Il faudrait ajouter la longue série d'articles intitulés la « crise » de l'école, de l'enseignement, de la pédagogie, des vocations. Un univers catastrophique.

Il est clair cependant que l'impression d'abandon et d'anarchie culturelle pèse sur les lycées, notamment sur les élèves qui décrivent l'absence d'intérêt et de sens éducatif des enseignements. Contrairement à une idée reçue, les demandes des élèves ne sont pas seulement instrumentales, elles ne visent pas simplement une adaptation à l'économie.

Mais comment définir cette culture ? Le problème prend l'allure d'un dilemme. En fait, la culture scolaire doit être « éducative », elle doit se démarquer de la culture ambiante, de la culture de masse, non parce qu'il s'agit d'une culture de masse, mais parce qu'elle donne la possibilité de comprendre et de juger cette culture quotidienne et banale. La culture scolaire construit, en son principe, une possibilité de participation critique. Aucun enseignant et aucun élève, parmi ceux que nous avons rencontrés, ne renonce à cette fonction. Les lycéens ne souhaitent pas qu'on leur enseigne le rock ou l'art des bandes dessinées, et les professeurs ne veulent pas le faire. Au contraire, dans tous les lycées, les élèves aiment les professeurs « convaincus », « motivés », « passionnés », c'est-à-dire les enseignements qui offrent un intérêt subjectif pour des élèves traités comme des sujets intelligents.

Mais, si cette grande culture ne se confond jamais complètement avec la culture des classes dominantes, il est maintenant acquis que, dans sa version scientifique comme dans sa version littéraire, elle est beaucoup plus proche des ambitions, des habitudes et des « prérequis » des élèves issus des classes favorisées. Ne faut-il pas, dans ce cas, diversifier les modèles de la culture scolaire pour mieux répondre à la diversité des publics afin que l'expérience scolaire ne soit pas dominée par l'exclusion culturelle ? Cette solution aurait au moins le mérite de la clarté : elle éviterait le règne d'une seule norme de l'excellence et permettrait d'imaginer que des expériences scolaires inégales soient plus heureusement vécues par les acteurs, bien des lycéens échappant à un acharnement pédagogique destructeur. Comme le note J.-L. Forquin, si la première solution triomphe dans les principes, la seconde s'installe souvent dans les faits[10]. Cependant, cette dernière solution, celle d'un éclatement des cultures scolaires, est inacceptable, car elle inscrirait une ségrégation dans l'institution et dans la loi, ce qu'on appelle couramment l'apartheid.

Est-il possible d'aller au-delà de la description de ce dilemme, de proposer une synthèse, de choisir ? Nous ne le croyons pas, car toutes les voies de sortie, la « communication », « l'ouverture au monde » l'apprentissage des langages, ne peuvent répondre à ce paradoxe né de la rencontre d'une école unique et d'une société diversifiée et inégale. Aussi, plus l'école se massifie, plus elle est tenue de réaliser des adaptations partielles et locales, plus elle doit faire confiance au métier d'enseignant, plus elle est obligée de construire des établissements. Cela exige l'abandon des rêves et des nostalgies d'une école unique, centrale, d'une institution comme elle a longtemps été pensée. Les mille ajustements observés deviennent un mode de construction de l'école à condition de penser qu'il ne s'agit pas de bricolage, mais d'invention. C'est de ce point de vue qu'il faut cesser de penser l'école en termes de crise.

Des individus

Tous les anciens manuels de sociologie nous apprenaient que l'école est une institution de socialisation. Au terme de cette recherche, rien n'est moins sûr, sauf à dire

10. Ce débat qui a eu une certaine importance en Grande-Bretagne est repris dans J.-C. Forquin, *École et Culture. Le point de vue des sociologues britanniques,* Bruxelles, Éditions universitaires De Boeck, 1989. Les deux points de vue, universaliste et relativiste, sont défendus par R. Williams, *The Long Revolution,* Londres, Penguin Books, 1963, et G. H. Bantock, *Dilemns of the Curriculum,* Oxford, Martin Robertson, 1980.

qu'elle est une institution en crise. Mais, depuis le temps que cette crise est dénoncée, elle ne signifie plus grand-chose. Ceux qui choisissent de manière plus cynique ou plus critique de décrire l'école comme un appareil de reproduction ou comme un marché sont plus proches de ce que nous apprend l'expérience lycéenne, car ils mettent en évidence une de ses dimensions fondamentales : les logiques d'adaptation instrumentale.

L'idée d'institution, qui reste en ce domaine centrale, ne paraît plus acceptable. « Comme il n'y a pas d'idée directrice de l'établissement, dit un lycéen, c'est mieux, chacun choisit ses propres idées. » L'unité des valeurs et des modèles culturels qui doit être au principe de toute institution est aujourd'hui singulièrement absente des discours et des représentations des élèves et de leurs professeurs. Bien sûr, chacun peut s'en faire une idée, mais c'est une idée « personnelle », une conviction. Ce n'est pas un système organisé de valeurs et de représentations dont on dit qu'il devrait guider l'action éducative comme action volontaire.

Une institution est aussi définie par sa capacité de créer des normes, des rôles et d'assurer une intégration. La plupart des professeurs pratiquent assidûment la non-fréquentation de leurs collègues et définissent leur métier comme une orientation et un choix personnels. Quant aux élèves, s'ils possèdent une vie amicale plus dense et plus affective, elle est largement indépendante du lycée. Il n'y a pas de rites de socialisation propres, de clivages organisés entre les anciens et les nouveaux. L'opposition au système ne se fonde même pas sur un esprit de corps qui resterait cependant un mode de participation et de socialisation. « C'est tellement froid, c'est inimaginable, la distance qu'il y a entre les élèves et le système. »

Une institution, notamment une institution éducative, exige un minimum d'adhésion, elle doit être « intériorisée » par les acteurs. Elle doit créer un type de « personnalité » sociale, des dispositions et des « motivations » communes, elle doit être symbolisée par des personnages.

Or, s'il est un point commun aux acteurs de l'école, c'est bien leur refus d'être définis par l'institution. Le clivage du statut et du métier n'a pas d'autre sens chez les professeurs. Les élèves sont à la fois non engagés et sensibles aux jeux de masques et d'authenticité qui les conduisent toujours à se définir comme extérieurs à l'école. La personnalité, plus exactement l'image que chacun s'en fait, est obstinément maintenue hors de l'école, elle ne se livre que lors de rencontres, pas dans une organisation.

Chose plus étrange encore, les bons élèves conformistes, appliqués, compétitifs et ambitieux, ceux qui s'habillent en lycéens avec leurs mocassins et leurs imperméables anglais, sont méprisés par les élèves et mettent les professeurs mal à l'aise. Tout se passe comme si cette future élite avait choisi de perdre sa « personnalité », son « âme », pour réussir et prenait des masques pour les visages. Le lycée est un monde de dérision et d'humour où l'on refuse les personnages.

La dernière dimension d'une institution est sa capacité d'adaptation à l'environnement. A l'exception de certaines formations professionnelles, les élèves perçoivent mal ce lien avec la vie économique et sociale. Le lycée fixe le niveau, hiérarchise les élèves, il ouvre des opportunités sans être proche pour autant des demandes du système économique. Le principe d'utilité des études reste un mécanisme de distribution des diplômes plus que des qualifications, et, dans cette perspective, la fonction de reproduction d'une grande culture n'a pas été réellement remplacée par une capacité d'adaptation économique.

Parce que l'école n'est pas une institution, l'expérience scolaire n'a pas de centre, elle est une activité de l'élève qui s'efforce de gérer des exigences sans liens entre elles ou, parfois même, contradictoires. Cette activité-là est le cœur de l'expérience scolaire. Le lycée apparaît alors comme une série de rencontres et d'échanges, comme la multiplication de relations sociales. Cet aspect est particulièrement net du point de vue des professeurs pour lesquels le métier est une activité personnelle reposant sur un engagement répété. Il faut construire une relation, l'engagement des élèves, il faut les motiver, les considérer comme des individus. On s'épuise, disent les professeurs, à reconstruire sans cesse une relation qui n'est plus donnée. Les enseignants oscillent entre le découragement et l'« illusion pédagogique » laissant croire que chaque nouvelle rencontre avec une classe sera le début d'une aventure radicalement neuve, abolissant le passé et les habitudes des élèves, les routines qui détruisent le sens du métier de professeur[11]. Les lycéens, surtout les nouveaux venus, donnent exactement la même image d'une succession de rencontres entre des personnalités, des compétences et des intérêts. Pour eux aussi, le problème central est celui des « motivations » et de la « personnalité ».

Si l'on reconnaît que l'école fonctionne ainsi et que ce n'est pas nécessairement là l'image d'une crise, il faut alors souligner que l'école « fabrique » des individus, car l'expérience scolaire résulte de l'activité des individus qui lui donnent un sens. Elle met les acteurs en demeure d'agir comme des individus. De quel individu s'agit-il ?

La première interprétation que l'on puisse donner, la plus « pessimiste » aussi à notre avis, conduit à privilégier l'individu des sociétés de masse modernes : l'individu de Tocqueville, de D. Riesman ou de C. Lasch[12]. Cet individu, conduit par un souci d'« indépendance » plus que d'« autonomie »[13], est d'abord l'acteur du marché. Il s'agit d'un individualiste, calculateur, instrumental, égoïste, mesurant au plus près les investissements et les bénéfices attendus, indifférent à la culture comme aux relations scolaires. Dans la mesure où l'école est perçue comme le principal outil de la mobilité sociale, l'élève rationnel n'est pas tenu de croire à la vertu des règles

11. L'expression est de J. Filloux, in *Esprit,* 11 décembre 1982.
12. C. Lasch, *Le Culte de Narcisse,* Paris, Robert Laffont, 1980 ; D. Riesman, *La Foule solitaire,* Paris, Arthaud, 1964.
13. A. Renaut, *L'Ère de l'individu,* Paris, Gallimard, 1989.

sociales pour optimiser ses intérêts. Cet individualisme est détaché de la dimension éthique et ascétique qui faisait du sujet wébérien un personnage moral *parce que* rationnel. L'éthique du salut serait tellement sécularisée aujourd'hui qu'il n'en resterait que le conformisme et l'intérêt.

A côté de cette dimension de l'individualisme correspondant au triomphe du marché se constitue l'individualisme culturel de la société de masse. Il s'agit là de l'individu consommateur, ludique, celui des modes et des loisirs, l'individu narcissique, soucieux de lui-même, de ses plaisirs et de son image. Conformément à l'analyse de D. Bell, les sociétés capitalistes modernes produiraient un acteur efficace, compétitif dans l'ordre de la production, et un individu « libéré », « cool » et centré sur sa seule identité dans l'ordre de la culture [14].

A regarder les élèves, cette disjonction ne serait pas réellement une contradiction, mais le double visage de la modernité, instrumentale et expressive à l'image des cadres de la publicité, égoïstes et instrumentaux dans la production, narcissiques et soucieux de leurs plaisirs, de leur image aussi, dans les loisirs et la culture. Cette dualité assurerait un contrôle social sans institution et sans réelle répression, tout l'art de l'activité sociale consistant à être efficient sur les deux tableaux.

Après tout, les familles accordent la plus grande liberté aux adolescents en échange d'une performance scolaire élevée. La famille et l'école fabriqueraient cet individu « dual » dont parle F. de Singly à propos des familles gérant de manière rationnelle leurs intérêts et leurs émotions [15]. La socialisation et le contrôle social ne sont plus définis par des normes et des valeurs, par des appareils, mais par l'optimisation des intérêts, d'une part, et l'économie des plaisirs, de l'autre. L'activité économi-

14. D. Bell, *Les Contradictions culturelles du capitalisme,* Paris, PUF, 1979.

15. F. de Singly, « L'homme dual », *Le Débat,* 61, 1990, p. 138-151.

que et la culture se séparent pour mieux se compléter, et l'idée d'institution sociale, plus largement celle de société même, deviennent inutiles.

Cette image doublement libérale se heurte cependant à quelques obstacles. Il est rare que les lycéens gagnent sur les deux registres ; seuls les très bons élèves peuvent être conformes au modèle. Et encore il est apparu que le prix de la réussite scolaire était souvent très élevé. Un grand nombre de lycéens souffrent de sacrifier des goûts et des intérêts intellectuels à leurs choix stratégiques : « C'est vrai qu'on a un rapport qualité-prix avec le lycée, et en fait on peut pas être formés par le lycée, c'est pas possible quand on va dans un lycée. Il faudrait vraiment que ça soit notre vie, il faudrait vraiment qu'on y croie. » Plus on descend dans la hiérarchie des lycées et des filières, plus cette image devient invraisemblable au point d'apparaître comme un véritable cliché, comme une figure de mauvaise propagande. Non seulement les élèves ne parviennent pas à l'équilibre visé, mais ils craignent en plus que le lycée ne les détruise, ne les humilie, ne les marginalise, et ne leur apporte rien « personnellement ». Les thèmes récurrents du mépris et des masques prouvent à l'évidence que les lycéens ne trouvent pas leur compte dans ce modèle de l'expérience scolaire.

Il faut donc renverser le raisonnement. Si l'individu est le produit de l'école, il est aussi devenu la figure du sujet sur laquelle s'appuie la critique de l'école. Il ne s'agit pas là d'un individu « réel » accompli dans ses plaisirs et son narcissisme, mais d'un projet d'autonomie et de réalisation de soi supposant que certains obstacles sociaux soient levés[16]. C'est ce que signifie l'appel au métier contre le statut chez les professeurs. C'est aussi ce que signifie le refus de s'engager pour se « préserver » chez les élèves ou, plus nettement encore, tous les discours relatifs aux masques, au mépris, à l'authenticité et à l'émotion. Le

16. Cf. A. Touraine, *Le Retour de l'acteur,* Paris, Gallimard, 1984.

lycée produit des individus dans la critique subjective de l'individualisme. Pour employer le langage de G. H. Mead, les élèves reprochent au lycée de fabriquer des « moi », c'est-à-dire des images atomisées de chacun[17]. Mais ils n'opposent pas des « nous » communautaires à ces « moi », ils leur opposent des « je », la capacité subjective de se percevoir comme un acteur à partir de l'identification à des valeurs universalisables. « Il faudrait que les profs prennent conscience que chaque élève est différent, il faudrait qu'ils prennent conscience de ça, que chaque élève est une personne, et pas qu'il y a un groupe d'élèves comme il y a un troupeau de vaches. »

Le thème de l'individu est double. Il exprime à la fois l'effet de l'atomisation du marché et celui de la culture de masse, il est aussi celui de la recherche d'une subjectivité transformant les élèves en acteurs de leur formation. Les lycéens sont souvent malheureux de ne survivre à l'école que dans le désengagement, le retrait, la recherche de relations électives privilégiées. Par là, l'expérience des élèves pose une exigence éthique. Mais c'est un autre problème.

***

Cette recherche nous a rendu prudent. L'école n'est pas un système simple dont il suffirait de changer quelques pièces pour obtenir des transformations miraculeuses. Que l'on raisonne en termes d'organisation, de sélection ou de culture, la plupart des problèmes se présentent comme des alternatives difficilement conciliables. De plus, il nous sera justement rappelé que le lycée n'est qu'un élément d'un système éducatif qui l'englobe et le dépasse largement. Nous sortons de cette étude avec la conviction que l'essentiel de l'expérience scolaire reste centré sur une

17. G. H. Mead, *L'Esprit, le Soi et la Société,* Paris, PUF, 1964. Cette lecture de Mead doit beaucoup à J. Habermas, *Théorie de l'agir communicationnel,* Paris, Fayard, 1987, t. II.

relation entre des personnes, des professeurs et des élèves, des adultes et des jeunes, au plus loin des réformes et des programmes généraux. Cette étude voudrait le rappeler, comme elle indique que deux figures antagoniques de l'individu sont à l'œuvre dans l'école et qu'il nous appartient de choisir ce qu'il convient de sacrifier aux « lois » de la sélection, à celles de la performance et, pour reprendre le mot des élèves, au mépris.

Conclusion

Comment clore une étude sur l'école sans avancer quelques propositions ? L'exercice devient particulièrement délicat au terme d'une recherche dévoilant la complexité de la formation des expériences scolaires et montrant aussi que la situation de l'école ne se ramène pas à la « crise » souvent décrite, après laquelle il suffirait de tout changer. Comment suggérer quelques idées en se plaçant dans l'ordre du possible et en tenant compte du poids considérable des conservatismes qui se sont dévoilés à nous ?

Il faut abandonner le postulat d'une institution totale et simple qui n'apparaît entière et intégrée que dans les nostalgies, les utopies et les coups de force théoriques. Mais, si nous faisons l'effort de nous placer du point de vue de l'expérience des élèves, des difficultés, des contradictions et des souffrances qu'elle révèle, comme de la recherche d'autonomie et de subjectivité qui est le pendant de la compétition adaptative, quelques axes peuvent être esquissés.

Il importe d'abord de briser l'unité du modèle sélectif et de penser qu'il existe peut-être plusieurs manières d'être un bon élève ou un élève acceptable. Trop de lycéens souffrent de la séparation de l'intérêt intellectuel et de l'efficacité sélective des disciplines. Dans une société qui aime tant *les* sports, comment se fait-il que la compétition scolaire ne se joue que sur une ou deux épreuves ? Créer de l'intérêt intellectuel ne consiste pas seulement à redéfinir des programmes, on doit donner de la liberté aux intérêts de chacun, leur laisser une chance d'exister, d'autant plus que les critères scolaires sélectifs à l'œuvre aujourd'hui ne peuvent se prévaloir d'une indiscutable valeur en termes d'utilité économique immédiate.

Le lycée n'est pas une institution de socialisation ; plus exactement, ce qui peut y socialiser les adolescents ne lui appartient pas en propre. L'idée de reconstruire une institution centrée autour de ses valeurs et de ses règlements, l'élargissement de l'emprise scolaire n'ont guère de sens. Alors que l'établissement s'autonomise sous la pression d'un « marché scolaire », il faudrait aussi que le lycée soit défini comme une cité politique, négociant les droits et les devoirs de tous. C'est certainement là un pas à franchir, et l'on devine à quelles résistances il se heurtera. S'il est un sens vivant de la laïcité, ce n'est certainement plus l'appel à des principes masquant de plus en plus mal quelques défenses de statuts et quelques privilèges que tous les élèves dénoncent régulièrement et auxquels les professeurs ne croient plus guère : c'est la construction d'une civilité scolaire. Il est quand même étrange que rien ne permette la formation d'un débat « libre » entre les professeurs, les élèves et l'administration. Ne nous cachons pas qu'aucune des trois parties en présence n'y tient vraiment, tant les bénéfices de la non-compromission et du non-engagement paraissent élevés, au prix cependant de quelques « explosions », « déprimes » et mouvements divers.

Enfin, et là n'est pas le moindre des problèmes, le couple « pervers » du métier et du statut doit être brisé. Comment ne pas voir aujourd'hui à quel point l'expérience scolaire tient par la grâce du métier d'enseignant ? Comment ne pas voir aussi que la défense collective du statut joue sans cesse contre la reconnaissance du métier, faisant souvent de chacun l'agent de sa propre destruction ?

Mais cessons ici de jouer le rôle de conseiller et d'expert dans un domaine si aisé qu'il frôle parfois le ridicule là où tant de réformes se sont perdues dans les sables des routines, des crispations et du gigantisme même de l'Éducation nationale.

Centrée sur l'expérience des lycéens, cette longue recherche, si proche des élèves, voudrait simplement rappeler le danger qu'il peut y avoir à réduire l'école à une fonction sélective ou à un rôle d'intégration autour de valeurs que plus personne ne définit. L'adaptation distanciée ne peut pas constituer l'essentiel de l'expérience scolaire. Les individus fabriqués par le lycée, dans ses marges, ses lacunes et ses passions, sont peut-être ce que l'école fait de mieux, souvent sans le savoir. Après avoir cru que tout était politique, nous sommes entrés dans une longue phase de conservatisme pédagogique et dans la recherche chimérique d'une pure adaptation à l'économie. Nous sortons de cette période suffisamment sceptiques et fatigués pour avoir la possibilité de construire raisonnablement le lycée, d'accepter les conflits, les enjeux et les mouvements qui nous feront tourner la page et entrer résolument dans l'invention d'un lycée de masse.

Annexe méthodologique

1. La recherche a été menée du printemps 1989 au printemps 1990. L'essentiel est une série de huit interventions sociologiques menées auprès de groupes d'élèves choisis dans sept établissements scolaires. Dans un cas, un établissement nous a fermé ses portes, dans un autre, le lycée Duparc, il n'a pas été possible de réunir régulièrement un groupe et nous nous sommes limités à des entretiens individuels et collectifs.

Le principe de choix des établissements consistait à retenir des lycées relativement « typiques » et représentatifs de certaines situations. Évidemment, avec un aussi petit nombre de cas, notre étude n'est en rien représentative, d'autant plus que, dans chaque type, les participations des élèves sont largement aléatoires. Il s'agissait d'obtenir l'accord du chef d'établissement et de son équipe, et souvent nous avons eu un « allié » dans la place, membre de l'administration ou professeur, qui a pu nous ouvrir quelques portes, nous présenter à ses collègues, nous aider. Encore une fois, il nous faut les remercier. En effet, on n'entre pas si facilement que cela dans un lycée, et ce sont surtout par les réseaux de connaissances que les obstacles se lèvent. Mais une fois que nous avons fait partie des murs, ce qui a pris plusieurs semaines, tout est devenu facile.

La formation de groupes d'élèves a été réalisée de plusieurs manières. Nous visions la formation d'un groupe vaguement représentatif des élèves de l'établissement en fonction des divisions et des sections. Les sociologues sont allés présenter la recherche dans certaines classes et ont beaucoup « traîné » dans les cours de récréation et les cafés environnants. Cette phrase de recherche longue de plusieurs semaines n'est pas inutile, car elle apporte des informations indispensables sur la vie des lycéens et l'établissement.

Les groupes ont été fort différents. Dans deux cas, au lycée des Pins et au LP Brassens, nous avons travaillé après dîner avec un groupe d'internes. A Joffre, les classes de B ont été surreprésentées avec un groupe d'amis déjà constitué. Dans les autres cas, c'est plutôt la recherche qui a soudé le groupe. Partout, nous avons eu des difficultés à travailler avec les élèves de C et de D, les moins disponibles de tous. Aussi avons-nous compensé cette lacune par des entretiens individuels. A Flaubert, le groupe s'est révélé peu stable, et les interviews ont été multipliées.

Dans tous les établissements, à l'exception de Flaubert où nous étions trop proches des examens, les résultats de l'étude ont été communiqués aux membres de l'établissement qui le souhaitaient. Souvent, nous nous sommes retrouvés très peu nombreux, et les personnes présentes ont été parfois déconcertées par des interprétations qui ne se plaçaient pas dans la problématique des établissements. Mais le tableau des élèves a généralement été reconnu juste. Alors que les enseignants interviewés individuellement parlent aisément, ces rencontres ont été beaucoup plus silencieuses, ce que permet de comprendre l'analyse issue de cette étude.

2. Comment se déroule une intervention sociologique? Dans cette recherche, chaque intervention a duré de six à huit séances d'une longueur de deux heures trente chacune environ.

Chaque groupe reçoit trois ou quatre interlocuteurs lors de séances « ouvertes ». Les interlocuteurs, pertinents dans l'expérience lycéenne, sont toujours étrangers à l'établissement de manière à créer et à préserver un climat de liberté, puisque rien ne peut se négocier ou être censuré dans ces réunions. La fonction de ces rencontres est double : d'une part, elles inscrivent les acteurs dans une relation sociale, et les discours sont ainsi « en situation »; d'autre part, elles créent une distance critique, car les acteurs éprouvent l'écart qui existe entre leurs représentations et les rapports où elles s'inscrivent.

Les groupes ont aussi des séances « fermées » où sont organisés des débats autour de certains thèmes apparus lors des rencontres ouvertes. Il s'agit souvent de faire émerger diverses positions et de construire des problématiques pertinentes, c'est-à-dire suffisamment stables pour que chacun puisse s'y reconnaître. C'est à l'occasion de séances fermées que se construit réellement l'analyse sociologique par une succession de problématiques s'apparentant à la méthode des essais et des erreurs. La dernière rencontre est consacrée à une proposition d'analyse générale de l'histoire du groupe et de la configuration des thèmes parcourus. Nous ne retenons comme pertinente que l'analyse acceptée par les membres du groupe, non que cette reconnaissance soit une preuve formelle de validité, mais elle est indice de vraisemblance. En effet, les membres des groupes ont la capacité de s'opposer à une interprétation dont ils connaissent les tenants et les aboutissants, dont ils savent sur quel matériau elle se fonde. De plus, la multiplication des interventions sociologiques conduisant à des résultats voisins renforce encore cette vraisemblance.

Cette dernière phase de recherche, appelée conversion, suppose une stabilité et une durée du groupe. Largement obtenue au LP Brassens, à Michelet et à Joffre, elle fut beaucoup plus incertaine à Flaubert. Dans ce dernier cas, on ne peut pas réellement parler d'intervention sociologique, mais plutôt d'une série d'entretiens individuels et collectifs. Dans tous les cas, les entretiens individuels avec les membres des groupes ont été réalisés après l'intervention sociologique de façon à préserver les chercheurs des interprétations « automatiques » des discours de chaque élève en fonction de son histoire et de son origine sociale. Cette ascèse oblige à prendre au sérieux ce qui est dit, elle évite les interprétations sociologiques au « bon sens » trop automatique.

Une intervention sociologique est un travail, car elle ne consiste pas seulement à enregistrer des témoignages. Les sociologues y jouent un rôle très actif en interrogeant les acteurs, en proposant des interprétations, en poussant chacun à s'expliquer. Elle est conçue comme une série de débats s'éloignant progressivement du témoignage, comme un travail d'analyse. En raison de cette activité, de ce mélange de distance et de proximité, chaque intervention est menée par deux chercheurs. Celui qui a pris en charge la formation du groupe, et qui en est donc le plus proche, joue un rôle d'interprète. L'autre, plus distant, joue un rôle d'analyste.

Dans six des huit interventions où cela fut possible, deux opérations ont été conduites simultanément et de façon parallèle : Joffre et Michelet, les deux groupes du lycée des Pins, Pablo-Neruda et Brassens. Cette condition accroît l'efficacité de la méthode en autorisant un travail comparatif simultané et en renforçant l'intégration de l'équipe de chercheurs confrontant leurs interprétations, proposant divers schémas analytiques. A la lecture de ce livre, on pourrait croire que les hypothèses, présentées comme il se doit dans un premier chapitre, précèdent la recherche. Ce n'est pas exactement ainsi que les choses se passent dans la « cuisine » de la recherche. La recherche elle-même affecte et transforme sans cesse des hypothèses qui sont tour à tour « testées » dans les groupes. C'est en cela que l'intervention sociologique ne peut être réalisée que par une équipe de sociologues et que les acteurs étudiés en sont toujours un peu les auteurs.

3. Composition des groupes d'intervention

Michelet : 13 élèves ont participé de façon à peu près régulière à la recherche, 8 filles et 5 garçons. 3 élèves sont en seconde, 10 en terminale : 2 en C, 1 en A 1, 2 en D, 2 en B, 3 en A 3. Tous ces élèves sont issus de catégories sociales supérieures ou de professionnels qualifiés, à l'exception d'une fille d'ouvrier et de professeur, et d'une fille d'institutrice.

Interlocuteurs : un professeur de physique, un professeur de philosophie, un cadre supérieur de grande entreprise, deux militants de la FIDL.

Chercheurs : F. Dubet, J.-P. Guillemet.

Joffre : 11 élèves ont participé de façon régulière, 7 filles et 4 garçons : 2 élèves de seconde, 6 de première dont 5 de B et 1 de A 2, 3 de terminale, 1 en C, 1 en A 2, 1 en B. A l'exception d'une fille d'ouvriers, tous ces élèves appartenaient à des catégories sociales moyennes/supérieures.

Interlocuteurs : un professeur de physique, un professeur de philosophie, un proviseur adjoint, une militante de la FIDL, un responsable de DUT commercial.

Chercheur : O. Cousin, F. Dubet.

Les Pins, groupe d'internes : 10 élèves ont participé régulièrement à l'intervention : 6 filles et 4 garçons : 3 en seconde, 6 en première G dont 2 en première d'adaptation, 1 en terminale G2. Tous ces élèves sont d'origine modeste, employés et ouvriers, à l'exception d'un fils de commerçant et d'une fille d'éducateur.

Interlocuteurs : un professeur de sciences économiques et sociales, une CPE, une conseillère d'orientation.

Chercheurs : O. Cousin, F. Dubet.

Les Pins, groupe d'externes : 9 élèves ont participé régulièrement à l'intervention : 7 filles et 2 garçons, 3 en première F8, 2 en terminale G2, 4 en terminale F8. A l'exception d'une fille de commerçants aisés, tous ces élèves sont enfants d'ouvriers ou d'employés peu qualifiés.

Interlocuteurs : un professeur de mathématiques, une psychologue ancienne conseillère d'orientation, un principal adjoint de collège, un formateur de travailleurs sociaux.

Chercheurs : O. Cousin, J.-P. Guillemet.

Villeneuve : 14 élèves ont participé à la recherche, l'effectif est monté jusqu'à 22, dont 8 filles et 6 garçons. 4 élèves étaient en seconde, 6 en première, 3 en G, 2 en adaptation, 1 en F3, 4 en terminale dont 1 en C, 1 en D, 1 en G2, 1 en A2. A l'exception de deux enfants d'enseignants, tous ces élèves sont d'origine modeste. La moitié du groupe est issue de l'immigration.

Interlocuteurs : un professeur de philosophie, un professeur de mathématiques, un CPE, des militants proches des Jeunesses communistes.

Chercheurs : P. Cingolani, F. Dubet.

Flaubert : 8 élèves ont participé régulièrement à la recherche, 5 filles et 3 garçons : 3 élèves de seconde, 3 en première S, 1 en terminale A1, 1 en terminale C. Cette recherche a été complétée par une quinzaine d'entretiens individuels avec les terminales A1, A2, C et quelques élèves de classes préparatoires. Tous les membres du groupe sont de milieux intellectuellement et professionnellement favorisés. Parmi les lycéens interviewés, 2 filles de A2 et 1 garçon de classe préparatoire sont d'origine très modeste.

Interlocuteurs : un professeur de français, un professeur de mathématiques, un historien.
Chercheurs : P. Cingolani, F. Dubet.

Pablo-Neruda : 10 élèves ont participé à la recherche, dont 3 filles. 3 élèves étaient en seconde, et 7 en première, 7 dans les formations industrielles d'usinage dont 3 sur commande numérique et 3 filles dans les services de collectivités. Tous ces élèves sont d'origine modeste.
Interlocuteurs : un professeur d'atelier, un professeur de français, un syndicaliste.
Chercheurs : O. Cousin, J.-P. Guillemet.

Georges-Brassens : 12 élèves, dont 2 filles, tous internes, ont participé à toutes les séances de travail. Ce groupe a été le plus stable et le plus actif de tous. 4 élèves préparent un bac professionnel en usinage et maintenance, 4, dont les filles, préparent des BEP de monteur-vendeur-opticien, 4 garçons préparent des BEP d'électricien et de maintenance. Tous ces élèves sont d'origine modeste, à l'exception d'un fils de pharmacienne et d'agriculteur et d'un fils d'enseignants.
Interlocuteurs : un professeur d'atelier, un professeur d'anglais, un CPE, un industriel.
Chercheurs : F. Dubet, J.-P. Guillemet.

Groupe de professeurs : Réuni durant 6 demi-journées, ce groupe de 14 professeurs était ainsi composé : 11 femmes et 3 hommes, 4 professeurs de collège, 3 professeurs de LP, 1 professeur en classe préparatoire, 6 professeurs de lycée.
Interlocuteurs : une responsable d'association de parents d'élèves, un formateur d'enseignants à la MAFPEN, une journaliste et un aumônier de lycée.
Chercheurs : O. Cousin, F. Dubet, J.-P. Guillemet.

Trois longs entretiens collectifs ont été menés par ailleurs avec des groupes d'élèves au lycée privé du Château, au lycée Duparc et avec un groupe de militants lycéens.

Au total 97 élèves et 13 professeurs ont participé de façon à peu près régulière à l'intervention sociologique, 40 élèves ont participé à des entretiens collectifs. 42 enseignants et membres de l'administration ont été interviewés, 15 élèves et la plupart des membres des groupes ont aussi été interviewés individuellement. 6 réunions de compte rendu ont eu lieu dans les établissements, et 37 interlocuteurs ont participé à cette recherche. Ce livre laisse donc de côté une part non négligeable de ce matériau qui, pour n'être pas représentatif, n'est pas anecdotique.

Ouvrages cités

C. Agulhon, A. Poloni, L. Tanguy, *Des ouvriers de métier aux diplômés du technique supérieur, le renouvellement d'une catégorie d'enseignants en lycées professionnels,* GST, CNRS, Paris-VII, 1988, 468 pages.

C. Agulhon, « L'atelier du lycée professionnel ; un lieu de socialisation », *Éducation et Formation,* 16, 1988, p. 14-31.

– « Évaluation des formations industrielles en lycée professionnel : de la politique scolaire nationale à la concurrence entre les établissements », *Éducation et Formation,* 21, 1989, p. 25-35.

F. Alberoni, *Le Choc amoureux. Recherche sur l'état naissant de l'amour,* Paris, Ramsay, 1980.

H. Arendt, *La Condition de l'homme moderne,* Paris, Calmann-Lévy, 1983. *Autrement,* « Et le lycée, ça marche », 33, 1981.

R. Ballion, *Les Consommateurs d'école,* Paris, Stock, 1982.

– « Le choix du collège : le comportement " éclairé " des familles », *Revue française de sociologie,* XXVII, 1986, p. 719-734.

R. Ballion, F. Œuvrard, *Le Choix du lycée,* Paris, Laboratoire d'économétrie de l'École polytechnique, ministère de l'Éducation nationale, 1989.

R. Ballion, « De l'État tout-puissant à l'usager client », *Projet,* 223, 1990, p. 17-25.

G.H. Bantock, *Dilemns of the Curriculum,* Oxford, Martin Robertson, 1980.

C. Baudelot *et al.,* « Les élèves de LEP, anatomie d'une population », *Revue française des affaires sociales,* décembre 1987, p. 79-98.

C. Baudelot, R. Establet, *L'École capitaliste en France,* Paris, Maspero, 1971.
– *Le niveau monte,* Paris, Éd. du Seuil, 1989.
H.S. Becker, *Outsiders,* Paris, Métailié, 1985.
D. Bell, *Les Contradictions culturelles du capitalisme,* Paris, PUF, 1979.
R. Bendix, S.M. Lipset, *Class, Status and Power, Social Stratification in Comparative Perspective,* Londres, Routledge and Kegan Paul, 1966.
B. Bernstein, *Langage et Classes sociales. Codes socio-linguistiques et contrôle social,* Paris, Éd. de Minuit, 1975.
– *Classes et Pédagogies : visibles et invisibles,* Paris, OCDE, 1975.
J.-M. Berthelot, *Le Piège scolaire,* Paris, PUF, 1983.
– « De la terminale aux études post-bac : itinéraires et logiques d'orientation », *Revue française de pédagogie,* 81, 1987, p. 5-15.
F. Best, *L'Adolescent et la Vie scolaire,* Paris, Fernand Nathan, 1979.
B. Bettelheim, « The Problem of Generation », *in* E. H. Erikson (éd.), *Youth : Change and Challenge,* Londres, New York, Basic Books, 1963, p. 64-92.
J. Binon, F. Œuvrard, « Comment devient-on élève de lycée professionnel ? », *Éducation et Formation,* 14, 1988, p. 19-47.
D. Bonora, « Connaissance et réussite ultérieure », *Psychologie française,* décembre 1989, p. 255-268.
R. Boudon, *L'Inégalité des chances dans les sociétés industrielles,* Paris, PUF, 1973.
P. Boumard, *Un conseil de classe très ordinaire,* Paris, Stock, 1978.
P. Bourdieu, « L'école conservatrice. Les inégalités devant l'école et devant la culture », *Revue française de sociologie,* VII, 1966, p. 325-347.
P. Bourdieu, J.-C. Passeron, *Les Héritiers,* Paris, Éd. de Minuit, 1964.
– *La Reproduction,* Paris, Éd. de Minuit, 1970.
J.-P. Boutinet, *Anthropologie du projet,* Paris, PUF, 1990.
R. Boyer, M. Dellaux, A. Bounoure, *Les Univers culturels des lycéens et des enseignants,* Paris, INRP, 3, 1986.
E. Burguière, *Nouvelles Études sur l'échec scolaire. Familles à*

problèmes ? Dissociations familiales et difficultés scolaires, Paris, INRP, 1988.
CADIS, *La Méthode d'intervention sociologique,* Paris, CADIS, EHESS, 1982.
R. Chapeaux, B. Théry, *Échecs et Succès en classe de seconde des lycées : vrais problèmes et illusions,* Lille, IRAP, 1989.
J.-M. Chapouillé, *Les Professeurs de l'enseignement secondaire. Un métier de classes moyennes,* Paris, Éd. de la MSH, 1987.
A. Charlot, J.-L. Pigelet, « L'après-bac, itinéraires et réussite », *Documents CEREQ,* 52, 1989.
A.-M. Chartier, J. Hebrard, *Discours sur la lecture. 1880-1980,* Paris, Bibliothèque du Centre Georges-Pompidou, 1989.
M. Cherkaoui, *Les Paradoxes de la réussite scolaire,* Paris, PUF, 1979.
– *Les Changements du système éducatif en France, 1950-1980,* Paris, PUF, 1982.
M. Choquet, S. Ledoux, *Les Drogues illicites parmi les 11-20 ans et les Attitudes face au SIDA,* Paris, INSERM, 1989.
P. Cibois, J.-J. Droesbeke, « La croissance du nombre de bacheliers est-elle modélisable et prévisible ? », *Revue française de sociologie,* XXIX, 1989, p. 425-445.
B.C. Clark, M. Trow, *Determinants of College Student Subculture,* Berkeley, 1963.
COFREMCA, *Monographie de deux lycées,* janvier 1989.
J.S. Coleman, *Report on Equality of Educationnal Opportunity,* Washington, Office for Departement of Health, Education and Welfare, 1966.
– *The Adolescent Society,* New York, The Free Press, 1968.
B. Convert, M. Pinet, « Les classes terminales et leur public », *Revue française de sociologie,* XXX, 1989, p. 211-234.
M. Crozier, *La Société bloquée,* Paris, Éd. du Seuil, 1970.
M. Crozier, E. Friedberg, *L'Acteur et le Système. Les contraintes de l'action collective,* Paris, Éd. du Seuil, 1977.
P. Deheuvels, *L'excellence est à tout le monde,* Paris, Robert Laffont, 1988.

J.-L. Derouet, « Désaccords et arrangements dans les collèges (1981-1986). Éléments pour une sociologie des établissements scolaires », *Revue française de pédagogie,* 83, 1988.

J.-M. Domenach, *Ce qu'il faut enseigner,* Paris, Éd. du Seuil, 1989.

M. Douglas, *De la souillure. Essai sur les notions de pollution et de tabou,* Paris, Maspero, 1974.

F. Dubet, « Pour une définition des modes d'adaptation sociale des jeunes à travers la notion de projet », *Revue française de sociologie,* XIV, 1973, p. 221-241.

– *La Galère. Jeunes en survie,* Paris, Fayard, 1987.

– « Action et autoréflexion » *in* P. Pharo, L. Quéré (éd.), *Les Formes de l'action,* Paris, Éd. de l'EHESS, 1990, p. 170-193.

F. Dubet, O. Cousin, J.-P. Guillemet, « Mobilisation des établissements et performances scolaires. Le cas des collèges », *Revue française de sociologie,* XXX, 2, 1989, p. 235-256.

F. Dubet, C.-H. Cuin, V. Audebert, O. Cousin, J.-P. Guillement, J.-M. Party, *Trois Collèges en « rénovation »,* Paris, CADIS, Commissariat général du Plan, 1988.

R. Dulong, *Imaginaires de l'insécurité,* Paris, Librairie Méridien, 1983.

M. Duru, A. Maingat, *De l'orientation en fin de cinquième au fonctionnement des collèges,* Cahiers de l'IREDU, 1985.

Éducation et Formation, « Évaluation pédagogique des classes de seconde », avril 1989.

– « Enquête sur les troisièmes technologiques », mai 1989.

E.H. Erikson, *Adolescence et Crise,* Paris, Flammarion, 1972.

G. Esland, « Teaching and Learning as the Organization of Knowledge », *in* M. F. D. Young (éd.), *Knowledge and Control,* Londres, Collier-Macmillan, 1971, p. 70-115.

R. Establet, *L'école est-elle rentable ?,* Paris, PUF, 1987.

J.-L. Fabiani, *Les Philosophes de la République,* Paris, Éd. de Minuit, 1979.

J. Filloux, *Du contrat pédagogique. Le discours inconscient de l'école,* Paris, Dunod, 1979.

A. Finkielkraut, *La Défaite de la pensée,* Paris, Gallimard, 1987.

J.-C. Forquin, « L'approche sociologique de la réussite et de l'échec scolaires. Inégalités de réussite scolaire et appartenance sociale », *Revue française de pédagogie,* 59, 60, 1982.
– « La " nouvelle sociologie de l'éducation " en Grande-Bretagne : orientations, apports théoriques, évolution (1970-1980) », *Revue française de pédagogie,* 63, 1983, p. 61-79.
– *École et Culture,* Bruxelles, Éditions universitaires De Boeck, 1989.
F. Furet, J. Ozouf, *Lire et Écrire,* Paris, Éd. de Minuit, 1977.
O. Galland, « Représentations du devenir et reproduction sociale : le cas des lycéens d'Elbeuf », *Sociologie du travail,* 3, 1988, p. 399-417.
– « Quelle sociabilité pour les jeunes ? », *Échanges et Projets,* 57, 1989, p. 17-24.
M. Gilles *et al., Les Élèves de l'enseignement technique et professionnel,* ministère de l'Éducation nationale, Paris, 1989.
M. Gilly, *Maître-Élève. Rôles institutionnels et représentations,* Paris, PUF, 1980.
R. Girod, *Égalité, Inégalités,* Paris, PUF, 1977.
C. Grignon, *L'Ordre des choses. Les fonctions sociales de l'enseignement technique,* Paris, Éd. de Minuit, 1971.
J.-P. Guillemet, *Le Vote Front national. Essai de construction d'objet,* Université de Bordeaux-II, 1990.
J. Habermas, *Théorie de l'agir communicationnel,* Paris, Fayard, 1987, t. II.
H. Hamon, P. Rotman, *Tant qu'il y aura des profs,* Paris, Éd. du Seuil, 1984.
D.H. Hargreaves, *Social Relations in a Secondary School,* Londres, Routledge and Kegan Paul, 1967.
– *The Challenge of the Comprehensive School. Culture, Curriculum, Community,* Londres, Routledge and Kegan Paul, 1982.
J. Hornemann, « Pratiques pédagogiques, climat relationnel et motivations scolaires dans les classes de quatrième et troisième technologiques », *Éducation et Formation,* 21, 1989, p. 63-77.
V. Isambert-Jamati, *Crises de la société et Crises de l'enseignement,* Paris, PUF, 1970.

C. Jencks, *L'Inégalité. Influence de la famille et de l'école en Amérique,* Paris, PUF, 1979.
L. Joffrin, *Une génération morale,* Paris, Éd. du Seuil, 1987.
M. Jolivet, *L'Université au service de l'économie japonaise,* Paris, Economica, 1985.
D. Julia, *Les Trois Couleurs du tableau noir,* Paris, Belin, 1981.
R. Kaes, *Images de la culture chez les ouvriers français,* Paris, Cujas, 1968.
K. Keniston, *The Uncommiteds. Alienated Youth in American Society,* New York, Harcourt Brace, 1965.
– *Young Radicals. Notes on Commited Youth,* New York, Harcourt Brace, 1968.
H. Lagrange, « La perception de la violence par l'opinion publique », *Revue française de sociologie,* XXV, 1984, p. 636-657.
D. Lapeyronnie *et al., Les Étudiants et leurs études,* CADIS, Commissariat général du Plan, 1989.
C. Lasch, *Le Culte de Narcisse,* Paris, Robert Laffont, 1980.
E.M. Lemert, *Social Pathology,* New York, McGraw-Hill, 1951.
G.E. Lenski, « Status Crystalization : a Non-Vertical Dimension of Social Status », *American Sociological Review,* XIX, 4, 1954, p. 405-413.
J. Lesourne, *Education et Société,* Paris, La Découverte, Le Monde de l'éducation, 1988.
Les Temps modernes, n° 340, 1974.
J.-P. Luppi, *La Vie des lycéens dans les établissements techniques et professionnels,* ministère de l'Éducation nationale, 1989.
J.G. March, H.A. Simon, *Les Organisations,* Paris, Dunod, 1964.
D. Matza, *Becoming Deviant,* Englewood Cliffs (New Jersey), Prentice Hall, 1969.
M. Maurice, F. Sellier, J.-J. Sylvestre, *Politique d'éducation et Organisation industrielle en France et en Allemagne,* Paris, PUF, 1982.
N. Mayer, « De Passy à Barbès : deux visages du vote Le Pen à Paris », *Revue française de sciences politiques,* 37, 6, 1987, p. 891-905.
N. Mayer, P. Perrineau, *Le Front national à découvert,*

Presses de la Fondation nationale des sciences politiques, 1989.
G.H. Mead, *L'Esprit, le Soi et la Société,* Paris, PUF, 1964.
H. Mehan, *Learning Lessons. Social Organization in the Classroom,* Cambridge (Mass.), Harvard University Press, 1979.
J.-C. Milner, *De l'école,* Paris, Éd. du Seuil, 1984.
H. Mintzberg, *Structures et Dynamiques des organisations,* Paris, Economica, 1982.
N. Mosconi, *La Mixité dans l'enseignement secondaire : un faux-semblant,* Paris, PUF, 1981.
F. Musgrove, « The Contribution of Sociology to the Study of Curriculum », *in* J. F. Kerre (éd.), *Changing the Curriculum,* Londres, University of London Press, 1968, p. 96-109.
C. Nicolet, *L'Idée républicaine en France,* Paris, Gallimard, 1982.
J. Nizet, J.-P. Hiernaux, *Violence et Ennui,* Paris, PUF, 1984.
OCDE, *Tendances nouvelles dans la formation des tâches des enseignants. L'enseignement secondaire,* Paris, 1989.
M. Olson, *Logique de l'action collective,* Paris, PUF, 1978.
T. Parsons, « Age et sexe dans la société américaine », in *Éléments pour une sociologie de l'action,* Paris, Plon, 1955, p. 109-128.
– « The School Class as a Social Systeme », *Harvard Educational Review,* 29, 4, 1959, p. 221-241.
– « Youth in the Context of American Society », *Deadalus,* 1962, 91, p. 97-123.
T. Parsons, G. M. Platt, « Age, Social Structure and Socialization in Higher Education », *Sociology of Education,* hiver 1970, p. 1-37.
J.-C. Passeron, « L'inflation des diplômes. Remarques à l'usage de quelques concepts analogiques en sociologie », *Revue française de sociologie,* XXIII, 1982, p. 551-584.
D. Paty, *Douze Collèges en France,* Paris, La Documentation française, 1981.
P. Perrenoud, C. de Montandon (éd.), *Qui maîtrise l'école ? Politiques des institutions et pratiques des acteurs,* Lausanne, Réalités sociales, 1988.
P. Perrenoud, « La triple fabrication de l'échec scolaire », *Psychologie française,* décembre 1989, p. 234-254.

P. Perrineau, « Front national : l'écho politique de l'anomie urbaine », *Esprit,* 3-43, 1988, p. 22-38.
E. Plenel, *L'État et l'École en France,* Paris, Payot, 1985.
N. Postman, *Enseigner, c'est résister,* Paris, Le Centurion, 1981.
A. Prost, *L'Enseignement en France, 1800-1967,* Paris, Armand Colin, 1970.
– *Les Lycéens et leurs études au seuil du XXI*e *siècle,* Paris, ministère de l'Éducation nationale, 1983.
– *Éloge des pédagogues,* Paris, Éd. du Seuil, 1986.
– *L'enseignement s'est-il démocratisé?,* Paris, PUF, 1986.
R. Quivy, D. Ruquoy, L. Van Campenhoudt, *Malaises à l'école,* Faculté universitaire Saint-Louis, Bruxelles, 1989.
A. Renaut, *L'Ère de l'individu,* Paris, Gallimard, 1989.
D. Riesman, *La Foule solitaire,* Paris, Arthaud, 1964.
Y. Robert, « Les personnels dans la rénovation », *Projet,* 223, 1990, p. 67-75.
J. de Romilly, *L'Enseignement en détresse,* Paris, Julliard, 1964.
J.-C. Roques, *Les Projets professionnels des élèves de l'enseignement professionnel,* Université de Bordeaux-II, 1989.
L. Roussel, *La Famille incertaine,* Paris, Odile Jacob, 1989.
G. Simmel, *La Tragédie de la lecture,* Paris, Petite Bibliothèque Rivages, 1988.
F. de Singly, *Fortunes et Infortunes de la femme mariée,* Paris, PUF, 1987.
F. de Singly, C. Thélot, *Gens du privé, Gens du public,* Paris, Dunod, 1989.
F. de Singly, « L'homme dual », *Le Débat,* 61, 1990, p. 138-151.
J. Starobinski, *Jean-Jacques Rousseau. La transparence et l'obstacle,* Paris, Gallimard, 1971.
L. Tanguy, « Savoirs et rapports sociaux dans l'enseignement secondaire en France », *Revue française de sociologie,* XXIV, 1983, p. 227-254.
C. Tapia, *Jeunesse 86, au-delà du sexe. Psychosociologie de la vie affective de la jeunesse,* Paris, L'Harmattan, 1987.
J. Testanière, « Chahut traditionnel et chahut anomique dans l'enseignement du second degré », *Revue française de sociologie,* VIII, 1967, p. 17-33.

A. Touraine, *La Conscience ouvrière,* Paris, Éd. du Seuil, 1966.
– *Le Mouvement de Mai ou le Communisme utopique,* Paris, Éd. du Seuil, 1968.
– *Université et Société aux États-Unis,* Paris, Éd. du Seuil, 1972.
– *Production de la société,* Paris, Éd. du Seuil, 1973.
– *La Voix et le Regard,* Paris, Éd. du Seuil, 1978.
A. Touraine *et al., Lutte étudiante,* Paris, Éd. du Seuil, 1978.
A. Touraine, M. Wieviorka, F. Dubet, *Le Mouvement ouvrier,* Paris, Fayard, 1984.
– *Le Retour de l'acteur,* Paris, Fayard, 1984.
C. Ungerrer, « La double vision de la sélection scolaire », *Revue française de sociologie,* 2, 1987, p. 241-263.
G. Vincent, *Le Peuple lycéen,* Paris, Gallimard, 1974.
E. Weick, « Educational Organization and Lowly Coupled Systems », *in* M. Zey-Ferrel, M. Aiken (éd.), *Complex Organizations : Critical Perspectives,* Cleavew Scott, Foresman and Co., 1981, p. 217-226.
R. Williams, *The Long Revolution,* Londres, Penguin Books, 1963.
P. Woods, « A Sociological Analysis of Disruptive Incidents », *in* N. Frude, H. Gault (éd.), *Disruptives Relations Schools,* Chichester, John Wiley and Sons, 1984, p. 117-135.
M.F.D. Young (éd.), *Knowledge and Control : New Directions for the Sociology of Education,* Londres, Collier-Macmillan, 1971.

Sigles et abréviations

Section	
A	Littéraire
B	Sciences Économiques et Sociales
C	Mathématiques et Sciences Physiques
D	Mathématiques et Sciences de la nature
E	Mathématiques et Techniques
F	Bac technologique (industriel)
G	Bac technologique (tertiaire)
H	Techniques informatiques
S	Classe de 1re scientifique
TC	Terminale C
TD	Terminale D

BEP	Brevet d'Étude Professionnel
BTS	Brevet de Technicien Supérieur
CAP	Certificat d'Aptitude Professionnelle
CET	Collège d'Enseignement Technique
CPE	Conseiller Principal d'Éducation
CPPN	Classes Pré-Professionnelles de Niveau
DEUG	Diplôme d'Études Universitaires Générales
FCPE	Fédération des Conseils de Parents d'Élèves
IUT	Institut Universitaire de Technologie
LEP	Lycée d'Enseignement Professionnel
LP	Lycée Professionnel
PEEP	Association des Parents d'Élèves de l'Enseignement Public
PLP2	Professeur de Lycée Professionnel second grade
SES	Section d'Éducation Spécialisée
SIVP	Stages d'Insertion à la Vie Professionnelle
TUC	Travaux d'Utilité Collective

Table

DU MÊME AUTEUR

Lutte étudiante
(avec Alain Touraine, Zsuzsa Hegedus et Michel Wieviorka)
Seuil, « Sociologie », 1978

La Prophétie antinucléaire
(avec Alain Touraine, Zsuzsa Hegedus et Michel Wieviorka)
Seuil, « Sociologie », 1980

Le Pays contre l'État. Luttes occitanes
(avec Alain Touraine, Zsuzsa Hegedus et Michel Wieviorka)
Seuil, « Sociologie », 1981

Solidarité
(avec Alain Touraine, Michel Wieviorka et Jan Strzelecki)
Fayard, 1982

Le Mouvement ouvrier
(avec Alain Touraine et Michel Wieviorka)
Fayard, 1984

L'État et les Jeunes
(avec Didier Lapeyronnie et Adil Jazouli)
Les Éditions ouvrières, 1985

La Galère : jeunes en survie
Fayard, 1987
et « Points » P45

Pobladores
(avec Eugenio Tironi)
L'Harmattan, 1989

Immigrations, qu'en savons-nous ?
La Documentation française, 1989

Les Quartiers d'exil
(avec Didier Lapeyronnie)
Seuil, « L'Épreuve des faits », 1994

Sociologie de l'expérience
Seuil, « La Couleur des idées », 1994

Universités et Villes
(avec D. Filâtre, F.-X. Merrier, A. Sauvage et A. Vince)
L'Harmattan, 1994

A l'école
Sociologie de l'expérience scolaire
(avec Danilo Martuccelli)
Seuil, « L'Épreuve des faits », 1996

IMPRESSION : BUSSIÈRE CAMEDAN IMPRIMERIES
À SAINT-AMAND (CHER)
DÉPÔT LÉGAL : OCTOBRE 1996. N° 30110 (4/840)

Collection Points

DERNIERS TITRES PARUS

P70. Le vieux qui lisait des romans d'amour, *par Luis Sepúlveda*
P71. Rumeurs, *par Jean-Noël Kapferer*
P72. Julia et Moi, *par Anita Brookner*
P73. Déportée à Ravensbruck
par Margaret Buber-Neumann
P74. Meurtre dans la cathédrale, *par T. S. Eliot*
P75. Chien de printemps, *par Patrick Modiano*
P76. Pour la plus grande gloire de Dieu, *par Morgan Sportès*
P77. La Dogaresse, *par Henri Sacchi*
P78. La Bible du hibou, *par Henri Gougaud*
P79. Les Ivresses de Madame Monro, *par Alice Thomas Ellis*
P80. Hello, Plum !, *par Pelham Grenville Wodehouse*
P81. Le Maître de Frazé, *par Herbert Lieberman*
P82. Dans la peau d'un intouchable, *par Marc Boulet*
P83. Entre le ciel et la terre, *par Le Ly Hayslip*
(avec la collaboration de Charles Jay Wurts)
P84. Sur la route des croisades, *par Jean-Claude Guillebaud*
P85. L'Homme sans postérité, *par Adalbert Stifter*
P86. Le Nez de Mazarin, *par Anny Duperey*
P87. L'Alliance, tome 1, *par James A. Michener*
P88. L'Alliance, tome 2, *par James A. Michener*
P89. Regardez-moi, *par Anita Brookner*
P90. Si par une nuit d'hiver un voyageur, *par Italo Calvino*
P91. Les Grands Cimetières sous la lune, *par Georges Bernanos*
P92. Salut Galarneau !, *par Jacques Godbout*
P93. La Barbare, *par Katherine Pancol*
P94. American Psycho, *par Bret Easton Ellis*
P95. Vingt Ans et des poussières, *par Didier van Cauwelaert*
P96. Un week-end dans le Michigan, *par Richard Ford*
P97. Jules et Jim, *par François Truffaut*
P98. L'Hôtel New Hampshire, *par John Irving*
P99. Liberté pour les ours !, *par John Irving*
P100. Heureux Habitants de l'Aveyron et des autres
départements français, *par Philippe Meyer*
P101. Les Égarements de Lili, *par Alice Thomas Ellis*
P102. Esquives, *par Anita Brookner*
P103. Cadavres incompatibles, *par Paul Levine*
P104. La Rose de fer, *par Brigitte Aubert*
P105. La Balade entre les tombes, *par Lawrence Block*

P106. La Villa des ombres, *par David Laing Dawson*
P107. La Traque, *par Herbert Lieberman*
P108. Meurtres à cinq mains, *par Jack Hitt*
avec Lawrence Block, Sarah Caudwell,
Tony Hillerman, Peter Lovesey, Donald E. Westlake
P109. Hygiène de l'assassin, *par Amélie Nothomb*
P110. L'Amant sans domicile fixe
par Carlo Fruttero et Franco Lucentini
P111. La Femme du dimanche
par Carlo Fruttero et Franco Lucentini
P112. L'Affaire D., *par Charles Dickens,*
Carlo Fruttero et Franco Lucentini
P113. La Nuit sacrée, *par Tahar Ben Jelloun*
P114. Sky my wife ! Ciel ma femme !, *par Jean-Loup Chiflet*
P115. Liaisons étrangères, *par Alison Lurie*
P116. L'Homme rompu, *par Tahar Ben Jelloun*
P117. Le Tarbouche, *par Robert Solé*
P118. Tous les matins je me lève, *par Jean-Paul Dubois*
P119. La Côte sauvage, *par Jean-René Huguenin*
P120. Dans le huis clos des salles de bains, *par Philippe Meyer*
P121. Un mariage poids moyen, *par John Irving*
P122. L'Épopée du buveur d'eau, *par John Irving*
P123. L'Œuvre de Dieu, la Part du Diable, *par John Irving*
P124. Une prière pour Owen, *par John Irving*
P125. Un homme regarde une femme, *par Paul Fournel*
P126. Le Troisième Mensonge, *par Agota Kristof*
P127. Absinthe, *par Christophe Bataille*
P128. Le Quinconce, vol. 1, *par Charles Palliser*
P129. Le Quinconce, vol. 2, *par Charles Palliser*
P130. Comme ton père, *par Guillaume Le Touze*
P131. Naissance d'une passion, *par Michel Braudeau*
P132. Mon ami Pierrot, *par Michel Braudeau*
P133. La Rivière du sixième jour (Et au milieu coule une rivière)
par Norman Maclean
P134. Mémoires de Melle, *par Michel Chaillou*
P135. Le Testament d'un poète juif assassiné, *par Elie Wiesel*
P136. Jésuites, 1. Les conquérants
par Jean Lacouture
P137. Jésuites, 2. Les revenants
par Jean Lacouture
P138. Soufrières, *par Daniel Maximin*
P139. Les Vacances du fantôme, *par Didier van Cauwelaert*
P140. Absolu, *par l'abbé Pierre et Albert Jacquard*
P141. En attendant la guerre, *par Claude Delarue*
P142. Trésors sanglants, *par Paul Levine*

P143. Le Livre, *par Les Nuls*
P144. Malicorne, *par Hubert Reeves*
P145. Le Boucher, *par Alina Reyes*
P146. Le Voile noir, *par Anny Duperey*
P147. Je vous écris, *par Anny Duperey*
P148. Tierra del fuego, *par Francisco Coloane*
P149. Trente Ans et des poussières, *par Jay McInerney*
P150. Jernigan, *par David Gates*
P151. Lust, *par Elfriede Jelinek*
P152. Voir ci-dessous : Amour, *par David Grossman*
P153. L'Anniversaire, *par Juan José Saer*
P154. Le Maître d'escrime, *par Arturo Pérez-Reverte*
P155. Pas de sang dans la clairière, *par L. R. Wright*
P156. Une si belle image, *par Katherine Pancol*
P157. L'Affaire Ben Barka, *par Bernard Violet*
P158. L'Orange amère, *par Didier Van Cauwelaert*
P159. Une histoire américaine, *par Jacques Godbout*
P160. Jour de silence à Tanger, *par Tahar Ben Jelloun*
P161. La Réclusion solitaire, *par Tahar Ben Jelloun*
P162. Fleurs de ruine, *par Patrick Modiano*
P163. La Mère du printemps (L'Oum-er-Bia)
par Driss Chraïbi
P164. Portrait de groupe avec dame, *par Heinrich Böll*
P165. Nécropolis, *par Herbert Lieberman*
P166. Les Soleils des indépendances, *par Ahmadou Kourouma*
P167. La Bête dans la jungle, *par Henry James*
P168. Journal d'une Parisienne, *par Françoise Giroud*
P169. Ils partiront dans l'ivresse, *par Lucie Aubrac*
P170. Le Divin Enfant, *par Pascal Bruckner*
P171. Les Vigiles, *par Tahar Djaout*
P172. Philippe et les Autres, *par Cees Nooteboom*
P173. Far Tortuga, *par Peter Matthiessen*
P174. Le Dieu manchot, *par José Saramago*
P175. Molière ou la Vie de Jean-Baptiste Poquelin
par Alfred Simon
P176. Saison violente, *par Emmanuel Roblès*
P177. Lunes de fiel, *par Pascal Bruckner*
P178. Le Voyage à Paimpol, *par Dorothée Letessier*
P179. L'Aube, *par Elie Wiesel*
P180. Le Fils du pauvre, *par Mouloud Feraoun*
P181. Red Fox, *par Anthony Hyde*
P182. Enquête sous la neige, *par Michael Malone*
P183. Cœur de lièvre, *par John Updike*
P184. La Joyeuse Bande d'Atzavara
par Manuel Vázquez Montalbán

P185. Le Petit Monde de Don Camillo
par Giovanni Guareschi
P186. Le Temps des Italiens, *par François Maspero*
P187. Petite, *par Geneviève Brisac*
P188. La vie me fait peur, *par Jean-Paul Dubois*
P189. Quelques Minutes de bonheur absolu
par Agnès Desarthe
P190. La Lyre d'Orphée, *par Robertson Davies*
P191. Pourquoi lire les classiques, *par Italo Calvino*
P192. Franz Kafka ou le Cauchemar de la raison
par Ernst Pawel
P193. Nos médecins, *par Hervé Hamon*
P194. La Déroute des sexes, *par Denise Bombardier*
P195. Les Flamboyants, *par Patrick Grainville*
P196. La Crypte des capucins, *par Joseph Roth*
P197. Je vivrai l'amour des autres, *par Jean Cayrol*
P198. Le Crime des pères, *par Michel del Castillo*
P199. Les Cahiers de Malte Laurids Brigge
par Rainer Maria Rilke
P200. Port-Soudan, *par Olivier Rolin*
P201. Portrait de l'artiste en jeune chien
par Dylan Thomas
P202. La Belle Hortense, *par Jacques Roubaud*
P203. Les Anges et les Faucons, *par Patrick Grainville*
P204. Autobiographie de Federico Sánchez
par Jorge Semprún
P205. Le Monarque égaré, *par Anne-Marie Garat*
P206. La Guérilla du Che, *par Régis Debray*
P207. Terre-Patrie, *par Edgar Morin et Anne-Brigitte Kern*
P208. L'Occupation américaine, *par Pascal Quignard*
P209. La Comédie de Terracina, *par Frédéric Vitoux*
P210. Une jeune fille, *par Dan Franck*
P211. Nativités, *par Michèle Gazier*
P212. L'Enlèvement d'Hortense, *par Jacques Roubaud*
P213. Les Secrets de Jeffrey Aspern, *par Henry James*
P214. Annam, *par Christophe Bataille*
P215. Jimi Hendrix. Vie et légende
par Charles Shaar Murray
P216. Docile, *par Didier Decoin*
P217. Le Dernier des Justes, *par André Schwarz-Bart*
P218. Aden Arabie, *par Paul Nizan*
P219. Dialogues des Carmélites, *par Georges Bernanos*
P220. Gaston Gallimard, *par Pierre Assouline*
P221. John l'Enfer, *par Didier Decoin*
P222. Trente Mille Jours, *par Maurice Genevoix*

P223. Cent Ans de chanson française
par Chantal Brunschwig, Jean-Louis Calvet et Jean-Claude Klein
P224. L'Exil d'Hortense, *par Jacques Roubaud*
P225. La Grande Maison, *par Mohammed Dib*
P226. Une mort en rouge, *par Walter Mosley*
P227. N'en faites pas une histoire, *par Raymond Carver*
P228. Les Quatre Faces d'une histoire, *par John Updike*
P229. Moustiques, *par William Faulkner*
P230. Mortelle, *par Christopher Frank*
P231. Ceux de 14, *par Maurice Genevoix*
P232. Le Baron perché, *par Italo Calvino*
P233. Le Tueur et son ombre, *par Herbert Lieberman*
P234. La Nuit du solstice, *par Herbert Lieberman*
P235. L'Après-Midi bleu, *par William Boyd*
P236. Le Sémaphore d'Alexandrie, *par Robert Solé*
P237. Un nom de torero, *par Luis Sepúlveda*
P238. Halloween, *par Lesley Glaister*
P239. Un bonheur mortel, *par Anne Fine*
P240. Mésalliance, *par Anita Brookner*
P241. Le Vingt-Septième Royaume, *par Alice Thomas Ellis*
P242. Le Sucre et autres récits, *par Antonia S. Byatt*
P243. Le Dernier Tramway, *par Nedim Gürsel*
P244. Une enquête philosophique, *par Philippe Ken*
P245. Un homme peut en cacher un autre, *par Andreu Martín*
P246. A l'ouest d'Allah, *par Gilles Kepel*
P247. Nedjma, *par Kateb Yacine*
P248. Le Prochain sur la liste, *par Dan Greenburg*
P249. Les Chambres de bois, *par Anne Hébert*
P250. La Nuit du décret, *par Michel del Castillo*
P251. Malraux, une vie dans le siècle, *par Jean Lacouture*
P252. Une année en Provence, *par Peter Mayle*
P253. Cap Horn, *par Francisco Coloane*
P254. Eldorado 51, *par Marc Trillard*
P255. Juan sans terre, *par Juan Goytisolo*
P256. La Dynastie des Rothschild, *par Herbert Lottman*
P257. La Trahison des Lumières, *par Jean-Claude Guillebaud*
P258. Je suis vivant et vous êtes morts, *par Emmanuel Carrère*
P259. Minuit passé, *par David Laing Dawson*
P260. Le Guépard, *par Giuseppe Tomasi di Lampedusa*
P261. Remise de peine, *par Patrick Modiano*
P262. L'Honneur perdu de Katharina Blum, *par Heinrich Böll*
P263. Un loup est un loup, *par Michel Folco*
P264. Daddy's Girl, *par Janet Inglis*
P265. Une liaison dangereuse, *par Hella S. Haasse*

P266. Sombre Sentier, *par Dominique Manotti*
P267. Ténèbres sur Jacksonville, *par Brigitte Aubert*
P268. Blackburn, *par Bradley Denton*
P269. La Glace noire, *par Michael Connelly*
P270. La Couette, *par Camille Todd*
P271. Le Petit Mitterrand illustré, *par Plantu*
P272. Le Train vert, *par Herbert Lieberman*
P273. Les Villes invisibles, *par Italo Calvino*
P274. Le Passage, *par Jean Reverzy*
P275. La Couleur du destin, *par Franco Lucentini et Carlo Fruttero*
P276. Gérard Philipe, *par Gérard Bonal*
P277. Petit Dictionnaire pour lutter contre l'extrême droite *par Martine Aubry et Olivier Duhamel*
P278. Le premier amour est toujours le dernier *par Tahar Ben Jelloun*
P279. La Plage noire, *par François Maspero*
P280. Dixie, *par Julien Green*
P281. L'Occasion, *par Juan José Saer*
P282. Le diable t'attend, *par Lawrence Block*
P283. Les cancres n'existent pas, *par Anny Cordié*
P284. Tous les fleuves vont à la mer, *par Elie Wiesel*
P285. Parias, *par Pascal Bruckner*
P286. Le Baiser de la femme-araignée, *par Manuel Puig*
P287. Gargantua, *par François Rabelais*
P288. Pantagruel, *par François Rabelais*
P289. La Cocadrille, *par John Berger*
P290. Senilità, *par Italo Svevo*
P291. Le Bon Vieux et la Belle Enfant, *par Italo Svevo*
P292. Carla's Song, *par Ken Loach*
P293. Hier, *par Agota Kristof*
P294. L'Orgue de Barbarie, *par Bernard Chambaz*
P295. La Jurée, *par George Dawes Green*
P296. Siam, *par Morgan Sportès*
P297. Une saison dans la vie d'Emmanuel, *par Marie-Claire Blais*
P298. Smilla et l'Amour de la neige, *par Peter Høeg*
P299. Mal et Modernité, *par Jorge Semprún*
P300. Vidal et les siens, *par Edgar Morin*
P301. Félidés, *par Akif Pirinçci*
P302. La Mulâtresse Solitude, *par André Schwarz-Bart*
P303. Les Lycéens, *par François Dubet*
P304. L'Arbre à soleils, *par Henri Gougaud*
P305. L'Homme à la vie inexplicable, *par Henri Gougaud*
P306. Bélibaste, *par Henri Gougaud*
P307. Joue-moi quelque chose, *par John Berger*